U0581477

全 世 界 无 产 者，联 合 起 来！

列 宁 全 集

第二版增订版

第二十三卷

1913年3—9月

中共中央 马克思 恩格斯 著作编译局编译
列 宁 斯大林

人 民 出 版 社

《列宁全集》第二版是根据
中国共产党中央委员会的决定，
由中共中央马克思恩格斯列宁
斯大林著作编译局编译的。

凡　例

1. 正文和附录中的文献分别按写作或发表时间编排。在个别情况下，为了保持一部著作或一组文献的完整性和有机联系，编排顺序则作变通处理。

2. 每篇文献标题下括号内的写作或发表日期是编者加的。文献本身在开头已注明日期的，标题下不另列日期。

3. 1918年2月14日以前俄国通用俄历，这以后改用公历。两种历法所标日期，在1900年2月以前相差12天（如俄历为1日，公历为13日），从1900年3月起相差13天。编者加的日期，公历和俄历并用时，俄历在前，公历在后。

4. 目录中凡标有星花＊的标题，都是编者加的。

5. 在引文中尖括号〈　〉内的文字和标点符号是列宁加的。

6. 未说明是编者加的脚注为列宁的原注。

7.《人名索引》、《文献索引》条目按汉语拼音字母顺序排列。在《人名索引》条头括号内用黑体字排的是真姓名；在《文献索引》中，带方括号［　］的作者名、篇名、日期、地点等等，是编者加的。

目　　录

附　录

插　图

前　　言

本卷收载列宁在 1913 年 3 月至 9 月期间的著作。

这一时期俄国开始出现新的革命高潮。列宁在波兰的克拉科夫和波罗宁领导布尔什维克党积极开展革命活动,制定新的斗争策略。同时,列宁在《真理报》和《启蒙》杂志等刊物上发表大量文章,抨击沙皇政府的反动政策,揭露自由派的反革命面目和孟什维克取消派的机会主义立场,阐述布尔什维克党关于解决俄国革命问题的方针政策。

本卷开篇《马克思学说的历史命运》是列宁为纪念马克思逝世三十周年写的文章。列宁在文中回顾和总结了自《共产党宣言》问世以来,马克思主义在同工人运动的结合中、在同各种反动势力和错误思潮的斗争中广泛传播和不断发展的历程,指出 1848 年革命以来世界历史所经历的每一个时期都使马克思主义获得了新的证明和新的胜利。列宁高度评价了亚洲国家特别是中国的民主革命风暴,并预言即将来临的历史时期定会使马克思主义获得更大的胜利。列宁还指出:“马克思主义在理论上的胜利,逼得它的敌人装扮成马克思主义者,历史的辩证法就是如此。”(见本卷第 3 页)

列宁为纪念马克思逝世三十周年还写了另一篇重要文章《马克思主义的三个来源和三个组成部分》。列宁在文中论述了马克思主义的理论渊源、科学体系和本质特征,指出马克思主义是完备而严密的科学世界观,马克思主义绝不是离开世界文明发展大道而产生的一种故步自封、僵化不变的学说,它批判地继承和发展了人类文明的优秀成果,回答了人类先进思想已经提出的种种问题。在哲学方面,马克思批判地继承和发展了德国古典哲学特别是黑格尔的辩证法,创立了辩证唯物主义;马克思把辩证唯物主义运用于认识人类社会,创立了历史唯物主义,这是科学思想中的最大成果。"马克思的哲学是完备的哲学唯物主义,它把伟大的认识工具给了人类,特别是给了工人阶级。"(见本卷第45页)在经济学方面,马克思批判地继承了英国古典政治经济学的积极成果,创立了新的经济理论,揭示了资本主义社会经济运动的规律。"剩余价值学说是马克思经济理论的基石。"(见本卷第46页)这一学说揭示了资本家剥削工人的秘密和无产阶级同资产阶级对立的经济根源。在社会主义学说方面,列宁评述了作为科学社会主义理论来源的空想社会主义,肯定了它对资本主义批判的积极作用,指出它没有找到摆脱资本主义社会的真正出路。列宁阐明了马克思的功绩在于他发现了资本主义发展的规律,找到了能够成为新社会的创造者的社会力量,彻底地贯彻了阶级斗争学说。列宁写道:"只有马克思的哲学唯物主义,才给无产阶级指明了如何摆脱一切被压迫阶级至今深受其害的精神奴役的出路。只有马克思的经济理论,才阐明了无产阶级在整个资本主义制度中的真正地位。"(见本卷第48页)

　　本卷中的许多文章分析和评述了新的革命高潮时期俄国的社会经济情况和国内政治形势的发展,阐述了布尔什维克的策略,揭露了自由派的反动实质,批判了取消派的机会主义立场。

　　在《怎样增加俄国人均消费量?》、《我们的"成就"》、《论"石油荒"》、《农民经济中的铁》等文章中,列宁用工业生产的一些统计数字,对比了俄国同欧美发达国家的经济发展情况,指出俄国是经济极其落后、人民生活十分贫困的国家,说明俄国经济落后的原因在于资产阶级同农奴主勾结在一起阻碍了俄国经济的发展。在《论国民教育部的政策问题》、《一次值得注意的代表大会》等文章中,列宁从政府教育经费、学校教育、教师薪金等方面说明俄国是欧洲教育最落后、人民群众受教育的权利被剥夺的野蛮国家。列宁指出,俄国存在占人口近五分之四的文盲是同地主政权的愚民政策相适应的,农奴主的统治造成俄国人民物质的贫困和精神的贫困。

在《论现政府的(一般的)土地政策问题》、《农民是在恢复起来还是在贫困下去?》、《地主的土地规划》、《份地的转移》、《土地"改革"的新措施》、《移民工作的意义》、《再谈移民工作》等文章中,列宁揭示和论述了沙皇政府新土地政策的破产。列宁指出,这个政策的两张主要王牌——移民和独立农庄,不仅没有使农民状况好转,反而使基本农民群众丧失更多的土地和更加贫困,使"新式地主"即富裕的农民私有主更加富裕。摆脱新土地政策使俄国陷于绝境的出路只有一条,那就是使农村从农奴制的大地产的压迫下解脱出来,把地主的全部土地无偿地转交给农民。列宁指出,布尔什维克党和工人阶级要引导农民积极参加反对专制制度的斗争。

在《自由派在粉饰农奴制》、《立宪民主党的集会法案》、《自由派和结社自由》、《自由派扮演了第四届杜马的维护者的角色》、《杜马休会和自由派茫然失措》、《俄国的资产阶级和俄国的改良主义》、《政治上的原则问题》等文章中,列宁揭露了自由派资产阶级粉饰俄国的农奴制和农奴主的国家制度,批驳了他们关于一般改革特别是结社自由的言论。列宁指出,整个资产阶级从立宪民主党人到十月党人总是想用结社自由之类的个别立宪改革来削弱工人阶级提出的革命要求,他们颂扬和维护国家杜马中的立宪民主党—十月党联盟,妄图与农奴主-地主分享政权来防止革命的发展。列宁要求工人阶级和一切民主派揭穿杜马的内部腐朽性,指明任何一项根本政治改革都不可能在沙皇俄国实现,自由派有关政治改革的改良主义是毫无用处的,对当今的俄国来说,改革只能是那种完全摆脱了改良主义狭隘性的运动的附带结果。

《今天的俄国和工人运动》一文指出,沙皇政府实施的反革命制度依靠的是地主和资产阶级,这个反革命制度和它的社会力量已经枯竭,任何改革在这样的俄国是不可能的。俄国社会民主党的首要任务是利用一切合法机会教育群众进行民主革命。在《革命无产阶级的五一游行示威》一文中,列宁提出了关于革命形势的重要论点:"在多数情况下,对于革命来说,仅仅是**下层不愿像原来那样生活下去**是不够的。对于革命,还要求**上层不能像原来那样统治和管理下去**。"(见本卷第313页)列宁认为,俄国已具备这种革命形势,全国性的危机已经形成,自由派和取消派都不能够指出一条摆脱目前状况的出路,只有工人阶级才能真正发动群众起来革命。

在《厂主谈工人罢工》、《1912年和1905年的经济罢工》、《1912年五金工人的罢工》、《数字的语言》等文章中,列宁详细地分析了关于罢工的统计材料,指出了这些罢工的巨大规模和进攻性质,说明了1913年五月罢工的重大意义。列宁说,1912年以来,在世界上任何一个国家里都看不到像俄国那样多、那样顽强、那样形形色色和那样有毅力的政治罢工。这表明,俄国工人阶级不是用语言,而是用政治和经济要求相结合的群众性的罢工运动唤起并吸引群众参加革命斗争的。

列宁在《工人阶级和民族问题》一文中揭露资产阶级支持的沙皇政府的政策中充斥着黑帮民族主义;资产阶级同反动派勾结,出卖民主,维护民族压迫或民族不平等,用民族主义的口号腐蚀工人。列宁指出:为了使各民族自由地和睦相处,必须有工人阶级所坚持的完全的民主;觉悟的工人主张在所有教育组织、工会组织、政治组织和其他工人组织中,各民族的工人都应当完全统一;各民族的工人必须在共同的组织中同心协力地维护完全的自由和完全的平等;"工人正在建设一个各民族劳动者团结一致的新世界,一个不容许有任何特权,不容许有任何人压迫人的现象的世界,来代替充满民族压迫、民族纷争或民族隔绝的旧世界。"(见本卷第140页)

在《民族问题提纲》中,列宁阐明了社会民主党在民族问题上的基本观点。列宁指出:社会民主党应当坚持各民族的自决权即分离和成立独立国家的权利,但对某一民族实行国家分离是否适宜的问题应该作出独立的估计,"既要考虑到资本主义发展的情况和联合起来的各民族的资产阶级对各民族的无产者压迫的情况,又要考虑到总的民主任务,首先是而且主要是无产阶级争取社会主义的阶级斗争的利益。"(见本卷第330页)社会民主党要大力提醒各民族劳动者提防本民族的资产阶级用民族主义口号来分裂无产阶级。"所有民族的工人要是不在一切工人组织中实行最紧密最彻底的联合,无产阶级就无法进行争取社会主义的斗争和捍卫自己日常的经济利益。"(见本卷第331页)

社会民主党主张建立彻底民主的国家制度,要求各民族一律平等,反对某个民族或某些民族享有任何特权;社会民主党要求颁布一项保护国内任何少数民族权利的全国性的法律。社会民主党反对"民族文化自治"的口号，其中包括超地域的民族自治、在一个国家内按民族分校等主张，因为这个口号分裂各民族的无产阶级。本卷中的《路标派和民族主义》、《立宪民主党人论乌克兰问题》、《犹太学校的民族化》、《自由派和民主派对语言问题的态度》等文章揭露和批判了俄国自由派资产阶级的民族主义和"民族文化自治"。《俄国的分离主义者和奥地利的分离主义者》、《〈真理报〉是否证明了崩得分子的分离主义？》等文章揭露了俄国崩得分子的分离主义。

《几个争论的问题》、《给德国社会民主党执行委员会的信》、《政论家札记》等文献阐述了布尔什维克和取消派之间存在的原则分歧，指出取消派不仅企图取消现有的地下党组织，用无论如何要在合法范围内活动的不定型的联盟来代替它，而且要毁坏无产阶级的阶级独立性，用资产阶级思想来败坏无产阶级的意识；取消派鼓吹建立"公开的工人党"的口号是放弃革命的改良主义口号，是反革命的自由派的口号；马克思主义者同取消派的斗争是先进工人为了对人民群众进行政治教育和训练而同自由派资产者们进行斗争的表现。收入本卷的《向拉脱维亚边疆区社会民主党第四次代表大会提出的纲领草案》是列宁为帮助拉脱维亚的布尔什维克反对取消派、争取使拉脱维亚社会民主党组织脱离托洛茨基的反党八月联盟而草拟的。

列宁在《论自由主义的和马克思主义的阶级斗争概念》一文中揭露取消派以自由主义的阶级斗争概念偷换马克思主义的阶级斗争概念。列宁指出，阶级斗争问题是马克思主义最根本的问题之一；当工人运动稍微巩固起来的时候，自由派不敢否认阶级斗争，甚至愿意承认政治范围内的阶级斗争,但是力图歪曲和缩小阶级斗争的概念,磨钝它的锋芒,把阶级斗争局限于枝节问题,不把夺取国家政权纳入这一斗争;取消派正是站在这个立场上,这就是马克思主义者同那些丧失以革命观点观察社会现象的能力的取消派分子进行的全部争论的思想基础。列宁写道:"马克思主义认为,**只有**当阶级斗争不仅发展到政治领域,而且还涉及政治中最本质的东西即国家政权的机构时,那才是充分发达的、'全民族的'阶级斗争。"(见本卷第 249 页)

本卷中的一部分评论文章论述了资本主义的腐朽、帝国主义的扩军备战和殖民地人民的觉醒,批判了国际工人运动中的机会主义。

《资本主义与税收》、《一个先进的资本家的思想》等文章揭露了资本主义发达国家的资本家的阶级私欲和掌握世界霸权的欲望。《资本主义财富的增长》一文批驳了资本主义的教授和辩护士们关于股份公司的发展使私有者的人数增加的论断,指明大资本合并了小股东们的零星资本而变得实力更加雄厚,百万富翁通过股份公司加强了对小股东的控制,增加了自己的收入。《榨取血汗的"科学"制度》一文指出,泰罗制被资本家利用来增加工人的劳动强度,使工人的身体受摧残,失业的人数增多。《一个伟大的技术胜利》一文认为,英国化学家威廉·拉姆塞所发明的从煤层中直接取得煤气的方法,是资本主义国家最重要的生产部门中的一个巨大的技术革命。这一发明在社会主义制度下所能产生的影响会远远大于它对资本主义制度下整个生活的影响。

《扩充军备和资本主义》、《资本家和扩充军备》、《"对谁有利?"》、《资产阶级与和平》等文章揭露了欧洲各国政府的资产阶级政客狂热地扩军备战，用保卫祖国、维护和平、保护文化等骗人鬼话欺骗和煽动人民。列宁指出，大炮厂、炸药厂和造枪厂是各国资本家共同欺骗和掠夺人民的国际性企业。欧洲各国政府挑动本国人民去和别国人民作战是为了资本家大发横财。列宁教导说，不要相信那些鼓吹战争的人所编造的辩解理由，要是一下子看不出是哪些政治集团或者社会集团、势力和人物提出某些建议、措施并为之辩护时，那就看看这些建议、措施和观点对谁有利。列宁指出："和平的唯一保障是工人阶级有组织的自觉的运动。"（见本卷第136页）

《文明的欧洲人和野蛮的亚洲人》、《亚洲的觉醒》、《落后的欧洲和先进的亚洲》等文章称颂了亚洲各国特别是中国兴起的民主革命运动，痛斥了欧洲资产阶级为维护金融经纪人和资本家的私利而支持亚洲的反动势力。列宁指出，世界资本主义和俄国1905年革命唤醒了亚洲，数亿亚洲人民已经成为有民主主义觉悟的人民，民主革命席卷了整个亚洲。整个欧洲当权的资产阶级同亚洲一切垂死的中世纪反动势力结成了联盟，而欧洲的无产阶级则是亚洲革命人民的可靠同盟者。列宁写道："亚洲的觉醒和欧洲先进无产阶级夺取政权的斗争的开始，标志着20世纪初所开创的全世界历史的一个新阶段。"（见本卷第161页）

列宁在《中华民国的巨大胜利》、《中国各党派的斗争》等文章中评述了中国的辛亥革命，分析了辛亥革命后中国的政治形势和中国各党派的斗争。列宁高度评价孙中山领导的中国革命民主派为唤醒人民、推翻满清政府和建立民主制度所作的贡献，揭示了袁世凯和保守派政党的反动性，指出欧洲资产阶级同中国各反动阶级和反动阶层结成了联盟，孙中山领导的国民党同这个联盟的斗争非常艰巨。列宁认为,孙中山的党只要吸引真正广大的人民群众参加革命运动,就能逐渐成为亚洲进步和人类进步的伟大因素。列宁写道:"不管各种'文明'豺狼现在切齿痛恨的伟大的中华民国的命运如何,世界上的任何力量也不能恢复亚洲的旧的农奴制度,不能铲除亚洲式和半亚洲式国家中的人民群众的英勇的民主精神。"(见本卷第3页)

《在英国(机会主义的悲惨结局)》、《"英国社会党"代表大会》、《揭露英国机会主义者》等文章指出了英国工人运动的机会主义的历史根源和工人组织中的改良主义首领们所推行的同资产阶级合作的政策的危险性。列宁说,英国独立工党不依附于社会主义,而完全依附于自由主义,用自由主义来腐蚀工人。列宁希望俄国工人从英国机会主义者的背叛行为中了解机会主义和自由派工人政策的危害性。在《比利时罢工的教训》一文中,列宁分析了1913年4月发生的比利时总罢工,指出这次罢工遭受局部失败的原因首先在于机会主义和改良主义在部分比利时社会党人特别是议会议员中占优势,其次在于比利时工人组织和党的软弱。列宁认为,由此得出的两个教训是:少考虑和信任自由派,多相信无产阶级能够进行独立的斗争;多注意社会主义宣传,多做工作去建立一个坚强的、能坚持原则和忠于社会主义的党的组织。

本卷收有三篇列宁为悼念卓越的国际工人运动活动家而写的文章。在《纪念约瑟夫·狄慈根逝世二十五周年》一文中列宁评述工人哲学家狄慈根的理论成就,指出:狄慈根的作用在于他是一个独立地掌握了辩证唯物主义,即掌握了马克思哲学的工人,他特别强调唯物主义的历史演变,强调唯物主义的辩证性质,强调必须从发展的观点出发,必须懂得人的认识的相对性,必须懂得一切现象的全面联系和相互依存,必须把自然历史唯物主义提高到唯物主义历史观。列宁同时指出,他在强调人的认识的相对性时往往陷于混乱,但是整个说来,他是一个唯物主义者,是僧侣主义和不可知论的敌人。在《奥古斯特·倍倍尔》一文中论述了倍倍尔从一个普通工人成长为坚定的马克思主义者和国际工人运动著名活动家的光辉一生,高度评价了他对德国社会民主运动和国际社会民主运动的卓越贡献。列宁称他是"欧洲最有才干的国会议员","最有天才的组织家和策略家","反对改良主义和机会主义的国际社会民主运动中最有威信的领袖"。在《哈里·奎尔奇》一文中列宁介绍了英国社会民主党领袖哈里·奎尔奇对英国社会民主运动的历史功绩,赞扬他坚持不懈地宣传马克思主义思想,走在那些不屈不挠地反对英国工人运动中的机会主义和自由主义的人们的最前列。

在《列宁全集》第2版中,本卷文献比第1版相应时期所收文献增加了14篇,其中有《给德国社会民主党执行委员会的信》、《〈真理报〉创刊一周年纪念(工人对工人报纸的支持)》、《中国各党派的斗争》、《地主谈外流的农业工人》、《关于第189号〈光线报〉社论》、《自由派的政客手腕》、《工人政党和自由派骑士们(关于波特列索夫)》、《扩充军备与德意志帝国国会(寄自德国)》、《关于土地政策问题》、《为"人民"供应廉价肉》、《资本家和扩充军备》、《俄国社会民主工党中央委员会与"波涛"小组关于承认波涛出版社为俄国社会民主工党中央委员会出版社的协议草案》等以及《附录》中的两篇文献。

弗·伊·列宁

（1910 年）

马克思学说的历史命运[1]

（1913 年 3 月 1 日〔14 日〕）

马克思学说中的主要的一点，就是阐明了无产阶级作为社会主义社会创造者的世界历史作用。自马克思阐述这个学说以后，全世界的事态发展是不是已经证实了这个学说呢？

马克思首次提出这个学说是在 1844 年。马克思和恩格斯合著的，于 1848 年问世的《共产党宣言》，已对这个学说作了完整的、系统的、至今仍然是最好的阐述。从这时起，世界历史显然分为三个主要时期：(1)从 1848 年革命到巴黎公社(1871 年)；(2)从巴黎公社到俄国革命(1905 年)；(3)从这次俄国革命至今。

现在我们来考察一下马克思学说在每个时期的命运。

一

在第一个时期的开头，马克思学说决不是占统治地位的。它不过是无数社会主义派别或思潮中的一个而已。当时占统治地位的，是那些基本上同我国民粹主义相似的社会主义：它们不懂得历史运动的唯物主义原理，不能分别说明资本主义社会中每个阶级的作用和意义，并且用各种貌似社会主义的关于"人民"、"正义"、

"权利"等等的词句来掩盖各种民主变革的资产阶级实质。

1848 年革命给了马克思**以前**的所有这些喧嚣一时、五花八门的社会主义形式以致命的打击。各国的革命使社会各阶级**在行动中**显露出自己的面目。共和派资产阶级在巴黎 1848 年 6 月的那些日子里枪杀工人,最终证明**只有**无产阶级具有社会主义本性。自由派资产阶级害怕这个阶级的独立行动,比害怕任何反动势力还要厉害百倍。怯懦的自由派在反动势力面前摇尾乞怜。农民以废除封建残余为满足,转而支持现存秩序,只是间或动摇于**工人民主派和资产阶级自由派**之间。一切关于非阶级的社会主义和非阶级的政治的学说,都是胡说八道。

巴黎公社(1871 年)最终结束了资产阶级变革的这一发展过程;只是靠无产阶级的英勇,共和制这种最明显地表现出阶级关系的国家组织形式才得以巩固下来。

在欧洲所有的其他国家,比较错综复杂和不那么彻底的发展过程也导致同样的资产阶级社会的形成。到第一个时期(1848—1871 年)即风暴和革命时期的末尾,马克思以前的社会主义已**奄奄一息**。独立的**无产阶级**政党——第一国际(1864—1872 年)和德国社会民主党诞生了。

二

第二个时期(1872—1904 年)同第一个时期的区别,就是它带有"和平"性质,没有发生革命。西方结束了资产阶级革命。东方还没有成熟到实现这种革命的程度。

西方进入了为未来变革的时代作"和平"准备的阶段。到处都在形成就其主要成分来说是无产阶级的社会主义政党,这些政党学习利用资产阶级议会制,创办自己的日报,建立自己的教育机构、自己的工会和自己的合作社。马克思学说获得了完全的胜利,并且**广泛传播开来**。挑选和集结无产阶级的力量、使无产阶级作好迎接未来战斗的准备的过程,正在缓慢而持续地向前发展。

马克思主义在理论上的胜利,逼得它的敌人**装扮成**马克思主义者,历史的辩证法就是如此。内里腐朽的自由派,试图在社会主义的**机会主义**形态下复活起来。他们把为伟大的战斗准备力量的时期解释成放弃这种战斗。他们把改善奴隶的生活状况以便去同雇佣奴隶制作斗争解释成奴隶们为了几文钱而出卖自己的自由权。他们怯懦地宣扬"社会和平"(即同奴隶制讲和平),宣扬背弃阶级斗争,等等。在社会党人议员中间,在工人运动的各种官员以及知识分子"同情者"中间,他们有很多信徒。

三

当机会主义者还在对"社会和平"赞不绝口,还在对实行"民主制"可以避免风暴赞不绝口的时候,极大的世界风暴的新的发源地已在亚洲出现。继俄国革命之后,发生了土耳其、波斯和中国的革命。我们现在正处在这些风暴以及它们"反过来影响"欧洲的时代。不管各种"文明"豺狼现在切齿痛恨的伟大的中华民国的命运如何,世界上的任何力量也不能恢复亚洲的旧的农奴制度,不能铲除亚洲式和半亚洲式国家中的人民群众的英勇的民主精神。

有些人不注意群众斗争进行准备和得以发展的条件,看到欧洲反资本主义的决战长时间地推迟,就陷入绝望和无政府主义。现在我们看到,这种无政府主义的绝望是多么近视,多么懦弱。

八亿人民的亚洲投入了为实现和欧洲相同的理想的斗争,从这个事实中应当得到的不是绝望,而是振奋。

亚洲各国的革命同样向我们揭示了自由派的毫无气节和卑鄙无耻,民主派群众独立行动的特殊意义,无产阶级和一切资产阶级之间分明的界限。有了欧亚两洲的经验,谁若还说什么**非阶级**的政治和**非阶级**的社会主义,谁就只配关在笼子里,和澳洲袋鼠一起供人观赏。

欧洲也跟着亚洲行动起来了,不过不是按照亚洲的方式。1872—1904年的"和平"时期已经一去不复返了。物价的飞涨和托拉斯的压榨已使经济斗争空前尖锐化,这甚至使那些受自由派腐蚀最深的英国工人也行动起来了。就是在德国这个最"顽固的"资产阶级容克国家里,政治危机也在迅速成熟。疯狂的扩充军备和帝国主义政策,使得目前欧洲的"社会和平"活像一桶火药。而**一切**资产阶级政党的解体和无产阶级的成熟的过程正在持续地进行。

自马克思主义出现以后,世界历史的这三大时期中的每一个时期,都使它获得了新的证明和新的胜利。但是,即将来临的历史时期,定会使马克思主义这个无产阶级的学说获得更大的胜利。

载于1913年3月1日《真理报》
第50号

译自《列宁全集》俄文第5版
第23卷第1—4页

给德国社会民主党
执行委员会的信²

（1913 年 3 月 2 日〔15 日〕）

尊敬的同志们：

　　根据中央委员会的建议,我们这次由中央委员会代表和在社会民主党各个工作部门工作的俄国地方工作者代表参加的会议,讨论了你们 1912 年 12 月 28 日发出的希望"召开会议并组织讨论"的来信。

　　会议感谢你们对我党事务的关心,同时一致决定**拒绝**你们的建议。

　　我们,俄国的革命的社会民主党人,非常尊重德国革命无产阶级的政党。我们力求使俄国社会民主党和德国社会民主党之间保持最亲密的兄弟般的关系。我们不愿意引起任何误解,所以我们试图向你们,尊敬的同志们,开诚布公地说明我们拒绝你们的建议的理由。

　　就从你们建议召开的会议的**目的**谈起吧!

　　你们认为会议的目的应该是"制定统一的党纲和组织章程",并要求我们把我们的党纲和组织章程的草案告诉你们。

　　但是,我们党早就有了党纲。早在 1903 年,即 10 年前,我们党的纲领在我们党的第二次代表大会³上就已经确定了。从那时起，俄国的几十万，在革命年代甚至几百万无产者，在我们党的旗帜下进行斗争，证明他们是忠于这个纲领的。我们现在仍然忠于这个纲领。我们认为修改党纲**完全**是多余的。

我们可以告诉你们，到目前为止，**甚至连**取消派**也**没有要求修改党纲——至少没有公开提出要求。

各个大大小小的集团进行协商制定新党纲的前提是：**党还不存在**。可是现在**存在**俄国社会民主工党，而且俄国工人阶级一如既往地在党的旗帜下进行斗争。我们党经历过而且现在在某种程度上还在经历着非常艰难的时期。但是，与取消派的种种断言相反，我们党一分钟也没有停止过存在。只有取消派（即那些置身于党外的人）才会同意进行协商来制定什么新党纲——显然，这是为了某个新党制定的。（上面所说的话稍作改变也同样适用于制定新党章的问题。）

其次，我们和取消派之间存在着深刻的原则分歧——首先表现在俄国新的革命这一问题上。我们党（其中也包括以格·瓦·普列汉诺夫为首的孟什维克**护党派**）认为俄国工人阶级和它的政党应该为俄国新的革命而斗争，只有新的革命才能使我国获得真正的政治自由。取消派否定的正是这一点。他们的整个策略是以俄国在一定程度上将沿着和平的立宪道路发展这一假设为出发点的。

由于**这样的**一些根本分歧，在党的工作的一切问题上也就必然产生一系列分歧。这一点，尊敬的同志们，你们是不难理解的。取消派否定我们现在的俄国社会民主工党，而这个党在目前只能秘密存在（尽管它在许多领域能够进行而且**正在进行**社会民主党的合法工作）。取消派破坏我们现在的组织，指望他们能够在目前的俄国建立一个合法的工人政党。（这里必须指出，甚至连自由派立宪民主党人⁴也无法使他们的党合法化。）由此产生了分裂，这个分裂完完全全是取消派一手造成的。

显而易见，能够解决这些争论、这些根本分歧的**只有**俄国觉悟的工人自己，只有我们自己的俄国社会民主党组织，而不是**其他任何人**。

俄国工人在这方面已经迈出了很大的一步。

不久前结束的第四届杜马⁵的选举表明，俄国无产阶级的绝大多数拥护我们原有的党及其革命的纲领和策略。

工人选民团依法选出的所有 6 名代表都是布尔什维克。

这 6 名代表代表着十分之九的俄国工人，他们公开宣布自己反对取消派。

俄国的**第一家**社会民主党工人日报（圣彼得堡《真理报》⁶）就是由工人自己，即同一派（布尔什维克派）工人用他们自己的一个一个戈比创办和维持的。可见，**大多数**工人的统一，事实上是从底层，即从工人群众的内部形成的。只有**这样的**统一才具有生命力，只有这样的统一才能使工人的力量完全团结起来。

同志们，毋庸讳言，我们认为在目前情况下，德国党执行委员会的调解是根本不能接受的。不知是由于对情况了解不够，还是由于某种其他原因，总之，执行委员会对我们和对取消派的态度不公正。现在仅向你们举两个事实：

（1）德国兄弟党中央机关报（《前进报》⁷）辟出整栏整栏的版面让取消派十分粗暴地攻击我们党 1912 年 1 月的代表会议⁸，可是却拒绝刊登我们的即使纯粹是澄清事实的文章，这就违背了对我们应尽的最起码的义务。

（2）在选举运动期间，执行委员会不顾我们的抗议，资助取消派，却拒绝资助中央委员会。执行委员会资助崩得[9]、高加索区域委员会[10]和拉脱维亚人[11]，**就等于**资助取消派组织委员会[12]，因为大家都知道，取消派组织委员会主要就是由这3个组织构成的。取消派就是靠德国工人的钱开始在彼得堡出版唱对台戏的机关报《光线报》[13]，这家报纸**正是在选举的那一天**开始出版的，它加深了分裂。

在分裂期间资助一部分人去反对另一部分人，这种做法在整个国际是闻所未闻的。执行委员会采取这一做法，就是向一月代表会议的拥护者挑战，并且表明执行委员会没有能持公正的态度。

我们感到非常遗憾，但是，同志们，我们应该坦率地对你们说，德国同志关于俄国情况的情报是极**成问题的**。由于这一原因，你们时而无视俄国国内组织的存在，要求召开12个"**派别**"（国外半大学生小集团）的会议，时而提出召集5个组织开会的计划，等等。由于同一原因，取消派一再厚颜无耻地尝试干脆欺骗你们：例如，他们以所谓1912年夏天布尔什维克已经和取消派在哈尔科夫和莫斯科联合起来为理由，试图弄到你们的钱。而实际上，正是在哈尔科夫和莫斯科，布尔什维克，即取消派的不可调和的敌人被选为代表（穆拉诺夫和马林诺夫斯基两位代表），他们是**在**与取消派的**斗争中**被选出来的。仍然由于以上原因，你们在选举期间资助的正是那几个集团（崩得、波兰社会党[14]、波兰社会民主党[15]），他们在选举期间冲突得最厉害，他们中间选出了亚格洛，他是仅仅作为不享有充分权利的成员被吸收进社会民主党党团的**唯一**代表，而且仅以7票对6票的多数被通过。[16]

同志们，这种情况早就该结束了。你们不应该听信那些靠不住的情报员，而应该把你们的机关刊物的版面用来客观说明俄国社会民主工党的现状，对此作原则性的阐述，具体说就是刊登由一些党内集团的负责代表署名的文章。

　　假如你们希望了解我们的情况，你们就应该从文件和文献中收集这方面的资料，正如你们在关注意大利、英国等国家的派别斗争时所做的那样，否则，你们就会不由自主地采取一些往往会被俄国工人看成是极不公道的侮辱性的措施。

原文是德文

载于 1960 年《共产党人》杂志
第 6 期

译自《列宁全集》俄文第 5 版
第 23 卷第 5—9 页

俄国地主的大地产和农民的小地产

(1913 年 3 月 2 日〔15 日〕)

纪念 1861 年 2 月 19 日[17] 的日子刚刚过去不久,因此不妨借这个机会谈谈目前俄国欧洲部分土地的分配情形。

内务部公布了欧俄土地分配的最新官方统计材料,这个材料是有关 1905 年的。

根据这个统计材料,拥有 500 俄亩以上土地的大地主将近(凑成整数)3 万户,他们共拥有土地将近 7 000 万俄亩。

将近 1 000 万贫苦农户拥有的土地**也是这么多**。

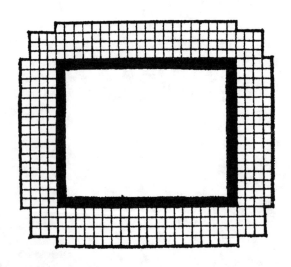

　　这就是说,每一个大地主拥有的土地平均等于将近 330 个贫苦农户拥有的土地,而每个农户将近有 7(七)俄亩土地,每个大地主将近有 2 300(二千三百)俄亩土地。

　　为了更清楚地说明这一点,特在上面绘制了一张图。

　　中间的空白大方块,表示一个大地主的地产。周围的小方格,表示小农的地块。

　　总共有 324 个小方格,而空白方块的面积等于 320 个小方格。

载于 1913 年 3 月 2 日《真理报》　　　　译自《列宁全集》俄文第 5 版
第 51 号　　　　　　　　　　　　　　　　第 23 卷第 10—11 页

虚伪的论调

(1913 年 3 月 7 日〔20 日〕)

人们所以对米留可夫先生在国家杜马中关于普选权问题的发言特别感兴趣,是因为发言人谈到了对民主派具有头等重要意义的一系列问题。

我国所有报刊,包括自由派的报刊在内,愈来愈习惯于这样一种恶劣的无原则的做法:对杜马中的发言不是吹捧一番(《言语报》[18]的利托夫采夫先生)便是大骂一通就算了事,从来不分析这些发言的思想内容!

工人是不相信资产阶级玩弄的政治手腕的。工人希望学习政治。为了满足这种愿望,我们试来分析一下米留可夫先生的发言。

米留可夫先生总是对十月党人[19]说:"……你们不仅没有通过明确的义务同当局联系起来,甚至没有通过感激的心情同当局联系起来"——

因为据说选举中的舞弊是针对你们的。

身为教授、编辑等等的米留可夫先生,一个最有教养的立宪民主党人,十分认真地发挥了这个论点,他甚至补充说:

"……显然,俄国没有一个社会阶层是支持政府的现行政策的……"(《俄国报》第 2236 号)

这种言论之虚伪真是令人吃惊。同一个米留可夫先生接着引证了法国人沙尔的话,这个法国人说得对,"问题的症结""是土地问题"。

沙尔说:"为了搞出一个保守的第三届杜马,本来应当使多数从农民手中转到地主手中……土地所有者和富有的贵族可以组成一个拥有八分之五票数的联盟〈在按照我国选举法进行国家杜马代表的选举时〉,少数则真正被压倒:立法者把农民、中产阶级和城市民主派邀请来是要他们看选举而不是进行选举,是要他们出席选举而不是参加选举。"

反动分子沙尔说得聪明又正确。我们要感谢米留可夫先生引证了这段有意思的话……这段话**粉碎**了米留可夫先生的空谈!显然,俄国**有**一个社会"阶层"(地主阶级即封建主或农奴主阶级)是支持政府的政策的,并且通过阶级利益的纽带"**同当局**"联系起来。什么通过"义务"和"感激的心情"联系起来都是蠢话,——博学的立宪民主党人先生,请记住这一点!

在下一篇文章①里,我们将指出,这位博学的立宪民主党人是怎样像猫儿围着热粥那样围着反动分子沙尔所正确指出的"**问题的症结**"(即土地问题)绕来绕去的。

载于1913年3月7日《真理报》
第55号

译自《列宁全集》俄文第5版
第23卷第12—13页

---

① 见本卷第14—15页。——编者注

"问题的症结"

(1913 年 3 月 8 日〔21 日〕)

我们已经知道,米留可夫先生引证的那个法国反动分子沙尔正确地认为,土地问题是俄国面临的"问题的症结"。

米留可夫先生引证了这个聪明的反动分子的聪明的言论,可是根本不了解它们的含义!

"……能使你们〈即十月党人和政府:米留可夫先生在**同他们**谈话!〉亲手带到这里来的农民成为不独立的农民吗?要知道,他们在这个讲坛上谈论土地问题,他们所说的同在第一届和第二届国家杜马中的独立的农民所说的一样。不,先生们,在俄国生活中再没有比俄国农民更独立、更坚定的分子了。"(左边有人鼓掌,有人喊道:"对"。)

显然,鼓掌叫好的全是虚伪的立宪民主党人,因为大家都知道:第一,农民在第三届和第四届国家杜马中所说的同在第一届和第二届国家杜马[20]中所说的并**不完全**"一样",而是更加软弱无力;第二,在俄国生活中**有**更独立、更坚定的分子。就是米留可夫先生本人也**不得不**在自己的发言中承认,工人在争取俄国的政治自由方面做得"最多"。难道衡量"独立"还有别的尺度吗?

但是实质并不在这里。实质在于,13 万户地主的利益同农民群众的利益**现在**能不能调和起来?米留可夫先生"围绕"这个问题"乱扯一通",**避免作出答复**。

《言语报》雇来吹捧帕·米留可夫的索·利托夫采夫先生写

道,他的发言

"消除了这个尖锐的、有争论的问题上的模糊看法。直到现在,许多人仍然觉得普选权是洪水猛兽,是革命到了极点"。

真是一个又一个空谈的样板!

自由派空谈家先生们,向反动分子沙尔学习吧!问题的症结是土地问题。**现在**在这个问题上13万户地主的利益同1 000万户农民的利益能不能调和起来?能还是不能?

米留可夫先生,这就是普选权问题的"**症结**",可是你却**腐蚀**人民的政治意识,用空话**掩盖**问题的这个实质,而这个实质是任何一个有头脑的人都一目了然的。

如果你对这个问题回答说:**能**,——那么我用**你**下面的话就能把你驳倒,即:农民在第三届和第四届国家杜马中所说的同在第一届和第二届国家杜马中所说的"一样"(虽然说得更加软弱无力)。

如果你回答说:**不能**,——那么你所说的关于目前俄国的普选权具有可以调和的、非"**单方面的**"性质的**全部**空话就破产了。

学究式地援引俾斯麦,那纯粹是幼稚行为,因为俾斯麦是在德国资产阶级的发展已经使地主的利益同一切富裕农民甚至部分中等农民的利益**调和起来**的时候"**赐予**"普选权的。

洞察一切的读者可能要问:由此是不是应该得出结论说,在俄国不可能实现普选权?我们要回答洞察一切的读者说:不,由此只应该得出一个结论,在俄国改良主义的观点行不通。

载于1913年3月8日《真理报》
第56号

译自《列宁全集》俄文第5版
第23卷第14—15页

自由派在粉饰农奴制

（1913 年 3 月 9 日〔22 日〕）

自由派历史学家，立宪民主党的领袖米留可夫先生，不久前在《言语报》的一篇社论中写道：

"俄国的社会不平等〈农奴制〉比文明世界的任何地方都显得更加脆弱，形成得更加偶然。它毫无反抗地〈!!!〉就草草让了位。米柳亭和索洛维约夫轻而易举地实现了斯特罗加诺夫伯爵早在亚历山大一世时就预言有可能实现的东西。"

所有自由派历史学家和一部分民粹派历史学家都在粉饰俄国的农奴制和农奴主的国家政权，这我们已经看惯了。但是像我们引证的这段话那样可耻的"妙论"，却不是所有这类历史学家都说得出口的。

俄国的农奴制和农奴主领主阶层不是脆弱的，也不是偶然形成的，而是"比文明世界的任何地方"都要"牢固"得多，坚实得多，强大得多，权力大得多。它不是"毫无反抗地"，而是经过最激烈的反抗才让出了它的一小部分特权。要不然，自由派先生也许会给我们指出"文明世界"中类似车尔尼雪夫斯基的遭遇这样的例子吧？

米柳亭和索洛维约夫**本人**就维护农奴主的特权，主张为这些特权付出非常重的"**赎金**"。米留可夫先生闭口不谈这一点，就是在歪曲历史，因为历史证明农奴主的特权、无限权力和无上权势在米柳亭及其同伙以后，在"**他们的**"农奴制改革以后的半世纪里还是"富有生命力"的。

为什么自由派历史学家要粉饰农奴制和农奴制改革呢？因为他们在实行这种改革的活动家身上看到了他们所喜爱的对农奴主的卑躬屈节，看到了他们引以为快的对民主派的恐惧心理，看到了合乎他们心意的与反动派勾结的意向，看到了他们所熟悉的粉饰阶级斗争的勾当。

这里谈的是遥远的过去。然而自由派（"自由派的仪表，官吏的灵魂"[21]）当时和现在对阶级斗争所采取的态度是同一类性质的现象。

米留可夫先生在粉饰农奴制的同时，也就绝妙地勾画了自己，勾画了自己的党，勾画了自命为民主派以愚弄头脑简单的人的整个俄国资产阶级自由派。

载于1913年3月9日《真理报》 第57号

译自《列宁全集》俄文第5版 第23卷第16—17页

榨取血汗的"科学"制度

(1913 年 3 月 13 日〔26 日〕)

美国资本主义走在最前面。技术最发达,进步最快,——这一切都迫使古老的欧洲竭力追赶美国佬。但是,欧洲资产阶级向美国学习的不是民主制度,不是政治自由,不是共和制度,而是剥削工人的最新方法。

目前在欧洲,而在某种程度上在俄国,人们谈得最起劲的是关于美国工程师弗雷德里克·泰罗的"制度"。不久以前,谢苗诺夫先生在彼得堡交通运输工程师学院的礼堂里作了关于这个制度的报告。泰罗本人把这个制度叫做"科学"制度,在欧洲,人们正在热心地翻译和宣传他的著作。

这个"科学制度"的内容是什么呢? 就是在同一个工作日内从工人身上榨取比原先多两倍的劳动。迫使最强壮最灵巧的工人工作;用特制的时钟——以秒和几分之一秒为单位——记录下完成每一道工序,每一个动作的时间;研究出最经济的、效率最高的工作方法;把技术最好的工人的工作情形拍摄成电影;等等。

结果,在同样的 9—10 小时的工作中,他们就能从工人身上榨取比原先多两倍的劳动,无情地耗尽他的全部力量,以三倍于原先的速度把雇佣奴隶的神经和肌肉的点滴能力都榨取干净。但是他过早地死去呢? 大门外还有许多人哩!……

在资本主义社会里,技术和科学的进步意味着榨取血汗的艺术的进步。

就拿泰罗著作中的一个例子来说明。

以送去进一步加工的生铁的装车工作来说,旧制度和新的"科学"制度相比较,其情况如下:

	旧制度	新制度
装车的工人人数……………………………	500	140
平均一个工人所装的吨数		
（每吨等于 61 普特）……………………	16	59
工人的平均工资…………………………	2 卢布 30 戈比	3 卢布 75 戈比
每装一吨生铁的厂主开支……………………	14.4 戈比	6.4 戈比

资本的开支减少了**一半**甚至一半以上。利润增加了。资产阶级兴高采烈,对泰罗之流赞不绝口!

开头工人的工资会增加。可是几百个工人被解雇了。谁留下来,谁就要三倍紧张地工作,拼命地工作。资本家把工人的全部精力榨干,然后就把他们赶出工厂。他们只雇用年轻力壮的工人。

他们用一切科学办法榨取血汗……

载于 1913 年 3 月 13 日《真理报》
第 60 号

译自《列宁全集》俄文第 5 版
第 23 卷第 18—19 页

我们的"成就"

(1913 年 3 月 14 日〔27 日〕)

不论财政大臣在自己的预算说明书中,还是所有的政府党,都竭力使自己和别人相信,我国的预算扎实可靠。而且他们同时还列举了工业方面的"成就",无疑,工业在最近几年是上升了。

我们的工业如同俄国的整个国民经济一样,过去和现在都是按资本主义方式发展的。这是不容争辩的。这也是无须证明的。但是,如果只是举出有关"发展"的材料,扬扬得意地夸耀"增加了百分之多少多少",那就是**闭眼不看**这些材料所暴露出来的俄国的**极端落后和贫困**。

财政大臣高兴地说,1908 年,我国全部工厂工业的产品总值为 430 700 万卢布,1911 年则将近 489 500 万卢布。

请考虑考虑这些数字究竟有**什么意义**。在美国,每 10 年进行一次调查。要找到同我们**相似的**数字,就必须回到 1860 年去,而美国那时还存在着黑**奴制**。

1860 年,美国加工工业的产品总值为 377 100 万卢布,1870 年已达到 846 400 万卢布。1910 年,美国已达到 4 134 400 万卢布,就是说,几乎比俄国多 8 倍。俄国的人口为 16 000 万,而美国的人口,1910 年为 9 200 万,1860 年为 3 100 万!

财政大臣高兴地说,1911 年,俄国每个工厂工人的年平均工资为 251 卢布,比 1910 年增加了 8.2%(按全部工资总额计算)。

在美国,1910 年每个产业工人的平均工资为 **1 036 卢布**,即比俄国每个产业工人的平均工资高 **3 倍**多。1860 年,美国每个产业工人的平均工资为 **576 卢布**,即比**现在**俄国每个产业工人的平均工资高 1 倍。

20 世纪的俄国,实行六三"宪制"[22]的俄国,**竟不如奴隶制的美国**。

在俄国,1908 年一个工厂工人的年产值为 1 810 卢布,而在美国,1860 年一个工厂工人的年产值为 2 860 卢布,1910 年则为 6 264 卢布。

只举出这几个数字,就足以简要地说明,什么是**现代的**资本主义,什么是压制现代资本主义发展并使广大农民群众处于艰难境地的中世纪农奴制的压迫。

农民的生活状况必然使国内市场十分狭小,使工人的处境每况愈下,工人在 1911 年所挣的工资比奴隶制时代的美国工人所挣的要少一半。但是,除了其他情况以外,世界市场的情况也要俄国作出抉择:要么被那些用另一种速度并在真正广阔的基础上发展资本主义的竞争者压倒,要么摆脱农奴制的一切残余。

载于 1913 年 3 月 14 日《真理报》
第 61 号

译自《列宁全集》俄文第 5 版
第 23 卷第 20—21 页

达成协议还是分裂？

（关于社会民主党杜马党团的意见分歧问题）

（1913 年 3 月 15 日〔28 日〕）

社会民主党的舆论对在 7 名代表的信中流露出来的党团分裂的危险感到不安。这个问题引起工人的极大关注是理所当然的。我们必须把情况弄得一清二楚。

一方面是工人选民团的所有 6 名代表，像大家所理解的那样，他们是俄国工人阶级的大多数人的代表。另一方面则是以 1 票的优势偶然在党团内占多数的其他 7 名代表。

从表面上看，引起争论的问题是：7 名代表要迫使其他 6 名代表做《光线报》的撰稿人，主张《真理报》同《光线报》合并。坦率地说，我们认为 7 名代表的这种要求是极不严肃的。如果一个人不赞同某家报纸的办报方针，难道可以用"多数票"强迫他为这家报纸工作吗？（至于一切自重的编辑部自己也会拒绝这些强迫拉来的非自愿的"撰稿人"，那就更不用说了。）难道当真可以谈论《真理报》同《光线报》合并吗？

当然**不可以**！我们坦率地声明，我们认为《真理报》如果放弃同取消主义的斗争，也就是说，《真理报》**在**《光线报》放弃鼓吹取消主义即放弃反对"地下组织"、反对政治罢工等等以前同《光线报》合并，那就是**背叛**无产阶级事业。严肃的社会民主党活动家未必会相信,《真理报》和 6 名工人代表会单单因为《光线报》要他们自杀就决定自杀。根本谈不上这一点,如果 7 名代表不再搬出他们那种根本不能令人接受的、根本实现不了的"计划",他们就是做了好事。

然而,党团的意见分歧问题并不止这一些。每个人都感觉到,表面上争论的是是否可以强迫给《光线报》撰稿,而在这场争论的掩盖下隐藏着另一场更严肃更重要的争论。这场争论就是,**党团的两个部分对取消主义采取什么态度**。

可以设想:在这方面工人首先有权要求 7 名代表**坦率地、确切地、清楚地、肯定地说明**,**他们对取消主义采取什么态度**。7 名代表应当像 6 名工人代表那样,公开地说明这一点。在第三届国家杜马党团内,绝大多数代表是**孟什维克**。但是他们对取消主义采取了断然**否定**的态度。可是现在这 7 名代表对取消主义采取的是什么态度呢? 他们自己提出了关于《光线报》即关于取消主义的问题。因此他们更应该公开地、确切地说明:他们对《光线报》鼓吹反对地下组织(见《光线报》第 101 号及其他各号)、反对政治罢工、反对工人阶级在解放运动中的领导权等等采取什么态度。否则,要想摆脱现状是根本不可能的。

我们直截了当地说,如果社会民主党党团内哪怕有一个代表在杜马讲坛上发表类似《光线报》第 101 号上的文章的言论(愈来愈喜欢"地下组织"是件"令人痛心的"事实云云),那么**同这样的代表决裂就是必不可免的**。任何一个社会民主党的代表不挺身出来说,这个发言人讲的不是社会民主党的意见,那他就是背叛了自己对工人阶级应尽的责任。

我们的这种看法是否正确? 我们可以心平气和地把这个问题

交给工人去判断……

　　在党团的两个各占二分之一的部分之间存在着严重意见分歧的情况下,**只有双方同样努力去达成协议**,才有可能保持统一。让以一票的优势偶然取得的多数去"决定"纲领性问题,那就会**造成分裂**。这个道理是大家都清楚的。真正希望统一的人是决不会采取这种"决定"问题的办法的。

　　在目前的党团构成情况下,党团内是否有可能达成协议? 迄今为止**是有**可能的。党团在第四届杜马开始工作时宣读的宣言[23]就是一个例子。党团摒弃了取消主义的无理要求;这就使两部分有达成协议的可能。如果有诚意,如果7名代表不制造分裂,那么在一切重大的政治问题上今后也**将有**达成协议的可能。

　　宣言的例子说明了,为了避免分裂应当怎么办。而"民族文化自治"[24]的例子则说明,为了避免分裂**不应当怎么办**。如果像契恒凯里同志那样提出这种要求,那就是要**废除**社会民主党的纲领。以前取消派一直硬说这个要求与党纲"不抵触",而现在甚至崩得分子自己也把他们揭穿了,崩得分子(见《时报》[25]第9号)正因为契恒凯里"离开了民族问题上的正式理论所持的僵化观点"才向他表示祝贺的。以7票对6票废除党纲,那**就是**制造**分裂**。这是每一个觉悟的工人都明白的。

　　总之,**达成协议还是分裂!**问题就是这样摆着的。

　　我们要求什么? ——**要达成协议!**

　　这样达成协议有没有可能? ——有可能!

　　这样达成协议是不是上策? ——是上策!

　　为了达成协议,需要做些什么呢? ——不废除党纲,不辱骂"地下组织",始终忠于原来的旗帜! 读者可以看到,我们的要求是很低的。

　　赞成 7 名代表同 6 名代表达成协议,反对分裂! 这就是一切觉悟的工人应当提出的要求。

载于 1913 年 3 月 15 日《真理报》
第 62 号

译自《列宁全集》俄文第 5 版
第 23 卷第 22—24 页

"库 存 现 金"

(1913 年 3 月 15 日〔28 日〕)

政府的报纸,以善于阿谀奉承的《新时报》[26]为首,竭力吹捧我国政府在管理国家经济方面取得的辉煌成就。真了不起:45 000万卢布"库存现金"!不是往外拿钱,而是往里进钱——请看,"我们"是怎样当家的。

因此,《新时报》这家黑帮地主和十月党商人的报纸得出结论说,有了这 45 000 万卢布的储备,就是打仗也一点都不在乎了。

但是,请看一看财政大臣关于 1913 年预算的说明书吧;在这个说明书中,除了自我吹嘘(这种吹嘘在说明书中要多少有多少!),能不能找到说明这笔出了名的"库存现金"的来源的**确切材料**呢?

我们翻开大臣先生的说明书,就可以在说明书中(第 15 页第 1 部分)看到,1908—1912 年这 5 年中,**公债使国库得到 33 950 万卢布**。在同一时期内,公债还本付息支出了 25 210 万卢布。

这就是说,公债总共增加了 **8 740 万卢布**。这就是"库存现金"的第一个"来源"。看来,这是一个容易到手的来源。

再往下看。大家知道,**从 1908 年 10 月 1 日起**,国家专卖的烧酒价格涨到了最新的高度,每桶由 8 卢布涨到 8 卢布 40 戈比(这是普通酒,好酒则由每桶 11 卢布涨到 12 卢布)。

由于采取这一"财政措施",1908—1912年这5年内国家专卖的烧酒的平均价格变为每桶8卢布48戈比,也就是说,比过去4年(1904—1907年,每桶的价格为8卢布6戈比)整整贵了**42戈比**。

5年内(1908—1912年)国家共售出44 050万桶40度劣质酒。每桶增加42戈比利润,合起来共增加利润**18 500万卢布**。

这就是"库存现金"的第二个来源!

第三个来源是国营铁路在4年内(1908—1911年)提供了"纯利润"**5 300万卢布,如果不算支付国家用于投资的225 000万卢布的利息和还本的支出的话!!** 如果我们把1912年得到的这种"利润"按1911年的数量计算,即算10 500万卢布,那么5年内我们得到的"利润"共**15 800万卢布**。显然,"不算"几十亿投资的利息和还本的支出,这样的国家"经营"真像是在变国家魔术。我们要指出,**4年内**(1908—1911年)国家支付铁路投资的利息和还本的支出为**39 760万卢布**,这并不是某个"左派记者"(根本不是!),而是**国家监察总署自己确定的**。1908—1912年这5年内,这种支出共达**5亿卢布**![1] 这可说是**掠夺性经营**的典型。

现在我们把"库存现金"的三个来源加在一起:

(1)公债····················· 8 740万卢布
(2)提高国家专卖的劣质酒的价格··········· 18 500万卢布
(3)国营铁路(**不算支付投资的利息和还本的
　　支出5亿卢布**)················· 15 800万卢布

　　　　　　总　计·········· 43 040万卢布

---

[1] 文中从"我们要指出"至"共达**5亿卢布**!"这段话,是1941年发现的。新增补的这段话,在首次发表于1913年3月15日《真理报》第62号的文章中以及在《列宁全集》第2、3版中都未刊载。——俄文版编者注

　　看来够了吧？一些更细小的"来源"就没有必要指出了。

　　我们的农奴主-地主是最伟大的天才理财家，这不是明明白白的吗？借钱，提高劣质酒的价格，"不算"支付几十亿投资（用于"经营"）的利息和还本的支出——这不是要有些天才的吗？

　　这不是我国预算"扎实可靠"的证明吗？

载于 1913 年 3 月 15 日《真理报》　　　译自《列宁全集》俄文第 5 版
第 62 号　　　　　　　　　　　　　　第 23 卷第 25—27 页

中华民国的巨大胜利

(1913 年 3 月 22 日〔4 月 4 日〕)

大家知道,亚洲人民群众中先进的民主派不惜重大牺牲建立起来的伟大的中华民国,最近遭到了极其严重的财政困难。算做是文明国家而实际上执行最反动政策的六"大"强国,成立了银行团(协作性组织),一致停止向中国提供贷款!

问题在于,中国革命在欧洲资产阶级中间所引起的不是对自由和民主事业的热忱(只有无产阶级才能有这种感情,牟取暴利的骑士是不会有这种感情的),而是**掠夺**中国、开始瓜分中国、攫取中国领土的野心。六个强国(英、法、俄、德、日、美)的"银行团"力图使中国破产,以便削弱和破坏这个共和国。

这个赢得全世界劳动群众同情的年轻共和国所取得的一个巨大胜利,就是这个黑帮银行团的**瓦解**。美国总统宣称:美国政府将不再支持这个银行团,它在最近的将来要正式**承认**中华民国。现在美国的银行都已**退出**银行团。美国即将给予中国十分必要的财政援助,为美国资本开辟中国市场,促进中国的改良事业。

在美国的影响下,日本也改变了对中国的政策。起初日本甚至不愿意让孙中山到日本去! 现在他已经去了,日本所有的民主主义者都热烈欢迎同共和制的中国建立联盟;同中国缔结**联盟**已经提到日程上来了。日本资产阶级像美国资产阶级一样,懂得了

实行对中国的和平政策比实行掠夺和瓜分中华民国的政策对自己
更有利。

　　强盗般的银行团的瓦解，自然也是俄国推行的反动对外政策
的一大失败。

载于 1913 年 3 月 22 日《真理报》　　　　译自《列宁全集》俄文第 5 版
第 68 号　　　　　　　　　　　　　　　第 23 卷第 28—29 页

老问题和自由派的衰老

(1913年3月26日〔4月8日〕)

一位最有名的立宪民主党人盛加略夫代表最近在彼得堡发表了一篇题为《新杜马和老问题》的演说。

这是一个现实的有趣而生动的题目。

我们这位立宪民主党人照例把十月党人攻击一通。他喊道："十月党人不好意思接近右翼，但是又不敢接近左翼。"(《言语报》第70号)很明显，我们这位勇敢的(在民主派听众面前是勇敢的)立宪民主党人是把进步党人[27]列为"左翼"的。立宪民主党人的这些最亲密的朋友和政治上的战友本身就有¾是十月党人，关于这一点，盛加略夫先生却避而不谈。

虽然立宪民主党人同处在立宪民主党人和十月党人**之间**的进步党人实际上已经结成永久性的、极其密切的联盟，可是他却想要民主派把立宪民主党人看做"左翼"！换句话说，立宪民主党人想笼络民主派，虽然他们自己实际上做了显然是**反**民主派的进步党人的俘虏。

盛加略夫先生在谈到第四届杜马时说道："现在的这种沉闷正像一列滞留在偏僻车站上的火车里的旅客的心情一样。要想驱散这种心情并使火车开动，旅客就得自己来扫清道路。然而，要想启动沉重的立法机器，单靠旅客的力量毕竟是不行的。在我们的改革工作上挂着3把锁——六三法令、参议院和行政当局缺乏责任心。如何打开这些锁，是平静地、和平地打开呢，还是用别的方法，——历史将会表明这一点。当代的人不能采取完全漠不关心的态度；他们应该同心协力，努力向前。"(《言语报》第70号)

往历史上推——这很方便！盛加略夫先生和立宪民主党人往历史上推，**正像**马克思所说的那些人**一样**，他们为鞭子辩护的理由，就是因为这条鞭子是历史性的**28**。

当然，"历史将会表明**如何**打开这些锁"，这是无可争辩的但也是毫无用处的真理。这是自由派为自己的衰老而作的辩解。一个政治家应该能够回答：是**哪个**阶级看管着这些锁，是应该由**哪些**阶级用**什么**方法打开这些锁。

"历史将会表明"它在7年半以前已经表明的，这就是：自由派的改良主义以及自由派同看管"这些锁"的阶级和睦相处的幻想都是毫无用处的。

载于1913年3月26日《真理报》
第71号

译自《列宁全集》俄文第5版
第23卷第30—31页

论 "石 油 荒"

（不早于1913年3月26日〔4月8日〕）

关于"石油荒"、石油价格飞涨、石油大王为了掠夺消费者而缔结罪恶的秘密协定的问题，在杜马内尤其是在杜马外引起了人们完全理所当然的关注和完全可以理解的愤慨。

工商大臣先生用稍微隐蔽的方式为石油辛迪加大王²⁹**辩护**，马尔柯夫第二先生则狂热地表露了贵族农奴主-地主的委屈心情。他们之间的决斗（在3月22日国家杜马会议上），值得工人阶级和全体民主派高度重视。这场决斗清楚地暴露了俄国两个"执政"阶级，两个所谓"高贵的"（其实是很低下的、卑劣的、掠夺成性的）阶级，即农奴主-地主阶级和金融巨头阶级之间的全部相互关系。

石油辛迪加问题乍一看好像是个局部问题。然而并不是这样。实际上这只是有关这两个统治阶级如何管理俄国（或者确切些说是如何掠夺俄国）这个总的基本问题的表现之一。马尔柯夫第二的发言从一个因分赃不均而感到委屈的**死硬派**的立场出发，对石油"大王"的辩护人作了极好的回答。马尔柯夫第二先生没有能"回过头来看看自己"，没有能用镜子照照自己（和自己的地主朋友们），这是不足为怪的。我将尽力为马尔柯夫第二先生效劳；我要把镜子放在他面前。我要给他画一幅肖像。我要指出：马尔柯夫第二和赫沃斯托夫同石油大王、煤油辛迪加巨头、巴库百万富翁的"争吵",是**家庭**争吵,是**两个**盗窃人民财富的人的争吵。"夫妻吵嘴,只当开心。"大臣先生和诺贝尔先生及其同伙是一方,赫沃斯托夫先生之流和马尔柯夫先生之流同他们在参议院、国务会议[30]等等之中的朋友是另一方。但这些都是"夫妻"。不过由于这种亲密的、热火的结合,俄国数千万工人和破产的农民就不得不大吃苦头!

石油问题的关键在哪里呢?

首先是石油企业主先生们——这些牟取资本主义暴利的"骑士们"人为地**降低**油井和炼油厂的产量,无耻地抬高石油价格。

这方面的主要材料已经在杜马中引用过了,但是为了使我下面的阐述显得十分清楚,我还要简略地将这些材料重复引用一下。1902年石油价格是6戈比1普特。1904年涨到14戈比。后来价格"跃升"得更"欢",因而在1905年革命以后,到1908—1909年时,1普特的价格已涨到21戈比,1912年竟涨**到38戈比**。

总之,10年间石油价格上涨**5倍多**!而石油开采量在这个时期却从1900—1902年的60 000万—70 000万普特**减少到**1908—1912年的50 000万—58 500万普特。

这些数字值得记住。对这些数字要加以思考。在全世界生产向前大跃进的10年间,我们的开采量却减少了,价格则上涨了**5倍多**。

工商大臣先生为那些缔结秘密协定的工商业家辩护时所提出的论据简直不值一驳。

他说,燃料的需要量在增长,汽车工业和航空工业的石油需要量在增长。大臣先生安慰我们和俄国人民说,这是"世界性"现象。

我们要问:那么在美国呢?产生这样的问题是很自然的,因为大家知道,美国在石油生产上是俄国唯一的劲敌。1900年俄国和美国的石油开采量合起来占世界石油开采量的 $^9/_{10}$ 强,1910 年则占 $^8/_{10}$ 强。

如果说是"世界性"现象,大臣先生,那就是说,美国**也**应当是**这样**。为了使那些漫不经心的听众有这样的**印象**,这位为缔结秘密协定的石油掠夺者辩护的大臣先生也引用了美国的数字……**但仅仅是近两年的数字!!** 近两年来,美国石油价格上涨了 1 倍,罗马尼亚也是如此。

大臣先生,太妙了! 不过,为什么不把这个比较进行到底呢? 要比就要好好比。不能玩弄数字。应当拿与所引用的俄国材料**同一时期**的美国材料来比较。这是一切认真使用统计材料的最主要、最基本、最起码的条件,难道这还不清楚吗?!

俄国 10 年来的价格同大臣先生自己引用的 1902 年最低的价格比较起来,上涨了**5 倍**多。而美国呢? 那里价格从来没有**这样**涨过。从 1900 年到 1910 年,美国的价格**降低了**。最近几年的价格是稳定的。

那么,结果怎样呢? 美国上涨了 1 倍,俄国上涨了**5 倍**。1900 年美国石油开采量比俄国少,而 1910 年则比俄国**多 2 倍!!**

为石油企业主百万富翁的秘密协定笨拙地辩护的大臣先生,不愿意谈这一点。但事实明明这样摆着。不管你举出什么样的数字,无可怀疑的是:近 10 年来,美国的价格上涨得比俄国**少得多**,开采量有**极大的**增长,而俄国却可耻地停滞不前甚至倒退了。

现在我们一下子就可以看出,我们的大臣说价格上涨是"世界性"现象,这个借口中真话很少,谎话居多。的确,物价到处在上涨。的确,这是由资本主义所共有的一些原因引起的。

然而,俄国的情况所以**不堪忍受**,正是因为我们这里价格涨得最厉害的恰恰是石油,而且生产没有提高而是停滞了。俄国的情况所以**绝对不堪忍受**,正是因为这里不是资本主义广泛的、自由的、迅速的发展,而是停滞和腐败。因此,同样的物价上涨在我国就严重百倍。

俄国有 17 000 万人口,而美国是 9 000 万人口,即俄国的一半多一些。现在美国开采的石油比我们多 **2 倍**,煤比我们多 **17 倍**。美国的生活水平,按工人的工资来说,比俄国高 **3 倍**。

大臣先生说这种祸患是世界性现象,真是弥天大谎,这难道还不清楚吗? 这种祸患现在要比以往**沉重**四倍甚至十倍地压在俄国身上。

载于 1940 年 1 月 21 日《真理报》　　译自《列宁全集》俄文第 5 版
第 21 号　　　　　　　　　　　　　第 23 卷第 32—35 页

立宪民主党的集会法案

（1913 年 3 月 27 日〔4 月 9 日〕）

在立宪民主党向国家杜马提出的自由法案中也有一个集会法案。

立宪民主党人自认为是民主的政党。他们不会不明白，向第四届国家杜马提出的集会法案纯属宣传性质，也就是说，提出的目的是宣传、传播和解释集会自由的原则。

正是应该从这一观点出发来评价立宪民主党的法案：它是否有助于向俄国居民**解释**集会自由的意义、这种自由的重要性以及获得这种自由的条件？

不。法案是自由派官吏而**不是**民主派拟定的。法案中有一大堆官腔十足的、荒诞不经的、官僚主义的规章，而没有民主派认为必要的东西。

禁止在铁路线上集会（第 3 条），禁止在国家杜马会场方圆一俄里内集会等等（第 4 条）；在城市集会必须预先申请，在农村集会不必申请（第 6 条和第 7 条），等等——这是怎么一回事呢？所有这些可怜的、可笑的、内容贫乏的、官僚主义的破烂货究竟有什么用呢？

所有这一切都是从欧洲**反革命的**法律中抄来的，所有这一切都强烈地散发出对民主派怀疑和压制的时代的气味，所有这一都陈腐到了极点。比如，既然在城市里每次公众集会都要在报上宣布，那为什么还要规定这一套愚蠢的、拖拖拉拉的"申请"手续呢?? 这只不过完全是为了向当权者证明，我们立宪民主党人是站在"国家的"立场上的，我们是"守规矩的人"（即民主派的敌人），我们"也会尊重"官吏们的刁难的。

而对现代民主说来是重要的和不可轻视的东西在法案中却没有。对群众来说，有集会场所是很重要的。需要有这样一项**法律**：按照相当的不大一部分公民的要求，**一切**公共建筑物、学校等等，在晚上以及在一般业余时间，都**应**排除一切障碍免费地供人民集会使用。在法国就是这样做的。除了普利什凯维奇之流的蛮横以外，对于这种民主惯例是不会有别的阻挠的。

但是问题的实质就在于：立宪民主党的自由法案的整个精神、整个内容**不是**民主的，而是自由派官僚主义的。

载于 1913 年 3 月 27 日《真理报》　　　译自《列宁全集》俄文第 5 版
第 72 号　　　　　　　　　　　　　　　第 23 卷第 36—37 页

巴尔干战争和资产阶级沙文主义

(1913 年 3 月 29 日〔4 月 11 日〕)

巴尔干战争[31]快要结束了。阿德里安堡的攻克,是保加利亚人具有决定意义的胜利。问题的重心已经完全从战场转移到所谓强国勾心斗角的舞台上去了。

巴尔干战争是亚洲和东欧中世纪制度崩溃的一系列世界性事件中的一个环节。建立巴尔干各个统一的民族国家,推翻地方封建主的压迫,使巴尔干各族农民从地主的桎梏下彻底解放出来,——这就是当时摆在巴尔干各族人民面前的历史任务。

这项任务,巴尔干各族人民本来可以通过建立一个巴尔干联邦共和国来完成,这样做比现在要容易十倍,而付出的牺牲也可以比现在少百分之九十九。如果是在完全、彻底的民主的条件下,就既不可能产生民族压迫和民族纷争,也不可能因宗教信仰不同而引起争端。巴尔干各族人民也可以保证得到真正迅速的、广泛的和自由的发展。

是什么历史原因使巴尔干的这些迫切问题要通过由资产阶级和王朝的利益左右的战争来解决呢? 主要原因是巴尔干的无产阶级力量薄弱,其次是强大的欧洲资产阶级的反动影响和压力。欧洲资产阶级既害怕本国也害怕巴尔干获得真正自由,它所追求的只是靠牺牲别人来使自己发财致富,它煽起沙文主义情绪和民族仇恨,以便推行掠夺政策,阻挠巴尔干各被压迫阶级的自由发展。

　　巴尔干事件反映出的俄国沙文主义的丑恶程度并不亚于欧洲的沙文主义。而用自由主义词句掩盖、粉饰和装潢起来的立宪民主党人的沙文主义,则比黑帮报纸上粗野的沙文主义更为丑恶、更为有害。这些报纸明目张胆地唆使人们攻击奥地利,——顺便提一句,在这个最落后的欧洲国家里,人民享有比俄国多得多的自由。立宪民主党的《言语报》在谈到攻克阿德里安堡时写道:"新的形势使俄国的外交完全有可能具有更大的坚定性……"

　　好一个"民主派"!他们假装不懂他们所说的只能是追求沙文主义目的的坚定性。无怪乎在罗将柯3月14日举行的宴会上,米留可夫和叶弗列莫夫、古契柯夫、本尼格森、克鲁平斯基和巴拉绍夫亲密地聚集在一起了。民族党人[32]、十月党人、立宪民主党人,只不过是丑恶的、对自由深恶痛绝的资产阶级民族主义和沙文主义的各种不同的流派罢了!

载于1913年3月29日《真理报》　　　译自《列宁全集》俄文第5版
第74号　　　　　　　　　　　　　　　第23卷第38—39页

马克思主义的
三个来源和三个组成部分[33]

(1913 年 3 月)

马克思学说在整个文明世界中引起全部资产阶级科学(官方科学和自由派科学)极大的仇视和憎恨,这种科学把马克思主义看做某种"有害的宗派"。也不能期望有别的态度,因为建筑在阶级斗争上的社会是不可能有"公正的"社会科学的。**全部**官方的和自由派的科学都这样或那样地为雇佣奴隶制**辩护**,而马克思主义则对这种奴隶制宣布了无情的战争。期望在雇佣奴隶制的社会里有公正的科学,正像期望厂主在应不应该减少资本利润来增加工人工资的问题上会采取公正态度一样,是愚蠢可笑的。

不仅如此,哲学史和社会科学史都十分清楚地表明:马克思主义同"宗派主义"毫无相似之处,它绝不是**离开**世界文明发展大道而产生的一种故步自封、僵化不变的学说。恰恰相反,马克思的全部天才正是在于他回答了人类先进思想已经提出的种种问题。他的学说的产生正是哲学、政治经济学和社会主义极伟大的代表人物的学说的直接**继续**。

马克思学说具有无限力量,就是因为它正确。它完备而严密,它给人们提供了决不同任何迷信、任何反动势力、任何为资产阶级压迫所作的辩护相妥协的完整的世界观。马克思学说是人类在

19 世纪所创造的优秀成果——德国的哲学、英国的政治经济学和法国的社会主义的当然继承者。

现在我们就来简短地说明一下马克思主义的这三个来源以及它的三个组成部分。

—

马克思主义的哲学就是**唯物主义**。在欧洲全部近代史中,特别是 18 世纪末叶,在同一切中世纪废物,同农奴制和农奴制思想展开决战的法国,唯物主义成了唯一彻底的哲学,它忠于一切自然科学学说,仇视迷信、伪善行为及其他等等。因此,民主的敌人便竭尽全力来"驳倒"、败坏和诋毁唯物主义,维护那些不管怎样总是为宗教辩护或支持宗教的各种哲学唯心主义。

马克思和恩格斯最坚决地捍卫了哲学唯物主义,并且多次说明,一切离开这个基础的倾向都是极端错误的。在恩格斯的著作《路德维希·费尔巴哈》和《反杜林论》里最明确最详尽地阐述了他们的观点,这两部著作同《共产党宣言》一样,都是每个觉悟工人必读的书籍。

但是,马克思并没有停止在 18 世纪的唯物主义上,而是把哲学向前推进了。他用德国古典哲学的成果,特别是用黑格尔体系(它又导致了费尔巴哈的唯物主义)的成果丰富了哲学。这些成果中主要的就是**辩证法**,即最完备最深刻最无片面性的关于发展的学说,这种学说认为反映永恒发展的物质的人类知识是相对的。不管那些"重新"回到陈腐的唯心主义那里去的资产阶级哲学家的

ПРОСВѢЩЕНІЕ

Ежемѣсячный журналъ.

№ 3.

Мартъ.

СПБ. 1913 годъ.

1913 年 3 月载有列宁《马克思主义的三个来源和三个组成部分》一文的
《启蒙》杂志第 3 期的扉页
（按原版缩小）

学说怎样说,自然科学的最新发现,如镭、电子、元素转化,都出色地证实了马克思的辩证唯物主义。

马克思加深和发展了哲学唯物主义,而且把它贯彻到底,把它对自然界的认识推广到对**人类社会**的认识。马克思的**历史唯物主义**是科学思想中的最大成果。过去在历史观和政治观方面占支配地位的那种混乱和随意性,被一种极其完整严密的科学理论所代替,这种科学理论说明,由于生产力的发展,如何从一种社会生活结构中发展出另一种更高级的结构,例如从农奴制中生长出资本主义。

正如人的认识反映不依赖于它而存在的自然界即发展着的物质那样,人的**社会认识**(即哲学、宗教、政治等等的不同观点和学说)反映社会的**经济制度**。政治设施①是经济基础的上层建筑。我们看到,例如现代欧洲各国的各种政治形式,都是为巩固资产阶级对无产阶级的统治服务的。

马克思的哲学是完备的哲学唯物主义,它把伟大的认识工具给了人类,特别是给了工人阶级。

二

马克思认为经济制度是政治上层建筑借以树立起来的基础,所以他特别注意研究这个经济制度。马克思的主要著作《资本论》就是专门研究现代社会即资本主义社会的经济制度的。

① 原文为"учреждение",是指和一定理论观点相适应的制度、组织和机构。——编者注

　　马克思以前的古典政治经济学是在最发达的资本主义国家英国形成的。亚当·斯密和大卫·李嘉图通过对经济制度的研究奠定了**劳动价值论**的基础。马克思继续了他们的事业。他严密地论证了并且彻底地发展了这个理论。他证明：任何一个商品的价值，都是由生产这个商品所消耗的社会必要劳动时间的数量决定的。

　　凡是资产阶级经济学家看到物与物之间的关系（商品交换商品）的地方，马克思都揭示了**人与人之间的关系**。商品交换表现着各个生产者之间通过市场发生的联系。**货币**意味着这一联系愈来愈密切，把各个生产者的全部经济生活不可分割地联结成一个整体。**资本**意味着这一联系进一步发展：人的劳动力变成了商品。雇佣工人把自己的劳动力出卖给土地、工厂和劳动工具的占有者。工人用工作日的一部分来抵偿维持本人及其家庭生活的开支（工资），工作日的另一部分则是无报酬地劳动，为资本家创造**剩余价值**，这也就是利润的来源，资本家阶级财富的来源。

　　剩余价值学说是马克思经济理论的基石。

　　工人的劳动所创造的资本压迫工人，使小业主破产，造成失业大军。大生产在工业中的胜利是一眼就能看到的，但是在农业中我们也看到同样的现象：资本主义大农业的优势日益扩大，采用机器愈来愈广泛，农民经济纷纷落入货币资本的绞索，由于技术落后而日益衰败和破产。在农业方面，小生产的衰败的形式虽然不同，但是它的衰败也是无可争辩的事实。

　　资本打击小生产，同时使劳动生产率不断提高，并且造成大资本家同盟的垄断地位。生产本身日益社会化，使几十万以至几百万工人联结成一个有条不紊的经济机体，而共同劳动的产品却被一小撮资本家所占有。生产的无政府状态愈来愈严重，危机日益加深，争夺市场的斗争愈来愈疯狂，人民群众的生活愈来愈没有保障。

资本主义制度在使工人愈来愈依赖资本的同时，创造着联合劳动的伟大力量。

马克思考察了资本主义的发展过程，从商品经济的最初萌芽，从简单的交换一直到资本主义的高级形式，到大生产。

一切资本主义国家（无论老的或新的）的经验，使工人中一年比一年多的人清楚地看到了马克思这一学说的正确性。

资本主义在全世界获得了胜利，但是这一胜利不过是劳动对资本的胜利的前阶。

三

当农奴制被推翻，"**自由**"资本主义社会出现的时候，一下子就暴露出这种自由意味着压迫和剥削劳动者的一种新制度。于是反映这种压迫和反对这种压迫的各种社会主义学说就立刻产生了。但是最初的社会主义是**空想**社会主义。这种社会主义批判资本主义社会，谴责它，咒骂它，幻想消灭它，臆想较好的制度，劝富人相信剥削是不道德的。

但是空想社会主义没有能够指出真正的出路。它既不会阐明资本主义制度下雇佣奴隶制的本质，又不会发现资本主义发展的规律，也不会找到能够成为新社会的创造者的**社会力量**。

然而，在欧洲各国，特别是在法国，导致封建制度即农奴制崩溃的汹涌澎湃的革命，却日益明显地揭示了**阶级斗争**是整个发展的基础和动力。

战胜农奴主阶级而赢得政治自由,没有一次不遇到拼命的反抗。没有一个资本主义国家,不是经过资本主义社会各阶级间你死我活的斗争,才在比较自由和民主的基础上建立起来。

马克思的天才就在于他最先从这里得出了全世界历史所提示的结论,并且彻底地贯彻了这个结论。这个结论就是**阶级斗争**学说。

只要人们还没有学会透过任何有关道德、宗教、政治和社会的言论、声明、诺言,揭示出这些或那些阶级的**利益**,那他们始终是而且会永远是政治上受人欺骗和自己欺骗自己的愚蠢的牺牲品。只要那些主张改良和改善的人还不懂得,任何一个旧设施,不管它怎样荒谬和腐败,都由某些统治阶级的势力在支撑着,那他们总是会受旧事物拥护者的愚弄。要粉碎这些阶级的反抗,**只有一个办法**,就是必须在我们所处的社会中找出一种力量,教育它和组织它去进行斗争,这种力量可以(而且按它的社会地位来说**应当**)成为能够除旧立新的力量。

只有马克思的哲学唯物主义,才给无产阶级指明了如何摆脱一切被压迫阶级至今深受其害的精神奴役的出路。只有马克思的经济理论,才阐明了无产阶级在整个资本主义制度中的真正地位。

在全世界,从美洲到日本,从瑞典到南非,无产阶级的独立组织正在不断增加。无产阶级一面进行阶级斗争,一面受到启发和教育,他们逐渐摆脱资产阶级社会的偏见,日益紧密地团结起来并且学习怎样衡量自己的成绩,他们正在锻炼自己的力量并且在不可遏止地成长壮大。

载于 1913 年 3 月《启蒙》杂志
第 3 期

译自《列宁全集》俄文第 5 版
第 23 卷第 40—48 页

一 次 谈 话

（1913 年 3—4 月）

　　第一个局外人：我正在尽量仔细地观察"六人团和七人团"[34]在工人中间引起的斗争。我非常注意双方的报纸[35]。我尽可能地对照资产阶级报刊和黑帮报刊的评论。……你知道这是怎么一回事？在我看来，斗争采取了严重的形式，斗争会变成无谓的纠纷，无谓的争执，结果一定是一团糟。

　　第二个局外人：我根本不懂。世界上哪有因某种严重问题而引起的斗争竟**不**采取严重形式的？正因为要用斗争来解决严重问题，这里"小小的""争吵"就无济于事。那些一贯否定并且还在继续否定建党原则的人不经过拼命的反抗是不会投降的。拼命的反抗随时随地都会产生"严重的形式"，都会产生把原则性的争论变成无谓的纠纷的**尝试**。那怎么办呢？是不是因此就要我们放弃为建党的基本原则而斗争呢？

　　第一个局外人：你多少有些离开了我提的问题，而且过分急于"转入进攻"。双方的每个工人小组都忙着"赶写"决议，而且双方都抢着使用厉害的字眼，就好像在进行一场竞赛。这样谩骂，会使那些探索社会主义光明的工人群众不愿意看工人的报刊。他们可能会对社会主义产生疑惑或某种羞愧之感而抛弃这些报纸……　他们甚至可能长期对社会主义感到失望。谩骂竞赛会造成一种"非自然淘汰"的局面,使那些"拳斗专家"占上风……　双方都在鼓励自己人放肆地侮辱对方。社会主义政党应该**这样**教育无产阶级吗?这如果不是对机会主义的赞许,至少也是对机会主义的放任,因为机会主义就是为了暂时的胜利而牺牲工人运动的**根本**利益。双方都在为暂时的胜利而牺牲工人运动的根本利益……　社会党人没有使群众由于进行社会主义工作而感到愉快,没有使他们全力以赴地来做这一工作,也没有使他们以严肃的态度对待这一工作,反而使他们离开了社会主义。这里不由得使人想起这样一句辛辣的话:无产阶级**不管**社会党人做得怎样也能达到社会主义。

第二个局外人:我们俩都是局外人,也就是说都没有直接参加斗争。但是局外人在分析他们眼前所发生的事情的时候,对斗争可能抱两种态度。从旁边来观察,只能看到所谓斗争的外表,形象地说,就是只能看到紧握的拳头、扭曲的脸、不雅观的场面;可以斥责这一切,为此而哭泣和悲叹。但是从旁边来观察也可以了解所进行的斗争的**意义**,这一意义比起斗争中的所谓"过火行为"或"极端行动"的场面和情景来,恕我直言,可要稍微有意思一些,在历史上要稍微重要一些。有斗争就会有激情,有激情就会有极端行动;至于我自己,我最恨那些在阶级、政党、派系的斗争中首先看到"极端行动"的人。我总是激动地——恕我直言——对这些人大声说:"我以为,喝酒没有什么关系,只要能把事情办好。"[36]

现在正在做的是一件大事,是一件有历史意义的大事情。这就是建立工人政党。工人要自主,工人要影响**自己的**党团,工人要自己解决自己政党的问题,——这就是正在发生的事情的伟大历史意义,我们所希望的东西正在我们眼前变成**事实**。"极端行动"

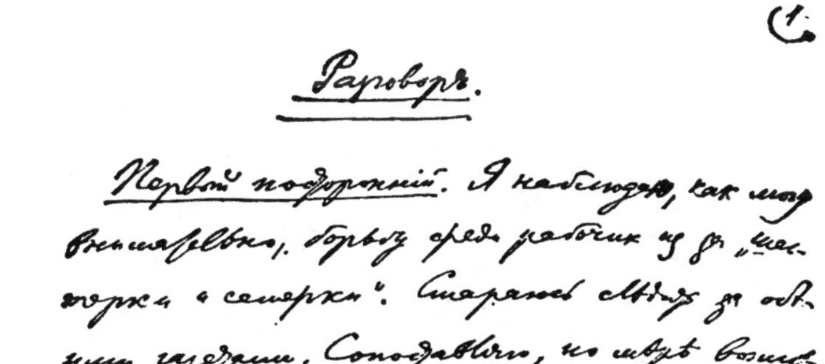

Разговоръ.

使得您惊骇和悲伤,而我却兴奋地观察着这场斗争,因为在这一斗争中俄国工人阶级确实在成熟和壮大。只是由于我是一个局外人,不能投到这一斗争中去,我简直要发狂……

　　第一个局外人:是投到"极端行动"中去吗? 如果这些"极端行动"到了炮制决议的程度,那你也宣布"仇恨"那些指出这一点、对这一点感到愤慨并且要求坚决停止这样做的人吗?

　　第二个局外人:请别吓唬人! 你吓不倒我! 说实在的,你愈来愈像那种对公开揭穿谣言总要横加指责的人了。我记得,有一次在《真理报》上登了一条消息,说一个社会民主党人在政治上不诚实,这条消息过了很久才得到澄清。我在想象,从刊登时起到澄清时止,这位社会民主党人该怀着什么样的心情! 但是公开揭穿是一把利剑,它自己可以治疗它所带来的创伤。那炮制决议呢? 炮制者一定会被揭穿和被抛弃的。只能是这样。在进行一场严重的会战时,战场附近不可能没有野战医院。但是因为看到"野战医院的"情景就害怕起来或者紧张起来,那是绝对不能原谅的。你怕狼,就别到森林里去。

　　至于谈到机会主义,即谈到忘却社会主义的根本目的,那你是在诿过于人。在你看来,这些根本目的只是某种"完美的理想",它同为当前的问题,为现时的迫切问题而进行的"罪恶"斗争是没有联系的。这样看社会主义,就是把社会主义曲解为甜言蜜语,脉脉温情。应当把为当前的每一个迫切问题而进行的每一次斗争同根本目的**紧紧地联系起来**。只有这样理解斗争的历史意义,才有可能在深化和加剧斗争的同时清除那些坏东西,那种"放肆"和"拳斗"。凡是人多、嘈杂、喧嚣和拥挤的地方,这种"拳斗"总是免不了的,但是这种现象会自然而然地得到消除。

你谈到了社会主义政党怎样教育无产阶级的问题。当前斗争中的问题**恰恰**是要捍卫党性的**基本**原则。现在,每个工人小组都面临着一个尖锐的、丝毫不能含糊的、必须立即直截了当予以答复的问题,这就是:它希望在杜马中执行**什么**政策? 它怎样看待公开的党和地下组织? 它是否认为杜马党团**在党之上**,或者相反? 所有这一切都是有关党的存亡的基本问题,因为这是牵涉到要不要党的问题。

社会主义不是将赐恩于人类的现成制度。社会主义是现在的无产阶级**为了**达到自己的根本目标而进行的阶级斗争,是从今天的目标走向明天的目标从而日益**接近**根本目标的斗争。今天,在这个称为俄国的国家里,社会主义正经历着一个阶段,即觉悟的工人不顾自由派知识分子和"杜马的社会民主党知识分子"对工人政党的建设进行种种**破坏**而由自己完成这一建设的阶段。

取消派要**破坏**工人建立自己的工人政党,这就是"六人团同七人团"斗争的意义和重要性所在。但是他们破坏不了。斗争是艰巨的,但是胜利一定属于工人。让那些软弱的、被吓坏的人因斗争的"极端行动"而动摇吧,——他们明天就会看到:不通过这种斗争就休想前进一步。

载于1932年5月5日《真理报》　　　　译自《列宁全集》俄文第5版
第123号　　　　　　　　　　　　　第23卷第51—54页

今天的俄国和工人运动[37]

（1913年4月9日〔22日〕）

报　道

几天前，俄国社会民主党一位最杰出的领袖列宁同志在克拉科夫作报告。现将这一报告的简要内容刊登于后，同时请加利西亚的读者了解，列宁是所谓"布尔什维克派的"领袖，也就是俄国社会民主党内最激进最不妥协的那一派的领袖。

报告人在描述俄国工人运动的时候，指出俄国工人运动对西方各国也有很大的意义。因为在社会主义革命时期，那里无疑也会发生与俄国相似的现象。报告人指出，相对的平静可以突然转变，爆发群众运动，例如，1895年俄国只有4万人罢工，而到1905年，单是1月份就有40万人罢工；全年罢工人数增长到300万人。

俄国目前的政治形势就是由于革命的经验和这一时期所进行的阶级搏斗造成的。有一位日本人把俄国革命叫做"在无能的政府统治下的无力的革命"。然而政府却充分利用了革命的经验。只要回想一下政府对农民采取的态度就够了。起初，在制定第一届杜马选举法的时候，政府把希望寄托在安分守己的、宗法式的农民身上。可是事实表明，为土地而斗争的俄国农民，按其本性来说，虽然确实不像某些民粹派空想主义者所设想的那样是社会主义者，但至少是民主主义者，于是，政府搞了一场政变，修改了选举法。

现在的杜马不是傀儡，而是各反动阶层、同农奴主-地主、资产阶级上层分子相勾结的沙皇官僚的真正权力机关。

俄国自由派起了什么样的作用呢？在第一届和第二届杜马中，自由派竭力安抚农民，要他们离开革命道路而走所谓立宪道路。然而事情很清楚，立宪民主党人提出要赎买一部分地主土地，这无非是想再一次掠夺和欺骗俄国农民而已。这一企图没有得逞，主要是由于经常推动农民向左转的社会民主党人在杜马中所采取的策略。

十月罢工[38]对于俄国自由派来说是一个转折点。革命前，自由派曾说"革命应该变成政权"（司徒卢威语）；稍后，他们改变了调子，生怕革命闹得过火，虽然他们很清楚，只有政府方面才有"过火行为"。十月党人脱离了自由派，干脆站到政府一边，做了政府的走狗。就在这时候，十月党人的首领古契柯夫写信给特鲁别茨科伊公爵说，革命的进一步爆发对资产阶级安宁本身会构成威胁。

当前反革命的阶级基础就是如此。种种无法无天的行为都是公开干的，政府的阶级面目暴露无遗。凡无法无天地对待革命分子的人，政府都予以嘉奖，授予勋章。例如不久以前，在对杜马代表彼得罗夫斯基同志那里进行搜查时，竟把他非法地关在房间里，后来在杜马中为此提出质询时，一位大臣却说，对警察的这种热心应当表示感谢。

斯托雷平利用革命时期阶级搏斗的经验，开始实行他的臭名昭彰的土地政策，即把农民分化成富裕的小资产阶级和半无产阶级分子的政策。这一新政策是对卡特柯夫和波别多诺斯采夫的旧的"宗法式口号"的一种嘲弄①。但政府不能不这样做。

可见,政府实施现在的反革命制度时依靠的是地主和被吓坏了的资产阶级。诚然,"贵族联合会"**39**早在1906年就竭力想解散杜马,但是当时政府想看一看自己对农民实行的土地政策的结果,想看一看被革命吓坏了的资产阶级心理上的变化,因此没有马上发动政变。

现在,这个反革命制度**已经完蛋了**,它已经把自己的社会力量耗尽了。目前的情况是:在今天的俄国,任何改革都是行不通的。杜马在做一些琐碎的事;要是它作出了某项决议,那国务会议和宫廷就会把它撤销,或者把它修改得面目全非。**在今天的俄国,没有实行改良主义的可能性**。从这里可以清楚地看出,立宪民主党人向杜马提出许多关于各种自由的"原则性的"草案,是一种蛊惑人心的策略;他们提出这些草案,正是因为他们知道,杜马是无论如何不会通过的。米留可夫惊叹道:"谢天谢地,我们立宪了!"然而在现行制度下,任何改革都是行不通的,虽然俄国国内情况很糟,它甚至明显地落后于亚洲。十月党人的刊物甚至这样写道:"再也不能这样生活下去了。"

因此,无产阶级在**面临新的革命**的情况下,它的任务是很清楚的。情绪逐步高涨起来了。根据官方统计,1910年罢工人数只有4万,1912年已达68万;其中有50万人参加了政治罢工。

因此,俄国社会民主党所应采取的策略是很清楚的。它必须巩固组织,加强报刊工作等等;这是西方社会主义者首先是德国社会民主党早已制定的策略中的起码的东西。但是,俄国社会民主

---

① 参看本卷第 270 页。——编者注

工党的首要任务是教育群众**进行民主革命**。西方所要完成的已经不是这个任务,那里提到日程上的完全是另外一个任务——动员广大群众,也就是集结、教育和组织广大群众来消灭资本主义制度的任务。

如果我们把注意力集中在俄国即将到来的革命问题和社会民主党在革命中的任务问题上,那我们就会理解,同俄国社会民主党人营垒内的所谓"取消派"进行争论的实质是什么。取消主义决不是一部分俄国社会民主党人的发明;"民粹派"是第一个取消派,他们早在 1906 年就在《俄国财富》杂志[40]上提出打倒地下组织,打倒共和制的口号! 取消派企图消灭秘密的党,建立公开的党。这是很可笑的,特别是在考虑到甚至连"进步党人"(十月党人同立宪民主党人的混合物)也不敢请求合法化的时候更是如此。在这种情况下,取消派的各种口号就是公然的叛变行为! 当然,秘密的党应当利用一切合法机会,如利用报刊、杜马甚至保险法[41]等等,但是这只是为了扩大鼓动,扩大组织;而鼓动的实质仍然应该是革命的。**应该对认为俄国已经立宪了的幻想进行斗争,应该提出革命的口号、共和制的口号来反对改良主义的口号!**

这就是列宁同志报告的内容。会上有人问列宁对民族问题的看法,报告人回答说,俄国社会民主党完全承认每个民族都有"自决"权,都有决定自己的命运,甚至可以同俄国分离的权利。这是因为俄国的革命、民主事业,决不像德国过去那样是同联合和集中的事业联在一起的。决定俄国民主化的,不是民族问题,而是土地问题。

同时,列宁同志强调指出,在争取国家彻底民主化的斗争中,各个不同民族的无产阶级革命大军必须完全统一。只有在这个基础上，民族问题才能像在美国、比利时和瑞士那样得到解决。报告人批驳了伦纳关于民族问题的提法，坚决反对民族文化自治的口号。俄国有些人断言，俄国今后的发展会走奥地利的道路，即走腐朽缓慢的道路。然而我们必须预防社会民主党内部的任何民族斗争，因为它会使革命斗争的伟大任务化为乌有；在这方面，奥地利的民族斗争[42]应该对我们是一种警告。高加索社会民主党同时用格鲁吉亚文、亚美尼亚文、鞑靼文和俄文进行宣传，它应该是我们的榜样。

载于 1913 年 4 月 22 日《前进报》
第 92 号

译自《列宁全集》俄文第 5 版
第 23 卷第 55—59 页

有教养的代表们

(1913 年 4 月 10 日〔23 日〕)

在 4 月 2 日的晚间会议上，十月党人路·戈·柳茨先生在反驳工人代表要求就勒拿事件[43]提出的质问进行讨论时这样说道：

> "再过两天就是勒拿事件的一周年。很明显，社会民主党人力图**激起**(**будировать**)工人的情绪，使他们起来采取某些过火行为……"

俄文"будировать"一词来自法文的"bouder"，是"生气"、"发怒"的意思。而柳茨先生显然认为这个词来自"будоражить"（"惊动"），或者"возбудить"（"激起"）。在第一届杜马中，当一个农民把"прерогативы"（"特权"）这个词当"рогатки"（"障碍"）用了的时候，资产阶级代表先生们和资产阶级报刊嘲笑得多么厉害啊！其实这个错误是更可以原谅的，因为统治者的各种"特权"（即专有的权利）实际上是俄国现实生活中的重重障碍。但是，柳茨先生受教养的程度却没有"激起"他的有教养的朋友们和他们的报刊的嘲笑。

载于 1913 年 4 月 10 日《真理报》
第 83 号

译自《列宁全集》俄文第 5 版
第 23 卷第 60 页

"对 谁 有 利?"

(1913 年 4 月 11 日〔24 日〕)

在拉丁语中有"cui prodest"("对谁有利?")这样一句话。要是一下子看不出是哪些政治集团或者社会集团、势力和人物在维护某些提议、措施等等,那总是要提出"对谁有利?"这个问题的。

谁直接维护某种政策,这并不重要,因为在现代高尚的资本主义制度下,任何一个富翁随时都可以"雇用"或者收买或者招来任何数量的律师、作家甚至议员、教授、神父等等,让他们来为各种各样的观点辩护。我们生活在商业时代,在这样的时代,资产阶级并不以买卖名誉和良心为耻。还有一些头脑简单的人,他们常常由于考虑不周或者出于盲目的习惯维护在某些资产阶级人物中间占统治地位的观点。

不,**谁**直接维护某些观点,这在政治上并不那么重要。重要的是这些观点、这些提议、这些措施**对谁有利**。

例如"欧洲",那些自称"文明的"国家,现在正在进行疯狂的军备障碍赛跑。在成千种报纸上,从成千个讲坛上,用成千种调子就爱国主义、文化、祖国、和平、进步等等狂吠乱吼。——所有这一切无非是要为各种杀人武器、大炮、"无畏舰"(最新型装甲舰)等等再行支出几千万几万万卢布找理由。

对于"爱国者"说的这些话我要说:公众先生们! 别相信空话,最好是看看**对谁有利**!

不久以前,英国著名的"阿姆斯特朗—威特沃思公司"发表了它的年度报告。这家公司主要是生产各种军火的。平衡表上的总额为 887 000 英镑,即**将近 800 万卢布**,股息占 **12.5%**!! 将近 90 万卢布拨做预备资本,如此等等……

这里可以看出,从工人和农民身上榨取来用于军备的几百万几十亿卢布究竟到哪里去了。股息占12.5%,这就是说8年内资本就可以**增加一倍**,而经理等等的各种酬金还没有计算在内。在英国有阿姆斯特朗,在德国有克虏伯,在法国有克勒佐,在比利时有科克里尔,在所有的"文明"国家里,究竟有多少这样的公司呢? 又有多少军火供应者呢?

现在可以看出,鼓吹沙文主义,侈谈"爱国主义"(大炮爱国主义),侈谈捍卫文化(用毁灭文化的武器来捍卫)等等究竟**对谁有利**!

载于1913年4月11日《真理报》   译自《列宁全集》俄文第5版
第84号   第23卷第61—62页

在 英 国

（机会主义的悲惨结局）

（1913年4月12日〔25日〕）

英国工党[44]是一个极端机会主义的、浸透自由派工人政策精神的工人组织，应当把它同英国的**两个社会主义政党**即英国社会党[45]和独立工党[46]区别开来。

在英国有充分的政治自由，社会主义政党是完全公开存在的。但是"工党"却是一部分非政治性工人组织和另一部分自由派工人组织在议会中的代表：这就是说，工党是我国那些辱骂"地下组织"的取消派所希望的那种大杂烩。

英国工党的机会主义是在19世纪下半叶英国的特殊历史条件下产生的，当时"工人贵族"在某种程度上分享了英国资本特别高的利润。现在这些条件即将成为过去。甚至"独立工党"即英国**社会主义运动中的**机会主义者也看到，"工党"已经陷入泥潭。

在"独立工党"的机关报《工人领袖》（《Labour Leader》）[47]最近一号上，发表了这样一条颇有教益的消息：英国议会正在讨论海军部的预算。社会主义者提议**削减**预算。资产阶级当然否决这项提案，投票**拥护**政府。

"工党"的议员怎样呢？

15人赞成削减，即反对政府；21人**缺席**；4人投票**拥护政府**，即反对削减!!

　　这 4 个人当中有两个人提出的理由是,在他们的选区里,工人恰恰是在生产军火的工业部门谋生。

　　这是机会主义所造成的**背叛**社会主义、**背叛**工人事业的明显例证。正如我们已经指出的,在英国社会主义者中间,正在日益广泛地谴责这种背叛行为。俄国工人也应该从别人的错误中学习,从中领悟机会主义和自由派工人政策的致命危害性。

载于 1913 年 4 月 12 日《真理报》
第 85 号

译自《列宁全集》俄文第 5 版
第 23 卷第 63—64 页

几个争论的问题

公开的党和马克思主义者

（1913 年 4—6 月）

一 1908 年的决定

许多工人觉得，《真理报》和《光线报》的斗争是没有必要的和难于理解的。自然，某几号报纸上所登载的关于个别问题，有时完全是枝节问题的论战性文章，不能就斗争所围绕的主题和内容给人以完整的概念。因此，工人表示不满意，是理所当然的。

然而，引起斗争的取消主义问题，是目前工人运动中最重要最迫切的问题之一。不详细了解这个问题，对于这个问题没有定见，就不能成为觉悟的工人。凡是愿意独立决定**自己党**的命运的工人，都不会漠视初看起来似乎不甚理解的论战，而会认真地去弄清真相，也一定会弄清真相。

怎样去弄清真相呢？怎样去分清互相矛盾的意见和论断的是非呢？

每个有头脑的人都知道，如果某个问题引起了激烈的斗争，那么为了弄清真相，就不要只看争论双方的声明，而要亲自去检查**事实**和**文件**，亲自去考察有无**证人**的证词以及这些证词是否属实。

　　不消说,这不是任何时候都容易办到的。把凑巧碰到的、**偶然**听到的、较为"公开地"叫喊的这一类东西信以为真,自然要"容易"得多。但是,人们正是把以此为满足的人叫做"轻浮的"人、轻率的人,对这种人是谁也不会认真理会的。不付出相当的**独立的**劳动,无论在哪个重大的问题上都是找不到真理的;谁怕付出劳动,谁就没有可能找到真理。

　　因此,我们这里只是向那些不怕付出这种劳动而有决心**独立地**去研究并努力去**找到事实**、**文件**和**证人的证词**的工人发表一些意见。

　　头一个问题是:什么叫做取消主义? 这个名词从何而来,它的含义是什么?

　　《光线报》说,党内的取消主义,即解散党、破坏党和背弃党,这只不过是一种恶意捏造。说这都是"派别分子"布尔什维克为攻击孟什维克而捏造出来的!

　　《真理报》则说,全党谴责取消主义,与它作斗争,已经四年多了。

　　究竟谁是对的? 怎样弄清真相呢?

　　显然,唯一的方法,就是要从最近四年来,即从1908年到取消派**完全脱离**党的1912年这段时期的党的**历史**中去寻找事实和文件。

　　恰恰是现在的取消派**还留在**党内的这四年,是**检查**取消主义这一概念从何而来和怎样产生的最重要时期。

　　由此可以得出第一个结论而且是基本的结论:谁谈取消主义而**回避**1908—1911年这一时期的事实和**党的**文件,谁就是对工人隐瞒真相。

这些事实和党的文件究竟是什么呢?

首先就是 1908 年 12 月通过的**党的决定**[48]。如果工人不愿让别人把他们当做可以用神话和谎言来欺骗的小孩子看待,那么他们就应当去问问自己的顾问、领导者或代表,在 1908 年 12 月,**党**是否就取消主义问题通过了**一个决定**,这个决定的内容是什么?

这个决定**谴责了**取消主义,就什么是取消主义**作了说明**。

所谓取消主义,这就是:"党内有一部分知识分子试图**取消**〈即解散、毁坏、废除、停止〉现有的党组织,代之以一种绝对要在合法范围内活动的〈即"公开"存在的〉不定型的联盟,甚至不惜以**公然放弃**党的**纲领**、**策略**和传统〈即过去的经验〉为代价"。

这就是党在四年多以前通过的关于取消主义的**决定**。

从这个决定中可以清楚地看出,取消主义的实质是什么,它为什么会受到谴责。取消主义的实质就是**背弃**"地下组织",取消它,用一种绝对要在合法范围内活动的不定型的联盟来**代替**它。可见,党所谴责的并**不是**合法工作,并不是提出这种工作的必要性。党所谴责的(而且无条件谴责的)是用一种不定型的、"公开的"、已不能称之为党的东西去**代替**原有的党。

党如果不捍卫自己的生存,不坚决同那些要取消它、消灭它、否认它、背弃它的人作斗争,它就不可能生存。这是不言而喻的。

谁借口建立什么新党而背弃现有的党,那我们就应当告诉他:请试试去建立新党吧,但你就不能再当原有的、目前的、现有的党的党员。1908 年 12 月通过的党的决定就是这个意思;显然,关于党的生存问题是不能有别的决定的。

取消主义当然是与**叛变行为**,与**背弃纲领和策略的行动**,与**机会主义**有思想上的**联系**的。上述决定的结尾就指出了这一点。但取消主义不**仅仅**是机会主义。机会主义者把党引上错误的资产阶级的道路，引上自由派工人政策的道路，但是他们**并不背弃**党本身，并不取消党。取消主义则是达到**背弃**党的地步的**那种**机会主义。如果党把那些不承认党的生存的人**包括**在内，那它就不可能生存，这是不言而喻的。在目前情况下，背弃地下组织，那就是背弃原有的党，这也是不言而喻的。

试问，取消派对于党在1908年通过的这一决定究竟采取什么态度呢？

这是问题的关键，这是对取消派是否真诚和在政治上是否忠实的检验。

他们当中任何一个人，只要没有发疯，都不会否认这个事实：党确实有过这样一个决定而且并没有撤销这个决定。

于是取消派便支吾搪塞：或是避开问题不谈，在工人面前**不提**党在1908年所通过的决定；或是大声叫嚷（往往夹杂着许多骂人的话），说什么这个决定是由布尔什维克通过的。

然而谩骂只能暴露取消派的虚弱。曾经有过由**孟什维克**通过的**党的决定**，例如1906年在斯德哥尔摩通过的关于土地地方公有的决定[49]。这是尽人皆知的。很多布尔什维克都不同意这个决定。然而他们当中谁也没有否认这是**党的决定**。同样，1908年通过的关于取消主义的决定也是**党的决定**。在这个问题上不管怎样支吾搪塞都不过是想把工人引入迷途而已。

谁想不仅仅在口头上承认党，那他就不能容许在这个问题上有任何的支吾搪塞，并且要弄清**党**关于取消主义的**决定**的真相。从1909年起，以普列汉诺夫为首的**一切护党派孟什维克**都赞同这个决定；普列汉诺夫在他所出版的《日志》[50]和其他许多马克思主义出版物上，曾经不止一次地并且十分肯定地说过：要取消党的人是不能留在党内的。

普列汉诺夫过去是而且现在依然是孟什维克。可见，取消派通常借口1908年的党的决定带有"布尔什维克"性质的这种说法是错上加错。

取消派在《光线报》或在《我们的曙光》杂志[51]上愈是谩骂普列汉诺夫，便愈加明显地证明取消派没有道理，证明他们企图用喧闹、叫喊和吵架来掩盖真相。虽然有时用这些手段也能把一个新来的人一下子弄得茫然失措，但工人们毕竟自己能够分清是非，而且很快就会鄙弃这些骂人的话。

工人的统一是否必要呢？是必要的。

没有工人组织的统一，试问能有工人的统一吗？显然不能。

什么东西妨碍工人政党的统一呢？是取消主义所引起的争论。

这就是说，工人应当弄清这些争论，以便**自己**决定自己党的命运，**捍卫自己的党**。

要做到这一点，第一步就必须熟悉**党**关于取消主义的**第一个**决定。工人们应当切实了解和细心思索这个决定，而抛弃一切回避问题或岔开问题的尝试。每个工人好好把这个决定思索一番，就会开始了解：取消主义问题的实质究竟是什么；为什么这个问题如此重要，如此"麻烦"；为什么在四年多的反动时期这个问题总是摆在党的面前。

在下一篇文章里，我们将考察党约在三年半以前通过的另一个关于取消主义的重要决定，然后我们再考察说明问题现状的种种事实和文件。

二　1910年的决定

在第一篇文章(《真理报》第289号)里,我们已经援引了第一个,也是基本的文件,这就是党在1908年12月通过的关于取消主义问题的决定;这个文件是那些愿意在目前争论中弄清真相的工人所必须知道的。

现在我们来引证和考察党在三年半以前,即在1910年1月就同一问题所通过的另一个同样重要的决定[52]。这个决定有特别重大的意义,因为它是**一致**通过的:一切布尔什维克,一切所谓前进派分子,加上(这是最重要的)**一切**孟什维克和现在的取消派,以及一切"民族的"(即犹太的、波兰的、拉脱维亚的)马克思主义者,都毫无例外地赞成这个决定。

现在我们把该决定的最重要的一段话全部援引如下:

"社会民主运动在资产阶级反革命时代所处的历史环境必然产生资产阶级对无产阶级的影响的两种表现:一方面是否认秘密的社会民主党,贬低它的作用和意义,企图削减彻底的社会民主党在纲领和策略方面的任务和口号等等;另一方面是否认社会民主党在杜马中进行工作和利用合法的机会,不懂得这两种工作的重要性,不善于使彻底的社会民主党的策略去适应当前时局的特殊历史条件等等。

在这种情况下,社会民主党的策略中的一个不可缺少的因素,就是用扩大和加强社会民主党在无产阶级阶级斗争各个领域内的工作来克服上面这两种倾向,并说明这两种倾向的危险性。"

从这个决定中可以明显地看出,在三年半以前,一切马克思主义者,作为所有一切派别的代表,都不得不**一致**承认有离开马克思主义策略的两种**倾向**。这两种倾向都被认为是**危险的**。对这两种倾向人们都没有用偶然性或个别人的恶意来解释,而是用现代工人运动所处的"**历史环境**"来解释。

不仅如此,在一致通过的党的决定中,还指出了这两种倾向的**阶级**根源和意义,因为马克思主义者不能只限于空空洞洞地指出瓦解和涣散现象。大家看到,许多拥护民主和社会主义的人们满脑子都是涣散、空虚、消沉情绪和疑虑。仅仅承认这一点是不够的,还必须了解造成这种混乱和涣散的**阶级**根源是什么,了解无产阶级朋友中间的这种"混乱"状态究竟是由非无产阶级人们中的哪些**阶级**利益所造成的。

党在三年半以前通过的决定回答了这个重要问题:离开马克思主义的这两种**倾向**是由"资产阶级的反革命"造成的,是由"**资产阶级对无产阶级的影响**"造成的。

这两种使无产阶级去接受资产阶级影响的倾向究竟是什么呢? 其中的一种倾向,即与"前进派"[53]思想有联系的、否认社会民主党在杜马中进行工作和利用合法机会的倾向,**几乎完全消失**了。在俄国,已经没有一个社会民主党人再鼓吹这些非马克思主义的错误观点了。"前进派"(包括阿列克辛斯基等等)已开始在《真理报》上与护党派孟什维克一起工作了。

党的决定中指出的另一种**倾向**就是**取消主义**。这从指出有"否认"地下组织以及"贬低"它的作用和意义的论述中可以明显地看出来。最后,还有一个在**三年**以前发表的而且谁也没有把它推翻的最明确的文件[54];这个文件出自**一切**"民族的"马克思主义者和托洛茨基(取消派不可能提出比他们更好的证人了)之手;这个文件直截了当地宣称:"实质上是完全可以把决议中所指出的、**必**

须与之**斗争**的那个思潮叫做**取消主义**的……"

　　总之，每一个愿意弄清现在的争论的人所应当知道的一个最重要的基本事实就是：三年半以前党**一致认为取消主义**是一种离开马克思主义的"**危险**"倾向，是一个必须与之斗争的倾向，它表现出"**资产阶级对无产阶级的影响**"。

　　怀有反民主情绪以至怀有反革命情绪的资产阶级的利益，要求**取消**即解散原有的无产阶级政党。资产阶级竭力散布和支持一切旨在**取消**工人阶级政党的思想。资产阶级竭力传播背弃原来的任务的思想，力求"削减"、缩小、限制和阉割这些任务，力求与普利什凯维奇之流调和或妥协，而不愿彻底铲除他们的政权的基础。

　　取消主义也就是把这些资产阶级的背叛变节的思想传播到无产阶级中间来。

　　三年半以前**一致通过的**党的决定所指出的取消主义的**阶级**意义就是如此。全党认为取消主义的最大害处和危险性，它对工人运动、对工人阶级独立（实际上的，而不是口头上的）政党的团结事业的致命作用，也就在此。

　　取消主义不仅是要取消（即解散、破坏）工人阶级的原有的党，而且还要破坏无产阶级的**阶级独立性**，用**资产阶级**思想来腐蚀无产阶级的意识。

　　在下一篇文章里，我们将用实际的例证来说明对于取消主义的这种评价，并将把取消派《光线报》上所登载的最重要的言论完全引录出来。现在我们把上面所说的作一简要的总结。"光线派分子"，尤其是费·唐恩先生和波特列索夫先生企图把整个"取消主义"都说成是捏造出来的。这是一种对于完全不了解情况的《光线报》读者欺骗性极大的遁词。其实，除了党在1908年通过的决定之外,还有党在 1910 年**一致通过的**决定,这个决定对取消主义作了完整的评价,认为它是一种离开无产阶级道路的、对工人阶级来说是危险的而且是致命的资产阶级倾向。只有工人阶级的敌人才会隐瞒或回避党所作的这个评价。

三　取消派对 1908 年和 1910 年的决定的态度

在前一篇文章(《真理报》第 95 号(总第 299 号))里,我们已经确切引证了一致通过的党关于取消主义的决定,决定认为取消主义是资产阶级对无产阶级的影响的表现。

正像我们已经指出的,这个决定是在 **1910 年 1 月**通过的。现在我们就来考察一下那些至今还敢断言从来不存在取消主义的取消派分子的所作所为吧。

1910 年 2 月,波特列索夫先生在当时刚刚出版的《我们的曙光》杂志第 2 期上曾直截了当地说:"作为一个完整的和有组织的等级制〈即"机构"的梯级或体系〉的**党是不存在的**",对于"作为一个有组织的整体**实际上已经不复存在**"的东西是不能取消的(见 1910 年《我们的曙光》杂志第 2 期第 61 页)。

这是在党的决定一致通过后一个月,也许还不到一个月的时候说的!!

1910 年 3 月,取消派的另一个杂志即《复兴》杂志[55](还是那些撰稿人即波特列索夫、唐恩、马尔丁诺夫、叶若夫、马尔托夫和列维茨基之流)又强调了波特列索夫先生所说的话,并对它作了通俗的说明:

"没有什么可以取消的,并且我们〈即《复兴》杂志编辑部〉还要补充一句,幻想恢复这个等级制的旧的秘密的形式,简直是有害的反动的空想,它表明一度最富于现实精神的政党的代表人物失去了政治嗅觉。"(1910年《复兴》杂志第5期第51页)

事实上没有党,要想恢复它,那就是一种有害的空想,——这说得何等鲜明而肯定。这是何等鲜明而公然地背弃党。背弃党的(并且劝导过工人背弃党的)就是那些抛弃地下组织和"幻想"建立公开的党的人。

随后,1912年间,帕·波·阿克雪里罗得在《涅瓦呼声报》[56](1912年第6号)和《我们的曙光》杂志(1912年第6期)上,十分明确而公开地支持过这种抛弃地下组织的行为。

帕·波·阿克雪里罗得当时写道:"在这种情况下谈论非派别性,这样做就像鸵鸟,欺骗自己,也欺骗别人。""形成派别和团结是党内改革派,或者确切些说是革命派不容推诿的和紧迫的义务。"

总之,帕·波·阿克雪里罗得公然主张**党内革命**,即主张消灭原有的党,建立一个新党。

《光线报》1913年第101号上所载的一篇没有署名的编辑部社论公然说道,"一部分工人重又喜欢起地下组织甚至愈来愈喜欢了",这是"**令人痛心的事实**"。后来,该文作者尔·谢多夫自己承认说,这篇论文甚至在拥护《光线报》策略的人中间也"引起了不满"(1913年《我们的曙光》杂志第3期第49页)。同时,尔·谢多夫自己的解释又引起了一个拥护《光线报》的人即阿恩的新的不满,阿恩在《光线报》第181号上发表文章反对谢多夫。阿恩反对谢多夫的这样一个假设:"地下组织是阻止我们的运动在政治上具有一定形式即建立工人社会民主党的障碍物。"阿恩讥笑尔·谢多夫,说他在要不要地下组织的问题上"态度暧昧"。

《光线报》编辑部在阿恩这篇文章后面加了一篇很长的后记,
表示**赞成谢多夫**,而认为阿恩"对尔·谢多夫的批评是不对的"。

我们在后面还要分析《光线报》编辑部的言论和阿恩本人的取
消主义错误。这里暂且不谈。现在我们应当仔细地估计一下从我
们引证的文件中得出的基本的和主要的结论。①

无论在 1908 年或 1910 年,全党都谴责和驳斥了取消主义,详
细而明确地说明了这一派别的阶级根源及其危险性。取消派的**一
切报纸和杂志**——无论是《复兴》杂志(1909—1910 年),还是《我
们的曙光》杂志(1910—1913 年)、《涅瓦呼声报》(1912 年)或《光
线报》(1912—1913 年)②——**在党已作出了最肯定的、甚至一致
通过的决定以后**,仍然重复那种包含有**明显的**取消主义的思想和

---

①　列宁在《马克思主义和取消主义》文集中将这段话改变如下(按手稿刊印):

"在《现代生活报》[57]第 8 号(1913 年 7 月 19 日)上,维拉·查苏利奇把取
消派的言论重复了数十次,她写道:'很难说这样的新组织〈社会民主党〉究竟
是帮助还是妨碍……工作'。显然,这样说等于背弃党。维拉·查苏利奇认
为从党内逃出去是正当的,她说人们纷纷退出组织是'因为当时那里无事可
做'。维拉·查苏利奇在创造一种纯粹无政府主义的理论,即用'广大的阶
层'来**代替**党。对这一理论的详细分析,见 1913 年《启蒙》杂志第 9 期(本版全
集第 24 卷第 26、37 页。——编者注)。

从我们引证的文件中得出的基本的和主要的结论是什么呢?"——俄文
版编者注

②　在《马克思主义和取消主义》文集中补充了"和《新工人报》[58](1913—1914
年)"一语以及如下一段脚注:

"例如,见 1914 年《新工人报》第 1 号所载的新年献词:'建立行动上公开
的党的道路也就是谋求党内统一的道路'〈是说建立公开的党的那些人之间
的统一吗?〉。又如 1914 年第 5 号上的话:'克服这些东西〈即克服横在组织工
人代表大会这条道路上的一切障碍〉,也就是真正为结社自由而斗争,即为工
人运动的合法性而斗争,而工人运动是与争取社会民主工党公开存在的斗争
分不开的。'"——俄文版编者注

言论。

　　甚至拥护《光线报》的人也不得不声明说不同意这种言论,不同意这种说教。这是事实。因此,像托洛茨基、谢姆柯夫斯基以及其他许多祖护取消派的人那样叫喊什么"迫害"取消派,这简直是不诚实的,因为这是对真相的令人难以容忍的歪曲。

　　我所引证的 **5 年多以来**(1908—1913 年)的文件所证明的事情的真相,就是取消派嘲弄党所通过的一切决定,继续对党,即对"地下组织"大肆辱骂和攻击。

　　每个愿意**自己**认真弄清党内有争论的迫切的难题,愿意**自己**解决这些问题的工人,都应当首先弄清事情的真相,为此每个工人都要独立地研究和检查上述党的决定和取消派的言论。只有细心研究、思索并独立解决自己党的问题和**命运**的人,才配称为党员和工人政党的建设者。究竟是党犯了"迫害"(即过分激烈和不正确地攻击)取消派的"罪过"呢,**还是**取消派犯了**公然破坏**党的决定,**顽固地鼓吹取消党即破坏**党的罪过,——对于这个问题是不能漠然置之的。

　　很明显,党若不竭力去同党的破坏者作斗争,它便不能生存。

　　上面我们已经引证了关于这个基本问题的各种文件,在下一篇文章里,我们将要评价鼓吹成立**"公开的党"**的**思想**内容。

四　取消主义的阶级意义

　　我们在前面几篇文章(《真理报》第 289、299、314 号)里已经指出:无论在 1908 年还是在 1910 年,所有马克思主义者都毅然决然地谴责了取消主义,认为它是背弃原有的东西。马克思主义者早已向工人阶级说明,取消主义就是把资产阶级影响传播到无产阶级中去。1909—1913年间**所有**取消派的出版物,都明目张胆地不断破坏马克思主义者的历次决定。

现在我们来考察一下取消派至今还在《光线报》和《我们的曙光》杂志上表示拥护的那个口号:建立"公开的工人政党"或"为公开的党而斗争"。

这个口号究竟是马克思主义的、无产阶级的口号呢,还是自由主义的、资产阶级的口号?

对于这个问题的答案,不应从取消派或其他集团的情绪和计划中去找,而应从对现代俄国社会力量的对比的分析中去找。口号的意义不是由提出口号的人的意图来决定的,而是由国内**各个**阶级力量的对比来决定的。

农奴主-地主和**他们的**"官僚",对于有利于政治自由的一切变更都抱敌视态度。这是可以理解的。资产阶级由于它在半农奴制的落后国家内所处的经济地位,**不能**不追求自由。但是资产阶级害怕人民的积极性**甚于**害怕反动势力。1905年特别明显地证明了这个真理;工人阶级非常清楚地领会了这个真理;只有机会主义的和半自由主义的知识分子,才没有领会这个真理。

资产阶级是自由主义的和反革命的。因此就产生了它的那种软弱而可怜得好笑的**改良主义**。幻想改良,但又害怕同农奴主认真算账,而农奴主是不但不准许改良,甚至要把已经实行的改良重新收回去的。鼓吹改良,但又害怕人民运动。想要排挤农奴主,但又害怕失去**他们的**帮助,害怕失去**自己的**特权。使农奴主拥有无限权力而使资产阶级享有种种特权的六三体制,就是建筑在这种阶级关系基础上的。

无产阶级的阶级地位使它绝对没有可能去同任何人"分享"特权或**害怕**他们中的任何人失去这些特权。因此,那种贪图私利的、狭隘的、鄙俗的、愚钝的改良主义是同无产阶级格格不入的。至于农民群众,一方面由于他们受着重重压迫,只有忍饥挨饿而谈不到什么特权,另一方面又由于他们无疑是小资产阶级,所以势必动摇于自由派和工人之间。

客观情况就是如此。

从这一情况中可以明显地看出,公开的工人政党这一口号,按其阶级根源来说是反革命的自由派的口号。这个口号中除了改良主义以外,没有别的东西;它丝毫没有表示,无产阶级这个唯一彻底民主主义的阶级意识到自己的任务就是为了扩大对整个民主派的影响而同自由派作斗争;它一点也没有想要铲除农奴主、"官僚"等等的任何特权的基础本身;也一点没有想要奠定政治自由和民主宪制的一般基础;然而这里却包含着默然背弃原有的东西,也就是背叛和解散(取消)工人政党。

简言之,在反革命时代,这个口号在工人队伍中**所鼓吹的恰恰就是**自由派资产阶级在自己队伍中间**所实际做的**。因此,如果没有取消派,聪明的资产阶级进步党人就**一定会**寻找或雇用一些知识分子来向工人阶级鼓吹这种东西!

只有没有头脑的人,才会拿取消派的**言论**去同取消派的**动机**对照。其实,应当把他们的**言论**去同自由派资产阶级的**行动**及其客观地位对照。

请看这些**行动**吧。1902年,资产阶级是**赞成**地下组织的。当时它派司徒卢威去出版秘密的《解放》杂志[59]。当工人运动引起

10月17日事件**60**的时候,自由派和立宪民主党人便抛弃了地下组织,然后就背弃了这个组织,宣布它是不必要的和丧失理智的,说它是在造孽和不怕神灵(《路标》文集**61**)①。这时,自由派资产阶级**不再提**地下组织而提**为公开的党而斗争**了。这是历史事实,这个事实被立宪民主党人(1905—1907年)和进步党人(1913年)反复要想实现合法化的行为证实了。

在立宪民主党人那里,我们看到"公开的工作和它的秘密组织";善良的即不自觉的取消派分子 A.弗拉索夫,不过是"用自己的话"把立宪民主党人的行动表达出来罢了。

为什么自由派背弃地下组织而采取了"为公开的党而斗争"这个口号呢? 是不是因为司徒卢威成了叛徒呢? 不是的。恰恰相反。司徒卢威之所以转变立场,是因为整个资产阶级都转过去了。而资产阶级之所以转过去,第一是因为它获得了1905年12月11日的特权**62**,甚至在1907年6月3日还获得了**可以容许的**反对派的地位;第二是因为它自己被人民运动吓得要命。把"为公开的党而斗争"这一口号从"高深的政治"翻译成简单明了的语言,那就是:

——地主老爷们! 不要以为我们想要把你们从人世间撵走。不是的。请你们稍微挪出一点地方,让我们资者也可以坐下来(公开的党),——那时候我们将比季莫什金之流和萨布列尔派的神父们**63**"聪明"、巧妙、"科学"得多地来保护你们。

小资产者、民粹派模仿立宪民主党人,接受了"为公开的党而

_____

① 在《马克思主义和取消主义》文集中"《路标》文集"一词省略了,添上了如下一段脚注:

"有一本叫做《路标》文集的极妙的书,一版再版;它是一本集这些反革命自由主义思想之大成的文集。"——俄文版编者注

斗争"这一口号。1906年8月,《俄国财富》杂志的彼舍霍诺夫先生及其伙伴们背弃了地下组织,宣布"为公开的党而斗争",从自己的纲领中删去了那些彻底民主主义的即"地下组织的"口号。

由于这些庸人用改良主义者的腔调空谈什么"广泛的和公开的党",人人都看得明白,他们**失去了任何政党**,**失去了**与群众的**任何联系**,而立宪民主党人甚至根本不再幻想这种联系了。

这样,也只有这样,通过对各个阶级的地位的分析,通过对反革命的一般历史的考察,才能**理解**取消主义。取消派就是资产阶级派来向工人传播自由主义腐化思想的小资产阶级知识分子。取消派是马克思主义的叛徒和民主派的叛徒。他们(也像自由派或民粹派一样)提出"为公开的党而斗争"这一口号,是要掩盖他们背弃过去和**脱离工人阶级**的行为。这是第四届杜马工人选民团的选举以及工人的报纸《真理报》诞生的经过所证明了的事实。大家都看得清楚,只有那些没有背弃过去,能够完全本着**过去的**精神为加强、巩固和发展过去的东西而善于利用"公开的工作"和一切"可能性"的人,才是与群众有联系的。

在六三体制时代,也不可能不是这样。

关于取消派(即自由派)怎样"削减"纲领和策略的问题,我们在下一篇文章中再谈。

五　"为公开的党而斗争"的口号

在前一篇文章(《真理报》第122号)里,我们考察了"公开的党"或"为公开的党而斗争"这一口号的客观的即由阶级的关系所决定的意义。这个口号是对资产阶级策略的盲目的重复;对于资产阶级说来,这个口号是它背弃革命或它的反革命性的真实流露。

现在我们就来考察一下取消派中间特别常见的维护"为公开的党而斗争"这一口号的某些尝试。无论马耶夫斯基、谢多夫、唐恩还是一切"光线派分子",都力图把公开的**党**同公开的工作或公开的**活动**混为一谈。这种混淆是十足的诡辩、把戏,是对读者的欺骗。

第一,就1904—1913年这一时期来说,社会民主党人进行公开的活动是**事实**。公开的党是知识分子用来掩盖背弃党的一个**托词**。第二,党多次谴责过取消主义,即谴责过公开的党这一口号。但是,党不仅没有谴责过公开的活动,相反,却谴责过忽视这种活动或放弃这种活动的人。第三,在1904—1907年间,**所有**社会民主党人都**特别**广泛地开展公开的活动。但是当时在社会民主党人中,**任何一个**流派和**任何一个**派别组织都没有提出过"为公开的党而斗争"的口号!

这是历史事实。对于这个事实,每个愿意**了解**取消主义的人都应当思索一下。

在1904—1907年间没有提出"为公开的党而斗争"的口号是否妨碍了公开的活动呢? 丝毫没有。

为什么**当时**在社会民主党人中间没有提出这一口号呢? 正是因为当时反革命势力还不那么猖獗,还没有使一部分社会民主党人滚到极端的机会主义立场上去。"为公开的党而斗争"这一口号是机会主义的言论,是背弃"地下组织"的行为,这在当时是**非常明显**的。

诸位先生,请深入探讨一下这个历史转变的意义吧:在1905

年时期，在公开活动蓬勃发展的情况下，并**没有**提出"为公开的党而斗争"这一口号；在反革命时期，在公开活动开展得比较差的情况下，在一部分社会民主党人中间却出现了（追随资产阶级之后）背弃"地下组织"而"为公开的党而斗争"的口号。

难道这一转变的目的和阶级意义还不清楚吗？

最后，还有第四种情况，即最主要的情况。公开的活动可能有（而且确实有）**两种**，即两种截然相反的方向：一种是为了维护原有的东西，完全**本着**它的**精神，为了**它的口号和策略而进行的，另一种是为了**反对**原有的东西，为了背弃它，贬低它的作用和口号等等而进行的。

这两种原则上对立的不可调和的公开活动的存在，是1906年（立宪民主党人和彼舍霍诺夫先生之流）至1913年（《光线报》、《我们的曙光》杂志）这个时期的无可争辩的历史事实。因此，当你听到一个头脑简单的人（或一个暂时装做头脑简单的人）说什么既然两者都是进行公开活动，那还何必争论时，你能不发笑吗？亲爱的，这里所要争论的恰恰是究竟应当如何进行这种活动的问题：是维护"地下组织"和本着它的精神呢，还是贬低它的作用，反对它，不本着它的精神！所争论的只是——无非"**只是**"！——在于：是本着自由派的精神去进行这种公开的工作，还是本着彻底民主派的精神去进行这种公开的工作。所争论的"只是"能否**局限于**公开的工作；请回忆一下自由派分子司徒卢威先生吧，他在1902年没有局限于这个工作，而在1906—1913年间却完全"局限于"这个工作了！

我们的《光线报》中的取消派无论如何也不能理解，所谓"为公开的党而斗争"这一口号，就是把用"准马克思主义的"词句打扮起来的自由主义的(司徒卢威主义的)思想传播到工人中间去。

或者拿《光线报》编辑部自己在对阿恩的答复中所发挥的议论(第181号)来看吧:

"……社会民主党并不只有为实际情况所迫而进行地下工作的少数同志。如果**党**只是限于地下组织,那么它会有多少党员呢? 两三百人吧? 而实际上担负全部社会民主主义工作的数千工人,甚至数万工人又到哪里去了呢?"

每一个有头脑的人,只要听到这段议论,就足以认定它是出自自由派之口。第一,他们关于"地下组织"所说的话显然是不符合事实的,其中远不止"数百"人。第二,在世界各地,党员人数比起进行社会主义工作的工人人数来,总是"**有限**"的。例如在德国,社会民主党只有100万党员,而投票拥护社会民主党的约有500万,无产者人数将近1 500万。党员人数和社会民主主义者人数之间的比例,是由各国历史条件的差异决定的。第三,我们**没有**其他别的东西可以代替"地下组织"。这就是说,《光线报》是搬出**非党**工人或**党外**工人来**反对**党。这也是自由派分子所惯用的手法,他们竭力想使群众离开它的**觉悟的**先锋队。《光线报》不懂得**党**与**阶级**的关系,正像1895—1901年间的"经济派"不懂得这种关系一样。第四,现在我们的"社会民主主义的工作",只有当它是**本着**原有的**精神**、为着原有的口号而进行的时候,才是真正**社会民主主义的**工作。

《光线报》的议论是自由派知识分子的议论,他们不愿意加入实际存在的党组织,而是唆使那些散漫的觉悟不高的非党群众去反对党组织,企图借以**破坏**这个组织。德国的自由派也是这样做的,他们硬说社会民主党人不是无产阶级的代表,因为无产阶级

"只有"十五分之一的人在"党"内！

再来看看《光线报》上更常见的一种议论："我们"主张有一个"像在欧洲那样"的公开的党。自由派和取消派想要"像在"**今天的**"欧洲那样"的立宪和公开的党；可是他们却不愿意走欧洲赖以达到今天地步的那条道路。

取消派分子兼崩得分子科索夫斯基在《光线报》上教训我们要以奥地利人为榜样。可是他忘记了，奥地利人从 **1867 年起**就立宪了，如果（1）没有 1848 年的运动，（2）没有 1859——1866 年间深刻的国家危机（当时工人阶级**很软弱**，致使俾斯麦之流借助有名的"来自上面的革命"而**解脱出来**），那也是不可能立宪的。但是从科索夫斯基、唐恩、拉林以及一切"光线派分子"的教诲中能得出什么结论呢？

只能得出这样一个结论：他们本着**只能是**"来自上面的革命"的精神来帮助解决我们的危机！但他们的这种工作也**就是**斯托雷平工党的"工作"。

无论从哪个方面看，我们到处都可以看到取消派既背弃马克思主义，又背弃民主主义。

在下一篇文章里，我们将详细考察他们认为必须削减我们社会民主党的口号的议论。

六

现在我们要考察一下取消派是怎样削减马克思主义的口号的。为此，最好拿他们八月代表会议的决定来作例子，但是，由于种种不言而喻的原因,对这些决定的分析只能在国外刊物上进行。这里只好拿《光线报》来讲一下,该报在尔·谢·的那篇文章(第108号(总第194号))中,对于取消主义的全部精神实质作了极确切的叙述。

尔·谢·先生写道:

"……杜马代表穆拉诺夫现在只承认三个局部要求,即众所周知的列宁派的选举纲领所依据的三大要求:国家制度完全民主化,八小时工作制,把土地交给农民。《真理报》仍然坚持这个观点。可是我们也像欧洲各国社会民主党一样〈应读做:"我们也像那位硬说谢天谢地,我们总算立宪了的米留可夫一样"〉,认为提出局部要求是一种鼓动手段,这种手段只有当它顾及到工人群众的日常斗争时才能产生效果。只有那种一方面对于工人运动进一步发展具有原则意义,而另一方面又能成为群众的迫切要求的东西,我们才认为可以提出来作为社会民主党目前应当集中注意的那种局部要求。《真理报》所提出的三个要求中,只有一个要求,即八小时工作制,才会在工人的日常斗争中起作用而且也能起作用。其余两个要求在目前只能作为宣传的课题,但不能作为鼓动的课题。关于宣传和鼓动的差别,可参看格·瓦·普列汉诺夫所著《同饥荒作斗争》这本小册子中那精彩的几页〈尔·谢·找错了地方:回忆1899—1902年间普列汉诺夫与"经济派"的论战,对尔·谢·来说是"痛苦的",因为尔·谢·自己的这些言论,就是从经济派那里抄来的!〉。"

"除了八小时工作制以外,结社自由,成立各种组织的自由,包括集会和言论(口头的和文字的)的自由在内,都是工人运动的需要和俄国生活的整个进程所提出来的这种局部要求。"

你们看,这就是取消派的策略。看吧!尔·谢·用"……完全民主化"这些字眼所描述的以及他所谓的"把土地交给农民"的要求,都**不是**"群众的迫切要求",都**不是**"工人运动的需要"和"俄国生活的整个进程"所提出来的要求!!这是多么陈腐的议论,这对每一个没有忘记俄国马克思主义实践的**历史**、没有忘记它同背弃民主主义任务的"经济派"多年斗争的人来说是多么熟悉的议论啊!《光线报》抄袭当时企图把工人引上自由主义道路的普罗柯波维奇和库斯柯娃的观点,是多么高明啊!

但我们还要更仔细地分析一下《光线报》的议论。在头脑健全的人看来,这种议论简直是一种疯话。难道一个没有发疯的人会硬说上面所说的"农民的"要求(就是说,有利于农民的要求)**不是**"群众的迫切要求"吗? **不是**"工人运动的需要和俄国生活的整个进程所提出来的"吗? 这不仅是谎话,而且简直是胡说八道。俄国19世纪的全部历史,整个"俄国生活的进程"都**提出了**这个问题,**使它成了**迫切的而且是最迫切的问题,这在俄国的**全部**立法中都反映出来了。《光线报》怎么能说出这样骇人听闻的谎话来呢?

《光线报》也不能不说出这种谎话来,因为它被**自由派**的政策所束缚,而自由派是一贯反对(或如《光线报》那样撇开)农民的要求的。自由派资产阶级所以这样做,是因为它的**阶级**地位使它不能不迎合地主,反对人民运动。

《光线报》向工人灌输了自由派地主的思想,背叛了民主派农民。

其次,难道只有结社自由才算"迫切"吗? 那么人身不可侵犯呢? 清除独断专行和专横跋扈呢? 普遍的……选举权呢? 一院制呢? 以及其他等等呢? 凡识字的工人,凡记得不久以前的往事的人都很清楚,所有这些都是迫切的。一切自由派分子在成千上万篇文章和演说中都承认所有这些都是迫切的。为什么《光线报》宣称只有一种——即使是极其重要的一种——**自由**是迫切的,而把政治自由、民主制和立宪制度这些根本条件一笔勾销,搁置一旁,排除在鼓动工作之外,送进"宣传工作"的档案库保管呢?

就是因为,而且只是因为《光线报》不接受**自由派所不能接受**

的东西。

从工人运动和俄国生活进程所提出的要求对群众的迫切性来看,穆拉诺夫和《真理报》所说的三个要求(简单说来就是彻底的马克思主义者的要求)之间是**没有**什么差别的。无论工人的要求、农民的要求还是一般政治要求,都**同样**是群众迫切需要的,**同样**是工人运动的要求和"俄国生活的整个进程"提出来的。从我们那位崇尚温和谨慎的人所喜爱的"局部性"来看,所有这三个要求也是一样的:它们对最终目标来说是"局部的",但它们对比如说整个"欧洲"来说则是很高的。

为什么《光线报》接受八小时工作制而否定其余的要求呢?为什么它**替**工人断定说,八小时工作制在他们的日常斗争中"起作用",而一般政治要求和农民的要求却**不起**这种作用呢?事实告诉我们:一方面,工人在日常斗争中既提出一般政治要求,也提出农民的要求;另一方面,他们常常为不太高的缩短工作日的要求而**斗争**。

问题究竟在哪里呢?

问题在于《光线报》持改良主义态度,它把自己的这种自由主义的局限性,照例**硬是往**"群众"和"历史进程"等等上推。

改良主义就是要人们只局限于为一些不要求铲除旧有统治阶级的主要基础的变更,即一种同**保存**这种基础**相容的**变更进行鼓动。八小时工作制是与保存资本的权力相容的。俄国自由派为了引诱工人,自己甘愿赞成("尽可能地")这个要求。至于《光线报》不愿意为之进行"鼓动"的那些要求,则是与保存前资本主义时代即农奴制时代的基础**不相容的**。

《光线报》从鼓动工作中排除掉的,正是自由派所不能接受的东西,自由派不愿铲除地主的政权,而只愿同地主瓜分政权和特权。《光线报》所排除的正是与改良主义观点不相容的东西。

问题的症结就在这里。

无论穆拉诺夫、《真理报》还是一切马克思主义者,都不反对局部的要求。说我们反对局部要求,这是废话。保险运动就是一个例证。我们反对用空谈局部要求,用**改良主义**来**欺骗**人民。我们反对现代俄国的**自由派改良主义**,因为它是一种空想,是一种贪图私利的虚伪的东西,它是建筑在立宪幻想的基础上的,充满着讨好地主的奴才气。《光线报》用泛泛的"局部要求"的空话来混淆和掩盖的实质就在这里,虽然它自己也承认穆拉诺夫和《真理报》并不反对某些"局部要求"。

《光线报》削减马克思主义的口号,使之适合于改良主义的自由主义的狭小尺度,从而把资产阶级思想传播到工人队伍中间去。

马克思主义者同取消派的斗争,正是先进工人为了影响人民群众,为了对人民群众进行政治教育和训练而同自由派资产者进行斗争的表现。

载于 1913 年 4 月 12、26 日、5 月
15、29、31 日和 6 月 2 日《真理报》
第 85、95、110、122、124、126 号

译自《列宁全集》俄文第 5 版
第 23 卷第 65—88 页

文明的欧洲人和野蛮的亚洲人

(1913 年 4 月 14 日〔27 日〕)

著名的英国社会民主党人罗特施坦在德国工人报刊上谈到在英属印度发生的一起颇有教益的典型事件。这个事件比任何言论都更清楚地向我们说明,为什么在这个拥有 3 亿多人口的国家里革命发展得这样快。

在仰光(印度一个省[64]的大城市,人口在 20 万以上)办报的英国记者阿诺德发表了一篇文章,标题是《对不列颠法庭的嘲弄》。文章揭露了当地英国法官安德鲁(Andrew)。阿诺德由于写这篇文章而被判处一年徒刑。可是他不服,提起上诉,因为在伦敦有关系,他一直"告到"伦敦的上级法院。印度政府自动地急忙把刑期"减到"4 个月,于是阿诺德恢复了自由。

这场风波是怎样引起的呢?

英军上校麦考密克有个情妇,她用了一个 11 岁的印度女仆安娜。这位文明民族的体面代表把安娜诱骗到他那里,强奸了她,把她关在家里。

碰巧安娜的父亲病危,派人接女儿回去。这时村子里的人才知道了全部真相。居民们都异常愤怒。警察局不得不决定逮捕麦考密克。

但是法官安德鲁却把他具保释放了,然后玩弄了一套极端无耻的嘲弄法律的手段，宣判麦考密克无罪！体面的上校也像一切出身高贵的老爷在这种情况下所做的那样，硬说安娜是妓女，并且提出了5个证人。可是对安娜的母亲提出的8个证人，法官安德鲁却连问都不愿意问！

当记者阿诺德因诽谤罪而受审的时候，庭长福克斯"先生"（"阁下"）竟不许阿诺德找证人来对证。

大家都很清楚，这种事情在印度发生过千百万次。这次，只是一些十分特殊的情况才使"诽谤者"阿诺德（一个有势力的伦敦记者的儿子！）得以免受牢狱之苦，并且使案件能够公布于世。

不要忘记，英国自由派是派了自己的"优秀"人物去领导管理印度的。不久以前，担任印度总督，麦考密克之流、安德鲁之流和福克斯之流的上司的是约翰·莫利（Morley），——一位著名的激进派作家、"欧洲科学的明星"、欧洲和俄国所有自由派心目中"最受尊敬的人物"。

"欧洲"精神已经在亚洲苏醒，亚洲人民已经成为有民主主义觉悟的人民了。

载于1913年4月14日《真理报》第87号

译自《列宁全集》俄文第5版第23卷第89—90页

商人的算盘

(1913 年 4 月 20 日〔5 月 3 日〕)

百万富翁,我国大工业的巨头们,通过"工商界代表大会委员会"纠合在一起了。这个代表大会委员会出版一种名为《工商业》杂志[65]的定期机关刊物。这个杂志上发表的一些晦涩难懂、夸夸其谈的、多半是文理不通的文章,都是在维护我国的基特·基特奇[66]之流的利益。

他们对地方自治会议代表名额和地方自治机关税额分配不公感到特别不满。地主-农奴主总是欺侮可怜的基特·基特奇! 下面就是关于各县地方自治会议代表成分的一张颇有教益的统计表(1913 年《工商业》杂志第 3 期):

	代表人数	百分数
第一选举大会(贵族-地主)选出……………………	5 508	53.4
第二选举大会(工商业企业家等等)选出…………	1 294	12.6
第一选举大会和第二选举大会共同选出 ……	290	2.8
村团选出 ………………………………………	3 216	31.2
34 个地方自治省总共选出 ………	10 308	100.0

的确,地方自治会议代表名额分配不公的现象极为惊人。由此可以得出一个明显而又无可争辩的结论:俄国地方自治机关完全落到了农奴主-地主手中。

这些有趣的材料定将使每一个识字的人都去思考产生这种代

表名额分配不均现象的条件。

但是,如果指望基特·基特奇之流及其雇用的下流文人能够考虑一般的政治问题并且对政治知识感兴趣,那当然是可笑的。基特·基特奇感兴趣的只是他付得"多"了,贵族付得"少"了。一个被基特·基特奇雇用的文人举出了地方自治机关税款(摊派的)总数:34个地方自治省的第一选举大会交了2 450万卢布;第二选举大会交了4 900万卢布;村团交了4 550万卢布。他用代表人数来除这些税款,得出了"每一代表资格的价值"!!结果是:贵族的代表资格"值"4 500卢布,商人的代表资格"值"38 000卢布,农民的代表资格"值"14 000卢布。

请看,这就是商人雇来的辩护士的推论:他们心安理得地把选举权看成一种可以买卖的东西。仿佛交付地方自治机关摊派的税款的人是在**购买**委派代表的权利!

当然,地方自治机关税款分配不均确实十分惊人。但是这种分配不均所造成的全部沉重负担不是落在工业家的身上,而是落在**农民**和工人的身上。农民为自己劣等的、贫瘠的、耗尽地力的土地交付4 550万卢布,而地主只交付2 450万卢布,这只能说明以地方自治机关税款的形式从"农夫"手里拿走了数千万卢布的**贡赋**,其他还不计在内!

基特·基特奇之流看不到这一点。他们只希望不单单贵族拥有特权,商人也能与之"平分秋色"。

载于1913年4月20日《真理报》第90号

译自《列宁全集》俄文第5版第23卷第91—92页

一个伟大的技术胜利

（1913 年 4 月 21 日〔5 月 4 日〕）

举世闻名的英国化学家威廉·拉姆赛（Ramsay）发明了从煤层中直接提取煤气的方法。他已经同一位煤矿主在商谈如何实际实施这一方法。

这样，现代技术的一个重大课题就快要得到解决了。这个课题的解决所能引起的变革将是巨大的。

现在，为了利用煤中蕴藏的能量，人们把煤运送到全国各地，供许许多多的企业和家庭燃烧。

拉姆赛的发明是在这个可以说是资本主义国家最重要的生产部门中的一次巨大的技术革命。

拉姆赛发明的方法是：在煤矿中直接把煤变成煤气，不需要把煤运送到地面上来。采盐时有时也使用类似的方法，不过要简单得多，不必直接把盐送到地面上来，而是先用水把它溶解，然后用管子把盐卤抽出来。

拉姆赛的方法把煤矿变成了像是制造煤气的巨型蒸馏器。煤气发动煤气马达，这种马达使人们利用的煤中蕴藏的能量要比用蒸汽机时得到的**多一倍**。煤气马达还能把能量变成电力，而现代技术已经能把电力输送到很远的地方去。

由于这种技术变革，电的价格将降低到目前价格的⅓甚至

$\frac{1}{10}$。目前用在采煤和运煤上的大量人力劳动就能节省下来。甚至还有可能利用那些至今尚未开采的极薄的煤层。这样,家庭中用于照明和取暖的开支将会大大减少。

这一发明在工业中所引起的变革将是巨大的。

但是这一变革对于现代资本主义制度下整个社会生活的影响,与这一发明在社会主义制度下所能产生的影响是大不相同的。

在资本主义制度下,从事采煤的千百万矿工的劳动的"解放",必将造成工人大批失业,贫困现象大大加重,工人的生活状况更加恶化。而这一伟大发明所带来的利润,则将流入摩根、洛克菲勒、里亚布申斯基、莫罗佐夫家族以及他们的随从如律师、经理、教授和其他资本奴仆的腰包。

在社会主义制度下,采用拉姆赛的这种能"解放"千百万矿工及其他工人的劳动的方法,就能立刻缩短**一切工人**的工作时间,例如从 8 小时缩短到 7 小时,甚至更少些。所有工厂和铁路的"电气化",一定能使劳动的卫生条件更好,使千百万工人免受烟雾、灰尘和泥垢之苦,使肮脏的、令人厌恶的工作间尽快变成清洁明亮的、适合人们工作的实验室。家家户户有电力照明和电力取暖设备,就一定能使千百万"家庭女奴"不再把一生中四分之三的时光消磨在乌烟瘴气的厨房里。

资本主义技术的发展,将愈来愈**超越**那些必然使劳动者处于雇佣奴隶地位的社会条件。

载于 1913 年 4 月 21 日《真理报》　　　　译自《列宁全集》俄文第 5 版
第 91 号　　　　　　　　　　　　　　　第 23 卷第 93—95 页

《真理报》创刊一周年纪念

（工人对工人报纸的支持）

（1913年4月23日〔5月6日〕）

《真理报》创刊号问世已经一年了。它是在1912年俄国工人运动著名的4—5月高涨时期创办的一家**工人报纸**。

《真理报》同种种难以置信的困难和迫害进行了斗争，由于工人阶级的支持，它终于站稳了脚跟，并且得到了巩固（目前俄国工人报纸所能达到的"巩固"程度）。《真理报》不仅仅**在名称上是工人的**报纸，因为任何报纸都可以给自己加上一个名称。从《真理报》的方向、从它在工人群众中的读者范围、报纸的总的内容、特别是从大量的工人通讯（在最初出版的99号报纸上有1 783篇工人通讯；总共**将近有5 000篇**）以及从工人尤其是工人团体对《真理报》的**支持**等方面来看，《真理报》**实际上**也是工人的报纸。

我们已经在《真理报》（见1912年第80号和第103号）①上多次指出，工人团体捐款支持《真理报》的材料具有特别重要的意义。这种意义远远超出了资助的范围，尽管工人的资助对于改进报纸永远是极其重要和必不可少的。

但是工人团体的捐款对一切觉悟的工人，对俄国整个工人阶

---

① 见本版全集第21卷第409—425页和第22卷第71—73页。——编者注

级在精神、教育和组织方面所起的作用,是同样重要的,甚至是更为重要的。

工人们习惯于不仅用订阅报纸和推销报纸的方法,而且还用定期捐款的方法来**经常**支持**自己**的工人报纸,从而更加紧密地团结在代表**他们的**方向的报纸周围,**形成**一个思想上团结一致的整体,工人们还经常通过某个邻近的或者熟悉的工厂的捐款账目来检验自己在提高觉悟方面做出的成绩。因此,必须充分强调全力推广和发扬工人团体**经常**(宁可数目小些但要**经常**)给工人报纸捐款的习惯做法的必要性。

根据公布的账目大家知道,《真理报》出版以前,已有 500 个工人团体通过《明星报》[67]送来了募集的 4 000 多卢布。从我们报纸问世之日起到 4 月 10 日,仅从《真理报》公布的账目看,这一期间收到的捐款共达 3 932 卢布 42 戈比。其中 79.9% 来自各行各业的无产者,20% 来自知识分子的各种团体,0.1% 来自农民。全部捐款来自下列地区:彼得堡区——66.3%(2 605 卢布 81 戈比),其中只有 10% 是知识分子的捐款;莫斯科区、弗拉基米尔区和科斯特罗马区——4.6%,其中只有莫斯科区有知识分子的捐款(这里应该指出,这三个区给《真理报》的捐款数目不大,除了其他原因以外,是因为这些区给莫斯科报纸[68]捐了款。单是通过我们的报纸寄出的钱就有 2 000 多卢布,其中 70% 是这三个区捐助的,而 25% 是彼得堡区捐助的。从这里也可以看出彼得堡工人政治上的成熟性;他们还积极参加了创办莫斯科报纸的工作);乌拉尔、西伯利亚、波罗的海沿岸边疆区和波兰——10.3%;哈尔科夫区和叶卡捷琳诺斯拉夫区—— 4.4%;其他各地(芬兰、西欧等地)——14.5%。

　　这些数字十分令人信服地说明谁是《真理报》的主人，它是靠谁的资金维持的，它同工人群众的关系是何等的密切。

　　《真理报》在问世后的第一年中，这方面的成绩是**很大的**。为了不使读者因太多的数字而感到厌倦，我们下面将引用不是按月，而是按季度（即 3 个月）统计的给《真理报》捐款的工人团体数目的材料。

年　份	捐款的工人团体数目	
	给《真理报》	给莫斯科的工人报纸
1912 年第 1 季度……	108	—
1912 年第 2 季度……	396	—
1912 年第 3 季度……	81	—
1912 年第 4 季度……	35	5
1913 年第 1 季度……	309	129
1913 年 4 月上旬……	93	43
共　计：	1 022	177

　　由此我们可以看出，《真理报》在问世后的第一年中得到了**1 000 多个工人团体**的支援，为俄国**主要**工业区即莫斯科中部地区的**工人报纸**奠定了基础。

　　不言而喻，上千个工人团体**在资金上**支援《真理报》，这就意味着**以各种方式**支援《真理报》的工人团体的数目要多得多，意味着在《真理报》的周围团结和联合起来的**不只是一两万**工人。毫无疑问，《真理报》的读者和拥护者的团体数目要比捐款的团体数目多许多倍，他们写信、写通讯支持《真理报》，协助推销报纸，并向工人和劳动群众中的新读者介绍报纸，等等。

　　工人阶级造就出整整一支"先进分子"的先锋队，他们在首都创办了**自己的**、与自由派的动摇性相敌对的马克思主义的工人报纸，并为俄国工业中心的**第二张**工人报纸奠定了基础。先进的、觉悟的工人为《真理报》和莫斯科的工人报纸所做的一切，使我们能够对工人在教育和组织本阶级方面所完成的全部艰巨工作作出正确的判断，因为《真理报》和莫斯科的报纸虽然是这个伟大事业的一个重要部分，但毕竟只是**一个部分**。

　　先进工人为自己的工人报纸在第一年中取得的成就所鼓舞，现在将同心协力，以坚持不懈的工作来继续伟大的事业——教育愈来愈广泛的无产阶级群众，并将他们团结在马克思主义思想周围！

载于 1913 年 4 月 23 日《真理报》
第 92 号

译自《列宁全集》俄文第 5 版
第 23 卷第 96—99 页

谈谈总结和事实

(1913 年 4 月 23 日〔5 月 6 日〕)

《真理报》创刊一周年了，一切觉悟的工人（补充一句：还有一切觉悟的民主主义者）都不由得想来**总结**一下这家彻底的民主主义者和马克思主义者的报纸的工作。

总结问题自然是同俄国大多数先进工人是否站在《真理报》方面的问题联系在一起的。这是因为，对于资产阶级的订阅者来说，重要的是报纸的销售，而不问它是在什么地方销售，不问它是否团结某个阶级以及团结什么样的阶级；但是对于马克思主义者和彻底的民主主义者来说，报纸的重要性则在于它是**教育**和**团结**真正先进阶级的工具。

我们的报纸在什么地方销售，怎样销售，我们是不能漠不关心的。但对于我们最重要的则是要**了解**，报纸是不是真正教育和团结了俄国的先进阶级即工人阶级。

为了**弄清**这一点，就必须找出能够回答这个问题的**事实**。

不同的人对于事实有不同的理解。资产阶级记者恬不知耻地撒谎，他们从不举出一件**确切的**、清楚的、经得起核对的事实。

　　自由派工人政治家即取消派却效法资产阶级记者。他们当中有一位，不是"什么别人"，而是费·唐·本人，在《光线报》第57号（总第143号）上写道：

　　"……我们在日常工作中自豪地感觉到〈请看，这是多么敏感的人！〉，我们的报纸《《光线报》》真正是俄国整整十分之九先进的觉悟的工人的机关报，这个事实是不容否认的。"

　　对于这个赫列斯塔科夫或者诺兹德列夫[69]只能嗤之以鼻，《真理报》已经这样做了。然而光是嗤笑还不够。工人们必须学会自己来分析事实和核对事实，这样诺兹德列夫才无法欺骗我们自己和我们的觉悟不高的同志。

　　究竟怎样去发现事实和核对事实呢？最好是去了解《真理报》和《光线报》在**工人**中间（而不是在几乎全是取消派的自由派知识分子中间）传播的情况。可是没有这样的事实。

　　让我们来找找别的事实。

　　就拿**工人团体**自愿捐款支持《真理报》和《光线报》的材料来说吧。这些材料在这两家报纸上都**登载了**。这是**事实**。任何人都可以对这些事实进行核对，任何人一经研究这些事实，都会把诺兹德列夫之流揭露出来，这样的人在新闻界真是多得很。

　　《真理报》已经把半年来即1912年上半年的这些事实发表过一次（见1912年第80号①），这些事实是谁也驳不倒的。现在我们就来引证1912年**全年**和1913年年初的事实。

_____

　　① 见本版全集第21卷第409—425页。——编者注

年　份	给各报捐款的工人团体数目		
	给《真理报》	给《光线报》	给莫斯科的工人报纸
1912 年第 1 季度	108	7	——
1912 年第 2 季度	396	8	——
1912 年第 3 季度	81	9	——
1912 年第 4 季度	35	65	5
1913 年第 1 季度	309	139	129
1913 年 4 月份 10 天	93	28	43
共　计……	1 022	256	177

任何一位读者都可以拿《真理报》和《光线报》来核对这些数字，如果发现这张表上的计算有错误，那就把它纠正过来。

这些都是确凿的**事实**，不妨拿这些事实同费·唐·先生以及其他"光线派分子"的吹嘘和造谣对照一下。

这些事实难道不是极好地证实《光线报》所说的十分之九是诺兹德列夫式的无稽之谈吗？

所谓《光线报》有"十分之九"的拥护者，显然是毫不掩饰地把崩得分子和拉脱维亚人的"上层分子"也计算在内了，而《光线报》在创办以来**半年**多时间内（1912 年第 4 季度和 1913 年第 1 季度加上 4 月份的 10 天）所团结的人数还不及《真理报》和将要出版的莫斯科报纸所团结的人数的**一半**。试问，这种把明显的**少数**变成"十分之九"的手法是不是诺兹德列夫式的手法？

工人们被资产阶级报纸上这种汪洋大海般的谎言所包围，这就要求他们必须不惜任何代价去为真理而斗争，学习辨别谎言，摒弃谎言。对工人政党中取消派的错误观点应当心平气和地进行**反驳**。但是，对于无耻地腐蚀工人的、诺兹德列夫式的、大言不惭的谎言，则必须加以痛斥，并且把那些撒谎者从工人队伍中驱逐出去。

工人要求统一行动。工人是正确的。没有行动的统一，工人就不可能得到解救。

但是请想一想，如果不是少数服从多数的话，统一行动怎么可能呢？任何人都懂得，如果不这样，统一行动是不可能的。

这就是说，即使取消派不是取消党的人，工人也必须知道，多数人支持什么样的**观点**。不知道这一点，工人就不可能取得**行动上的统一**（因为无论党员工人还是非党工人经常是要一起行动的）。

工人如果不是无情地同涉及党的一切谎言作斗争，就不可能建立**自己的**党。要揭露谎言，就必须查找**确凿的**事实，对这些事实进行核对，并且要好好考虑经过核对的东西的意义。

觉悟的工人，取消派的反对者，在创办工人报刊方面已经争得了无可争辩的优势。他们已经争得了无可争辩的压倒多数。他们定将以愤怒和蔑视的心情去对待在这个严肃而重要的问题上所散布的一切谎言。

载于1913年4月23日《真理报》第92号

译自《列宁全集》俄文第5版第23卷第100—102页

资产阶级的国际政策

(1913 年 4 月 26 日〔5 月 9 日〕)

政府的报纸和自由派报纸上都大登特登关于"巴尔干"政治的消息、谣传、推测和估计。真是应有尽有！"耸人听闻的消息"一个赛过一个，报道一个比一个"吸引人"。昨天，奥地利同门的内哥罗之间、保加利亚同塞尔维亚之间的战争仿佛一触即发。今天却竞相辟谣，说"和平有了保证"。

昨天报道了有关埃萨德-帕沙的吸引人的传说，报道了他同门的内哥罗国王的秘密协议，报道了他夺取阿尔巴尼亚政权的阴险计划。今天却给这些传说辟谣，同时又报道了关于奥地利和埃萨德相勾结的新的"吸引人的"消息。

普通公众伸长耳朵听了这些胡言乱语以后，信以为真，于是就盲目地跟着骗子们走，而这帮骗子正是力图用他们自己所要求的东西来吸引"社会舆论的"注意。普通公众没有料到，他们正在受人摆布，也没有料到，有人正在用什么"爱国主义"、"祖国的荣誉和威望"、"列强的集结"等等响亮的词句来故意掩盖金融骗子和一切资本主义冒险分子的勾当。资产阶级大报所热心干的是高利出卖"最新的"和"最吸引人的"报道，它们每天编造的那些吸引人的新闻就是用来**转移**普通人的视线，使他们不去注意真正重要的问题，不去注意"高深的"政治的真正内幕。

欧洲保守派的报纸，我国黑帮的、十月党人的以及无党派的报纸，都在粗鲁地、拙劣地玩弄这套把戏。例如，在俄国，它们每天都在唆使人们攻击奥地利，把俄国描绘成斯拉夫人的"保卫者"。自由派的报纸，如《言语报》以及同它类似的机关报，也在玩弄**同样的把戏**，只不过掩饰得比较巧妙、比较高明，对奥地利"挖苦"得也比较谨慎，而把自己装扮成探讨欧洲各国协同行动问题的大政治家。

其次，奥地利同俄国之间、三国同盟同三国协约[70]之间的整个这种纠纷，所有这些巧妙的手腕，都不过是资本主义生意人之间和资本主义政府之间由于分赃而引起的争吵罢了。他们力图把普通人吸引到这样一个问题上："我们"怎样才能多捞一些，怎样才能少给"他们"一些。他们力图使普通人去关注由此而引起的争吵。

为了支付战争费用，现在要从塞尔维亚、保加利亚和希腊的农民和工人身上勒索多少？为了弥补动员费用，要从奥地利的农民和工人身上勒索多少？为了弥补同样的费用和推行大国政策的费用，从俄国的农民和工人身上又要勒索多少？在巴尔干的"新兴"国家中，或者在亚美尼亚，或者在蒙古，民主设施是否有保证以及如何保证？——关于这些问题，他们既不写也不谈。这是他们不感兴趣的。国际豺狼的利润不取决于这个。民主设施甚至会妨碍"安稳地"赚钱。保守派和自由派的报纸不去**揭穿**列强的政策，反而大谈特谈怎样**更好地**利用这种政策来填满豺狼们的欲壑。

载于1913年5月4日《真理报》　　　　译自《列宁全集》俄文第5版
第101号　　　　　　　　　　　　　　第23卷第121—122页

俄国的分离主义者和
奥地利的分离主义者

（1913年4月26日〔5月9日〕）

在俄国各式各样的马克思主义代表者中间，犹太人，更确切些说，他们当中的一部分人即所谓崩得分子，执行**分离主义**的政策，即同整体分离或隔绝的政策。大家从工人运动史中知道，1903年当工人阶级政党的多数人拒绝了崩得分子提出的承认他们是犹太无产阶级的"唯一"代表的要求时，崩得分子就**退出了党**。

这种退出党的行为是对工人运动危害极深的分离主义表现。实际上，犹太工人到处都撇开崩得而加入了并正在加入党。与崩得分子的**单独的**（隔绝的、分离的）组织并存的，**一直有工人的共同**组织——犹太工人、俄罗斯工人、波兰工人、立陶宛工人、拉脱维亚工人等等的共同组织。

从俄国马克思主义的历史中还可以知道，1906年崩得重新回到党内来的时候，党曾向它提出了一个条件：停止分离主义，即把**所有一切**民族的工人马克思主义者在当地联合起来[71]。尽管党在1908年12月通过专门的决定对此**特别**加以确认[72]，但崩得分子还是**没有**履行这个条件。

这就是俄国崩得分离主义的简史。遗憾的是，工人很少知道这段历史，也很少考虑它。波兰的马克思主义者以及立陶宛（特别是 1907 年在维尔纳)、拉脱维亚(同年在里加)、俄国南部和俄国西部的马克思主义者,实际上是非常熟悉这段历史的。另外,大家知道,高加索的马克思主义者,其中包括高加索的**所有**孟什维克在内,直到最近还致力于当地各族工人的**统一**以至使他们打成一片,对崩得分子的分离主义加以谴责。

我们还要指出,著名的崩得分子麦迭姆在他的名著《民族运动的形式》(1910 年圣彼得堡版)中,承认崩得分子在各地从来没有实行过统一,这就是说,他们一直是分离主义者。

在国际工人运动中,分离主义问题在 1910 年哥本哈根代表大会上提得特别尖锐。[73]奥地利的**捷克人**以分离主义者的姿态出现,破坏了捷克工人和德意志工人的原先的统一。哥本哈根国际代表大会**一致**谴责了分离主义,但遗憾的是,捷克人直到现在还是分离主义者。

捷克分离主义者感到在无产阶级国际中处境孤立,长期以来在徒劳无益地寻求同道者。现在他们总算找到了,这就是**崩得分子和取消派**。分离主义者出版的德文小杂志《捷克斯拉夫社会民主党人》在第 3 期(1913 年 4 月 15 日在布拉格出版)上刊登了一篇题为《向好的方面转变》的文章。这种似乎是向"好的方面"的"转变"(实际上是向分离主义转变),捷克分离主义者是从……读者,您以为是从什么地方? ……是从取消派的《**我们的曙光**》杂志中,是从**崩得分子**弗·科索夫斯基的文章中看出来的!

捷克分离主义者在无产阶级国际中终于不孤立了! 他们甚至乐于抓住取消派,乐于抓住崩得分子,这是不难理解的。但是俄国所有的觉悟工人都应该好好想一想这一事实:受到国际一致谴责的捷克分离主义者正在抓住取消派和崩得分子的衣襟不放。

只有像高加索那样长久而成功地把各族工人完全统一起来（在各地，自下而上），才符合工人运动的利益和任务。

载于1913年5月8日《真理报》第104号

译自《列宁全集》俄文第5版第23卷第123—124页

论国民教育部的政策问题[74]

（对国民教育问题的补充）

（1913 年 4 月 27 日〔5 月 10 日〕）

我们的国民"教育"部——请原谅我用了引号——大吹特吹地说，它的经费增加得特别快。在首席大臣和财政大臣关于 1913 年的预算说明书中，我们可以找到所谓的国民教育部在革命以后的几年里的预算数字。这个预算从 1907 年的 4 600 万卢布增加到 1913 年的 13 700 万卢布。的确增加得很多：在 6 年里差不多增加了两倍！

不过我们的那些赞扬俄国警察"秩序"即**混乱**的官方人士不应该忘记，一些小得可笑的数字用百分比来计算它们的增长情况，那它们的增长速度总是"**很大的**"。如果一个乞丐有 3 戈比，你又给了他 5 戈比，那么他的"财产"立刻就有了"很大的"增长：整整增长了 167%！

国民教育部如果不是以**蒙蔽**人民的意识和**掩盖**俄国国民教育的可怜状况为目的，那么它是否应当举出**另外的数字**来呢？也就是说，它是否应当举出我们目前的经费同一个文明国家所**必需的**经费相比较的数字，而不是举出我们今天的 5 戈比同我们昨天的 3 戈比相比较的数字呢？任何一个不想欺骗自己和欺骗人民的人，都必须承认，国民教育部**有责任**举出**这样的**数字来，要是它不举出**这样的**数字,它就没有尽到自己的职责。可是国民教育部并没有向人民和人民代表**说明**我们国家的需要,而是在玩弄愚蠢的官方数字游戏,官气十足地一再重复一些陈旧的、什么也说明不了的数字,以此来**掩盖**这些需要。

当然,国民教育部所掌握的了解国民教育事业的手段和资料我连百分之一都没有。但我毕竟设法弄到了**一些**资料。因此我敢肯定地说,我能够给你们举出一些**无可争辩的**官方数字,这些数字确实可以**说明**我国政府"蒙蔽"国民的情况。

这里我举官方的即政府的 1910 年《俄罗斯年鉴》,这是内务部出版的(1911 年圣彼得堡版)。

我在这本年鉴的第 211 页上看到,俄罗斯帝国的学生**总数**,包括初等、中等和高等学校以及其他各类学校的学生在内,1904 年是 6 200 172 人,1908 年是 7 095 351 人。学生的人数增加了。**1905** 年是俄国人民群众大觉醒的一年,是在无产阶级领导下人民为争取自由而进行伟大斗争的一年,这一年甚至**使**我们的官方机构也**不得不摆脱停滞状态**,向前挪动了一下。

可是请看一看,由于保留了官僚习气,由于农奴主-地主的无限权力,**甚至**在"主管部门"进步极快的情况下,我们仍旧注定要**一贫如洗**。

在同一本《俄罗斯年鉴》里载有这样的统计数字:1908 年俄国每 1 000 个居民中有学生 46.7 人(1904 年每 1 000 个居民中有学生 44.3 人)。

这个在内务部的出版物上发表的而国民教育部却懒于向杜马报告的数字说明了什么呢? 每 1 000 个居民中只有**不到 50 个学生**,这个比例又说明了什么呢?

　　为政府蒙蔽国民辩护的先生们，这个数字说明了：由于农奴主-地主在我国的无限权力，俄国的落后和野蛮已经到了**令人难以置信的**地步。学龄儿童和少年的人数占俄国居民总数的20％以上，也就是说占⅕以上。这个数字**连**卡索和科科夫佐夫两位先生**也**是不难通过他们部里的官员了解到的。

　　这样，学龄儿童有22％，而学生只有4.7％，也就是说**差不多只有**⅕!! 这就是说在俄国有将近⅘的儿童和少年**被剥夺**了受国民教育的权利!!

　　人民群众这样**被剥夺**了接受教育、获得光明、求取知识的**权利**的野蛮的国家，在欧洲除了俄国以外，再没有第二个。人民群众特别是农民被弄得这样粗野不是偶然的，这在地主的压迫下是**不可避免的**，这些地主强占了数千万俄亩的土地，在杜马和国务会议内窃取了国家政权，而且还不仅仅在这些比较起来还是**低级的**机构里……

　　由于俄国农奴制的国家制度，青年一代里有五分之四的人注定要成为文盲。俄国文盲极多的状况是与地主政权的愚民政策相适应的。据同一本政府的《俄罗斯年鉴》的统计（第88页），俄国识字的人只占人口总数的21％，除去（从人口总数里）9岁以下的学龄**前**儿童，识字的人只占27％。

　　可是在文明国家里就根本没有文盲，如瑞典和丹麦；或者只有1％—2％的文盲，如瑞士和德国。就连落后的奥匈帝国为它的斯拉夫族的居民所创造的生活条件也要比农奴制的俄国文明**得多**：在奥地利有39％是文盲，在匈牙利有50％是文盲。如果我们的沙文主义者、右派分子、民族党人和十月党人没有把自己不去思考，也不要人民思考作为自己的"国家的"目标，那么他们就应当**思考**

一下这些数字。但是如果他们自己已经不去思考了，那么俄国人民却愈来愈**学会**思考，而且还学会思考是哪个阶级以自己对国家的统治造成俄国农民物质上的贫困和精神上的贫困。

从识字的人数来说，美国**不算**是先进的国家。它差不多有11％的人是文盲，而黑人中有44％是文盲。但是美国的黑人在"国民教育"方面的情况比俄国的农民还是要**强一倍以上**。美国黑人遭受压迫是美利坚共和国的一个耻辱，但是不管受到什么样的压迫，他们毕竟比俄国的农民要幸福些，这是因为美国人民在整整半个世纪以前就痛击了美国奴隶主，击溃了这些败类，在美国彻底废除了奴隶占有制和奴隶占有制的国家制度，彻底取消了奴隶主在政治上的特权。

卡索之流、科科夫佐夫之流、马克拉柯夫之流的先生们，也将教会俄国人民去仿效美国的榜样。

在美国，1908年有学生**1 700万人**，也就是说**每1 000个居民中有学生192人**——比俄国多**3倍以上**。在43年以前，也就是1870年，当美国把国内的维护奴隶占有制的死硬派**清除掉**以后刚刚**开始**建设自己的自由生活的时候，——美国已有学生6 871 522人，也就是说比俄国1904年学生的人数要多，**差不多**等于俄国1908年的学生人数。可是就是在1870年，美国的每1 000个居民中已有学生178（一百七十八）人，也就是说差不多等于**目前**俄国学生的4倍。

先生们，这就是一个新的证据，它证明俄国人民**还**要进行一次顽强的革命斗争为**自己**夺得美国人在半个世纪以前就已经得到了的**自由**。

俄国国民蒙蔽部1913年的预算确定为13 670万卢布。这样每个居民(1913年是17 000万人)只摊到80戈比。财政大臣先生在他的预算说明书第109页上提出的"国库教育经费总数"是20 490万卢布,即使采用这个数字,每个居民也不过只摊到1卢布20戈比。在比利时、英国和德国,国民教育经费每个居民摊到2—3卢布,甚至摊到3卢布50戈比。美国1910年在国民教育方面花了42 600万美元,合85 200万卢布,就是说每个居民摊到9卢布24戈比。在43年以前,即1870年,美利坚共和国在国民教育方面一年就用了12 600万卢布,也就是说每个居民摊到**3卢布30戈比**。

当然,御用文人和官方奴仆会反驳我们,说俄国很穷,没有钱。噢,对了,俄国不仅很穷,而且在谈到国民教育的时候,它简直穷得一无所有。但是俄国在支付由地主管理的农奴制国家的费用,支付警察和军队的费用,支付租金,支付充任"高级"官吏的地主的数以万计的薪俸,支付昨天在朝鲜或鸭绿江,今天又在蒙古和土耳其属亚美尼亚推行冒险和掠夺政策的费用方面,倒是显得很"富"。**在人民还没有觉悟到必须摆脱农奴主-地主的压迫以前,俄国在国民教育经费开支方面总是会很穷并且是穷得一无所有的。**

至于谈到国民教师的薪金,俄国也是很穷的。他们只能领到少得可怜的一点钱。国民教师在没有生火的、几乎无法居住的小木房里挨饿受冻。国民教师同冬天被农民赶进小木房里的牲畜住在一起。任何一个巡官,任何一个农村黑帮分子或甘心当暗探和特务的人都可以陷害国民教师,至于来自上司的各种挑剔和迫害就更不用说了。在支付正直的国民教育工作者的薪金方面,俄国是很穷的,但是在抛掷数百万数千万卢布来供养贵族寄生虫、进行军事冒险、资助制糖厂老板和石油大王等类事情上,俄国倒是很富的。

　　还可以举出美国生活当中一个最新的数字,先生们,这个数字将向那些受俄国地主和**他们的**政府压迫的各族人民表明,用革命战争争得了自由的人民是**怎样**生活的。1870 年,美国有教师200 515 人,薪金总额是 3 780 万美元,这就是说,每个教师的平均年薪是 189 美元,即**377 卢布**。这是**40 年**以前的情况! 可是现在美国有教师**523 210 人**,他们的薪金总额是 25 390 万美元,这样,每个教师的年薪是 483 美元,即**966 卢布**。而在俄国,就是按它目前的生产力水平,也完全能够在今天就保证那些帮助人民摆脱愚昧无知和受压抑状态的国民教师大军至少得到令人满意的薪金,只要……只要把俄国的整个国家制度从下到上彻底改造得像美国那样民主。

　　或者是在地主-农奴主拥有无限权力的情况下,在六三秩序即六三胡闹的情况下继续处于贫困和野蛮状态;或者是**机智果敢地**去争取自由直到得到自由和文明,——这就是国民教育部用自己的预算给俄国公民上的一堂生动的**课**。

　　直到现在我所谈的几乎只是问题的物质方面甚至只是财政方面的情况。至于俄国的学生和教师精神上受到的压抑、蔑视和压制以及他们毫无权利的现状,那更是一种极其悲惨或者确切些说是一种极其令人厌恶的景象。国民教育部在这方面的整个活动完全是对公民权利的嘲弄,对人民的嘲弄。警察的搜查、警察的专横、警察对人民教育特别是工人教育的**横加阻挠**、警察对人民为自身的教育所做的工作的**破坏**——这就是国民教育部的**全部**活动;从右派分子起到十月党人止的地主老爷们当然是会赞成国民教育部的预算的。

　　为了向你们——第四届杜马代表先生们**证明**我的话是对的,

我举出一位**连**你们地主老爷们**也**不能不承认的证人。这个证人就是：第三届和第四届国家杜马代表十月党人**克柳热夫**先生，他还是萨马拉第二、第三女子中学管理委员会委员，萨马拉市杜马的学校委员会委员，萨马拉省地方自治机关检查委员会委员，国民学校的前任学监。我列举了（根据第三届杜马的官方文件）这位十月党人的官衔和称号，是为了向你们**证明**，政府**本身**和我们的地主地方自治机关里的那些地主**本人**，让克柳热夫先生在我们的国民欺骗部的"工作"（暗探和刽子手的"工作"）中担任了很多显要的职务。

如果问谁是一个奉公守法、敬畏神灵的官场老手，那当然要推克柳热夫先生。如果问有谁因自己在地方上即在本省忠于职守而博得了贵族和地主老爷们的信任，那当然要推克柳热夫先生。

现在就从这位最可靠的（从农奴主的观点来看）证人在**第三届**杜马里就国民教育部的预算所作的发言里摘引几段话。

克柳热夫先生在第三届杜马里说道：萨马拉地方自治机关**一致**采纳了克柳热夫先生的建议——请求把农村里的一些二年制小学改成四年制小学。但是，这位奉公守法、敬畏神灵的克柳热夫先生报告说：学区[75]的督学**拒绝了**。为什么呢？据官方的解释："**由于学龄儿童的人数不多**"。

于是克柳热夫先生作了下面的比较：**我们**（他说的是受地主压迫的俄国），我们萨马拉的农村里，6 000个居民还**没有一所**四年制小学。可是在谢尔多博尔城（芬兰），**2 800**个居民就有**四所**中等（和中等以上的）学校。

这位十月党人和功勋卓著的彼列多诺夫[①]先生……　请原

---

① 彼列多诺夫是索洛古布的长篇小说《小鬼》里一个典型的挂着教师的招牌的奸细和蠢汉。

谅，我说错了……功勋卓著的克柳热夫先生在第三届杜马里所作的比较就是这样的。代表先生们，即使你们不是人民的代表，哪怕你们是地主的代表，也请考虑一下这个比较吧！谁请求开办学校呢？是左派吗？是农夫吗？是工人吗？决不是！！**一致**提出这个请求的是萨马拉地方自治机关，也就是萨马拉的**地主们**，其中包括最反动的黑帮分子。而政府，通过督学竟然借口学龄儿童的人数**"不多"**，拒绝了这个请求！！你们看，我说政府在**妨碍**俄国的国民教育，政府是俄国国民教育的最大敌人，这无论从哪方面来看说得不是都完全对的吗？

　　如果说芬兰有文化，有文明，有自由，人人识字，妇女受过教育等等，那么这**只是**因为在芬兰**没有**像俄国政府这样的"社会灾难"。而现在竟有人想把这种灾难强加给芬兰，使芬兰也成为受奴役的国家。先生们，你们绝对办不到！！你们想在芬兰强制实行政治奴役的这种尝试，只会使俄国各族人民更快地从政治奴役下觉醒过来！

　　我还要引用一段十月党人克柳热夫先生这位证人的证词。克柳热夫先生在发言时问道："怎样聘请教师呢？"然后他自己又对他的问题作了如下的回答：

　　"一位已故的萨马拉活动家波波夫遗赠一笔资金用来开办女子师范学校。"可是你猜谁被委任为这所学校的校长呢？已故的波波夫的遗嘱执行人这样说："被委任为校长的是一位**近卫军将军的遗孀**，她自己承认，她还是第一次听到有叫做女子师范学校这样的学校！！"

　　先生们，不要以为这件事是我从杰米扬·别德内依的寓言集里引来的，是从《启蒙》杂志刊登的寓言中引来的，这本杂志因此受到罚款处分，它的编辑还被送进了监狱。[76]不是的。这件事是从十月党人克柳热夫的发言里引来的，这位先生只是怕（作为一个敬畏神灵、服从警察的人）**考虑**这件事的意义；因为这件事又一次无可争辩地证明，对俄国的国民教育来说，再也没有比俄国政府更凶恶、更势不两立的敌人了。而那些为国民教育事业捐钱的先生应当明白，他们的钱算是白扔了，甚至比白扔还不如。他们愿意为国民教育事业捐钱，可是**事实上**却把钱给了**近卫军将军**和他们的**遗孀**。这样的捐献者如果不想把钱白白扔掉，他们就必须明白：应当把钱捐给社会民主党人，**只有社会民主党人才会利用这些钱让人民受到真正的教育**，受到真正不依赖"近卫军将军"……不依赖胆小怕事、奉公守法的克柳热夫之流先生的教育。

同一位克柳热夫先生的发言里还有一段话：

"我们的国家杜马（第三届杜马）想使教会学校学生能进入高等学校的愿望算是落空了。国民教育部认为不可能满足我们的愿望。""其实，政府不仅堵塞了教会学校学生受高等教育的道路，而且根本堵塞了农民和小市民阶层的子女受高等教育的道路。这说起来并不好听——这位国民教育部的十月党人官员感叹地说——但这是事实。在中学学习的 119 000 人中，农民只有18 000 人。在国民教育部管辖的所有学校里，农民总共只占 15％。在正教中学的 20 500 个学生中，农民总共有 1 300 人。士官学校和其他类似的学校完全不收农民。"（顺便说一下，我从克柳热夫的发言里引来的这一段话，K.多勃罗谢尔多夫在 1912 年 5 月 22 日《涅瓦明星报》1912 年第 6 号上的文章里也引用过。）

克柳热夫先生在第三届杜马里就是这样说的。连第四届杜马的统治者先生们也驳不倒这位证人的证词。而证人**违反**自己的意志，**违背**自己的愿望，完全证实了对俄国的现状特别是对国民教育的现状所作的**革命的**估价是正确的。既然一位著名的政府官员和政府党十月党的活动家都说政府**堵塞**了小市民和农民受教育的**道路**，那么这个政府应当受到怎样的评价呢？

先生们，请考虑一下，从这些小市民和农民的观点来看，这样的政府应当受到怎样的评价吧！

请不要忘记，在俄国小市民和农民占总人口的 88％，也就是说将近占全体人民的%₁₀，而贵族总共只占 **1.5％**。可是政府从十分之九的人民那里拿钱来开办各种类型的学校，**并且用这些钱使贵族受教育**，同时却**堵塞了**小市民和农民受教育的**道路**!! 这个贵族政府，这个为了保护**百分之一**的居民的特权而压迫十分之九的居民的政府应当受到怎样的评价，难道还不清楚吗??

最后，我还要从我的证人——国民教育部的十月党人官员、第三届（和第四届）杜马代表克柳热夫先生的发言里摘引一段话：

> 克柳热夫先生说："在 1906—1910 年这 5 年中，在喀山区被解聘的中等学校和国民学校的校长有 21 人，国民学校的学监有 32 人，城市学校的教师有 1 054 人，而被调动工作的有 870 人。请想一想吧——克柳热夫先生感叹地说——我们的教师怎么能够睡得安稳呢? 他今天在阿斯特拉罕睡，不知道明天会不会出现在维亚特卡。请设想一下一个像被人追逐得筋疲力尽的兔子那样的教师的这种心理状态吧!"

这不是哪个"左派"教师的感叹，而是十月党人的感叹。这些数字是一个官场老手举出来的。右派分子、民族党人和十月党人先生们，这是**你们的**证人!! 就连"你们的"这位证人也不得不承认，政府对教师采取的是一种最放肆、最无耻、最令人厌恶的专横态度!! 主宰第四届杜马和国务会议的先生们，**你们的**这位证人还不得不承认这样一个事实：俄国教师像兔子一样被俄国政府"**追逐得筋疲力尽**"!!

就根据这个事实——这不过是俄国生活中千万件类似的事实中的一件——我们要向俄罗斯人民和居住在俄国的各族人民问一问：我们需要政府是为了保护贵族的特权吗? 是为了把国民教师

"**追逐得筋疲力尽**"吗？难道这个政府还不该被人民**赶走**吗？

是的，俄国的国民教师像兔子一样被追逐得筋疲力尽！是的，政府堵塞了俄国十分之九的居民受教育的道路。是的，我们的国民教育部是警察侦缉部，是愚弄青年部，是嘲弄人民求知欲部。可是，第四届杜马的代表先生们，俄国的农民特别是俄国的工人并不都像**兔子**，而且远不是都像**兔子**。工人阶级在 1905 年已经证明了这一点，它还能够再一次证明，而且将更令人信服地、更有分量地、更严肃地证明：它有能力为争取真正的自由和争取**真正的**而不是卡索的、也不是贵族的**国民**教育进行革命斗争！

载于 1930 年《列宁全集》俄文　　　　译自《列宁全集》俄文第 5 版
第 2、3 版第 16 卷　　　　　　　　　第 23 卷第 125—135 页

资本主义和妇女劳动

(1913 年 4 月 27 日〔5 月 10 日〕)

现代资本主义社会包藏着大量不能一下子就看到的贫穷和人压迫人的现象。小市民、手工业者、工人、职员、小官吏这样一些人的分散的家庭,生活极端贫苦,在**最好的**时候也只能勉强糊口。这种家庭中的千百万妇女过着(或者更确切些说,痛苦地过着)"家庭女奴"的生活,为了用极少的钱使一家人吃上饭穿上衣,她们每天拼命地干活,处处"精打细算",只是不吝惜自己的劳动。

资本家最乐于从这些妇女当中雇用家庭女工,因为她们甘愿接受低得可怜的工资来给自己和家里人"多挣"一块面包。世界各国的资本家用最"低廉的"价格从这些妇女中买到(像古代的奴隶主和中世纪的农奴主一样)任何数量的姘妇。对于卖淫现象表示的任何"义愤"(百分之九十九是虚伪的),都无助于消除这种妇女肉体的买卖:只要雇佣奴隶制存在,卖淫现象也就必然存在。在人类社会的历史上,一切被压迫被剥削的阶级,从来都是被迫(对他们的剥削也就在这里)首先向压迫者提供无偿的劳动,其次就是把他们的妻女交给"老爷们"当姘妇。

奴隶制、农奴制和资本主义在这方面都是一样的。改变的只是剥削**形式**,剥削依然存在。

在"世界的首都",文明的中心巴黎,现在正在举办一个"被剥削的家庭女工"产品**展览会**。

在每一项展品上,都有一个标签,上面说明家庭女工制作这件产品能**获得**多少钱,以及一天和一小时能够赚多少。

结果怎样呢? **无论哪一件**商品,家庭女工所挣的钱都**没有能够**超过 $1\frac{1}{4}$ 法郎,即 50 戈比。而大多数制品的所得还远远低于这个数字。例如灯罩,一打 4 戈比。纸口袋,1 000 个 15 戈比,每小时 6 戈比。再如带缎带的小玩具等等,每小时 $2\frac{1}{2}$ 戈比。做花,每小时 2—3 戈比。男女内衣,每小时 2 至 6 戈比。如此等等。

我们的工人团体和工会也应该组织类似的"展览会"。这种展览会不会像资产阶级的展览会那样带来巨额利润。把无产者妇女贫穷困苦的处境展览出来,会带来另一种好处:这将有助于雇佣工人和女奴隶了解自己的处境,回顾自己的"生活",深入思考如何才能摆脱贫穷困苦和卖淫这种终生的压迫,如何才能摆脱对穷人的种种凌辱。

载于 1913 年 5 月 5 日《真理报》
第 102 号

译自《列宁全集》俄文第 5 版
第 23 卷第 136—137 页

移民工作的意义

(1913 年 4 月 27 日和 5 月 1 日〔5 月 10 日和 14 日〕)

大家知道,1905 年以后,随着"新"土地政策在俄国欧洲部分的推行,政府特别努力开展把农民往西伯利亚迁移的工作。地主认为这样做可以稍稍打开一点气门,使俄国中部地区的农业矛盾趋向"缓和"。

结果怎样呢? 范围更广泛地移民,是使矛盾缓和了呢,还是加剧了?

我们首先援引一下关于农民往西伯利亚迁移的一般材料。

1861 年到 1885 年移去大约 30 万人,即每年 12 000 人;1886 年到 1905 年移去大约 152 万人,即每年大约 76 000 人;1906 年到 1910 年移去大约 2 516 075 人,即每年大约 50 万人。

反革命时代移民的人数大大增长。毫无疑问,俄国中部地区的气氛必定因此而**暂时**"冲淡了"。

但是为时**多久**呢? 付出了**多大的代价**呢?

只要看一看从 1909 年起移民浪潮**低落**以及倒流的移民人数惊人**增长**的材料,就可以回答这个问题。下面就是这些材料:

年　份	移民人数 （单位千）	倒流的移民 所占百分数
1905 年	39	10
1906 年	141	4
1907 年	427	6
1908 年	665	6
1909 年	619	13
1910 年	316	36
1911 年①	183	60

由此可见,官方鼓励移民的先生们冲淡气氛为时总共不过**四**年(1906—1909 年)。以后就开始了**新的危机**,因为移民人数大大下降,而"倒流"人数又急剧增长(36％和 60％)。这毫无疑问意味着一场危机,而且是极端严重的、范围要广泛得多的一场危机。

倒流的移民占 36％和 60％,这说明无论是在俄国欧洲部分还是在西伯利亚,危机都在加剧。回到俄罗斯本土来的是那些失掉了一切、怨气冲天的最不幸的贫苦农民。西伯利亚的土地问题本来就十分尖锐,所以,尽管政府拼命努力,还是无法安排好数十万移民。

可见,以上引证的材料无可辩驳地说明,用移民的办法来挽救俄国 1905 年的农业危机,只是使危机**推迟**一个极短的时期,而其代价是接踵而来的比过去一个时期尖锐得多、范围大得多的危机。

一个曾经在林业部门工作了 27 年、对西伯利亚移民工作特别熟悉的官员阿·伊·科马罗夫先生写了一本小书《移民工作的真相》(1913 年圣彼得堡版,定价 60 戈比),这本小书很有意思地证实了这个根据政府枯燥的统计材料得出的结论。

这本小书主要是由作者在 1908—1910 年用笔名在《新俄罗

---

① 11 个月的材料。

斯报》[77]上发表的小品文编辑而成。在这些小品文中,作者以"善意而诙谐的笔调"叙述了"国家这样地侵吞,或者更确切些说是破坏西伯利亚土地和森林的情况,与此相比,以前对巴什基尔土地的侵吞就实在是微不足道了"。

　　作者的观点是一个心地善良的官员的观点,他看到"移民工作的混乱"(这是他在报纸上发表的小品文的标题),看到当地居民和移民被掠夺一空,一贫如洗,看到"所谓合理的林业遭到彻底破坏",看到移民逃回俄罗斯本土并形成了一支"几十万""俄罗斯流浪者"大军,看到极端的愚钝、官僚习气、告密制度、侵吞公款、整个工作乱七八糟等等现象,感到非常绝望。

　　虽然这些小品文是用"善意而诙谐的笔调"写成的,或者确切些说**正是由于这个缘故**,把这些小品文收集在一起就使人产生一种极强烈的印象,感到旧的、农奴制的官僚习气乌烟瘴气,令人窒息。在这种情况下,用这样一些手段和办法来推行并由这样一些社会人士来指导的资产阶级新土地政策,就只能遭到失败。

　　下面就是首席大臣斯托雷平与农业和土地规划管理总署署长克里沃舍因先生1910年8月到西伯利亚去巡视的情景。在"泰加"车站,他们在大臣专车的门口发表了演说……"一切都很好,因而一切都很顺利"。

　　这位官场老手写道:"这是一次滑稽的巡视。这次巡视很像女皇叶卡捷琳娜到新罗西亚去的那次巡视;而且,根据彼得堡的命令,波将金的角色由托姆斯克省移民和土地规划署署长舒曼先生扮演……这使我最后决定放弃官职来出版这本小册子。"

　　可怜的心地善良的小官员终于忍耐不住了!

　　下面是移民浪潮达到最高点时移民工作混乱的情景:

"移民地段还没有准备好,通向这些地段的道路还没有修好,移民站还在建设中……　移民开始在林区随意占据他们所看中的地方,夺取以前划为贵族在西伯利亚的地产的代役租土地和预留地等等;这样当然就要驱逐这些肆无忌惮的迁人者了。于是出现了许多悲惨的而且往往是残酷的情景,这些就用不着再描写了。"移民官员们不得不"把几乎是昨天刚刚建设起来的官有林区分成许多小块"。"他们把这些小块土地拿来,碰上哪一块就是哪一块,——不管好歹只求能把那数十个疲惫不堪、倦怠已极的人安置下来,使他们不再纠缠就行,因为这些人老是待在移民站,长时间地站在移民管理署的门口,成群结队地闯入省管理署。闹得每个办公的地方都不得安宁。"

"多少亿卢布"就这样白白地被侵吞、被糟蹋了。作者写道:"自然而然地得出一个结论,就是必须把移民工作交给将来的西伯利亚地方自治机关。"这位天真的"正直的"俄国官员满以为……地方自治机关能够补缀这件"特里什卡的外套"[78]。

下面是林业的情况:"意想不到的幸福降临到"移民身上,他们取得了出售森林的许可;他们把300俄亩建筑用的处女林按17卢布1俄亩出售。1俄亩建筑用的处女林,即使按西伯利亚的价格,至少也值200卢布。还有这样一个情景:移民们把25 000根枕木用材按4戈比1根卖给承包人若戈列夫。他1根付了砍伐费5戈比、运费25戈比、轮船运费10戈比。而他却**按80戈比1根卖给国家**……　这就是十月党人的原始积累时代的资本主义。这种资本主义同普利什凯维奇之流以及俄国现实生活中的普利什凯维奇精神牢牢地结合在一起!

下面是土地规划的一些情况。米努辛斯克县是"西伯利亚的意大利"。米努辛斯克的当地居民每人平均分得4俄亩土地,总算"体验到了神圣的所有权"。但他们却被禁止使用数万俄亩良田。

"最近由于统一安排国家经济,这个意大利不断地遭到——用官方的话来说——'歉收'……

……在叶尼塞斯克县有一条出名的鄂毕—叶尼塞运河,许多年来它已经耗费了国家数百万卢布,但是至今货物运输还不正常,因为这条运河正好是在不应该开凿的地方开凿的……

库林移民区……设立在阿尔泰制盐厂附近的异族人的土地上。如果说这些异族人在土地被没收以后日子很难过,那么新迁入的人生活就苦透了,——这里的水根本不能喝。掘井也不解决问题。于是移民管理署开始钻井,结果钻出来的水更咸。现在这些居民要到离村子7—8俄里的叶尼塞河去运水,因而'一切都很顺利'……"

……一片珍贵的松林被松毛虫吃得干干净净。虫害一开始,林务官就**上书**请求拨款。当与彼得堡的公函来往还在进行的时候,松林已经完蛋了…… 这位老林务官写道:"整个所谓的森林管理,简直等于零。"

官场中稍微正直一点的人常常因被告密而遭到排挤(第118页),就连那些服务满35年的林务官也不敢说真话,否则"上级"就会向他们厉声斥责:"住口!"(第121页)"卑鄙的蛮不讲理的时代"——善良的科马罗夫先生愤愤不平地说。他认为坏官代替了"好"官才开始有这样的"时代"。

作者在下面一段话里把他所描绘的作了一个概括:

"……我所叙述的一切听起来好像都是笑话,但这毕竟是所谓的俄国立宪生活使我们已经听惯了的现实生活中的笑话;难道俄国全部现实生活不就是一则地道的很不体面的笑话吗?"

有一个"大胆的"医生说什么返回来的移民不超过6%,科马罗夫先生嘲笑了他的这种说法。我们在上面已经引证了有关这个问题的准确数字。

科马罗夫先生写道:"对这一点〈返回来的移民人数〉非常非常关心的不是别人,而是俄罗斯的地主。这是可以理解的,因为返回来的都是些在将来会起可怕作用的人。返回来的不是那些终生当雇农,已经不习惯于去占有那曾经赋予他们(正像赋予神话里的安泰一样)难以置信的巨大力量的大地的人。返回来的是不久以前的业主，是那些从来也不会想到可以同土地分开的人。这些人正当地怀着一股强烈的怨气，因为他们不但没有得到好的安排，反而破产了；不但他们自己，而且他们所有的家人，都由从前的业主和农民变成了毫无用处的人——这样的人对于任何国家制度都是危险的。1905 年以来已经觉醒了的优秀的、有见识的人物，都考虑到了这一点。"

　　1910 年春，作者在俄国欧洲部分拜会了一位非常保守的、受作者尊敬和信赖的贵族代表[79]。

　　"他对我说：咳，我们考虑，确实在考虑：我们从乡村被赶到城市来不是没有道理的。庄稼汉像野兽一样怒视着我们。青年人几乎全是些流氓。而现在从你们西伯利亚回来的还有这样一些人，他们完全豁出去了。"

　　最善良的科马罗夫先生继续写道："在许多来向我询问'有关西伯利亚土地情况'的人当中，有一个我已经记不起来的童年时代的朋友。我们曾经在一块玩过羊拐子游戏和打棒游戏，后来又在一块斗过拳。唉，现在他已经不是我过去斗拳时的伙伴了，而是一个秃顶的、长着一大把密密麻麻的花白胡须的稳重的庄稼汉。这次相遇，使我对最亲爱的彼得·费多罗维奇格外了解了。我们一起交谈，回忆往事，我还提到了 1905 年。这里应该指出，在这个时期，许多县里地主的庄园被烧毁，贵族的领地被破坏，我们县就是其中被毁坏得特别厉害的一个，所以从我这方面来说，就十分自然地责备起我的朋友来了。记得我对他大致是这样说的：

　　——天晓得你们在 1905 年都干了些什么！你们本来可以干得好得多……

　　在谈这一点的时候，我当然没有想到社会民主党人和社会革命党人先生们的土地问题理论，因为这个理论对于任何一个稍微熟悉一点政治经济学的人来说都是根本不能接受的。我得到的回答是：

　　——你这话很对…… 你这样说是对的…… 我们本来不应该这样做。

　　——那么，这就对了，——我心平气和地说，为我们终于互相了解而感到高兴。

　　——对，对…… 我们真是失算了…… 我们一个人也不应该放走……

　　——这是什么意思呢？

　　——我是说应该不让一个人漏网…… 要消灭干净……

　　在说这些话的时候，他的脸很和蔼，微笑着；在他那双明亮的、善良的、孩子般天真地微笑着的眼睛外角,出现了一些令人同情的皱纹……

但是我坦白地承认,我真有些不寒而栗,毛骨悚然:如果这些好心肠的人都是这样,那么那些返回来的,那些出卖了自己的份地、要永远颠沛流离的人又会怎样呢?!

啊,已故首席大臣和十月党人先生们向俄国提出的这个'寄希望于强者',由于移民工作的混乱,随着时间的推移,将会给现实生活带来许多悲惨的景象。"(第75页)

我们就谈到这个心平气和的、最善良的知识分子同这个和蔼的、善良的、天真的、稳重的、秃顶的庄稼汉的这次谈话为止。

载于1913年4月27日和5月1日　　　　译自《列宁全集》俄文第5版
《真理报》第96号和第99号　　　　　　第23卷第103—109页

中国各党派的斗争

(1913 年 4 月 28 日〔5 月 11 日〕)

中国人民终于推翻了中世纪的旧制度和维护这个制度的政府。在中国建立了共和制,这个伟大的亚洲国家(长期以来,这个国家一成不变,停滞不前,曾使各国黑帮分子感到高兴)的**第一届国会**——中国第一届国会已经选了出来,召开了会议,并且已经开了几个星期。

在中国国会的两院中,孙中山的拥护者国民党人[80]在众议院略占多数;要是拿与俄国情况相当的用词来说明这个党的实质,应该把它叫做激进民粹主义共和党,也就是民主派政党。在参议院,拥护这个党的占较大的多数。

和这个党对立的是一些较小的温和派或保守派政党。它们的名称很多,如"进步党"[81]等等。事实上,**所有这些政党都是反动派**的政党,即官僚、地主和反动资产阶级的政党。它们都倾向于愈来愈摆出一副独裁者架势的中国立宪民主党人——共和国临时大总统袁世凯。袁世凯的行径和立宪民主党人一模一样,昨天他是一个保皇派,今天革命民主派胜利了,他成了一个共和派,明天他又打算当复辟后的君主制国家的首脑,也就是打算出卖共和制。

孙中山的党依靠的是中国工商业最发达、受欧洲影响最大、最先进的**南方**。

袁世凯的党依靠的则是中国落后的**北方**。

最初几次冲突的结果是袁世凯暂时取得了胜利：他把所有"温和派的"（即反动派的）政党联合起来，分化出部分"国民党人"，使**自己的候选人当上国会众议院议长**[82]，并且**不顾国会**的反对，签订了向"欧洲"即向欧洲亿万富翁这些骗子借款的**债约**[83]。借款的条件很苛刻，简直是重利盘剥，是以盐业专卖收入作为担保的。借款将使中国遭受凶残的、极端反动的欧洲资产阶级的奴役。这个资产阶级只要有利可图，就准备扼杀任何民族的自由。将近有25 000万卢布的借款为欧洲资本家提供巨额利润。

对欧洲无产阶级怀着反动的恐惧心理的欧洲资产阶级，就这样同中国各个反动阶级和反动阶层结成了联盟。

对孙中山的党来说，与这个联盟进行斗争是很艰巨的。

这个党的弱点是什么呢？弱点是它还**不能充分地**吸引中国广**大人民群众**参加革命。中国无产阶级还很弱小，所以没有一个能够坚决而又自觉地将民主革命的斗争进行到底的先进阶级。由于没有无产阶级这个领导者，农民非常闭塞、消极、愚昧、对政治漠不关心。虽然革命推翻了旧的腐朽透顶的君主制，虽然共和制取得了胜利，但是中国却**没有**普选权！国会选举是有资格限制的，只有那些拥有将近500卢布财产的人才有选举权！由此也可以看出，吸引真正广大的人民群众来积极支持中华民国这件事还做得**很差**。如果没有**群众**的这种支持，没有一个有组织的、坚定的先进阶级，共和国就**不可能**是巩固的。

尽管中国革命民主派的领袖孙中山有很大缺点（由于缺少无产阶级这个支柱而耽于幻想和优柔寡断），中国革命民主派在唤醒人民、争取自由和建立彻底的民主制度方面还是作出了许多贡献。

孙中山的这个党只要能吸引愈来愈广泛的中国农民群众参加运动和参加政治斗争，它就能逐渐成为（与这种吸引程度相适应）亚洲进步和人类进步的伟大因素。不管那些依靠国内反动势力的政治骗子、冒险家和独裁者可能使这个党遭到什么样的失败，这个党的工作是永远不会徒劳无功的。

载于 1913 年 5 月 3 日《真理报》
第 100 号

译自《列宁全集》俄文第 5 版
第 23 卷第 138—140 页

地主关于"安抚"农村的声音

(1913 年 4 月 28 日〔5 月 11 日〕)

如果说《新时报》完全当之无愧地享有一家极其无耻的报纸的"荣誉",既迎合赚钱的昧心交易,又讨好政府和发号施令的地主阶级,那么该报的撰稿人缅施科夫就加倍地享有这种荣誉,并且加倍地当之无愧。

根据缅施科夫的文章往往可以确切无误地断定,究竟在官僚的、资本家的或贵族老爷的彼得堡,是哪些"人士"在向他**订购**这篇或那篇文章。前不久,人们向这个缅施科夫订购了一篇文章,要他维护"贵族的"国务会议,反对所谓的"民主"改造国务会议的计划。这篇文章显然是地主达官显贵的订货。听一听地主就臭名远扬的"安抚"农村问题发出的呼声,那是更有教益的。

"到彼得堡来的外省人、地主和社会活动家经常到我这里来……"——缅施科夫郑重地说。究竟是地主到他那里去,还是他到显赫的地主家的前厅去,那是另外的问题。不管怎样,他唱的是地主的调子,而他的文章的可贵也只是在于介绍了地主的露骨言论。

地主接着发出呼声:"如果相信他们说的话,——怎么能不相信他们呢—— 1905—1906 年的普加乔夫暴动根本没有停止。它沉寂下来了,它采取了其他的不太轰动的形式,但是仍然在继续自己的破坏活动。诚然,农民已经不像过去那样成群结队地赶着马车来抢劫和焚毁地主的庄园,但是纵火事件还是不断发生,不是烧房子,就是烧打谷场、板棚、粮仓和大垛小垛的粮食。最令人愤慨、最肆无忌惮的为非作歹的事情仍在不断发生……　在我们建立起议会的7年当中,反对农村无政府现象的斗争没有取得任何进展。"

缅施科夫在《新时报》上就是这样写的。显然,人们向他订货,是要他为采取新的措施来镇压和惩治黑帮-十月党人阵营通常所说的"流氓"制造"舆论"。但是,地主的走狗在完成订货时却泄露了地主的真实情绪和他们惶惶不安的真正原因。

地主老爷们正打算用新的惩治法令和条例来对付**根本没有停止而是采取了其他形式的** 1905 — 1906 **年的"普加乔夫暴动"**[84],——这一点我们要记录在案并牢记不忘。

只有一点有些奇怪。在1905年和1906年,政府和贵族联合会硬要自己和别人都相信:"普加乔夫暴动"是村社土地占有制造成的结果,是农民中土地私有制不发达的结果。而现在,所有的政府代理人,所有的政府党,所有的政府报纸,都喋喋不休地大谈村社的涣散和崩溃,大谈新的土地规划和在农民中推行土地私有制的"巨大"成就。如果真是这样,那么那种似乎由村社引起的"普加乔夫暴动"就应该停止了!如果像地主通过缅施科夫之口要人相信的那样暴动"根本没有停止",那就说明问题根本不在于村社,也就是说,所谓的"新的土地规划"的成就只不过是神话而已。

地主老爷们所吹嘘的政策已经破产,这一点至少是肯定无疑的了。

载于1913年5月4日《真理报》　　译自《列宁全集》俄文第5版
第101号　　　　　　　　　　　第23卷第141—142页

路标派和民族主义

（书 刊 评 述）

（1913 年 4 月）

　　《俄国思想》杂志[85]是一种乏味的杂志。这个杂志只有一点使人感兴趣。那就是为它写文章的是**"路标派"**自由主义者，即有名的叛徒文集《路标》的撰稿人和支持者；在这本文集中，昨天拥护自由的人竟诋毁和诬蔑**群众争取自由的斗争**，并且把民主派工农群众描绘成一群受"知识分子"支配的乌合之众，——这是一切黑帮分子玩弄过的老一套手法。

　　俄国自由主义的"有教养的社会"转向反对革命、反对民主。这不是偶然的现象，而是 1905 年以后必然的趋势。工人的独立精神和农民的觉醒使得资产阶级大吃一惊。资产阶级，特别是最富有的资产阶级，为了维护自己剥削者的地位，拿定主意：宁要反动，也不要革命。

　　正是财主们的这种自私的阶级利益在自由派中间激起了一股来势汹汹的巨大的**反革命**潮流，一股反对民主而维护一切帝国主义、民族主义、沙文主义以及一切黑暗势力的潮流。

　　自由派的这种背叛变节行为并没有使觉悟的工人感到惊奇，因为工人从来就没有对自由派有过特别好的看法。但是留心自由派叛徒在鼓吹些什么，留心他们想**用什么样的思想**去同民主派特别是同社会民主党进行斗争，那是有好处的。

　　伊兹哥耶夫先生在《俄国思想》杂志上写道："俄国知识界过去确信，而且现在大部分人也还确信，欧洲生活中的基本问题是无产阶级为争取社会主义而同资产阶级进行斗争……"

　　伊兹哥耶夫先生把这种思想叫做"不正确的偏见"，同时指出，德国的波兰人在为维护自己的民族而同德国人进行斗争时，形成和发展了一个新的中间阶层，即"民主主义的中产阶级"。

　　伊兹哥耶夫先生所说的"知识分子"实际上是指社会党人和民主派。自由派**不喜欢**把无产阶级同资产阶级的斗争看做基本问题。自由派竭力煽动和挑起民族斗争，以便**转移**人们对民主和社会主义**这些重大**问题的**注意力**。

　　其实在"欧洲生活中的各种问题"中，社会主义居于首位，民族斗争不过居于非常次要的地位，而且民主发展得愈彻底，民族斗争就变得愈弱、愈无害。把无产阶级争取社会主义的斗争这一世界现象同东欧一个被压迫民族反对压迫它的反动资产阶级的斗争相提并论，那简直是可笑的（何况**波兰**资产阶级很想利用一切合适的机会同**德国**资产阶级联合起来反对无产阶级）。

载于 1913 年 4 月《启蒙》杂志
第 4 期

译自《列宁全集》俄文第 5 版
第 23 卷第 110—111 页

资产阶级与和平

(1913 年 5 月 2 日〔15 日〕)

上星期日,5 月 11 日(俄历 4 月 28 日),在伯尔尼召开的法国和德国国会议员代表会议,再次提醒我们注意欧洲资产阶级对战争与和平的态度问题。

倡议召开这次代表会议的是阿尔萨斯—洛林和瑞士的代表。法国和德国的社会党议员一起出席了会议。出席的资产阶级议员中,很多是法国的激进党人和"激进社会党人"[86](实际上完全是和社会主义格格不入的,大部分是仇视社会主义的小资产阶级民主派)。德国只有很少几个资产阶级议员出席会议。民族自由党人[87](介于立宪民主党人和十月党人之间,类似我国的"进步党人")仅仅寄去了贺词。"中央"党[88](喜欢玩弄民主的德国天主教小资产阶级政党)有**两个人**曾答应参加……但是……认为还是不出席为妙!

在会上发言的著名的社会党人中,有瑞士社会民主党的老战士格罗伊利希,有奥古斯特·倍倍尔。

会上一致通过决议,谴责沙文主义,声明法国和德国人民中的绝大多数人希望和平,并且要求通过仲裁法庭来解决国际争端。

代表会议无疑是一次拥护和平的大示威。但是如果相信那些出席代表会议并投票赞成这个决议的少数资产阶级议员的花言巧语，那就大错特错了。这些资产阶级议员如果真正希望和平，那就应该直截了当地**谴责**德国扩充军备（德国军队即将增加 14 万人；德国各资产阶级政党无疑会不顾社会党人的坚决抗议而通过政府的这个新提案），同样也应该谴责法国政府把服役期限延长到 3 年的提案。

资产阶级议员先生们是不敢这样做的。他们更不会坚决要求实行民兵制，即以普遍的人民武装代替常备军。这个措施虽然还没有越出资产阶级社会的范围，但它却是唯一能够使军队民主化、使和平问题**真正**有所进展（哪怕只是进展一步）的措施。

不，欧洲资产阶级出于对工人运动的恐惧，慌忙抓住军阀和反动派不放。为数极少的小资产阶级民主派无力坚决要求和平，更无力确保和平。政权掌握在银行、卡特尔和整个大资本的手中。和平的唯一保障是工人阶级有组织的自觉的运动。

载于 1913 年 5 月 7 日《真理报》第 103 号

译自《列宁全集》俄文第 5 版第 23 卷第 143—144 页

比利时罢工的教训

(1913年5月2日〔15日〕)

大家知道,比利时工人的总罢工[89]只获得了一半的胜利。**到目前为止**工人争取到的只是教权派政府**答应**任命一个委员会。这个委员会要审查的,不仅有地方的选举权问题,而且有全国的选举权问题。最近比利时首相在众议院答应将在5月间任命这个委员会。

当然,首相的诺言(同"上层人物"的一切诺言一样)根本算不了什么。如果总的政治形势没有证明总罢工已经把一个毫不调和的、很难改变的、顽固不化的教权主义的(黑帮僧侣的)旧"秩序"打开了一个缺口的话,那就连一个小小的胜利也谈不上。

罢工的成果与其说是表现在对政府的这一小小的胜利上,不如说是表现在比利时工人阶级群众在组织、纪律和斗争热情方面的成就上。比利时工人阶级证明,他们能够根据自己社会党的口号进行坚决的斗争。"在必要的时候,我们还要来一次罢工!"这是一位工人领袖在罢工期间所说的话,这句话表明群众已经认识到他们牢牢地掌握着罢工这个武器,并准备再一次使用它。而这次罢工向比利时的资本家老爷们证明,罢工会使资本家遭受多么大的损失,如果比利时的资本家不愿意无可救药地落在德国资本家以及其他国家的资本家后面,那么作出让步又是多么必要。

在比利时早就确立了巩固的立宪制度,政治自由早就成了人民的财富。工人有了政治自由,就有了宽广的道路。

那么,造成罢工成绩小的原因是什么呢? 主要有两个原因。

第一个原因是,在比利时的一部分社会党人中,特别是在一部分社会党人议员中,机会主义和改良主义占优势。这些议员一向习惯于同自由派结成联盟,觉得他们的一切行动都要依赖自由派。因此在决定罢工的时候他们就动摇,这种动摇不能不妨碍整个无产阶级斗争的胜利,不能不妨碍这种斗争的力量和规模。

少效法自由派,少信任他们,多相信无产阶级有独立地、奋不顾身地进行斗争的能力——这就是比利时罢工的第一个教训。

招致局部失败的第二个原因是,比利时的工人组织软弱无力,**党软弱无力**。比利时的工人政党是政治上有组织的工人同政治上没有组织的工人以及同"纯粹的"合作社工作者和工会工作者等等结成的联盟。这是比利时工人运动的一个大缺点。叶戈罗夫先生在《基辅思想报》[90]上,取消派在《光线报》上,都毫无理由地忽略了这一点。

多注意社会主义宣传,多做工作去建立一个坚强的、能坚持原则并忠于社会主义的、真正的党的组织——这就是比利时罢工的第二个教训。

载于1913年5月8日《真理报》　　　　译自《列宁全集》俄文第5版
第104号　　　　　　　　　　　　　　第23卷第147—148页

工人阶级和民族问题

(1913 年 5 月 3 日〔16 日〕)

俄国是一个民族众多的国家。政府的政策,即得到资产阶级支持的地主的政策中,充斥着黑帮民族主义。

这种政策的矛头是指向俄国**多数**民族的,这些民族在俄国人口中占**多数**。同时,其他民族(波兰族、犹太族、乌克兰族、格鲁吉亚族等等)的资产阶级民族主义也在抬头,竭力用民族斗争或争取民族文化的斗争使工人阶级**脱离**他们伟大的世界性任务。

对于民族问题,一切觉悟的工人必须有明确的提法和解决办法。

资产阶级过去曾同人民一起,同劳动者一起为争取自由而斗争,那时它是维护民族的完全自由和完全平等的。先进的国家如瑞士、比利时、挪威等,给我们树立了一个在真正的民主制度下几个自由民族怎样和睦相处或者和平分离的榜样。

现在资产阶级却害怕工人,想同普利什凯维奇之流,同反动派勾结,出卖民主,维护民族压迫或民族不平等,用**民族主义的**口号腐蚀工人。

在今天,只有无产阶级才坚持真正的民族自由和各民族工人的统一。

为了使各民族自由地和睦相处,或者自由地和平地分离(如果这样做对他们更合适的话)而组成不同的国家,那就必须有工人阶级所坚持的完全的民主。任何一个民族、任何一种语言都不得享有任何特权! 对少数民族不能有丝毫的压制,不能有丝毫的不公平! ——这就是工人民主的原则。

资本家和地主总是千方百计地想分化各民族的工人,而这个世界上的强者自己,却相处得很好,这些"收益丰厚"、拥有百万巨资的"企业"(像勒拿金矿之类)的股东——无论是正教徒还是犹太人,无论是俄国人还是德国人,无论是波兰人还是乌克兰人,只要是拥有**资本**的,都在同心协力地剥削各民族的工人。

觉悟的工人主张在所有一切教育组织、工会组织、政治组织或其他工人组织内,各民族的工人都应当**完全统一**。让立宪民主党的先生们去否认或者贬低乌克兰人的平等权利而自取其辱吧。让各民族的资产阶级拿民族文化、民族任务等等的骗人的空话去自我安慰吧。

工人决不允许用民族文化或"民族文化自治"这样的甜言蜜语来分化工人队伍。各民族的工人必须在共同的组织内,同心协力地去维护完全的自由和完全的平等,——这才是真正的文化的保证。

工人正在全世界范围内创造自己的国际主义文化,这种文化早已由宣传自由的人们和对压迫进行反抗的人们作了准备。工人正在建设一个各民族劳动者团结一致的新世界,一个不容许有任何特权,不容许有任何人压迫人的现象的世界,来代替充满民族压迫、民族纷争或民族隔绝的旧世界。

载于1913年5月10日《真理报》　　　　译自《列宁全集》俄文第5版
第106号　　　　　　　　　　　　　　第23卷第149—150页

自由派和结社自由

（1913年5月4日〔17日〕）

矿业代表大会[91]赞成结社自由。自由派资产阶级最大的报纸之一《基辅思想报》就这件事写道：

"代表大会最重要的功绩就是宣布工人有组织起来的权利，对工人的结社自由的要求加以支持。

俄国工人运动在1908—1909年中断以后重新活跃起来了，它所遭受的镇压也就更加厉害、更加频繁，因此，结社自由的要求就愈来愈成为工人阶级**群众**的要求了。可是直到目前为止，只有工人才承认结社自由的要求是当前的口号。自由派人士对这个口号非常冷漠。现在，这次有不少工业家参加的代表大会对工人阶级的要求不得不表示道义上的支持。"

从这里我们可以清楚地看出，自由派利用他们发行很广、营私牟利的报刊来**削减**工人阶级提出的要求和口号。自由派很清楚，工人的"**当前的口号**"是另外的一些没有被削减的口号。自由派把自己的自由主义狭隘观念**强加给**工人，硬说这是工人"**群众**"的意见。自由派资产阶级不愿意考虑造成政治特权和政治上无权的根源，却把责任推到看来好像是不觉悟的群众身上，这是他们一贯使用的老手法！这是"自由派"农奴主的手法，他们在半世纪以前就说**完全**废除地主的特权**不**是"群众"的"当前的口号"。

值得注意的是，自由派自己暴露了自己。他们说，代表大会的要求是不完全的。为什么呢？请听吧：

"代表大会赞成结社的权利,但是它不能不坦白承认:要实现这个权利,首先必须具备一系列法律条件。在没有一般的结社自由的地方,就不可能有成立工会组织的自由。只有在自由派和民主派的刊物能够自由出版的地方,工人刊物才能自由出版。在行政当局独断专行而居民群众不能参加立法机构的选举的地方,结社自由就不可能实现。代表大会如果想成为彻底的代表大会,它就应该指出实现这些条件的必要性。"

这么说,代表大会是不彻底的了。代表大会的不彻底性究竟在哪里呢? 就在于它没有把**某些**改革提出来,——自由派这样回答。

那么,先生们,你们**统统**都提出来了吗?

当然没有! 你们只说到"**实现**"某些自由"**首先必须**"具备的"**条件**",但是你们并没有把这些条件说出来。你们在这些条件面前裹足不前。你们现在害怕"工人阶级群众"的口号——要"**全面改革**",不要**某些改革**。你们实质上是在坚持司徒卢威的观点。**在**10月17日**之前**的那个春天,司徒卢威接受了这个口号,但是现在他又不接受了,因为整个资产阶级,甚至最自由主义的资产阶级都向右转了。

类似的情况在废除农奴制的时候也有过。彻底的民主主义者杜勃罗留波夫和车尔尼雪夫斯基公正地嘲笑了自由派的**改良主义**,说他们总是想用改良主义来挫伤群众的积极性,维护地主的一点特权,如赎金等等。

自由派力图把他们推行内容贫乏的改良主义归咎于"工人阶级群众",那真是枉费心机!

载于1913年5月4日《真理报》
第101号

译自《列宁全集》俄文第5版
第23卷第112—113页

建筑工业和建筑工人

（1913 年 5 月 4 日〔17 日〕）

随着最近几年俄国工业的高涨，建筑工业像通常一样也得到了迅速的发展。不久前，《财政通报》杂志[92]就这个问题向俄国158 个城市的市政管理委员会进行了调查（询问）。韦谢洛夫斯基先生在《俄罗斯言论报》[93]上引证了这次调查中有关每年建筑和改建的房屋幢数的材料：

1907 年 ··························	11 961
1908 年 ··························	13 709
1909 年 ··························	15 093
1910 年 ··························	16 674

在大约三年的时间里，建筑工业增长了将近 50%！在这次工业高涨中，资本家老爷们获得了巨额利润，这从砖的价格上就可以看出来。在彼得堡，每 1 000 块砖的价格达到 33 卢布，而在工业更发达的莫斯科，则高达 36 卢布。

有制砖厂的城市仅仅有 50—60 个，因此，与建筑资本家的贪得无厌作斗争的可能性是微乎其微的。由于选举资格的限制，由于根本没有选举自由等等，我们的一些城市就完全落到了一小撮巨头的手里，他们认为自己腰包的利益就是城市的利益。

工地上混乱不堪，马虎大意，视人命若儿戏，大家都知道的许多正在建筑的房屋的倒塌就证明了这一点。建筑业繁荣了，也就是说，成千上万的卢布落入了包工头、工程师、资本家的腰包，工人为资本祭坛作出了大量的牺牲，——这就是工业"高涨"的意义。

而几十万建筑工人的境况又怎样呢？

关于他们的工资，我们从调查中可以看到如下情况。建筑工人的日工资按城市大小的不同而不同，具体数字如下：

城市居民数	建筑工人的日工资
不满 5 000 人的 ……………………	1 卢布 33 戈比
5 000—10 000 人的 ……………………	1 卢布 36 戈比
10 000—25 000 人的 ……………………	1 卢布 41 戈比
25 000—50 000 人的 ……………………	1 卢布 53 戈比
50 000—75 000 人的 ……………………	1 卢布 56 戈比
75 000—100 000 人的 ……………………	1 卢布 87 戈比
100 000 人以上的 ……………………	1 卢布 80 戈比

甚至在一些最大的城市里，一个工人一昼夜的工资还不到 2 卢布！可以想象得到，这些工人在目前物价上涨的情况下，在必须供养往往是住在另一个城市或乡村的家眷的情况下，他们的生活该是多么贫困。此外，建筑作业是季节性的，不是全年都能进行。一个工人必须在几个月的劳动中挣够足以养活家眷和自己的全年费用。

工人生活贫困，完全没有保障，——这就是上述数字所说明的问题。

建筑工人要比工厂工人更难于团结和组织起来。因此，先进工人应当更加迫切地关心教育和团结建筑工人的问题。除了向自己的工人报纸、自己的工会、自己的更有觉悟的无产者同志寻求帮助以外，建筑工人是不能从别的地方得到帮助的。

载于 1913 年 5 月 9 日《真理报》
第 105 号

译自《列宁全集》俄文第 5 版
第 23 卷第 151—152 页

再谈移民工作

(1913 年 5 月 4 日〔17 日〕)

在《真理报》第 96 号（总第 300 号）上,我引用了关于俄国移民情况的主要材料①。这些材料截至 1911 年为止,而且不是 1911 年全年的(只有 11 个月)。现在考夫曼先生在《言语报》上援引了不久前公布的官方统计材料中关于 1911 年全年和 1912 年的材料。

看来,移民人数增加了,但是增加得很少:从 19 万人(1911 年)增加到 1912 年的 196 500 人。而返乡移民的人数增加得很多:从 36 000 人(1911 年)增加到 58 000 人(1912 年)。

这种现象向我们更加深刻地揭示了新土地政策的破产。到目前为止,移民总人数中有¾到⅘来自小俄罗斯②和中央黑土地带各省。这是俄国的中部地区,在这些地区农奴制残余最严重,工资最低,农民群众的生活特别艰苦。

这个中部地区即俄国的"心脏"地区的群众,迫于破产、贫困和饥饿,纷纷向外迁移(1907—1909 年),但结果有 60% 的移民又倒流了回来,也就是说,他们破产得更严重了,怨气更大了。

现在别的地区,即在此以前绝少向外移民的伏尔加河流域,也

---

① 见本卷第 121—122 页。——编者注
② 即乌克兰。——编者注

开始掀起了向外移民的浪潮。

问题在哪里呢?

问题在于"歉收",在于1911年的饥荒!!…… 饥荒席卷了俄国新的地区。饥民又掀起了逃往西伯利亚的浪潮。我们已经清楚,逃到西伯利亚去的伏尔加河流域的农民,继俄国中部地区的农民之后,一定会破产得更严重,怨气更大。

换句话说,向西伯利亚移民实际上已经表明,它既不能在当初拯救俄国中部地区的农民,也不能在目前拯救伏尔加河流域的农民。

"新"土地政策使俄国一个接着一个的地区破产,使一个接着一个地区的农民破产,这就逐渐向全体农民表明:这不是一个真正拯救他们的办法。

载于1913年5月9日《真理报》　　　　译自《列宁全集》俄文第5版
第105号　　　　　　　　　　　　　　第23卷第153—154页

请《光线报》和《真理报》的
读者注意

(1913 年 5 月 5 日〔18 日〕)

　　《光线报》和《真理报》不止一次地刊载了工人对这两家报纸编辑部提出的要求：冷静地、明确地说明意见分歧的实质。这个要求是合乎情理的，也是很自然的。因此，不妨看一看这两家报纸的编辑部是怎样满足这个要求的。

　　《真理报》已经刊载了所要求的说明性文章，其标题为《几个争论的问题》①。这些文章的内容是什么呢？这些文章叙述并说明了**党**关于几个争论的问题的**决定**。《真理报》通过这些文章的作者声明说：要想确定争论双方谁是谁非，真理在哪一边，就必须从党的历史中寻找事实和文献，就必须消除一切个人的、一切带有偶然性的东西，并了解争论的社会根源。《真理报》谈到同取消派的争论时说道：问题"不在于个别人的恶意，而在于工人运动所处的历史环境"②。谁想认真地弄清这场争论，谁就必须努力了解这一历史环境。

　　《真理报》说："必须了解造成这种混乱和涣散的**阶级**根源是什么，了解无产阶级朋友中间的这种混乱状态究竟是由非无产阶级

---

　　① 见本卷第 65—73 页。——编者注
　　② 参看本卷第 71 页。——编者注

人们中的哪些**阶级**利益所造成的。"①

　　这样提出问题才是严肃的。这样提出问题才直截了当地回答了工人的要求——帮助他们弄清《真理报》和《光线报》之间的重大争论。工人们按照这个方法去做，就能了解党内生活中的**种种事实**，就能学会把这一争论中的正确的和原则性的东西同琐碎的和偶然性的东西区别开来，就会去探索造成混乱的**阶级**根源。

　　一个工人也许在知道了事实和反复阅读了各种文献等等之后，最终还是不同意《真理报》的见解，——这就是他本身的观点和经验的问题了。但是，不管怎样，他只要按照《真理报》所提出的方法去做，他就能学到很多东西，并能弄清整个争论。

　　这就是《真理报》对工人要求了解现存的意见分歧的回答。但《光线报》是怎样做的呢？

　　在《真理报》刊载谈"几个争论的问题"的一些文章的同时，《光线报》也刊载了一篇阐述同一题目的长文[94]。在这篇长文里，连一个**事实**也没有举出来，作者根本没有去思考这场争论的社会内容，也没有举出一份可供读者参阅的文献。

　　连载两期的这整篇长文充满了诽谤和人身攻击。文章中不是向工人读者说这个马克思主义者"易于激怒"和"极其尖刻"，就是说那个马克思主义者有"超人的"派头，或者说另一个马克思主义者"厚颜无耻"。所有的争论都被说成是出于"个人打算"、"闹地位"和在党内"争夺权力"。同时还顺手造了一个只有官方报刊才会登载的谣言，说什么某些"革命行家"完全错了，因为他们害怕广大工人群众参加争论会使他们失去威信。

---

　　①　见本卷第71页。——编者注

　　用诽谤、无谓的争执、人身攻击来搅乱人们的头脑,从而逃避说明自己的观点,——这就是作者和登载他的作品的报纸的目的。如果这单纯是诽谤,那还不那么太糟。问题在于这是凶恶的叛徒的诽谤。请看,他在这篇文章的第二部分的开头谈到"被挑拨者和挑拨性的行为"时,谈到"某些超人在党内对群众实行无耻的独裁"时,写了些什么,请看,他还辱骂1905年的忠诚的活动家为"革命行家",因为他们的行为是"一切多少有些文化的人们所不能容许的"。这真是同《庶民报》[95]和《路标》文集的言论如出一辙!……

　　而所有这些并不是登在《新时报》上,而是登在自称是工人报的报纸上的;所有这些就是对工人要求这家报纸认真说明自己观点的答复!除此以外,《光线报》竟然还敢反对论战的激烈形式,夸耀自己是讲究礼貌的楷模,以此来羞辱《真理报》。

　　我们最殷切地建议那些仍然相信《光线报》与《真理报》不同,是一家主张团结和主张停止内部无谓争执的报纸的工人们,读一读上面提到的那篇长文,并把它同《真理报》对这些问题的分析比较一下。

载于1913年5月5日《真理报》第102号

译自《列宁全集》俄文第5版第23卷第114—116页

纪念约瑟夫·狄慈根
逝世二十五周年

(1913 年 5 月 5 日〔18 日〕)

25 年前,即 1888 年,制革工人、杰出的德国社会民主党著作家和哲学家约瑟夫·狄慈根逝世了。

约瑟夫·狄慈根的著作(大部分已译成俄文)有:《人脑活动的本质》(1869 年出版)、《一个社会主义者在认识论领域中的漫游》、《哲学的成果》等等。马克思早在 1868 年 12 月 5 日给库格曼的信中就已经对狄慈根及其在哲学史上和工人运动史上所占的地位作了极为正确的评价。

马克思写道:"很久以前,狄慈根寄给我一部分关于《思维能力》的手稿,这一部分手稿中虽然有些混乱的概念和过多的重复,但包含着许多卓越的思想,而且作为一个工人的独立思考的产物来说是令人惊叹的思想。"①

狄慈根的作用在于,他是一个独立地达到了辩证唯物主义,即达到了马克思的哲学的工人。狄慈根并不认为自己是一个学派的创始人,这一点对于评价工人出身的狄慈根是非常重要的。

早在 1873 年,当时了解马克思的人还不多,约瑟夫·狄慈根

---

① 参看《马克思恩格斯全集》第 1 版第 32 卷第 566—567 页。——编者注

就说马克思是**一派之首**。约·狄慈根着重指出,马克思和恩格斯"具有必要的哲学教养"。1886 年,即在马克思主义的主要哲学著作之一、恩格斯的《反杜林论》出版后过了很长时间,狄慈根在文章中说,马克思和恩格斯是一派的"公认的创立者"。

为了评价资产阶级哲学即唯心主义和不可知论(包括"马赫主义")的一切追随者,记住这一点是必要的,因为这些人正想抓住约·狄慈根观点上的"**某种混乱**"。约·狄慈根本人是会嘲笑和唾弃这种崇拜者的。

工人们要想成为有觉悟的工人,应该阅读约·狄慈根的著作,但一刻也**不要忘记**,他阐述马克思和恩格斯的学说**并不总是正确的**,只有从马克思和恩格斯那里才能**学到哲学**。

约·狄慈根是在简单化的、庸俗的**唯物主义**传播最广的时期从事写作的。所以,约·狄慈根特别强调唯物主义的历史演变,强调唯物主义的**辩证**性质,即强调必须从发展的观点出发,必须懂得人的每一种认识的相对性,必须懂得世界上一切现象的全面联系和相互依存,必须把自然历史的唯物主义提高到唯物主义历史观。

约·狄慈根在强调人的认识的相对性时往往陷于混乱,以至错误地向唯心主义和不可知论作了让步。哲学中的唯心主义是在或多或少巧妙地维护僧侣主义,僧侣主义则是一种认为信仰高于科学或者同科学平分秋色,或者总是给信仰让出一席之地的学说。不可知论(来自希腊文,"α"是**不**的意思,"γιγνώσκω"是**知**的意思)是在唯物主义和唯心主义之间摇摆,实际上也就是在唯物主义科学和僧侣主义之间摇摆。康德的拥护者(康德主义者)、休谟的拥护者(实证论者、实在论者等等)和现代的"马赫主义者"都属于不可知论者。因此某些最反动的资产阶级哲学家,如彻头彻尾的蒙昧主义者和僧侣主义的公开拥护者,都曾试图"利用"约·狄慈根的错误。

但是整个说来,约·狄慈根是唯物主义者。狄慈根是僧侣主义和不可知论的敌人。约·狄慈根写道:"我们同过去的唯物主义者只有一个共同点:承认物质是观念的前提或基原。"这个"只有"也就是哲学唯物主义的**实质**。

约·狄慈根写道:"唯物主义认识论在于承认:人的认识器官并不放出任何形而上学的光,而是自然界的一部分,这一部分反映自然界的其他部分。"这也就是人在认识永恒运动着的和变化着的物质方面的唯物主义**反映**论,——这个理论引起了整个御用教授哲学的仇恨和恐惧,诽谤和歪曲。约·狄慈根怀着多么深厚的真正革命者的热情抨击并痛斥了唯心主义者教授们和实在论者等等这些"僧侣主义的有学位的奴仆们"啊! 约·狄慈根关于哲学的"党派",即关于唯物主义和唯心主义公正地写道:"在所有的党派中,最卑鄙的就是中间党派。"

《光线报》编辑部和谢·谢姆柯夫斯基先生(《光线报》第 92 号)就属于这类"卑鄙的党派"。编辑部作了一个"附带声明":"我们不同意总的哲学观点",但对狄慈根的阐述是"正确的和清楚的"。

这是弥天大谎。谢姆柯夫斯基先生无耻地捏造和歪曲约·狄慈根的观点,他所抓住的**恰恰是**约·狄慈根的"**混乱**"的地方,而关于**马克思对狄慈根的评价**则避而不谈。然而无论是最通晓马克思主义哲学的社会党人普列汉诺夫还是欧洲卓越的马克思主义者们都**完全承认这种评价**。

谢姆柯夫斯基先生歪曲哲学唯物主义,也歪曲狄慈根的观点,在"一个或两个世界"问题上胡说八道(说什么这是一个"根本问题"！亲爱的，请学习一下吧，哪怕读一读恩格斯的《费尔巴哈论》①也好），而且在世界和现象问题上也胡说八道（似乎狄慈根把现实世界仅仅归结为种种现象；这是对约·狄慈根所进行的僧侣主义和教授式的诽谤）。

但要把谢姆柯夫斯基先生的所有歪曲都列举出来，那是不可能的。要让那些关心马克思主义的工人们知道，《光线报》编辑部是马克思主义**取消派的联盟**。一部分人正在取消地下组织即取消无产阶级政党（马耶夫斯基、谢多夫、费·唐·等人），另一部分人正在取消无产阶级领导权的思想（波特列索夫、柯尔佐夫等人），第三部分人正在取消马克思的哲学唯物主义（谢姆柯夫斯基先生及其同伙），第四部分人正在取消无产阶级社会主义的国际主义（崩得分子科索夫斯基、麦迭姆等人，即"民族文化自治"的拥护者），第五部分人则在取消马克思的经济理论（马斯洛夫先生及其地租论和"新"社会学），诸如此类，不一而足。

谢姆柯夫斯基先生和替他打掩护的编辑部对马克思主义的令人愤慨的歪曲，只不过是这一文人的"取消派联盟"进行"活动"的最明显的事例之一。

载于1913年5月5日《真理报》　　　　译自《列宁全集》俄文第5版
第102号　　　　　　　　　　　　第23卷第117—120页

---

① 即《路德维希·费尔巴哈和德国古典哲学的终结》，见《马克思恩格斯文集》第4卷第261—313页。——编者注

"英国社会党"代表大会

（1913 年 5 月 5 日〔18 日〕）

"英国社会党"1911 年创立于曼彻斯特。它是由早先称做"社会民主联盟"[96]的原"社会党"以及若干分散的团体和包括维克多·格雷森这个异常狂热，但缺乏原则、好讲空话的社会主义者在内的一些人组成的。

公历 5 月 10—12 日在沿海小城布莱克浦（Blackpool）召开了英国社会党第二次代表大会。出席大会的代表共 100 名，即不到代表总数的 $\frac{1}{3}$。这种情况，加上多数代表对党的旧领导机构进行的激烈斗争，使旁观者产生了十分不快的印象。英国的资产阶级新闻界（正如俄国的资产阶级新闻界一样）竭力搜集该党同它的领导机构进行特别尖锐的斗争的情节，并大肆渲染和宣扬。

资产阶级新闻界是不会关心社会主义运动内部斗争的思想内容的。它所需要的只是轰动一时的消息和耸人听闻的丑闻……

而英国社会党内部斗争的思想内容却是非常严肃的。旧的领导机构的首脑是该党的创立人之一海德门。近几年来，他在军备和战争这个重大问题上采取的行动都是无视党甚至反对党的。海德门固执地认为德国要消灭和奴役英国，所以，社会党人应该对建立一支"相当的"（即强大的）舰队来保卫英国的要求加以支持！

社会党人要成为一支"强大"舰队的支持者——而且这里说的

是在这样的国家里,它的舰队正帮助这个国家用最无耻的、农奴主式的手段奴役和掠夺 **3 亿**印度居民以及数千万埃及和其他殖民地居民。

海德门的这一离奇想法博得了英国资产阶级(保守党人和自由党人[97])的欢心,这是可以理解的。英国社会民主党人没有与这种卑鄙龌龊的行为妥协(应当说这是他们的可敬之处),而是同它进行了激烈的斗争,这也是可以理解的。

斗争进行了很久而且很顽强;曾试图达成妥协,但海德门不能改悔。在这次代表大会上海德门不得不退出领导机构,整个领导机构的成员更换了¾(以前的 8 个成员当选的只有 2 个,奎尔奇和欧文),这种情况应该认为对英国社会主义运动是大有好处的。

代表大会通过了一项反对旧的领导机构的决议。该决议写道:

"代表大会向为反对在本国加强军备而进行坚决斗争的法国和德国的同志们致敬,并责成作为国际社会党的组成部分、因而必须服从斯图加特代表大会以及后来 1912 年巴塞尔代表大会通过的关于战争的两项决议的英国社会党,在英国执行同样的政策,全力反对扩充军备,力求削减目前用于军备的庞大开支。"

决议是严厉的。但是必须把实际情况说清楚,哪怕实际情况非常严峻。英国社会民主党人如果不起来坚决反对自己的领导机构的种种民族主义罪孽,他们就会丧失同所谓"独立〈即独立于社会主义,但依附于自由党人的〉工党"的机会主义者进行斗争的权利。

让资产阶级报刊利用社会民主党内部的斗争来发泄怒火和装腔作势吧。社会民主党人并不认为自己是圣人;他们知道,无产阶级往往会从包围着它的资产阶级那里沾染上某种肮脏的病症，——处在肮脏的浑浊不堪的资本主义社会里，这是不可避免的。但是，社会民主党人善于运用直率的、大胆的批评来医治自己的党。在英国他们也一定能够把党医治好。

载于1913年5月14日《真理报》第109号

译自《列宁全集》俄文第5版第23卷第155—157页

对第四届杜马的评价

(1913 年 5 月 5 日〔18 日〕)

工人阶级的代表社会民主党人对第四届杜马的评价是众所周知的。这一评价既考虑到地主的、地主-资产阶级的杜马的阶级性质，也考虑到在这届杜马中竭力同统治阶级达成某种协议的政府的性质。

但是，看看**右派**同时也是**地主老爷们自己**如何评价本届杜马，也是很有教益的。

在这方面，南方的一些报纸所刊登的同基什尼奥夫市市长西纳季诺先生的谈话是很值得注意的。西纳季诺是个地主，他在第三届杜马里是一个民族党人，而在第四届杜马里则被列入"中派"，也就是说，比十月党人**更右些**。看来这也是一个最可靠不过的台柱！下面就是他作的评价：

"第四届杜马不过是一个空架子，因为坐在国务会议里的人根本不重视人民代表，他们的所作所为可以说都是违背人民代表意志的。再说一遍，杜马只是一个空架子，在这种情况下，它不可能给国家做出什么事情来。我无法用俄语来形容国务会议的所作所为。用法国话来说，这叫做'怠工行为'……"

这位生了气的地主针对杜马和我国政府所说的这番实话值得工人们仔细研究。要知道，一般说来，只有在反动派内部发生争吵的时候，民主派才能从反动派先生们的嘴里听到对于当权的反动势力的制度和"秩序"所作的真实评语。

一个地主(或是几个地主)生了气之后,他对国家管理机构和国家制度的地主"秩序"所作的描绘,就像是从社会民主党的传单里搬来的一样!

生了气的右派地主先生,无论是第四届杜马还是第三届杜马都不是空架子,因为它们是为政府做事的,比如说批准政府的预算。但是问题就在于,尽管整个地主阶级和所有资产阶级上层人士都在帮助政府,但是"大车至今还在原地不动"**98**!

政府同地主及资产阶级结成联盟的可能性已经具备。杜马正在为**这种**联盟做可能做的**一切**。但是仍然一无所成,甚至连一点点像宪制的东西都没有搞出来。旧的国家制度依然如故。大臣们还是那些在"为自己担心"(西纳季诺语)的人,显然,他们不知道他们明天会怎么样,也不知道明天要他们做什么。

无论是杜马和国务会议的全部"活动",还是自由派关于最可怜、最十月党人式的、最细小的改革毫无指望的哀号,以及一个生了气的地主"立法者"的坦率的供词,所有这一切都说明,在当前的俄国,立宪幻想和改良主义的期望都是毫无意义的。

载于1913年5月15日《真理报》
第110号

译自《列宁全集》俄文第5版
第23卷第158—159页

亚洲的觉醒

(1913 年 5 月 7 日〔20 日〕)

中国不是早就被公认为是长期完全停滞的国家的典型吗？但是现在中国的政治生活沸腾起来了，社会运动和民主主义高潮正在汹涌澎湃地发展。继俄国 1905 年的运动之后，民主革命席卷了整个亚洲——席卷了土耳其、波斯、中国。在英属印度，动乱也在加剧。

值得注意的是：革命民主运动现在又遍及荷属印度①，即爪哇岛及其他荷属殖民地，人口共达 4 000 万。

这个民主运动的代表者：第一是爪哇的人民群众，他们在伊斯兰教旗帜下掀起了民族主义运动；第二是资本主义在已经习惯了当地风土人情的欧洲人中间培养的当地知识分子，这些欧洲人主张荷属印度独立；第三是爪哇和其他岛上的数量很多的华侨，他们从本国带来了革命运动。

荷兰马克思主义者万拉维斯泰因在描述荷属印度的这种觉醒时指出，荷兰政府历来的暴政与专横现在正遭到土著居民群众的坚决反击和抗议。

革命前夕常见的现象出现了：各种社团和政党以惊人的速度在产生。政府加以禁止，但却激起更大的怒火，激起运动更加蓬勃

---

① 即印度尼西亚。——编者注

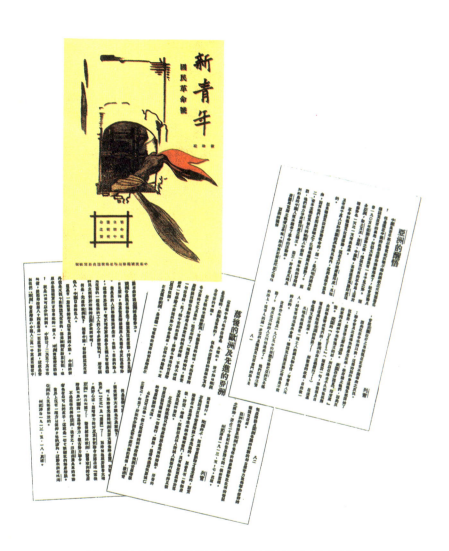

1924年12月20日《新青年》季刊第4号封面和该刊所载
列宁《亚洲的觉醒》和《落后的欧洲和先进的亚洲》两文的中译文

的发展。例如,不久前荷兰政府解散了"印度党"[99],因为该党的章程和纲领提出了争取**独立**的要求。荷兰的"杰尔席莫尔达"[100](顺便说说,教权派和自由派都是赞成他们的,因为欧洲自由主义已经腐朽了!)认为这是想脱离荷兰的罪恶要求!当然,被解散了的政党在改换了名称之后又恢复了活动。

在爪哇,产生了土著人的民族协会[101],这个协会已有8万名会员,并组织了群众大会。民主运动的发展是不可遏止的。

世界资本主义和俄国1905年的运动终于唤醒了亚洲。几万万受压制的、由于处于中世纪的停滞状态而变得粗野的人民觉醒过来了,他们走向新生活,为争取人的起码权利、为争取民主而斗争。

世界各先进国家的工人以关切、兴奋的心情注视着全球各地各种形式的世界解放运动的这种气势磅礴的发展。被工人运动的力量吓坏了的欧洲资产阶级,投到反动势力、军阀、僧侣主义和蒙昧主义的怀抱里去了。但是,欧洲各国的无产阶级以及亚洲各国年轻的、对自己力量充满信心、对群众充满信任的民主派,正在起来代替这些气息尚存但已日趋腐朽的资产阶级。

亚洲的觉醒和欧洲先进无产阶级夺取政权斗争的开始,标志着20世纪初所开创的全世界历史的一个新阶段。

载于1913年5月7日《真理报》　　　译自《列宁全集》俄文第5版
第103号　　　　　　　　　　　　第23卷第145—146页

农民是在恢复起来
还是在贫困下去？

(1913 年 5 月 10 日〔23 日〕)

　　一个御用下流文人亚·普—夫先生在官办的《工商报》**102**（第100 号）上以《农民是在恢复起来还是在贫困下去?》为题发表了一篇小文章,他自然想证明农民是在恢复起来,并且"无疑地……是在一年年不断地好转"。

　　特别有教益的是,作者援引的材料**恰恰**说明了**相反的情况!**这是御用作家和官方报纸无耻地撒谎的明证!

　　作者引用的究竟是些什么材料呢? 首先要指出的是,他没有明确说明材料的来源。因此我们一分钟也不应相信这个御用下流文人是正确地引用了来源不明的第一手材料。

　　不过,我们暂且假定他正确地引用了材料。

　　他写道:"有些地方自治机关,例如莫斯科的地方自治机关,为了弄清楚农民是在贫困下去还是在恢复起来,曾经进行了调查(询问)。地方自治机关在各地的通讯员都作了概括性的答复,然后这些答复再被综合起来。"

　　亚·普—夫先生写道:"这许多年(6 年)调查的结果,得出了中部地区一个相当有趣的总结数字,下面就是每 100 个各种不同的答复的情况。"

农民经济状况调查答复

年　份	上升的	下降的	保持原有水平的	答复总数
1907 年	15	44	41	100
1908 年	8	53	39	100
1909 年	8	64	28	100
1910 年	21	34	45	100
1911 年	32	16	52	100
1912 年	38	15	47	100

于是，这位官方报纸的作家得出结论说："后 3 年……表明农民的经济水平是不断提高的，同时'下降的'和'保持原有水平的'两栏内的百分数则相应降低。"

请仔细看一看数字吧。前 3 年显然有很大的**下降**。后 3 年虽然**上升**了，但是比起前 3 年的下降来却差得很多！！

亚·普—夫先生自己也承认这种波动是"同收成的波动相符合的"。

为什么他在作**总的**结论时只提丰收的 3 年而**忘记**歉收的 3 年呢？对于一个在结账时只说自己的利润**而隐瞒亏损**的商人，我们叫他什么好呢？我们只好叫他骗子。官方报纸的御用作家先生，这难道不对吗？

现在让我们来做这个并不难做的、除了骗子以外谁都必须这样做的结算工作，即不仅要算利润，而且要算亏损，不仅要算正数，而且要算负数，不仅要算丰收，而且要算"歉收"。为此就要把 6 年的数字加起来，再用 6 来除（御用评论家先生，你感到很奇怪，对吗？）。这样就得出反革命的 6 年的**平均**数字。

这些数字是这样的，即在 100 个答复中有：

好的答复（农民"在恢复起来"）20 个，不好的答复（农民"在贫困下去"）38 个，一般的答复（"保持原有水平"）42 个。

结果就是这样。它表明什么呢?

它表明**农民正在贫困下去而且正在破产**。在反革命的 6 年内,**不好的答复平均几乎**比好的答复**多一倍**!!

如果把这个结论运用到全俄国,运用到 2 000 万农户,那就可以清楚地表明:

6 年内有 400 万农户恢复起来了,760 万农户变得贫困了,840 万农户仍然保持原有的(即极贫苦的)水平!

而且这是在物价飞涨时期,即在地主和资产阶级攫取大量黄金的时期。

想必农民是会感谢地主杜马和地主政府并为它们祝福的。

载于 1913 年 5 月 16 日《真理报》　　　　译自《列宁全集》俄文第 5 版
第 111 号　　　　　　　　　　　　　　第 23 卷第 163—165 页

落后的欧洲和先进的亚洲

(1913 年 5 月 10 日〔23 日〕)

把标题中的这两个词组作对比,似乎是不合情理的。谁不知道欧洲先进,亚洲落后呢? 但是用做本文标题的这两个词组却包含着一个辛辣的真理。

技术十分发达、文化丰富全面、实行立宪、文明又先进的欧洲,已经进入这样一个历史时期,这时当权的资产阶级由于惧怕日益成长壮大的无产阶级而支持一切落后的、垂死的、中世纪的东西。正在衰朽的资产阶级与一切已经衰朽的和正在衰朽的势力联合起来,以求保存摇摇欲坠的雇佣奴隶制。

在先进的欧洲,当权的是支持一切落后东西的资产阶级。当今欧洲之所以先进,并不是**由于**资产阶级的存在,而是由于**不顾资**产阶级的反对,因为只有无产阶级才能使争取美好未来的百万大军日益壮大起来,只有它才能保持和传播对落后、野蛮、特权、奴隶制和人侮辱人现象的无情的仇视心理。

在"先进的"欧洲,**只有**无产阶级才是**先进的**阶级。而活着的资产阶级甘愿干一切野蛮、残暴和罪恶的勾当,以维护垂死的资本主义奴隶制。

欧洲资产阶级为了金融经纪人和资本家骗子的自私目的而支持亚洲的**反动势力**,这可以说是**整个**欧洲资产阶级已经腐朽的一个最明显不过的例子。

在亚洲，强大的民主运动到处都在发展、扩大和加强。那里的资产阶级**还**在同人民一起反对反动势力。**数亿人正在觉醒起来**，追求生活，追求光明，追求自由。这个世界性的运动使一切懂得只有通过民主才能达到集体主义的觉悟工人多么欢欣鼓舞！一切真诚的民主主义者对年轻的亚洲是多么同情！

而"先进的"欧洲呢？它掠夺中国，帮助中国那些反对民主和自由的人！

请看一笔很简单而又很有教益的账吧。为了**反对**中国的民主派，已经签订向中国提供一笔新借款的契约，因为"欧洲"**支持**准备实行军事独裁的袁世凯。为什么它要支持袁世凯呢？因为这是一笔有利可图的生意。借款数目将近 25 000 万卢布，但要按 100 卢布折合 84 卢布的行市计算。这就是说，"欧洲"资产者**实际付给**中国人 21 000 万卢布；而他们向公众则要去 22 500 万卢布。你看，在几星期内，一下子就赚得 **1 500 万卢布**的纯利！这岂不确实是一笔很大的"**纯**"利吗？

要是中国人民不承认这笔借款呢？中国不是建立了共和制而国会中的多数又**反对**这笔借款吗？

啊，那时"先进的"欧洲就会大喊什么"文明"、"秩序"、"文化"和"祖国"！那时它就会出动**大炮**，并与那个冒险家、卖国贼、反动势力的朋友袁世凯勾结起来扼杀"落后的"亚洲的共和制！

整个欧洲的当权势力，整个欧洲的资产阶级，都是与中国的一切反动势力和中世纪势力**勾结在一起**的。

但整个年轻的亚洲，即亚洲数亿劳动者，却有着一切文明国家里的无产阶级做他们的可靠的同盟者。世界上没有任何力量能阻止无产阶级的胜利,而这一胜利一定能把欧洲各国人民和亚洲各国人民都解放出来。

载于 1913 年 5 月 18 日《真理报》
第 113 号

译自《列宁全集》俄文第 5 版
第 23 卷第 166—167 页

地主谈外流的农业工人

（1913 年 5 月 10 日〔23 日〕）

黑帮地主的报纸《新时报》引用了波兰和俄国边境地区的地主关于农业工人外流到德国和欧洲其他国家去谋生的值得注意的争论。

外流的人数在迅速增长。据 1901 年统计，一年中外流 218 000 人。1911 年外流 74 万人，等于 1901 年的三倍多。1912 年外流的人数可能将近 80 万人。

同时应该指出，除了波兰农民和工人以外，俄国中部地区的俄罗斯工人也开始外流到德国去。"在边境上和在国外遇到图拉人、奥廖尔人和梁赞人现在已经不是罕见的现象。"发给外出从事农业劳动的工人为期 10 个月的**免费**出国护照，加剧了这种流动。

这种流动是什么原因造成的呢？ 原因是：在受农奴主压制和人民没有权利的情况下，经济生活完全停滞不前，这就使得俄国农民日益破产，俄国的工资愈来愈低。俄国的工资保持在农奴制的低水平上。

俄国农业工人的年平均工资为 62 卢布，加上一年粮食的折价 46 卢布，年工资总共为 108 卢布。可是在德国，年平均工资为 180 **卢布**，差不多比俄国工资**高一倍**！！（附带说一下，农业工人年工资，在英国为 300 卢布，而在美国则为 500 卢布。）

　　无怪乎有**几十万**工人从无权、饥饿和贫困的俄国跑到德国去谋生,甚至走得更远,到丹麦、瑞士和法国去。工人们在那里看到了较高的文化、好得多的土地耕作方法,高得多的收成,而主要是看到了政治自由,工人出版和工人结社的自由。

　　于是,地主老爷们争论不休:一些地主说,我国工人大规模地学习良好的耕作方法,这对业主是有益的。另一些地主则因工人外流使该地的工资提高而表示愤慨。

　　一般说来,在俄国,特别是在俄国的法令中,**后一种**地主的意见是占统治地位的,他们希望看到农民能"定居下来"(即束缚在土地上),俯首听命(使他们无处可动),变得粗野无知(使他们看不到怎样才能生活得更好些,也看不到外国工人是怎样过着较好的生活的)。

　　幸运的是,不管这些农奴主-地主怎样摧残和毁坏俄国的生活,他们已经无力阻挡世界资本主义的发展,世界资本主义甚至把俄国的庄稼汉也从他们的穷乡僻壤中拉出来了。

载于1913年5月18日《真理报》　　　　译自《列宁全集》俄文第5版
第113号　　　　　　　　　　　　　　　第23卷第168—169页

关于第 189 号《光线报》社论[103]

（不早于 1913 年 5 月 10 日〔23 日〕）

……①"用一切可用的手段"进行斗争这句话,在任何事情上对任何人来说都没有约束力。这是再清楚不过的了。恰恰相反,这句话倒似乎是故意用来为自由派模棱两可的态度辩护的。什么是"可用的"手段? 难道《光线报》社论的作者竟然如此天真幼稚,在政治上如此头脑简单,甚至不知道对俄国自由派来说**下流**手段是"可用的"吗?? 作者是知道的,但是为了美化自由派,他竟闭口不谈。

通过对民主派的拙劣欺骗(好一个下流手段!)混进杜马的自由派百万富翁,厂主柯诺瓦洛夫,获准以 **50 万卢布**的资金创办"俄国评论"社,创办的目的是通过"进步党人"报纸《俄国评论报》[104]把立宪民主党人和十月党人纠集在一起。

这是事实。《光线报》是知道这件事的。而且《光线报》同柯诺瓦洛夫之流和他们的雇佣文人一起在关于"用一切可用的手段进行斗争"的决议上匆匆地签了字。我可以问任何一个工人和任何一个识字的农民:在柯诺瓦洛夫之流**明明**认为只有那些不会使普利什凯维奇之流先生们感到严重不安的手段才是"可用的"手段,在这种情况下,这个决议故意用"可用的"这个含糊不清的字眼,就

---

① 文章的开头部分没有找到。——俄文版编者注

是在**欺骗人民**，这难道还不清楚吗？

这是清楚的。柯诺瓦洛夫之流先生们（当然，不仅是柯诺瓦洛夫之流，而且是所有自由派）的全部活动充分证明，他们认为只有那些**不破坏**普利什凯维奇之流先生们的安宁基础和特权基础的手段才是**可用的**手段。

本来应该去出席会议，以便第一千次（我们将不厌其烦地这样做）揭露这种骗局，并向天真的、也可以说是无知的或者迟钝的民主派说明，"可用的"这个字眼的"真实含义"何在（或者直言不讳地说，其**卑鄙**和**虚伪**何在）。

这是俄国政治词汇中一个最肮脏、最卑劣、最下流的字眼。从语言运用的角度来看，"我只承认可用的手段"这种说法是可笑的，因为谁不知道，**不可用的东西**是不可用的？然而关键恰恰在于这不是一个语言运用问题，而是一个政治问题。工人们认为可用的，**不是**柯诺瓦洛夫之流、米留可夫之流认为可用的。

我举一个反面的例子。工人们认为下面这种"手段"是**不可用**的：今天宣布罗将柯的发言是"符合立宪精神的"，明天又责骂十月党人（从 10 月 17 日甚至更早的时候起一直没有背叛过自己，也没有背叛过普利什凯维奇之流的十月党人）是卑鄙的。

我确实知道，工人们认为这种手段和这种手法是"不可用的"下流手段。柯诺瓦洛夫之流和米留可夫之流则认为这是"可用的""符合立宪精神的策略"。

现在我举一个正面的例子……　可是考虑到……第 129 条[105]……　不，先生们，请允许我在本文、本报或者本杂志上还是**不举正面的例子**吧！但是，如果我出席会议，如果在会上柯诺瓦洛夫之流和米留可夫之流答应不告密，我就可以举出生动的、很好的、绝妙的、极有说服力的、既有史实又有统计数字的正面例子!……说真的,要是能够谈谈在一般活动方面,特别是在**钱财**方面,什么是工人认为可用的,什么是柯诺瓦洛夫之流和米留可夫之流认为可用的,那一定是很吸引人的……　不过,我不这样做……

本来应该去出席会议。那里比"其他场合"**可能**有更多的言论自由。那里应该建议民主派说出改良主义的害处——从所提问题的角度来看,这正是个机会。这样就会作出**两种决议**:民主派的决议和自由派的决议,也就是说,对自由派是"不可用的"决议(但对工人和有觉悟的小资产者,至少是他们中间的一部分人则是可用的决议)和对柯诺瓦洛夫之流是"可用的"决议。群众就会看到这两种决议或听到这两种决议,就会对它们**仔细地考虑一番**,深入分析,开动脑筋。人们就会进行比较和对照。

于是经过一些时候,从被自由派的漂亮话和空话所俘虏的那部分民主派中,就一定会开始**分化出**一些认为自由派的下流手段"不可用"而可用的则另有某种东西的民主派分子。这**同样**是一种"共同的行动",只不过不是和自由派去共同谈论什么自由派"可用的"手段罢了。

的确,《光线报》是由令人厌恶的自由派经营的,但是如果再有几篇像第189号上那样有用的社论,工人们将最终认清这些"坏牧师"。光线报派先生们,继续干吧,悉听尊便!

译自《列宁全集》俄文第5版
第23卷第160—162页

地主的土地规划

（1913 年 5 月 16 日〔29 日〕）

在第四届国家杜马辩论预算时，如往常一样，众说纷纭，废话连篇。马尔柯夫第二拼命同科科夫佐夫捣乱，科科夫佐夫拼命用废话来"祛除""我们的"政策和我们的预算的农奴制性质，立宪民主党人拼命向轻信的公众证明，似乎科科夫佐夫在第四届杜马里"承认必须重视"的**正是立宪民主党人**，——所有这一切都是无聊的、虚伪的陈词滥调。

但是在这一大堆废话中，也有点滴的真理。马尔柯夫之流、科科夫佐夫之流、盛加略夫之流力图把它深深地埋藏起来。因此就有必要把它挖掘出来。

5 月 13 日科科夫佐夫喊道："我所以花这样长的时间来谈土地规划问题，是因为这个问题中确实包藏着未来的俄国的全部谜底……"

但是现在要谈的不是什么"全部"谜底，也不是笼统的"未来"，而是赋予"官僚"和农奴主-地主以莫大势力的六三体制的未来。在农村**旧的**结构下**我们**是保不住政权的，——这些有过痛苦的经验教训的地主就是这样认定的。为了保住政权，必须按照他们自己的方式把旧农村改造成资产阶级的农村。这就是"土地规划问题"的核心和实质。

大臣继续说道："……政府能不能做到这一点，它〈土地规划〉能不能带来政府和立法机构所设想的全部益处，未来会表明这一点……"

　　未来会揭示**一切**和表明**一切**，这是无须争论的。它会表明农奴主的努力的**结果**和走在民主运动前列的无产阶级的努力的**结果**。但是"严肃的"（按照立宪民主党人的尺度来衡量）科科夫佐夫先生的数字根本没有表明任何东西。关于土地规划的申请书在迅速增多，科科夫佐夫对此不胜欣喜，杜马中的右派也不胜欣喜。这类申请书 1907 年有 221 000 件，1908 年有 385 000 件，1909 年有 711 000 件，1910 年有 651 000 件，1911 年有 683 000 件，1912 年有 1 183 000 件，总共有 3 834 000 件。

　　共"安顿了"1 592 000 户。

　　大臣判断未来的"证据"和材料就是这些。

　　但是**就在** 5 月 13 日**那天，政府的**报纸《新时报》引用了 1911 年萨马拉县的地方自治机关按户调查的材料。在这个县内，"获得地契的农户"数差不多已经达到 40%，也就是说已经超过全俄国的平均数。自然，对政府来说这是一个最"好的"县份。

　　但实际情形是怎样呢？ 在"获得地契的农户"总数中，真正的独立农庄主**不到 3%**(2.9%)，经营独立田庄的只占$\frac{1}{16}$(6.5%)，而拥有零散插花土地的却占$\frac{9}{10}$以上(90.6%)！！

　　十分之九"获得地契的农户"经营的土地仍然是零散插花的。经营的条件甚至**恶化了**，因为村社**以往**还能够通过经常的再分配多少"纠正"一点土地零散插花现象。

　　仅仅经过了 4 年，**三分之一**已立契的土地又转到了别人手中。丧失土地的现象增多了，农民穷得更快了，地界混乱的现象增多了。农村的贫困更加难以想象了。饥荒更加严重了。丧失土地的农民，纯粹的无产者增多了。"也算业主"的贫苦农民增多了，他们既受过去的盘剥之苦，又受声名狼藉的地主的土地规划所带来的土地零散插花现象之苦。

显然，**地主**对**农民的**土地的规划解除不了这种盘剥。只有根据广泛的民主原则进行的土地规划才能消除这种奴役。

载于 1913 年 5 月 21 日《真理报》
第 115 号

译自《列宁全集》俄文第 5 版
第 23 卷第 173—174 页

扩充军备和资本主义

(1913 年 5 月 16 日〔29 日〕)

英国是世界上最富有、最自由和最先进的国家之一。英国"社会"和英国政府也完全像法国、德国等等国家的"社会"和政府一样,早就在狂热地扩充军备。

现在英国报刊,尤其是工人报刊,引证了一些非常值得注意的材料来说明资本主义扩充军备的巧妙"把戏"。英国的海军装备特别强大。英国的造船厂(维克斯、阿姆斯特朗、布朗等等)是世界闻名的。英国和其他国家耗费数亿以至数十亿卢布来准备战争,——当然,这一切都完全是为了和平,为了保护文化,为了祖国和文明等等。

但是,英国的海军将领和保守党、自由党这两个政党的最著名的国务活动家,都是造船、制造火药、代那买特炸药和大炮等等的企业的股东和经理。大量金钱直接流进资产阶级政客的腰包。这些人组成了一个关系紧密的国际匪帮,唆使各国人民进行军备竞赛,像剪羊毛似的**剥削**这些轻信、糊涂、迟钝和顺从的人民!

扩充军备被认为是国民的事业,爱国的事业;原以为大家都会严守秘密。岂不知造船厂和大炮厂、代那买特炸药厂和造枪厂都是各国资本家共同欺骗和尽情掠夺各国"大众"的**国际性企业**,制造船只或大炮是为了英国能打意大利,同样也是为了意大利能打英国。

　　真是资本主义的巧妙把戏！文明、秩序、文化、和平——结果却是数亿卢布被造船、制造代那买特炸药等等的企业的生意人和投机者所掠夺！

　　英国加入了与三国同盟敌对的三国协约。意大利加入了三国同盟。赫赫有名的维克斯公司（英国）在意大利有它的**分公司**。这个公司的股东和经理通过卖身投靠的报纸以及通过卖身投靠的议会"活动家"保守党人和自由党人唆使英国反对意大利，又唆使意大利反对英国。他们则从英国工人和意大利工人身上榨取利润，剥削两国人民。

　　保守党和自由党的大臣和议员们几乎都加入了这些公司。真是狼狈为奸。"伟大的"自由党大臣格莱斯顿的儿子就是阿姆斯特朗公司的经理。英国最著名的航海专家和一个"部门"的高级官员海军少将培根，转业到考文垂造炮厂工作，薪金是 7 000 英镑（60 000 多卢布），而英国的首相只有 5 000 英镑（将近 45 000 卢布）。

　　当然，在一切资本主义国家里都有这样的事情发生。政府就是资本家阶级的管事人。管事人领取优厚的薪金。这些管事人本身就是股东。他们共同在"爱国主义"喧嚣声中悄悄地剪羊毛……

载于 1913 年 5 月 21 日《真理报》　　　译自《列宁全集》俄文第 5 版
第 115 号　　　　　　　　　　　　　　　第 23 卷第 175—176 页

束手无策和张皇失措

（短　　评）

（1913 年 5 月 16 日〔29 日〕）

在现在的社会民主党人和"准社会民主党人"中间出现的涣散和瓦解现象，不仅有它的外因（迫害等等），而且有它的**内因**。在新的形势（六三体制的反革命）下，许多老的"著名的工作者"完全张皇失措了，他们对于这种形势一无所知，束手无策，今天向左明天向右地"摇来摆去"，致使他们所做的一切事情都混乱不堪。

A.弗拉索夫在《光线报》第 109 号（总第 195 号）上发表的一篇文章就是这种张皇失措、束手无策、混乱不堪的典型例子。

A.弗拉索夫的文章既没有一点思想，又没有一点生动的语言。简直是混乱不堪，是束手无策地、一颠一跛地跟着取消派跑，尽管他无力地挣扎着要同他们划清界限。他说我们"以前"有时候"没有工人"也建立过党，又说什么"地下活动多半〈!!?〉可以归结为抽象地〈!?〉宣传社会主义思想"，他的这些说法都是错误的。制定了党纲和党的策略原则的旧《火星报》**106**的历史（1900—1903年），完全驳倒了这种说法。他还说，现在党的任务是做"公开的工作〈!!?〉，但要秘密地组织这种工作"，这种说法也是错误的。A.弗拉索夫根本不懂得取消派关于"为公开的党而斗争"这个口号的内容是什么，尽管在《真理报》第 108 号（总第 312 号）上对于这一点已经第十次作了最通俗的解释。

说《真理报》建议"把原有的党组织的工作作为典范",这是不对的。A.弗拉索夫以可笑的傲慢态度("我们是实践家"!)说,"必须规定这种(新的)地下活动的性质,也就是说必须规定策略,哪怕是简单地规定一下也好"。党在1908年12月**已经**"规定了"**自己的策略**(而在1912年和1913年[107]又加以确认并作了解释)和自己的组织,从而明确地指出了旧任务和**新的**准备形式的"**典范**"。如果A.弗拉索夫到现在还不了解这一点,那只好怪他自己,因为他的使命是重复取消派的片言只语,而我们同取消派争论的绝对不是"组织问题"。

载于1913年5月21日《真理报》
第115号

译自《列宁全集》俄文第5版
第23卷第177—178页

物价上涨和资本家的"艰难"生活

(1913 年 5 月 17 日〔30 日〕)

物价不断上涨。资本家联合会不断提高价格,攫取千百万利润,而农民群众则日益破产,工人家庭愈来愈入不敷出,只好节衣缩食,过着半饥半饱的生活。

我国工业界百万富翁的机关刊物《工商业》杂志引用了关于物价上涨的下列材料。根据若干最重要产品的价格的总和而确定的所谓**物价指数**,表明近几年来物价不断上升。下面就是 **4** 月份的材料:

	物价指数
1908 年	2 195
1909 年	2 197
1910 年	2 416
1911 年	2 554
1912 年	2 693
1913 年	2 729

最近 6 年来价格由 2 195 上升到 2 729,也就是说,上升了整整 24%!!暗中串通一气的资本家对劳动人民群众特别是对工人的压榨有了出色的"进步"。

而资本家先生们则在《工商业》杂志上,在政府恩准成立的他们的许许多多的协会和联合会中,继续抱怨对工商业的征税"**不合理**"!

这真是可笑……只是工人顾不得笑。

　　可怜的和不幸的工业界百万富翁提出了内阁在关于**城市不动产**纳税的文件中所引用的以下材料。

　　1910年,这种财产的收益确定为23 900万卢布(当然,这是由官员们以官僚方式确定的,可以想象,可怜的商人阶层隐瞒了多少千万卢布)。1912年,也就是说只过了两年以后,城市不动产的收益已经确定为5亿卢布(只算俄国,不包括波兰王国)。

　　两年内,城市不动产的纯收益总共增加了25 000多万卢布!!据此可以判定,工农极度贫困和饥饿构成的千百万条涓涓细流汇合成一条黄金巨流,源源不断地流进资本家的腰包。

　　"目前的物价上涨"不外是使一小撮资本家大发横财而使劳动者贫穷、破产和受掠夺的一种现代形式(资本主义的形式)。

　　可怜的资本家叫苦说,他们担负的税款显然是"不合理的"。真的,请想一想,要收走他们的**纯**收益的6%。1910年向他们(指俄国,不包括波兰)收税1 400万卢布,1912年则为2 980万卢布。

　　两年内从百万富翁身上征收的税款总计增加了将近1 600万卢布。

　　工人同志们,你们想一想:既然**纯**收入由24 000万卢布增加到5亿卢布,也就是说,增加了**26 000万卢布**,那么**在两年内**难道不应当征收1亿或者2亿卢布的税款吗?难道不应当从得自工人和贫苦农民的26 000万卢布的**超额**利润中,起码拿出2亿卢布来拨给学校和医院以及用于救济饥民和工人保险吗?

载于1913年5月22日《真理报》　　　　译自《列宁全集》俄文第5版
第116号　　　　　　　　　　　　　　　第23卷第179—181页

德国社会民主党与扩充军备

(1913 年 5 月 17 日〔30 日〕)

德意志帝国国会预算委员会一读通过了军事法案。毫无疑问，这个法案是一定会得到批准的。容克(他们同我国的普利什凯维奇和马尔柯夫是一丘之貉)政府和德国资产阶级一起同心协力地"研究"压迫人民的新方法，同时竭力增加杀人武器制造者先生们的利润。军需品和军用装具制造者的生意很兴隆。普鲁士贵族子弟已经在垂涎"增补的"军官肥缺。所有发号施令的阶级都感到满意，要知道，现代议会不就是执行发号施令的阶级的意志的工具吗？

为了替新的扩充军备辩护，通常总是竭力描绘出一幅"祖国"安全遭受威胁的图景。德国首相就是拿**斯拉夫危险**来吓唬德国庸人，说什么巴尔干的胜利加强了敌视整个"德意志世界"的"斯拉夫民族"！！首相要容克们相信，泛斯拉夫主义，即联合所有斯拉夫人反对德国人的思想，这就是危险的所在。

德国社会民主党人已经对这些伪善的、沙文主义的诡计进行了揭露，并且继续不断地在自己的报刊上、在议会的发言中和在各种会议上进行揭露。社会民主党人说，有一个国家，大部分居民是斯拉夫人，它早已享有政治自由并实行了宪制。这个国家就是奥地利。担心这个国家有军事野心简直是荒谬的。

德国首相被社会民主党人逼得没有办法了，就拿泛斯拉夫主义者在彼得堡吵吵嚷嚷地进行示威活动作借口。真是绝妙的理由！制造大炮、装甲、火药以及其他"文明"必需品的工厂主都想发财致富，在德国是如此，在俄国也是如此。而为了愚弄公众，他们又相互以对方为借口。一边拿俄国沙文主义者来吓唬德国人，另一边拿德国沙文主义者来吓唬俄国人！但无论前者还是后者都不过是资本家要他们扮演的可怜角色，而资本家很清楚，就连设想俄国会对德国发动战争也是可笑的。

我们再说一遍，德国沙文主义者在帝国国会中肯定占多数。但在德国工人中间愤懑情绪正在增长，他们愈来愈强烈地要求不只是采用议会斗争手段来反对沙文主义者对人民财富的无耻掠夺。值得指出的是，在符腾堡第一选区（斯图加特）的社会民主党人大会上通过了如下的决议：

"大会对在议会中反对军事法案的斗争不够坚决有力表示遗憾。大会认为，必须采取一切可能的手段来反抗军火制造者对人民腰包的野蛮进攻。因此，大会期望帝国国会中的社会民主党党团在军事法案由预算委员会提交整个帝国国会全面讨论时进行最坚决的斗争，甚至不惜采取阻挠议事的措施。大会认为，迄今为止党在议会外进行的斗争是不够的。大会要求党的执行委员会着手组织能够吸收全体劳动居民参加的活动，包括组织群众性的罢工在内。"

工人必须进行更坚决的、进攻性的、群众性的斗争，——德国社会民主党人对这一点的认识正在缓慢而持续地得到提高。如果说，在议会党团和工人运动的官僚中间有许许多多的机会主义者反对这种斗争，那么，工人群众却愈来愈支持这种斗争。

载于1913年5月22日《真理报》　　　译自《列宁全集》俄文第5版
第116号　　　　　　　　　　　　第23卷第182—184页

自由派的政客手腕

(1913 年 5 月 17 日〔30 日〕)

在预算辩论的多项重要结果中,有一项没有给予足够的评价,甚至在某种程度上还没有为我们的政治报刊所注意。这项结果就是:在表决关于结束预算总辩论的提案问题时,立宪民主党人和十月党人结成了联盟。重要的正是这一联盟的**原则性**意义。现在回过头来评价这种原则性意义还不算晚,而且应当经常反复给予评价。

当时的情况是怎样的呢?民族党人提出了一项程序提案。《言语报》(第 130 号)写道:"实质上在这一提案中有着甚至连立宪民主党人也能接受的东西。金融政策、经济政策和铁路政策都遭到强烈谴责。"

这是无耻的谎言。根本谈不上强烈谴责。"不够重视"、"可怕的迟缓"等用语绝对不能算强烈。至于对经济政策等等的谴责——在提案中也是没有的,有的只是黑帮地主对资本家抢夺他们的肥肉抱怨不休而表露的**愿望**。

认为地主的这个提案是可以"接受的",同时又分辨不清**原则性**的批评**来自何方**——来自右方还是来自左方。这就是自由派卑鄙而又蠢笨的政客手腕的典型。

但是让我们再往下看吧。如果这一提案"实质上"是你们立宪民主党先生可以接受的，那么，你们的政治荣誉和政治良心究竟何在呢？请听他们说的话吧：

"但在杜马幕后⟨!!⟩有人十分明确地⟨!!⟩说，这一提案是由那些最不支持议会的任何提案的杜马外面的上流社会所授意搞出来的。"（见同一号《言语报》）这一提案是"反对弗·尼·科科夫佐夫而有利于某些宠儿的一种个人斗争的工具"（同上）。

要像俄国自由派"社会"那样政治上惊人地缺乏教养，或者更确切些说，要像俄国自由派"社会"那样长期受到粗野教育，才能接受这样的解释！

一个自由主义政党，甚至是一个民主主义政党（这可不是开玩笑！）竟然按照**幕后**消息行事！！ 而人们竟然不明白自己是在干一桩**肮脏**的政治**勾当**，是把自己完全置于普利什凯维奇之流和新时报派的《有何吩咐报》[108]的水平上，——这真是坏到了不能再坏的地步！

第一，《言语报》自己承认："民族党人装出有点为难的样子，迫不得已地⟨?⟩接受了盛加略夫关于用'政府'一词来代替'财政部门'一词的建议。"也就是说，提案里没有留下一点点"个人的"痕迹！……

第二，在提案中清楚表述的不是个人的立场，而是黑帮死硬派（说大地主是不确切的）反对资本主义的**原则**立场。

第三，一刻也不能怀疑，在马尔柯夫之流、安东诺夫之流（十月党人）到盛加略夫之流的圈子里，个人相互倾轧的现象到处都可以看到。但是如果立宪民主党人和十月党人认为在马尔柯夫一伙人的政治活动中存在着个人相互倾轧的现象，那么他们**当时就应该**在杜马讲坛上正式表明态度并对此作出解释。立宪民主党人和十月党人是杜马中的多数,这就是说他们当时有千百种手段能够做到这一点。有荣誉感和有良心的政治家们**本来应当**做到这一点!

但是恰恰相反,在立宪民主党人和进步党人以及十月党人和中派127票赞成,右派和民族党人94票反对,社会民主党人和劳动派16票弃权的情况下,竟然通过了十月党人"**推迟表决**"提案的建议!

这是怎么回事呢?

就算马尔柯夫和扎梅斯洛夫斯基是在杜马讲坛的幕后阴谋**反对**科科夫佐夫,但这是否能证明立宪民主党人在杜马讲坛上阴谋**拥护**科科夫佐夫就正确了呢?这是否能证明立宪民主党人**在**杜马讲坛**上**胆怯地一言不发,对他们资本家为什么和在哪些方面**拥护**科科夫佐夫而**反对**死硬派的问题不作解释就正确了呢?

马尔柯夫是变本加厉地阴谋反对科科夫佐夫还是缓和这种反对,这一点不得而知。

马尔柯夫和扎梅斯洛夫斯基在杜马讲坛上说:打倒科科夫佐夫,因为他欺负地主,把"过分大的"一块肥肉给了资本家。安东诺夫之流和盛加略夫之流则在杜马讲坛上说:马尔柯夫的提案"实质上"是可以接受的,但……"推迟表决"!

这一事实再好不过地向我们说明了我国玩弄政客手腕的自由派的全部实质。

恩·

载于1913年7月14日《工人真理报》第2号

译自《列宁文集》俄文版第38卷第98—99页

不　好!

(再次提请《光线报》和《真理报》的读者注意)

(1913年5月19日〔6月1日〕)

在《真理报》第102号^①上,我曾提请读者同志们注意《光线报》第93号和第94号上的一篇文章。

我把这篇文章与**同一时间**刊载在《真理报》上的题为《几个争论的问题》^②的那些文章作了比较。我曾说过:《真理报》在这些文章中给读者提供事实和文献以便解决组织上和策略上的几个争论的问题,而《光线报》在那篇文章中却进行诽谤和人身攻击,这无助于工人明辨争论的是非,而只能搅乱他们的头脑。

我曾说过,那篇文章在谈到1905年的活动家们时所用的语言,同惊慌万状的地主和仇恨工人的自由派的机关报刊上谈到他们时所用的语言一模一样。

《光线报》唆使工人格尔曼来反对我。¹⁰⁹工人格尔曼是个非常武断而又善于狡辩的人。因此他狠狠地把我责骂了一通,说我"企图把读者同志们引入迷途",说我讲的都是"明显的谎话",说我讲的实际上并不存在。工人格尔曼这样把一大堆罪过加在我身上之后,就把《光线报》上刊登过的一系列文章的标题罗列出来,以此作

---

① 见本卷第148—150页。——编者注
② 见本卷第65—73页。——编者注

为他的文章的结尾。

好得很! 可是,我实际上谈到并引用的《光线报》的那篇文章,他又是怎样对待的呢? 关于这篇文章工人格尔曼在他的整篇文章中**只字未提**;至于我从这篇文章中引用的话是否正确,他也不打算进行争辩;对于我就这篇文章所作的评论,即说它是工人报刊所不能容忍的,他也没有提出任何反驳。怎么能这样呢? 我的好人,您痛骂了我一顿,但对我关于《光线报》的那篇文章所讲的任何一句话却不仅没有能够驳倒,而且也不打算这样做。

在第93号和第94号上有没有我谈到的那篇文章呢? 有。那么,您有什么权利说"实际上并不存在"呢?

那篇文章是不是充满诽谤和无谓的争执而没有对意见分歧作出冷静的分析呢? 您对此不敢提出反驳! 那么,您有什么权利怀疑我企图"把同志们引入迷途"呢?

您知道不知道您写了些什么? 您有没有考虑过,在您责难一家工人报纸的撰稿人,说他讲的都是"明显的谎话",说他企图"把读者引入迷途"时,您是应该对您这些话负责的——不是对我负责,而是对所有拥护《真理报》的人,即对它的工人读者们负责。

您出来替《光线报》辩护,反对我指责《光线报》第93号和第94号上刊登的文章没有说明争论的问题,而是用诽谤和"人身攻击"来搅乱读者的头脑。为此,您就在这家《光线报》上进行了一系列毫无根据的责难和明显的诽谤("一读者"[110](即我)企图把读者同志们引入迷途),也就是说,您正好做了我因《光线报》第94号上那篇文章而对该报指责的事情。**您的文章正好证实了我对《光线报》的指责**,而不是驳倒了它。

现在,您可能要说:这全是由于我没有经验。好吧! 但是要知道,您的文章是编辑部审查过的。为什么它不向您提出警告呢?为什么它不向您指出,要想责难我,您首先应当驳倒我所谈到的事实,而不应以再一次的沉默来回避这些事实呢? 为什么? 显然是因为编辑部知道,我就第93号和第94号上的文章所谈的全是事实,要驳倒我是不可能的。于是让您出来一个劲地谩骂,也就是说重新玩弄我在头一篇文章里就指责过的手法。

　　您——署名"一工人"——在《光线报》编辑部的支配下所扮演的是个好的角色吗?

载于1913年5月19日《真理报》
第114号

译自《列宁全集》俄文第5版
第23卷第170—172页

资本主义财富的增长

(1913 年 5 月 19 日〔6 月 1 日〕)

资本家不愿意公开自己的收入。他们严守"商业秘密",外人很难识破财富形成的"秘密"。私有财产神圣不可侵犯:谁也不能干预私有者的事情。这就是资本主义的原则。

但是,资本早已越出了私有财产的范围,组成了股份企业。数百数千个互不相识的股东合办一个企业;狡猾的生意人总是在"商业秘密"的掩饰下掏自己同伙的腰包,于是私有者先生们就只好屡次吃亏上当。

神圣不可侵犯的私有财产必须牺牲自己的一点点神圣不可侵犯的东西:必须用法律来责成股份企业实行正常的报表制度和公布主要的账目。当然,对公众的欺骗不会因此而中止,只不过采取了另外的形式,变得更加狡猾罢了。大资本把分散在世界各地的股东们的不大的零星资本汇集起来,变得更加实力雄厚了。现在,百万富翁通过股份公司支配的不仅有自己的百万财产,而且还有追加资本,比如说 80 万卢布,这些钱可能就是从 8 000 个小业主那里汇集来的。

但是资本主义的丑恶在民众面前却暴露得更加清楚、更加明显了。

例如,我们来看一下俄国保险公司公布的从 1902 年到 1911

年这 10 年间的账目。

1902 年的股份资本为 3 133 万多卢布(在 21 个股份企业里), 1911 年的股份资本为 3 480 万卢布(仍在这 21 个企业里)。通常的情况是:资本的大部分为一小撮百万富翁所有。也许,10 个或 20 个巨头就拥有 1 800 万卢布的股票,由于他们是多数,他们就可以不受限制地支配"小"股东们的其余的 1 300 万或 1 600 万卢布。

为资本主义辩护的教授们看到小股东的人数在增长就说私有者的人数在增长,而事实上是百万富翁巨头**对**"小股东"的资本的控制(和他们的收入)在增长。

请看,我们的保险大王们在 10 年间是怎样发财的。10 年间股份资本的股息**平均**在 10％**以上!!** 利润不错吧? 10 年间,在最坏的年份里,1 卢布可以"赚"6 戈比,在最好的年份里,1 卢布可以"赚"12 戈比!

预备资本增加了一倍:1902 年预备资本为 15 200 万卢布, 1911 年为 32 700 万卢布。财产几乎增加了一倍:1902 年为 4 400 万,1911 年为 7 600 万。

总计,10 年内在 21 个企业里有 3 200 万**新**财产!

是谁"赚了"这笔财产呢?

是那些不工作的股东,首先是拥有大部分股票的百万富翁巨头。

干工作的是几百个职员,他们东奔西跑,找人参加保险,详细察看他们的财产,忙于算账。这些职员始终是职员,他们除了薪水以外(大家知道,对多数职员来说,这点薪水连勉强养活一个家庭都不够),什么也得不到。他们无法积蓄任何财产。

如果一位巨头担任了**经理**"工作",那他就会因此而**另外**得到同部长一样的薪俸和奖金。

股东先生们正是**由于不**工作而发了财。他们"致力"于剪息票,在10年里平均每年得到纯利润300万卢布,并且还积蓄了追加资本3 200万卢布。

载于1913年6月9日《真理报》
第131号

译自《列宁全集》俄文第5版
第23卷第185—187页

德国天主教徒在组织群众

(1913 年 5 月 20 日〔6 月 2 日〕)

在广大居民没有权利、没有政治自由、当权者横施暴政的落后国家里,是不会有任何广泛一些的政治组织的。只有一小撮地主或者工业界百万富翁才享有"结社自由",但是这一小撮人把他们的全部注意力都集中在上层,集中在"上流社会",集中在政权上,他们不仅不去组织人民群众,而且像害怕火一样地害怕这种组织工作。

在宪制基础已经奠定、人民参与国家事务已有保障的国家里,竭力组织群众的,不仅有社会党人(他们唯一的力量就在于教育和组织群众),而且有**反动党派**。既然国家制度已经民主化,资本家就**不得不**在群众中寻找支持,为此就需要在教权主义(黑帮的反动主张和宗教)、民族沙文主义等等的口号下把群众组织起来。

政治自由并不排除阶级斗争,反而会使阶级斗争更自觉、更广泛地进行,使人民中最落后的阶层卷入斗争,教他们学习政治,学习如何捍卫自己的观点,捍卫自己的利益。

看一看比如德国反动的"中央"党即天主教党在怎样组织人民群众,是更有教益的。他们在宗教和"爱国主义"的口号下竭力鼓动群众保卫资本主义。德国天主教徒之所以能够利用人民群众的偏见和愚昧,部分是由于德国天主教徒在居民中占少数,并且一度遭到国家的迫害。而被剥削的劳动群众总是本能地同情被迫害者的。反动的天主教徒就巧妙地利用了这种情绪。

天主教徒建立了一个群众性的组织，即所谓"天主教德国人民联盟"。这个联盟有**盟员75万**。它严格实行集中领导。它的宗旨是：保卫"基督教的"（实际上是**资本主义的**）制度，同"破坏性的"（即社会主义的）意向作斗争。

这个联盟的领导机构是一个由24个委员组成的执行委员会。其中9人负责处理执行委员会的日常公文事务，其余的人则是各地区和个别大城市等的代表。每20—40户天主教家庭设一个"代理人"。所有这些代理人都按照执行委员会的指令办事。

天主教徒先生们在同社会民主党人论战时，通常总是叫嚷说，社会民主党的鼓动员是靠工人养活的。其实天主教徒自己在**他们的组织里倒真是这样做的**：在所有多少重要一点的地方，他们都设有**领取报酬的鼓动员**。

该党执行委员会的工作完全是按照工厂的方式组织的。20个专职人员从事"文献资料"工作：一个人管神学，另一个人管土地问题，第三个人管社会民主主义运动，第四个人管手工业者等等。有人负责剪贴和摘录报刊上的资料，并且进行登记。他们还有速记员。在特设的图书馆内有4万册图书。他们给报纸写信，这就是数十家天主教报纸登载的那些"通讯"。他们提供专门"社会政治性的"、专门"护教的"（即维护宗教和基督教的）通讯报道。他们出版有关各种问题的丛书。每年分发多达5 000份各种学术报告的提要。专门有一个机构利用电影从事宣传工作。问事处对任何询问事项都免费给予解答：1912年全年解答了1 800多万个问题。

他们有计划地吸收信仰天主教的大学生做宣传鼓动工作，特别是利用学生们的假期。代理人（他们有**数万人**）可进各种专门的"社会训练班"学习。为了专门"训练"怎样同社会民主党进行斗争，该党执行委员会举办为期两个月的训练班。为农民、教员和店员等人则举办为期两周的特别训练班。

德国天主教黑帮分子工作得并不坏。但是他们的全部工作不过是对德国社会民主党人的工作的拙劣模仿而已。

载于1913年5月26日《真理报》第120号

译自《列宁全集》俄文第5版第23卷第188—190页

论工人休假

(1913 年 5 月 20 日〔6 月 2 日〕)

德国五金工人像其他国家的五金工人一样,站在觉悟的有组织的无产者的最前列。他们提出了关于建立正常的工人**休假**制度问题。

正如大家所看到的那样,工厂主借口开支"负担不了",竭力反对这一措施。但是,德国五金工人在他们的工会专门出版的小册子中用精确的数字驳倒了这种自私而又伪善的托词。工人们证明,德国冶金工业的 93 个股份公司从 1905 年到 1910 年期间所获得的纯利润平均为 13.4%!!

只要把这笔利润减少 2%,就足以使所有工人享受正常的休假。

但是现在休假制度还非常不普遍,而且多半被资本家用做奴役工人的手段。德国五金工人就休假问题作过两次调查(两次查询),一次是在 1908 年,另一次是在 1912 年。

1908 年,有 138 个企业的工人享受休假。在这些企业内工作的 75 591 个工人中,享受休假的有 13 579 人,占 17.9%。

1912 年,有 389 个企业的工人享受休假。在 233 927 个在业工人中,享受休假的有 34 257 人,占 14%。

在每 1 000 个冶金工业企业中只有 **3 个**企业给予假期!在所

有五金工人中,享受休假的只有1.8%,即还不到**五十分之一**。

大部分给予假期的企业($^9/_{10}$以上)只准那些在工厂服务过相当长的时间的工人休假。在389个工厂(有233 927个工人)中,有84个工厂(有140 209个工人)规定工人必须工作**5年到10年**(!!)才能获得休假的权利。

显然,这种休假对工人生活的改善是微不足道的,甚至可以说是可笑的,这种休假**主要**是把工人拴在工厂里的诱饵,是反对罢工的手段!

工人的假期大都(占上述企业工人的72%)不超过**一周**。10%的工人的假期还**少于一周**,只有16%的工人的假期**多于一周**(到两周)。

在大部分给予假期的企业(97%)中,工人在休假期间可领到原工资或者平均周工资。

最后我们看到,甚至在先进国家的先进工业中,工人休假的情况也糟糕得很。但是,愈来愈多的工人认识到,必须要有正常的和足够的休息,有组织的工人也一定会以顽强的精神争取在这个方面取得胜利。

载于1913年5月31日《真理报》第124号　　　　　　　译自《列宁全集》俄文第5版第23卷第191—192页

一个自由派分子的坦率言论

(1913 年 5 月 21 日〔6 月 3 日〕)

不久前,《俄罗斯新闻》[111]的编辑瓦·米·索博列夫斯基去世了。自由派把他作为"坚强的进步活动家"来悼念。人们都在谈论和报道他的个人品德,但都避而不谈《俄罗斯新闻》的政治方向问题。

对我国的自由派说来,再也没有比"反对派立场"、"进步性"这类老一套的、平淡的、笼统的模糊概念更合口味了。至于这些字眼的内涵是什么,这位或那位活动家持**什么样的**反对派立场,他是为**哪一个**阶级服务的,他们却不喜欢进行分析。自由派不高兴这样做。

但是民主派应该弄清真相。把瓦·米·索博列夫斯基作为一个进步人士悼念,这是你们的权利。不过,假如你们想真正教人民学政治,那就不要忘记把**右翼**立宪民主主义同民粹主义情调独特地结合起来的《俄罗斯新闻》的**方向**。

隆·潘捷列耶夫先生在《言语报》上发表了一篇悼念瓦·米·索博列夫斯基的文章,他写道:索博列夫斯基是一个"十分怀疑我们进步社会所拥有的力量的人"。

这里一切都说得不清楚:这是一种什么样的怀疑?指的是什么样的社会?潘捷列耶夫先生引用的瓦·米·索博列夫斯基的下

面这些话把帷幕的一角撩开了："在总体上彻头彻尾体现农奴制传统和习俗的社会，能提供些什么呢？新制度能从千百万穷困、挨饿、酗酒和无知的半奴隶那里得到怎样的支持呢？"

潘捷列耶夫先生认为发表这些坦率言论是合乎时宜的，但是他却没有注意到这些言论正好说明俄国自由派对民主派的态度。

1905年夏，《俄罗斯新闻》刊登了自由派科学泰斗维诺格拉多夫先生的一篇文章，他证明说，不应该让这些半奴隶走得很远，应该让他们更恭顺些，更安分些。《俄罗斯新闻》恐怕是比其他自由派报纸都早地表现出自己对事态所抱的完全肯定的反革命态度。

怀疑有各种各样。但是对于社会活动家来说，应该问一问他是对**哪个**阶级抱怀疑态度？对于农民，索博列夫斯基（同他的《俄罗斯新闻》一样）是一个怀疑论者，甚至是一个悲观主义者。对于地主，他是一个乐观主义者：他笔下的地主是能够实行"改革"的，是"衷心支持新制度的"，是"有文化修养的人"等等。这种地主自由主义（不是半奴隶的，而是十足奴隶的自由主义）同民粹主义的混合体，是"文明的"、富足的、吃得饱饱的自由派社会腐朽的标志，这个社会用奴隶道德和奴隶政治来**教导**正在觉醒的"千百万半奴隶"。这个自由主义社会对地主卑躬屈节到了"彻头彻尾"的地步，《俄罗斯新闻》的民粹主义则最充分地反映了顺从的庄稼汉和自由主义化的老爷的宗法制俄国。

载于1913年6月1日《真理报》第125号　　　　　　　　　　　译自《列宁全集》俄文第5版第23卷第193—194页

厂主谈工人罢工

(1913 年 5 月 23—25 日〔6 月 5—7 日〕)

一

莫斯科帕·巴·里亚布申斯基印刷所出版了一本有趣的书,书名为《1912 年莫斯科工业区厂主协会》(1913 年莫斯科版)。定价没有标明。厂主先生们是不愿意出售自己的出版物的。

今年 3 月 30 日,协会会长尤利·彼得罗维奇·古容在宣布协会的年会开幕时,向工业家们祝贺他们这个组织的"第 7 个业务年度的开始",并且高声嚷道:工业家先生们"以自己的团结一致说明了工业家协会的实力,对这样一个协会是不能不重视的"。古容先生说道:"现在巩固这种实力的威信应当是协会新会员的主要任务。"

你们可以看到,这话说得并不很高明,很像一个军队中的文书说的话,可是却十分傲慢。

现在让我们看一看这本书的实际部分。这本书⅓以上的篇幅(第 19—69 页)是谈罢工问题的。工业家先生们把 1912 年罢工工人的总人数确定如下:

罢工种类	罢工工人人数	
	1912 年	1911 年
经济罢工 ……………………………	**207 720**	**96 730**
包括：		
冶金工业 ……………………………	64 200	17 920
纺织工业 ……………………………	90 930	51 670
其他工业部门 ……………………………	52 590	27 140
政治罢工 ……………………………	**855 000**	**8 380**
包括：		
因勒拿事件而引起的罢工 …………	215 000	
庆祝五一节罢工 ……………………	300 000	
秋季政治罢工 ………………………	340 000	
共　计 ……………………………	**1 062 720**	**105 110**

不难看出,工业家先生们的数字**是大大缩小了的**。但是我们现在不想谈这一点(有 6 000 工人参加的勒拿罢工被漏掉了,因为勒拿金矿不受工厂视察机关的监督),而想研究一下厂主们的统计。

1912 年罢工工人人数占俄国工人总数的**一半以上**,即 51.7％。其中参加经济罢工的占 $\frac{1}{10}$(10.1％),参加政治罢工的占 $\frac{4}{10}$(41.6％)。

厂主先生们写道:"去年的特点就是政治罢工的次数特别多。这种罢工常常使正常的工作进程中断,使整个工业处于紧张状态。"现在应该列举一下这一年下半年的一些极重要的罢工:8 月在里加为抗议剥夺工人的选举权而举行的罢工;9 月在华沙因库托马拉苦役营事件[112]而举行的罢工;10 月在彼得堡因宣布初选人选举无效[113]而举行的罢工,在雷瓦尔为纪念 1905 年事件而举行的罢工,在彼得堡为抗议舰队水兵案件[114]的众所周知的判决而举行的罢工；11月在彼得堡为抗议塞瓦斯托波尔的判决和在杜马开幕日举行的罢工以及为纪念列·托尔斯泰逝世两周年举行的罢工；12月在彼得堡为抗议指派工人参加保险机关而举行的罢工。厂主先生们由此得出结论说：

> "示威罢工一个接着一个地爆发，工人们认为必须停工的理由异常繁多，而且提出的理由的分量也不同，这就不仅证明政治气氛的极度紧张，而且证明工厂纪律的松弛。"接踵而来的是通常以采取罚款、取消奖金、同盟歇业等"严厉手段"相威胁。厂主声明："国家生产的利益坚决要求把工厂的纪律提到西欧各国的高度。"

厂主先生们愿意把"纪律"提到"西欧的"高度，但是不愿意考虑把"政治气氛"提到同样的高度……

按地区、工业部门和罢工成果统计罢工者的材料，我们留待在陆续发表的文章中去研究。

二

莫斯科厂主协会按地区和生产部门统计1912年罢工工人的材料整理得很不好。我们的百万富翁真不妨雇一个助手，哪怕雇一个中学生也好，来帮助自己编写这本书和核对表格。计算上的错误和荒谬之处特别明显，例如把第23、26、48页上的数字对照一下就可以看出来。我们爱谈商人的修养和"实力的威信"，但是不善于差强人意地做一项即使是最简单的工作。

我们试举厂主按地区对1912年全年和这一年的后7个月的罢工（**只是经济罢工**）所作的统计：

地　　区	1912 年全年		1912 年后 7 个月	
	罢工工人 人　　数	损失的工 作日数 （单位千）	罢工工人 人　　数	损失的工 作日数 （单位千）
莫斯科地区 ……………	60 070	799.2	48 140	730.6
圣彼得堡地区 …………	56 890	704.8	35 390	545.7
波罗的海沿岸地区 ……	18 950	193.5	13 210	153.6
南方 ……………………	23 350	430.3	22 195	427.6
波兰王国 ………………	21 120	295.7	12 690	249.9
共　计 …………	180 380	2 423.5	131 625	2 107.4

只要看一下关于南方的数字，就可以看出厂主的统计是不能用的，也就是说，是极不完全的。看来，1912 年后 7 个月的数字是比较可靠的，因为在这里（仅仅在这里）按地区、按主要工业部门以及按罢工结果详细地统计了罢工者。

按地区的统计数字向我们表明：彼得堡工人就是在经济斗争方面（更不用说在政治斗争方面了）也走在全体俄国工人的前面。圣彼得堡地区罢工人数（1912 年后 7 个月为 35 000 人）约为莫斯科地区罢工人数（48 000 人）的 $\frac{3}{4}$，而莫斯科地区的工厂工人比彼得堡地区**几乎多 3 倍**。波兰王国的工人比圣彼得堡地区稍微多一点，但是罢工的人几乎少 $\frac{2}{3}$。

至于莫斯科，那当然要注意到纺织工业方面的行情（即市场情况）很坏，但是波兰经济罢工中三分之二的罢工者是纺织工人。下面我们可以看到，波兰纺织工人的这些罢工是特别成功的。

因此，1912 年彼得堡工人在某种程度上使俄国其他地区的工人也卷入了经济运动。

另一方面，就罢工的**顽强精神**来说，站在前列的是南方和波兰：那里每个罢工者损失 19 个工作日，而在彼得堡和莫斯科，每个罢工者则损失 15 个工作日(在波罗的海沿岸地区,每个罢工者损失 12 个工作日)。就全俄国来说,平均每个罢工者罢工 16 天。编制厂主统计表的先生们提供的则是 1912 年全年平均每个罢工者罢工 13.4 天的数字。由此可见,工人的坚定性和他们斗争的顽强精神在这一年的下半年更加增强了。

接着,统计材料表明了工人在罢工斗争中的**坚定性增强**的情况。1895—1904 年内,平均每个工人罢工的持续时间为 4.8 天,1909 年为 6.5 天,1911 年为 7.5 天(政治罢工除外,为 8.2 天),1912 年则为 13.4 天。

总之,1912 年表明,工人在经济斗争中的**坚定性增强了**,就罢工人数(同工人人数比较)来看,彼得堡占第一位。

在下一篇文章里,我们将对罢工成果的材料进行研究。

三

厂主们的统计把 1912 年罢工工人(经济罢工)按生产部门作了如下的划分:

生产部门	1912 年全年		1912 年后 7 个月	
	罢工工人人 数	损失的工作日数(单位千)	罢工工人人 数	损失的工作日数(单位千)
五金工人 ……………	57 000	807.2	40 475	763.3
纺织工人 ……………	85 550	1 025.8	66 590	930.6
其他工人 ……………	37 830	590.5	24 560	413.5
共　计 …………	180 380	2 423.5	131 625	2 107.4

　　这里厂主们所作的统计极不完全和作统计时态度极端马虎的情况更加明显:前 5 个月的罢工人数(79 970)和后 7 个月的罢工人数加在一起是 211 595,而不是 180 000,也不是 207 000!

　　厂主先生们自己证明了他们**大大缩小了罢工人数**。

　　五金工人无论在罢工工人总数中所占的比例上或在罢工的持续时间上都走在前面:参加罢工的每个五金工人罢工 18 天,每个纺织工人罢工 14 天,其他部门的工人则罢工 16 天。我们可以看到,冶金工业的市场情况比较好,但这丝毫没有排除工人为增加一点点工资而进行斗争的必要性!

　　至于罢工的结果,厂主们的统计说明:对于工人来说,1912 年**不及** 1911 年顺利。据说在 1911 年有 49% 的罢工工人遭到失败,而在 1912 年则有 52% 的罢工工人遭到失败。但是这些数字是不足凭信的,因为这里互相比较的是:1911 年**全年**和 1912 年的 **7 个月**。

　　1912 年的罢工是进攻性的,而不是防御性的。工人进行斗争是**为了改善**劳动条件,而不是为了**反对**劳动条件**恶化**。也就是说,52% 的罢工者没有得到改善,36% 的罢工者**获得了**全部或部分的胜利,得到了改善,12% 的罢工者结果不明。可能性比较大的是厂主隐瞒自己在这 12% 当中的失败,因为资本反对劳动的每次胜利都会使他们特别关心和欢喜。

　　按地区、按工业部门把 1912 年后 7 个月的罢工成果对比一下,就可以看到下面这种情况。

　　莫斯科地区的罢工最不顺利,75% 的罢工者遭到失败(也就是说没有得到改善);其次,彼得堡地区 63% 遭到失败,南方 33% 遭到失败,波罗的海沿岸地区 20% 遭到失败,波兰 11% 遭到失败。

可见,后**3个**地区的工人获得了**巨大的**胜利。在这 3 个地区的 48 000 名罢工者当中,**27 000** 人得到了改善,**取得了胜利**,11 000 人遭到了失败,1 万人的结果不明。

相反,在前两个地区(莫斯科地区和彼得堡地区)的 83 000 名罢工者当中,只有**2 万人**取得胜利,有 59 000 人遭到失败(也就是说没有得到改善),有 4 000 人结果不明。

按工业部门来说,遭到失败的罢工者的百分比是:纺织工人 66%,五金工人 47%,其他工人 30%。

纺织工人的市场情况最坏。在莫斯科地区 38 000 名罢工的纺织工人当中,只有**6 000 人**获得胜利,32 000 人遭到失败;在彼得堡,4 000 人获得胜利,9 000 人遭到失败。但是在波兰纺织工人只有 400 名遭到失败,却有**8 000 名**获得胜利。

厂主们的统计对于近两年来罢工(经济罢工)在财务上造成的损失是这样计算的:

	工业家的直接损失	工资损失	国家在生产上的损失
		(单位 千 卢 布)	
冶金工业 …………………	558	1 145	4 959
纺织工业 …………………	479	807	6 010
其他部门 …………………	328	529	3 818
1912 年**共计** …………	1 365	2 481	14 787
1911 年**共计** …………	402	716	4 563

两年总计:厂主损失 180 万卢布;工人损失 **300 万卢布**;生产上损失 1 900 万卢布。

厂主先生们就说到这里为止了。啊!真聪明!但工人**赢得**的呢?

　　在两年内,有 **125 000 名工人**获得了胜利。他们一年的工资是 3 000 万卢布。他们要求增加工资 10％到 25％,像厂主自己所承认的,有时要求增加到 40％。3 000 万卢布的 10％是 **300 万卢布**。但缩短工作日呢?

　　又像"非经工友们同意**不得解雇工人**"这种"**新的**"(厂主的说法)要求呢?

　　不,厂主先生们! 就是在经济方面(更不用说政治罢工了),工人的战果也是**惊人的**。资产阶级既不理解工人的团结精神,也不理解无产阶级斗争的条件。

　　两年内约有 30 万工人在经济斗争中付出了 300 万卢布的代价。有 125 000 名工人**马上**得到了直接的好处。整个工人阶级也前进了一步。

载于 1913 年 5 月 30 日和 6 月 2、5、9 日《真理报》第 123、126、127、131 号

译自《列宁全集》俄文第 5 版 第 23 卷第 195—202 页

向拉脱维亚边疆区社会民主党
第四次代表大会提出的纲领草案¹¹⁵

（1913 年 5 月 25 日〔6 月 7 日〕以前）

俄国工人运动的革命高涨，国内政治危机的尖锐化，经济危机的即将来临，社会民主党许多团体和小组的动摇和混乱，——这一切都迫使拉脱维亚觉悟的工人号召自己的同志加紧准备召开拉脱维亚边疆区社会民主党第四次代表大会，仔细讨论革命的社会民主党所面临的任务。

由拉脱维亚社会民主党各种组织的成员组成的一个小组，就有关我们社会民主工党存在本身和它的整个工作方针的最重要的原则问题，特别是拉脱维亚社会民主党现在的中央委员会所一再忽视或者在我们看来处理不当的那些问题，向所有社会民主党组织提出以下**纲领**，作为讨论的材料。

对政治形势和社会民主党的
一般策略任务的估计

反革命统治在社会民主党人中间引起了极度的思想涣散和意志动摇，这对任何人都不是什么秘密了。阿恩同志在《光线报》第

95号上说得很对,到处都有"各唱各的调"的社会民主党人。在社会民主党的报刊上出现了这样一些观点:工人不必为革命作准备,也不用期待革命;民主革命已经结束了,等等。俄国社会民主工党的任何一个负责的团体或组织从来没有稍微肯定、确切、正式地阐述过这些观点,但是受拉脱维亚边疆区社会民主党现在的中央委员会支持的所谓取消派(《我们的曙光》杂志和《光线报》)却总是把这些观点作为他们一切策略意见的基础。

在有这种倾向的报刊上,时而说什么俄国现在的国家制度同10月以前的国家制度有原则的区别(似乎我们已经用不着进行革命来奠定政治自由的基础),时而又把俄国社会民主党人目前的策略同立宪时期欧洲的社会民主党人如19世纪70年代的奥地利人和德国人的策略相提并论(按照米留可夫的说法,似乎俄国已经立宪了),时而又提出公开的工人政党和结社自由的口号(这个口号只有在国内存在政治自由和资产阶级宪制的一般原则和基础的条件下才是可以理解的)等等。

在这种情况下,不明确规定社会民主党的策略任务,不估计政治形势,或者迟迟不作出这种规定和估计,那就意味着不仅不同缺乏思想性、涣散、意志消沉、信心不足等现象作斗争,而且是在直接助长涣散现象,意味着间接支持取消社会民主党原有的护党的、革命的决定的观点。

但是,俄国社会民主工党对这些迫切的根本问题是有确切的、党性的回答的。1908年十二月决议就作出了这种回答,这个决议是全党必须遵守的,是任何人也取消不了的。

这个决议通过后的几年时间,完全证实了这项决议的正确性——它指出专制制度的性质的变化、自由派的反革命性等等,并且得出结论说,专制制度虽然改头换面,但是仍然存在;引起1905年革命的条件仍然在起作用;社会民主党所面临的仍然是**原来的任务**,这些任务需要革命的解决方法,需要革命的策略。俄国社会民主工党在同一次代表会议(1908年12月)的决定中无条件地要求利用杜马讲坛和**一切**合法的机会,但是这种利用必须**完全**符合这种革命策略的精神,必须是**为了**完成俄国社会民主工党原来的革命任务。

因此我们建议所有社会民主党组织再一次仔细讨论这个为俄国社会民主工党1912年一月代表会议所确认的决议,并**建议拉脱维亚边疆区社会民主党代表大会明确地承认这个决议**。

我们提请所有同志认真注意1912年"社会民主党各个组织"的八月代表会议(取消派的代表会议)[116]所采取的非党的做法,这次代表会议从议程上取消了估计形势和规定一般策略任务的问题,从而为一切**背弃革命任务**的做法(借口对革命的"预测"没有得到证实等等)大开方便之门。

我们特别要对崩得提出抗议,因为它在八月代表会议上起了那么大的作用,并且在自己的第九次代表会议上又在背弃革命任务方面走得太远,竟然取消了建立民主共和国和没收地主土地的口号!

俄国社会民主工党的统一问题

工人的经济斗争和政治斗争开展得愈广泛,他们就愈迫切感到统一的必要。没有工人阶级的统一,就不可能有工人阶级斗争的胜利。

这种统一表现在什么地方呢？显然表现在**社会民主党的统一**。拉脱维亚的所有社会民主主义工人都参加社会民主党，他们很清楚这个党是秘密的，是处于地下状态的，只是也只可能是如此。

因此，要实现**行动上的**（而不是口头上的）统一，除了从下面，由工人自己在他们的地下党组织中来实现外，**别的**办法都是不可想象的。

拉脱维亚边疆区社会民主党代表大会应该明确地承认的正是这种对统一的要求，而这种要求，顺便说一下，是在俄国社会民主工党中央委员会召开的 1913 年二月会议上提出来的。

如果说《光线报》曾用对"列宁的党"的嘲笑来对待**这种统一的**号召，如果说崩得（即"工人运动中的犹太活动家们"）反对过这个号召，那么"光线派分子"和崩得分子也就以此**证明了**他们属于取消派。

拉脱维亚社会主义工人在行动上而不是在口头上承认秘密的党，那也就决不会被一些侈谈统一的合法的高调所欺骗。谁希望统一，谁就要参加秘密的党！

对取消主义的态度

取消主义问题最初是由党的决定和国外报刊提出来的，现在提请俄国一切有觉悟的工人来评判。拉脱维亚社会主义工人也应该在这个问题上绝不支吾搪塞，躲躲闪闪，使这个问题能够明确地提出，并得到全面的讨论和彻底的解决。

有许多无稽之谈，说什么取消派是从事公开运动的活动家。这些无稽之谈早已被**事实**所驳倒，这些事实证明，那些反对取消派的护党派，那些无条件拥护地下组织的党员，在公开运动的**所有**领域内都比取消派**强得多**。

取消主义就是否定或贬低地下组织即秘密的（现在唯一存在的）党。只有地下组织才制定出**革命的**策略，既通过秘密的报刊**也通过合法的**报刊把它传播到群众中去。

俄国社会民主工党1908年12月的决定和1910年1月的决定非常明确地指出的正是取消主义的这个内容，并且无条件地加以谴责，这两个决定是任何人也取消不了的，是每个党员必须遵守的。

但是《我们的曙光》杂志和《光线报》仍在继续进行取消主义的说教。他们在《光线报》第15号（总第101号）上说，工人愈来愈喜欢地下组织，是**令人痛心的事**。在《我们的曙光》杂志第3期（1913年3月）上，这篇文章的作者（尔·谢多夫）**更加**强调了自己的取消主义。这一点**甚至阿恩**在《光线报》（第95号）上都承认了!! 而《光线报》编辑部在答复阿恩时仍然**替取消派分子谢多夫辩护**。

拉脱维亚社会民主主义工人无论如何应该使拉脱维亚边疆区社会民主党代表大会**坚决谴责《我们的曙光》杂志和《光线报》的取消主义**。这些机关报刊的所作所为已经完全证实而且每天都在继续证实俄国社会民主工党中央委员会召开的1913年二月会议所通过的关于取消主义的决议是正确的。

关于拉脱维亚边疆区社会民主党
中央委员会支持取消派的代表会议和
取消派的组织委员会的问题

拉脱维亚边疆区社会民主党现在的中央委员会说，它之所以支持八月代表会议和组织委员会，并**不是**因为它们是取消派的机构，而是**为了**俄国社会民主工党的**统一**。

但是这种回答只能哄小孩，而拉脱维亚社会民主主义工人并不是小孩。

八月代表会议的组织者**自己**既邀请普列汉诺夫也邀请"前进"集团参加会议。无论前者还是后者都没有参加一月代表会议，也就是说，他们用行动而不是用言词**证明**他们在派别斗争中是**中立**的。

这些中立的社会民主党人说了些什么呢？普列汉诺夫和阿列克辛斯基坚决认为八月代表会议是取消派的会议。这次代表会议的决议完全证明它的取消派的性质。《光线报》声明赞同八月代表会议的决议，这就是在鼓吹取消主义。

俄国社会民主主义工人是跟着谁走的呢？

工人选民团的杜马选举和关于工人报刊的材料就说明了这一点。

在第二届杜马中，布尔什维克占工人选民团选出的代表的47％（23个代表中有11个），在第三届杜马中占50％（8个中有4个），而在第四届杜马中则占67％（9个中有6个）。反取消派的工人报刊(《真理报》和莫斯科的报纸)得到1 199个工人小组的支持,而《光线报》只得到256个工人小组的支持。

可见,拉脱维亚边疆区社会民主现在的中央委员会是假借拉脱维亚革命的社会民主主义工人的名义来支持取消派,**反对俄国社会民主主义工人中的明显的多数!**

这种情况必须结束。我们大家都承认地下组织和革命策略。我们应该支持实行这一策略的俄国社会民主工党中央委员会,因为**无论**在进行地下活动**还是**从事公开运动的时候,俄国绝大多数社会民主主义工人都是拥护俄国社会民主工党中央委员会的。

民 族 问 题

无论是根据社会主义观点从一般原则来看,还是从实际组织方面(我们党自身的建设)来看,这个问题都迫切需要所有社会民主党的组织加以讨论和解决。

1912年取消派的八月代表会议(甚至中立的孟什维克普列汉诺夫也承认)是要使**"社会主义迁就民族主义"**,**违背了**俄国社会民主工党的纲领。

事实上,这次代表会议根据崩得分子的提议,竟不顾党的第二次代表大会的决定,承认"民族文化自治"这个口号是可以接受的。

这个口号(俄国犹太民族主义的**一切资产阶级**政党都捍卫这个口号)是同社会民主党的**国际主义**相抵触的。我们作为民主主义者,决不容许对任何民族实行任何哪怕是极轻微的压迫,决不容许任何一个民族享有任何特权。我们作为民主主义者,要求**政治**

意义上的民族自决的自由(见俄国社会民主工党的纲领),即分离的自由。我们要求国内各民族绝对**平等**,并且要求无条件地保护一切少数民族的权利。我们要求广泛的自治并实行区域自治,自治区域也应当根据民族特征来划分。

所有这些要求是一切彻底的民主主义者特别是社会主义者所必须坚持的。

但是社会主义者不能局限于一般民主主义的要求。社会主义者要同**资产阶级民族主义**的各种各样的表现**作斗争**,不管它是赤裸裸的还是精心打扮过的。要**把同一**民族的无产阶级和资产阶级**联合起来**而把**不同**民族的无产阶级**分裂开来**的"民族文化自治"口号,正是这种资产阶级民族主义的表现。

社会民主党人过去和现在都坚持**国际主义**的立场。我们不许农奴主和警察国家侵犯各民族的平等,但是我们所拥护的并不是**"民族文化"**,而是**国际**文化,国际文化只包含每个民族文化中的一部分,即每个民族文化中具有彻底民主主义和社会主义内容的那一部分。

"民族文化自治"这个口号以各个民族在文化上统一的幻觉来欺骗工人,而实际上在每个民族中现在占主要地位的是地主、资产阶级的或小资产阶级的"文化"。

我们反对民族文化,因为它是资产阶级民族主义的口号之一。**我们拥护彻底民主主义的和社会主义的无产阶级的国际文化。**

在各民族享有最完全的平等和国家实行最彻底的民主制的条件下使**所有**民族的工人统一起来——这就是我们的口号,也是各国革命的社会民主党的口号。这个真正的无产阶级口号决不会造成无产阶级和资产阶级实行"民族"统一的虚假幻觉和幻想,而"民族文化自治"这个口号就必定会造成这种幻觉,并且在劳动群众中间散布这种幻想。

我们这些生活在民族成分非常复杂的边疆地区的拉脱维亚社会民主党人,我们这些处在拉脱维亚、俄罗斯、爱沙尼亚、德意志等的资产阶级民族主义的代表包围之中的人,特别清楚"民族文化自治"这个口号的资产阶级虚伪性。因此,已经在我们社会民主党组织内受过实际检验的一个口号,即**所有**民族的所有一切工人组织**统一起来**的口号,对于我们来说就特别宝贵。

有些人往往引证奥地利的例子来为"民族文化自治"这个口号辩护。关于这一引证,我们必须注意到:第一,甚至像卡·考茨基这样谨慎的著作家也承认奥地利主要的民族问题理论家奥托·鲍威尔的观点(他的《民族问题和社会民主党》一书)**夸大了**民族因素而**极端低估了**国际主义因素(见卡·考茨基《民族性和国际性》。有俄译本);第二,我国现在**只有**崩得分子以及一切犹太资产阶级政党还坚持"民族文化自治",其实**无论**鲍威尔**还是**考茨基都**没有承认**犹太人可以实行民族自治,而考茨基(同上)更直截了当地宣称,东欧(加利西亚和俄国)的犹太人是**帮会**,而不是民族;第三,甚至奥地利社会民主党的布隆(1899年)民族纲领[117]也**没有**完全承认超地域的(按人的民族属性的)民族自治,而只要求在整个国家范围内同一民族的各个民族地区组成联盟(布隆纲领第3条);第四,就是这个显然带有妥协性的(从国际主义的观点看来是不能令人满意的)纲领,在奥地利国内也**完全失败了**,因为妥协没有带来和平,反而导致了捷克分离主义者的分离;第五,这些在哥本哈根代表大会上受到整个国际一致谴责的捷克分离主义者宣称,崩得的分离主义是同他们接近的(见分离主义者的机关刊物《捷克斯拉夫社会民主党人》杂志**第3期**,该刊物可以从**布拉格**免费得到。**布拉格**希贝恩斯卡街 7 号);第六,鲍威尔本人要求**各地**不同民族的社会民主主义政治组织统一起来。鲍威尔本人认为奥地利党的那个"民族制度"是矛盾的和不稳定的,这种"民族制度"现在使奥地利党**完全**分裂了。

总之,引证奥地利的例子对崩得分子**不利**而不是**有利**的。

自下而上地统一起来,所有的工人组织中的所有民族的社会民主主义工人在各地完全统一和打成一片,——这就是我们的口号。打倒资产阶级骗人的和妥协性的"民族文化自治"口号!

同时在我们党的体制中,我们**反对**联邦制,我们主张所有民族的社会民主党地方组织(而不仅是中央组织)**统一起来**。

代表大会应当既拒绝民族文化自治的口号,也拒绝建党的联邦制原则。拉脱维亚社会民主党人应当像波兰社会民主党人和高加索社会民主党人在 1898—1912 年时期(在党的整整 **14** 年的历史中)那样,始终忠于社会民主主义的国际主义。

载于 1913 年 8 月《战友报》　　　　译自《列宁全集》俄文第 5 版
(拉脱维亚文)第 4 号　　　　　　　第 23 卷第 203—211 页

1912年和1905年的经济罢工

(1913年5月25日〔6月7日〕)

　　莫斯科地区厂主协会编制的经济罢工统计,使我们有可能对1912年和1905年这两年的经济罢工作某些比较。同时我们不得不只限于三类生产人员——五金工人、纺织工人和"其他工人",因为厂主协会的统计没有提供更详细的分类。

　　下面就是这些对比的数字:

罢工工人的人数(经济罢工)

	1905年	1911年	1912年
五金工人…………	230 216	17 920	78 195
纺织工人…………	559 699	59 950	89 540
其他工人…………	230 527	18 880	43 860
共　计…	1 020 442	96 750	211 595

　　1905年的材料仅仅涉及**纯粹的**经济罢工,没有包括既是政治罢工又是经济罢工的混合罢工。1911年和1912年的材料显然是很不完全的。

　　如果拿1905年运动作出发点,那么这些数字的对比就向我们表明,1911年纺织工人的罢工热情比五金工人和"其他工人"的罢工热情高。1911年纺织工人占罢工总人数的一大半,比五金工人多两倍多。1905年纺织工人罢工人数仅比五金工人罢工人数多一倍半。

至于"其他工人",1905 年和 1911 年的罢工人数几乎同五金工人的罢工人数相等。

相反,1912 年五金工人有惊人的进展,他们把"其他工人"远远地抛在后面,几乎赶上了纺织工人。

1912 年五金工人罢工人数比 1911 年的人数多**三倍**多。在同一时期,纺织工人的罢工人数只增加了 50%(从 6 万增加到 89 000),其他工人则增加了一倍半。

可见,五金工人出色地利用了 1912 年对他们有利的市场条件。他们为 1911 年的胜利所鼓舞,转入了更广泛、更坚决的进攻。

1912 年"其他"工业部门的工人也处于有利的地位。他们的经济斗争比五金工人更有成绩。但是他们没有像五金工人那样很好地利用自己的有利地位。

1912 年纺织工人的情况是所有生产部门中最糟的;他们经济斗争的成绩最小。与此相适应,他们的罢工人数也增长得最慢。

莫斯科地区的厂主们希望 1913 年的罢工浪潮会减弱。他们的 1912 年的报告说:"纺织工业的情况已经十分明朗了;在新的收成情况未了解清楚以前,工厂将缓慢地进行工作,在这种情况下工人举行罢工,那是极其轻率的。"

我们要看一看这种预测应验的程度如何。不管怎样,1912 年和 1913 年年初的情况表明,**经济**罢工只占**整个**"罢工浪潮"的一小部分。

载于 1913 年 6 月 8 日《真理报》   译自《列宁全集》俄文第 5 版
第 130 号   第 23 卷第 212—213 页

1912 年同往年比较
取得的罢工成果

（1913 年 5 月 25 日〔6 月 7 日〕）

莫斯科地区厂主协会发表了 1912 年后 7 个月罢工成果的统计。这个统计包括 1912 年全年参加经济罢工的总人数 211 595 名工人（根据协会无疑缩小了的数字）中的 131 625 名工人。

关于以往年份的罢工成果的统计，我们可以从工商业部出版的官方出版物中看到革命前 10 年（1895—1904 年）和革命的 3 年（1905—1907 年）的材料。

很遗憾，这些材料很不一致，而厂主协会所收集的材料则整理得更糟。为了统计罢工成果，官方统计把罢工分成三类：(1)以工人胜利告终的，(2)以业主胜利告终的，以及(3)以妥协告终的。而厂主的统计则把罢工分成(1)以工人失败告终的，(2)以全部或部分满足工人要求告终的，以及(3)结果不明的。

要对上述两类材料加以比较（哪怕是相对的），只有通过以下的方法。把参加以妥协告终的和结果不明的罢工的人数平分后分别加到以**胜利告终的**和以**失败告终的**罢工人数上去，这样就只有这两类罢工（当然，这是大致的分类）。下面就是比较的结果：

		罢工人数	获得胜利的罢工人数	获得胜利的罢工人数的百分比
		（单	位 千）	
革命前 10 年……	1895—1904 年	424	159	37.5
革命的 3 年………	1905 年	1 439	705	48.9
	1906 年	458	233	50.9
	1907 年	200	59	29.5
全年……………	1911 年	96	49	51.0
后 7 个月…………	1912 年	132	55	41.6

所有这些材料只涉及经济罢工，并且 1911 年和 1912 年的材料还不完全。1912 年全年的经济罢工人数（212 000）已超过 1907年经济罢工的人数。

1911 年经济罢工的成果看来是创纪录的，它甚至超过了最有成就的革命年份——1906 年。当时获得胜利的罢工工人占罢工工人的 50.9％，而现在（1911 年）则占 51％。

按成果来说，1912 年的罢工比 **1905 年**的差（1905 年胜利者占48.9％，1912 年胜利者则占 41.6％），但却大大地超过 1895—1904 年这 **10 年**的平均成果（37.5％），至于 1907 年（胜利者占29.5％），那就更不用说了。

把这些材料同西欧的材料比较一下是很有意思的。在 20 世纪的头 10 年（1900—1909 年），德国罢工的人数达 1 897 000 人（相当于俄国革命**仅仅两年**内单是经济罢工的人数）。其中获得胜利的有 698 000 人或占 36.8％，即比俄国革命前 10 年稍微少一些。在英国，10 年（1900—1909 年）内罢工人数为 1 884 000 人。在 1 234 000 人中有 588 000 人或 47.5％的人获得了胜利，即比我国革命前 10 年多得多，但比 1905 年、1906 年和 1911 年少些。（确定英国和德国获胜工人人数的方法与确定俄国的相同。）

　　1905 年**一年内俄国获胜工人人数**，比德国或英国 **10 年内获**胜的人数还要**多些**。由此可以判定，在现代无产阶级内部蕴藏着多少还没有动用的潜力。

载于 1913 年 6 月 12 日《真理报》第 133 号

译自《列宁全集》俄文第 5 版第 23 卷第 214—216 页

一项"历史性"提案的意义

(1913年5月27日〔6月9日〕)

第四届杜马依靠十月党人和立宪民主党人的票数通过了对政府的所谓不信任案(在内务部的预算问题上)。这件事继续受到新闻界的注意。的确,这项提案正像自由派报刊对它所作的评论那样,是值得认真讨论的。这里提出的确实是一些原则问题,因此必须一再加以提出。

《言语报》社论的作者郑重其事地宣称(在第137号上),通过这项提案的那一天即5月21日,"将永远是一个历史性的日子"。我们的自由派都是讲这类响亮的大话的能手,但是一到认真分析杜马这项决定的**意义**时就显得毫无头脑,束手无策。

自由派不愿意看到决定杜马这项提案意义的最主要的和无可争辩的**事实**。

第一,在通过这项提案的政党中,无论是十月党人**还是进步党人**(立宪民主党人同他们**事实**上有不可分割的联系!)都没有提议否决预算。而从立宪民主党人方面来说,否决预算只是引诱民主派的一种花招,因为大家都很清楚,立宪民主党人**实际上**一定会支持十月党人。

"历史性"提案不过是一句空话,因为**多数**资产阶级政党甚至连否决预算这一自己享有的无可争辩的"议会"权利都没有下决心去行使。而立宪民主党人如果得不到十月党人和进步党人的同意,无论在杜马内或在国内都**等于零**。

第二,提案的政治思想**内容**是什么呢? 已通过的十月党人的提案这样写道:"我们坚决主张尽快实行**广泛的改革**。"进步党人也是这样写的。"中派"(即半十月党人、半民族党人)的提案也是这样写的,甚至写得更厉害:"尽快实行**根本性的改革**"! 立宪民主党人的提案也完全持这种改良主义的观点,只是措辞更激烈些,但是思想纯粹是改良主义的。

第三,在所有的提案中,从立宪民主党人到十月党人,都明显地表现出**反动的**观点。

在这方面,与《言语报》骗人的断言相反,十月党人的提案与进步党人的提案甚至与立宪民主党人的提案比较起来,不是右了,而是左了。请大家看一看下面的话并加以判断吧:

(1)进步党人:(内务部)"在国内播种着骚乱的种子,这对国家的安全是一种威胁";

(2)立宪民主党人:"这种情况是对国家安全和**社会**安全的严重威胁";

(3)十月党人:"内务部正在使人民失去对法律和政权的尊重,从而使反政府的情绪得以加强"。

如果把"高深的政治"的语言译成普通人的语言,那说的就是一点:无论是立宪民主党人、十月党人还是进步党人都**答应**要比现行制度更好地保护**地主的**安全,当然是作为阶级的安全,而不是作为个人的安全。

第四,上面提到的这三个政党都持有如下的民族主义和沙文主义观点:内务部"在削弱俄国的实力"(十月党人和进步党人的提案)或者在削弱"国家的对外实力"(更加清楚了! 立宪民主党人的提案）。

　　自由派掩盖和歪曲的事实就是这样。第四届杜马的这项"历史性"提案就是立宪民主党人靠进步党人的帮助同十月党人达成的**协议**，其内容就是要**在**投票赞成预算和清楚地表明反动的民族主义、沙文主义观点的**条件下**指责政府，并表达实行"根本性改革"的愿望。

载于 1913 年 6 月 2 日《真理报》
第 126 号

译自《列宁全集》俄文第 5 版
第 23 卷第 217—219 页

究竟得到谁的支持？

(1913 年 5 月 27 日〔6 月 9 日〕)

我们的自由派报刊在解释第四届杜马就内务部的预算通过的一项著名的提案时说："政府好像是在真空中活动。""除了领津贴的报纸和一小撮领津贴的政客(只有在他们还领津贴时才忠于政府)外,政府在国内没有朋友。"

这是"严肃的"、摆出一副教授架子的《俄罗斯新闻》的意见,可不是闹着玩的!

"政府完全孤立,甚至得不到它自己所创建的政治团体的支持。"这是《言语报》的意见。

自由派营垒里的教授、律师、著作家和杜马代表们在这些议论中表现得十分幼稚,看来很难找到像这样幼稚的典型。这才是在这个"谢天谢地,没有议会"[118]的国家里出现的真正不可救药的议会迷!

你们说,是在真空中吗?

教授和杜马代表先生们,你们没有听说过贵族联合会吗? 没有听说过它支持政府的政策吗? 没有听说过地主阶级在俄国的富饶地区有将近一亿俄亩的好地吗? 没有听说过所有最重要的文武官职都由这个阶级包揽了吗? 没有听说过糖业大王和其他金融大王都出自这个阶级吗?

你们没有听说过吗？啊，英明的自由派国家要人！

你们说，政府完全孤立，它在国内没有朋友吗？

先生们，你们是干什么的？要知道你们同进步党人和十月党人一起投票赞成内务部的预算！

假定有一些熟识的百万富翁，他们可以随便拿出多少钱，同时表示一些不强制任何人接受的"希望"。先生们，你们是否认为我们有权把这些百万富翁称做自己的朋友，并且不感到自己（在百万富翁当中）"孤立"呢？

而你们以自己的提案不仅给了政府以物质上的支持，而且还给了巨大的**思想上的**支持。这一点很重要，因此你们不要以为我们会让你们在公众面前回避这个对你们来说是微妙的问题。

在杜马中争论的是什么呢？民族党人说，钱可以给，但表示希望……改革警察制度和规定"法制的正常界限"。十月党人说，钱可以给，但表示希望进行根本性的或者广泛的改革，同时**补充说**，他们是无条件地抱有**反革命的**民族主义和沙文主义的观点。

而所有的自由派都在玩弄这样的把戏：对这个补充闭口不谈，而对"根本性的改革"的要求却大加赞赏！所缺少的只是根据某个聪明的取消派分子的提示在他们的清单上再加上"结社自由和重新审查土地法令"……

农奴主-地主主张反动。资产阶级主张改革。资产阶级以自己的"提案"给政府以道义上的打击。但是这个资产阶级**同时**又强调自己的反革命性，从而给政府以道义上的**支持**！而**这种**支持比数十次"道义上的"打击更具有百倍的实效和分量。

"历史性的"杜马提案第一百次地证明，六三体制已经陷入绝境。仍然站在这种立场上的资产阶级是无力摆脱这种绝境的。历史的经验教导我们,如果不采取自由派竭力躲避和畏惧的那种解决危机的办法,那么资产阶级就只能一连几十年幻想改革,在绝境中苟且偷安,并忍受普利什凯维奇之流的压迫。

载于1913年6月5日《真理报》第127号

译自《列宁全集》俄文第5版第23卷第220—222页

工人政党和自由派骑士们

（关于波特列索夫）

（1913 年 5 月 27 日〔6 月 9 日〕）

……①波特列索夫先生引证了（确切些说，是歪曲了）格·瓦·普列汉诺夫 1905 年 8 月发表的一篇文章。那时，在社会民主党第三次代表大会（1905 年 5 月于伦敦）[119]上团结起来的布尔什维克与孟什维克（同时在日内瓦召开"代表会议"[120]）已经彻底地、正式地分裂。在 1905 年以及 1906 年春天，布尔什维克和孟什维克都有各自的机关报。

这一切是尽人皆知的历史事实，但是骑士波特列索夫先生却利用人们已忘记这些事实进行投机。

他不得不**避而不谈**这些事实，因为这些事实会揭穿这位骑士的无耻行径！

社会民主党当时的**两个派别**（普列汉诺夫当时置身于这两派之外）中**哪一派也没有**通过**任何**决定指出格·瓦·普列汉诺夫那篇文章的非党性，指出它的取消主义，指出它是在破坏党或否定党！

这就说明了一切，支吾搪塞、躲躲闪闪的自由派骑士先生。

取消主义是**党**于 1908 年 12 月和 1910 年 1 月通过的（所有派

---

① 手稿第 1 页没有找到。——俄文版编者注

别一致通过的)正式决定所谴责的思潮。

任何一次党代表会议(或者别的机构)都从来没有在普列汉诺夫的文章里"看出"取消主义。这就说明了一切！亚·尼·波特列索夫先生抓住过去的这篇文章，摘录一大堆引文，为的是要掩盖全党曾经谴责过他波特列索夫和他的取消主义倾向这一事实。

自由派知识分子当中像波特列索夫先生这样的骑士，对工人政党的决定一贯采取十足的老爷式的蔑视态度。他们这些骑士对党的决定丝毫不感兴趣！

而工人政党对自由派的《光线报》和自由派波特列索夫先生也不感兴趣，因为波特列索夫先生现在在普列汉诺夫过去的文章里"看出了"取消主义，就像维·切尔诺夫先生在李卜克内西的文章里"看出了"民粹主义一样。

波特列索夫先生在枉费心机地逃避党对取消主义的谴责时显得多么可怜而又可笑！

波特列索夫先生和《光线报》都只是空谈要同普列汉诺夫打笔墨官司，目的是为了愚弄读者。他们知道，任何人都将谴责他们，并将嘲笑他们加罪于普列汉诺夫的枉费心机的做法。

译自《列宁全集》俄文第5版
第23卷第223—224页

《真理报》是否证明了
崩得分子的分离主义?

(1913 年 5 月 28 日〔6 月 10 日〕)

《真理报》第 104 号(总第 308 号)上登载了《俄国的分离主义者和奥地利的分离主义者》一文①。现在弗拉·科索夫斯基先生在《光线报》第 119 号(总第 205 号)上就这篇文章对《真理报》进行反驳,说得确切些,是骂了一通。我们只能向那些关心**自己**组织命运的工人指出**回避**争论的问题的光线派先生们的这种谩骂式的攻击。

《真理报》是用什么事实证明崩得分子的分离主义的呢?

(1)他们于 1903 年**退出了党**。科索夫斯基先生的谩骂丝毫也驳不倒这一事实。科索夫斯基先生们所以要谩骂,是因为他们**无力驳倒事实**。

(2)犹太工人**到处都撇开崩得**而加入了并正在加入党。

崩得的蹩脚的维护者对此也不能说出一句反对的话!

(3)崩得公开**破坏了**党关于**各民族**工人在各地实行统一的决定。这一决定是 1906 年通过并于 1908 年特别加以确认的。

科索夫斯基先生对此**不能说出一句反对的话**!

(4)崩得分子麦迭姆承认,崩得分子在各地从未实现统一,也

---

① 见本卷第 105—107 页。——编者注

就是说，他们一向是分离主义者。

科索夫斯基先生一句反驳的话也没有说！

请读者想一想，这位对《真理报》这**四大论点不能说任何一句反对话**的先生怎么能不叫骂、不发狂呢？

其次，《真理报》准确地引用了奥地利的捷克分离主义者（**整个国际曾一致谴责他们的分离主义**）的机关报上的话。在这个报上有人**赞扬科索夫斯基先生（赞扬**他在取消派的《我们的曙光》杂志上的一篇文章）对分离主义者的态度在"向好的方面转变"。

科索夫斯基先生，这是怎么一回事？是我们的引文引错了吗？科索夫斯基先生知道引文是对的，因此只好有气无力地恶狠狠地说：这是"一家捷克小报上的一个看法"。

分离主义者兼犹太自由主义者先生，请不要撒谎！撒谎帮不了你的忙，因为你会被揭穿的。

不是"一个看法"，也不是在"一家捷克小报上"，而是在捷克分离主义者的德文**机关报**上的一篇**专门**文章。这是事实，你是反驳不了的。

我并不维护分离主义者，——科索夫斯基先生在《我们的曙光》杂志上说明自己的文章时为自己这样辩解。

是这样的吗？这就是说，**捷克分离主义者误解了**您？？崩得的可怜的自由派首领们啊！不仅敌人，就连**朋友**也**"不理解"**他们！

但是，任何一个工人都非常明白，一个当场被揭穿的卑鄙的撒谎者是想用遁词和谩骂来求得脱身。先生们，你们这样做是吓不倒工人的。

《真理报》证明了崩得分子就是分离主义者。弗拉·科索夫斯基先生是反驳不了这一点的。

弗·科索夫斯基先生和麦迭姆先生之流是一群自由派知识分子，他们用资产阶级民族主义和分离主义来腐蚀犹太工人。《真理报》为此已经同崩得分子进行过斗争，将来还要同他们进行斗争。

犹太社会民主主义工人撇开崩得和反对崩得，正在纷纷加入工人政党。

载于1913年6月5日《真理报》第127号

译自《列宁全集》俄文第5版第23卷第225—226页

自由派扮演了
第四届杜马的维护者的角色

(1913 年 5 月 28 日〔6 月 10 日〕)

在第三届杜马刚一成立时马克思主义者就已经指出(并且不是在个别的文章中,而是在正式决定中),六三体制有意识地制造了杜马中的**两个多数**:右派—十月党人多数和十月党人—立宪民主党人多数①。二者都站在反动立场上,政府**需要**他们,正像地主需要资产阶级的支持一样。

现在我们竟然碰到这样的事情:自由派开始不断维护第四届杜马,并为它要求"**人民的和社会的支持**"。

这令人难以置信,但这是事实。这些话是《言语报》第 139 号的社论说的。这篇社论与第四届杜马就内务部的预算进行的表决比起来,更称得上是"历史性的"。这篇社论是真正纲领性的社论。把杜马对国家的关系和国家对杜马的关系问题广泛地提出来,并且很好地加以解释,对民主派是很有教益的。

自由派的主要机关报写道:"让社会民主党人去硬说杜马只是装饰品,杜马的活动是骗人的和虚伪的,而杜马的思想家只是欺骗人民、用立宪的幻想迷惑人民吧。"

---

① 见本版全集第 16 卷第 122、125、131—132、160、166 页。——编者注

我们谨向杜马，向**第四届**杜马的新**思想家们**表示祝贺！不过可惜得很，他们竟是这样的无知。社会民主党从来没有说过第三届杜马和第四届杜马只是装饰品，一直都在说明这样想和这样说的左派民粹主义者的错误，一直都在证明第三届杜马和第四届杜马是反革命力量的一个重要的实际的联盟的机构。

《言语报》写道："在等待〈?〉那些只是由于没有出现在社会斗争舞台上才使人注意的社会力量的时候，杜马**就是**一种社会力量。"

自由派先生们，毫无疑问，杜马是一种力量。问题只是在于：它是一种什么样的力量？它是地主资产阶级的反革命力量。如果立宪民主党人只是"看到"舞台上"没有出现"民主力量，那么我们就只好提醒他们记起那句精辟的格言：**不愿看的人比瞎子还要瞎。**

我们来作一个小小的历史对比，18年以前，即在1895—1896年，几万工人的运动[121]就被自由派社会看到了，并且对它**十分**注意。而现在这个"社会"只是看到"没有出现"已经增强十倍的民主力量。**不愿看的人比瞎子还要瞎。**

他们不愿意看到，是因为背弃民主派的立宪民主党和十月党的资产阶级的阶级利益在起作用。

《言语报》写道："我们号召舆论把杜马看做**自己的**力量……看做要造成社会对杜马的关怀的社会意志的直接表现"等等，等等。

自由派和立宪民主党人这样颂扬十月党人和十月党人的杜马，他们该是堕落到多么可耻、多么卑鄙和肮脏的地步！这也就千百次地向你们证明：立宪民主党人也就是那些为了欺骗头脑简单的人而涂上玫瑰色的十月党人。

最后让我们再作一个历史对比。半世纪前，普鲁士的十月党人和立宪民主党人[122]同俾斯麦"斗争"的时候,不仅提出改革的要求,而且拒绝拨款。结果怎样呢?直到现在普鲁士依然实行"第三届杜马式的"选举法。直到现在普鲁士依然是资产阶级惊人的经济实力与他们对地主惊人的卑躬屈节相结合的国家典型。

不是支持杜马中的立宪民主党人—十月党人联盟,而是阐明这个联盟的内在腐朽性和民主派的独立任务——这就是工人阶级的利益和一切民主派的利益所提出的要求。

载于1913年6月6日《真理报》
第128号

译自《列宁全集》俄文第5版
第23卷第227—229页

法 国 通 讯

（本 报 记 者）

（1913 年 5 月 30 日〔6 月 12 日〕）

本报已经介绍过古斯塔夫·爱尔威是一个没有气节的极好典型。这位灵活的新闻记者和鼓动员，是一个没有受过社会主义运动锻炼和社会主义教育的人。他（作为一个教授）带着资产阶级知识分子的一切习惯和作风加入了工人政党。他起初是一个机会主义者。后来他转到"极左派"那边去了，并且长期鼓吹半无政府主义的货色，用反军国主义的叫嚷"吓唬"资产阶级。

不久前，他脱离无政府主义者而回到党内，承认议会斗争和教育组织工作。但是没有多久，我们这位灵活的知识分子又坚持不住，又倒向了机会主义者。爱尔威是一个印象主义者，他太受最后一刻的印象的摆布，毫无气节地摇来摆去，他被法国目前掀起的一股沙文主义、民族主义和帝国主义的反动浪潮所"吓倒"，竟然鼓吹恢复"联盟"政策，即恢复与资产阶级激进派联合的政策，说什么为了拯救法国的共和制，就必须与激进派结成联盟，否则法国的反动派将重新恢复君主制或者帝制！

不用说，除了极端的机会主义者，法国社会党人都在嘲笑没有气节的爱尔威，并坚决反对联盟。不久前，在法国南部出版的一家工人政党的机关报列举了一些著名的社会党人发表的许多**反对联**

盟的言论。

　　这些著名的工作者说得很对,社会党人发动了并且正在进行着反对反动势力的运动,社会党人把群众发动起来反对恢复三年制兵役法(即恢复反动的、粗野的、完全不民主的军队)。社会党人正在实现**无产阶级的联盟**,即社会党人工人同工团主义者工人的联盟。在激进派和"激进社会党人"(类似我国民粹派的小资产阶级政党)中间,只有很小一部分人支持社会党人的这一真正民主主义的运动,而且这种支持还是动摇不定的。

　　何必结成联盟呢?同动摇分子联合会削弱群众的冲击,并且会使动摇加剧!至于说要支持激进派,那么**只要**激进派在某种情况下反对反动势力,社会党人就从来没有拒绝过。

　　一个社会党人写道:请你们看看,沙尔·迪蒙先生和阿尔弗勒德·马塞先生都是真正的"激进社会党人",他们由于想获得部长职位,**正在维护**三年制兵役法。再看激进派领袖克列孟梭"本人",他正在领导**拥护**这个兵役法的运动,而另一个极有名的激进派领袖莱昂·布尔茹瓦也表示拥护这个兵役法。结果,在众议院的军事委员会中,这项法令以 17 票对 4 票获得通过,投反对票的**都是**社会党人。

　　这里怎么能同这个由激进派分子和"激进社会党人"组成的无耻的资产阶级政党结成联盟呢?只有在群众中进行**反对**这个政党的宣传,法国社会党人才能**使**所有民主分子**脱离**这个政党,从而**迫使**该党的相当一部分人向左转,转到民主派方面来。许多激进派分子在选举中是完全依靠群众的(因为在法国自然有普选权并有议会制度),因此在他们最终投票**赞成**分明在群众中不得人心的反动法令之前,是会非常慎重考虑的。

在法国(像在所有别的地方一样),民主制和共和制的唯一重要支柱就是群众,工人群众,其次是小农群众,而不是资产阶级政党的议会经纪人、骗子手、野心家和冒险家。这些人今天宣布自己是"激进社会党人",是为了明天(由于想获得一个部长职位,或是由于想获得某个租让企业的经纪人的肥缺,或者由于想在百万富翁的辛迪加内担任一个职务等等)出卖民主和祖国(就像法国资产者在1871年由于害怕巴黎工人举行反对雇佣奴隶制的起义而把法国出卖给俾斯麦一样)。

对于那些同联盟思想进行斗争并在群众中广泛开展社会主义工作和鼓动的法国社会党人,我们只能表示热烈的欢迎。

载于1913年6月5日《真理报》第127号

译自《列宁全集》俄文第5版第23卷第230—232页

扩充军备与德意志帝国国会

（寄 自 德 国）

（1913 年 5 月 30 日〔6 月 12 日〕）

德国政府正在竭尽全力"迫使"国会通过关于扩充陆军（**在和平时期**从 544 000 人增至 659 000 人，即几乎增加 20%!!）的新法令。制造军用装具和军需品的工厂的厂主们所以能"在人民中"（应该读做：在资产阶级中和在那些谁出钱多就投靠谁的资产阶级报纸上）煽起"爱国主义"情绪，是由于——请相信！——出现了"斯拉夫人的"威胁。

但是，在德国人民本来就由于遭受赋税和昂贵物价的重压而到处是一片呻吟声的情况下，从哪里去弄到这笔新增军备所需的钱呢？ 而这笔钱又是一个不小的数目，是整整 **10 亿**马克，也就是将近 5 亿卢布。如果……如果劳动者不是那些靠扩充"爱国主义"军备而大发横财的资本家的雇佣奴隶，用这些钱可以办多少合理的、正当的事啊！ 例如可以用来救济劳动者、改善他们的生活状况。

德国政府看到不可能再增收间接税，便决定征收特别**财产税**来收集所需的 10 亿马克。起初，想强迫拥有 1 万马克（略少于 5 000 卢布）和 1 万马克以上的人都交税。但是，这种做法不仅遭到向来主张**富人**交税的社会民主党人的反对，而且遭到许多害怕小资产阶级选民的资产阶级政党的反对,因为对于小农或手工业者来说,有 5 000 卢布财产(土地、房屋、作坊及其他)就得交税,这无疑是一个沉重的负担。

政府稍微作了一些调整:它打算,第一,财产在 5 万马克以下的(提供的收入达 5 000 马克者除外)免交财产税;第二,对富人采用**累进的办法**收税。遗憾的是,累进的幅度太小;实际上,财产与税额的比率如下:

财产(单位马克)	税收(单位马克)
50 000——	75＝0.15％
(将近 25 000 卢布)	
100 000——	250＝0.25％
500 000——	2 850＝0.57％
1 000 000——	7 100＝0.71％
10 000 000——	127 100＝1.27％
100 000 000——	1 477 000＝1.47％

拥有 100 万马克的富翁只交 7 100 马克,也就是将近 3 500 卢布。然而资本家们却嗥叫起来,反对这些税额。德国反动的资产阶级报纸叫嚷说,这已经不是什么税收,而是**没收**财产了(??!),说这样的税额——请注意——将帮助社会民主党实现其最终目标,即剥夺资本家阶级,如此等等。他们说,社会民主党人将从德国政府那里学会用征收真正高额税的办法来减轻富人的负荷! 看,这不是滑稽可笑吗?

应该指出,由于德国的立宪民主党人和十月党人讨好德国"右派",容克先生们(在德国这样称呼反动的贵族-地主,我们则把他们称做死硬派或普利什凯维奇分子)毕竟为自己争得了"特惠"。容克坚持他们的财产数额不能根据财产出售价格大小来定,而应根据按 5％计算的"纯收入"资本化(也就是纯收入乘以 20)来定。

显然,目的只有一个:欺骗政府官员。

出售价格是个确定的数额,在这上面做假不那么容易,因为有证人,有契约,还有公证人。

而死硬派自己"确定"的"纯收入"是实际数的十分之一。

甚至政府也害怕贵族先生们的提案,因而提出了按 4% 计算的纯收入资本化(也就是纯收入乘以 25)。这样,就可以多收税款 **3 000 万马克**。但是德国的立宪民主党人和十月党人先生们"解救了"普利什凯维奇弟兄们,并**推翻了**政府的提案!

NN

载于 1913 年 6 月 8 日《真理报》
第 130 号

译自《列宁文集》俄文版第 39 卷
第 91—93 页

农民和工人阶级

(1913 年 5 月 30 日〔6 月 12 日〕)

在民粹派的报纸和杂志上,我们经常遇到这样的说法:工人和"劳动"农民是一个阶级。

在一切现代国家中,占统治地位的是比较发达的资本主义生产,也就是资本主宰市场,把劳动群众变成雇佣工人,凡是了解这一点的人都很清楚,认为工人和"劳动"农民是一个阶级的看法是完全不对的。所谓"劳动"农民实际上就是**小业主**或小资产者,他们差不多总是要么被雇用去为别人做工,要么自己雇用工人。"劳动"农民作为小业主,在政治上也是动摇于业主和工人之间、资产阶级和无产阶级之间的。

农业中**雇佣劳动**的统计材料,是"劳动"农民具有这种业主本性或资产阶级本性的最明显的证明之一。资产阶级经济学家(包括民粹派)通常总是颂扬农业中的小生产富有"生命力",把这种小生产理解为不利用雇佣劳动的经营。而关于农民利用雇佣劳动的确切材料,他们是不大喜欢的!

现在让我们来看一看最新的农业调查即 1902 年奥地利的农业调查和 1907 年德国的农业调查关于这个问题所收集的材料。

国家愈发达,农业中使用雇佣劳动就愈多。在德国 1 500 万农业工人中有 450 万是雇佣工人,即占 30%;在奥地利 900 万农业工人中有 125 万是雇佣工人，即差不多占 14％。但就是在奥地利，如果我们看看通常被算做农民农户（或"劳动"农户）即那些拥有 2 到 20 公顷（1 公顷等于$^9/_{10}$俄亩）土地的农户，那么我们就会看到雇佣劳动是相当发达的。拥有 5 到 10 公顷土地的农户有 383 000 个；其中 126 000 个有雇工。拥有 10 到 20 公顷土地的农户有 242 000 个，其中 142 000 个（即将近$^3/_5$）有雇工。

可见，小农（"劳动"）农业剥削着**数十万**雇佣工人。农户愈大，则除了有较多的本户劳力之外，雇佣工人的人数也愈多。例如，在德国每 10 个农户中使用工人的情况如下：

农户类别	本户劳力	雇佣工人	共　计
拥有　2— 5公顷土地者	25	4	29
拥有　5—10公顷土地者	31	7	38
拥有 10—20公顷土地者	34	17	51

比较富裕的农民，拥有更多的土地和更多"自己的"家庭劳力，**此外还雇用更多的雇工**。

在完全依赖市场的资本主义社会中，农业中大量的小生产（农民的生产）不大量使用雇佣劳动**是不可能的**。"劳动"农民这个甜蜜的字眼不过是**把**这种对雇佣劳动的剥削**掩盖起来**借以欺骗工人而已。

在奥地利，近 150 万个农户（拥有 2 到 20 公顷土地者）雇用着**50 万**雇佣工人。在德国，200 万个农户雇用着**150 多万**雇佣工人。

而比较小的业主呢？他们自己就被雇用！他们是有小块土地的雇佣工人。例如：在德国，拥有不足 2 公顷土地的农户约有 330 万个（3 378 509 个），其中独立的农民**不到 50 万人**（474 915 人），而**雇佣工人则将近 200 万人**（1 822 792 人）！！

由此可见，小农在现代社会中的地位本身必然把他们变成小资产者。他们永远在雇佣工人和资本家之间摇来摆去。多数农民贫困破产而变为无产者,少数农民则力求赶上资本家,支持农村居民群众对资本家的依附关系。所以,在一切资本主义国家中,大多数农民直到现在仍然置身于工人的社会主义运动之外,而参加各种反动的和资产阶级的党派。只有进行彻底的阶级斗争的雇佣工人的独立组织,才能使农民从资产阶级的影响下挣脱出来,并且对他们说明小生产者在资本主义社会中所处的境况是毫无出路的。

在对资本主义的关系上,俄国农民的境况和我们在奥地利、德国等国看到的完全相同。我们的"特点"就是我们落后:农民面对的还不是资本主义的大土地占有者,而是作为俄国经济和政治落后的主要支柱的**农奴制的**大土地占有者。

载于 1913 年 6 月 11 日《真理报》第 132 号

译自《列宁全集》俄文第 5 版第 23 卷第 233—235 页

论自由主义的和马克思主义的
阶级斗争概念

短　评

（1913 年 5 月）

　　取消派分子阿·叶尔曼斯基在《我们的曙光》杂志上用大量恶狠狠的话猛烈攻击我对他（和古什卡）在大工商业资产阶级的政治作用问题上的观点的批评（《启蒙》杂志第 5—7 期合刊）①。

　　叶尔曼斯基先生破口大骂，并且一再回顾以前对他的"侮辱"（包括对 1907 年在圣彼得堡分裂社会民主党组织遭到失败的唐恩先生及其同伙的"侮辱"在内），力图以此来掩盖问题的真正实质。

　　但是我们仍然不允许叶尔曼斯基先生以回顾取消派不该受到的侮辱和失败来掩盖目前争论的实质，因为目前的争论涉及一个很重要的原则问题。这个问题经常被人们用各种不同的理由一再提出来。

　　这就是用自由主义伪造马克思主义，以自由派的观点偷换马克思主义的、革命的阶级斗争观点的问题。这是马克思主义者与取消派分子进行的全部争论的思想基础，我们将不厌其烦地把它阐述清楚。

————————

　　① 见本版全集第 21 卷第 294—311 页。——编者注

阿·叶尔曼斯基先生写道：

　　"'马克思主义者'伊林无论如何也不同意我〈叶尔曼斯基〉在自己的文章中把工业组织的活动看成是'在全国范围内（甚至部分地是在国际范围内）'进行的阶级斗争。为什么呢？因为这里'缺少**全**民性的和**全**国性的东西的基本特征：国家政权的机构'……"（《我们的曙光》杂志第 55 页）

　　这就是那个阿·叶尔曼斯基对问题**实质**的论述。他用尽一切可能做到的和不可能做到的办法来回避这个实质！不管他怎样责备我歪曲他的观点，骂我罪该万死，不管他怎样兜圈子，甚至以回顾 1907 年的分裂来"掩盖"自己，但是真理毕竟要占上风。

　　总之，我的论点是清楚的：全民性的东西的基本特征是国家政权的机构。

　　我的愤怒的论敌，您不赞同这一观点吗？您不认为这是唯一的马克思主义观点吗？

　　那么您为什么不直截了当地说出这一点呢？您为什么不提出正确的观点来反对错误的观点呢？按照您的意见，断定全民性的东西的基本特征是国家政权的机构，这只不过是引号里的马克思主义，那么，您为什么不反驳我的错误，不一清二楚地、毫不含糊地说出**您**对马克思主义的理解呢？

　　我们引用阿·叶尔曼斯基先生的**紧接着**上述引文的一段议论，读者就会得到对这些问题的清楚的答案。

　　"伊林希望俄国的大资产阶级以另外的方式进行阶级斗争，希望它一定要改变整个国家制度。伊林希望这样，但是资产阶级不希望这样——而这一点当然也就是'取消派分子'叶尔曼斯基的过错，因为他以'**自由主义的**阶级斗争概念偷换马克思的阶级斗争概念'。"

　　这就是叶尔曼斯基先生这段议论的全文，这段议论能让人当场看到这个回避问题的取消派分子的真面目。

这明摆着是回避问题。

我指出的全民性的东西的"基本特征"对不对呢?

阿·叶尔曼斯基先生本人不得不承认,我指出的正是问题的实质。

而阿·叶尔曼斯基先生意识到自己已经被捉住,于是对这个问题避不作答!

"被捉住的"叶尔曼斯基先生为了避开我所指出的基本特征是否正确的问题,就从这个问题跳到伊林"希望"什么和资产阶级"希望"什么的问题上去。但是,不管叶尔曼斯基先生跳得多么勇敢,跳得多么不顾死活,还是掩盖不住他已被捉住这一事实。

我的可爱的论敌,既然我们是在争论阶级斗争**概念**,这同"希望"又有什么关系呢?! 您自己本来应当承认:我是在斥责您以自由主义的概念偷换马克思主义的**概念**,我是在指出一个**马克思主义**概念的"基本特征",按照这个概念,全民的阶级斗争包括国家政权的机构这个内容。

阿·叶尔曼斯基先生虽然气势汹汹,也不过是一个笨拙的论战家,因为他**用自己本身的例子**清楚地说明了取消主义特别是他叶尔曼斯基的错误同自由主义的阶级斗争概念的联系!

阶级斗争问题是马克思主义最根本的问题之一。因此,正是应该详细地谈谈阶级斗争**概念**。

一切阶级斗争都是政治斗争。[①] 大家知道,对马克思的这句深刻的话,那些受自由主义思想奴役的机会主义者作了错误的理

_____

① 参看《马克思恩格斯文集》第 2 卷第 40 页。——编者注

解，并且竭力作出歪曲的解释。例如，取消派的老大哥们"经济派"就属于机会主义者之列。"经济派"认为，阶级之间的任何冲突都是政治斗争。因此，"经济派"承认为争取每个卢布增加5戈比的斗争是"阶级斗争"，却不愿看到更高级的、更发达的、全民族的为**政治**而进行的**阶级**斗争。因此，"经济派"只承认萌芽状态的阶级斗争，而不承认更发达的阶级斗争。换句话说，"经济派"只承认阶级斗争中那些从自由派资产阶级的观点看来最能容忍的东西，而拒绝比自由派更进一步，拒绝承认更高级的、自由派所不能接受的阶级斗争。"经济派"就这样逐渐变成了自由主义的工人政治家。"经济派"就这样背弃了马克思主义的、革命的阶级斗争概念。

其次，仅仅认为，只有阶级斗争发展到政治领域，它才是真正的、彻底的、发达的阶级斗争，那还是不够的。这是因为，在政治中既可能只涉及细小的枝节问题，也可能深入一些，直到涉及基本的东西。马克思主义认为，**只有**当阶级斗争不仅发展到政治领域，而且还涉及政治中最本质的东西即国家政权的机构时，那才是充分发达的、"全民族的"阶级斗争。

与此相反，当工人运动稍微巩固起来的时候，自由派已经不敢否认阶级斗争，但是力图缩小、削减、阉割阶级斗争的概念。自由派也准备承认政治领域内的阶级斗争，但是有一个条件，就是在这个领域内**不包括国家政权的机构**。是资产阶级的哪些阶级利益造成了这种对阶级斗争概念的自由主义的歪曲，这是不难理解的。

叶尔曼斯基先生在转述温和谨慎的官员古什卡的著作时与他一唱一和，竟**没有看出**（还是不愿看到？）对阶级斗争概念的自由主义的阉割，这时，我向叶尔曼斯基先生指出了他的这一根本的带有理论性的和一般原则性的过错。阿·叶尔曼斯基先生就大为生气，骂起人来，由于无法驳倒我的意见，他只能支吾搪塞，躲躲闪闪。

原来阿·叶尔曼斯基先生是一个十分笨拙的论战家，这时他已原形毕露！他写道："伊林希望这样，但是资产阶级不希望这样。"现在我们才明白，无产阶级的（马克思主义的）观点和资产阶级的（自由主义的）观点的哪些特点造成了"希望"上的这种差异。

资产阶级"希望"削减阶级斗争，歪曲并缩小阶级斗争概念，**磨钝**它的锋芒。无产阶级"希望"这一骗局被揭穿。马克思主义者希望，那些以马克思主义的名义来谈论资产阶级的阶级斗争的人，能**揭露**资产阶级的阶级斗争**概念**的狭隘性，而且是**出于私利的**狭隘性；希望他们不只是引证数字，不只是为"巨大的"数字而高兴。自由派则"希望"这样来评价资产阶级及其阶级斗争：对这一斗争的狭隘性**保持缄默**，对这一斗争没有包括"基本的"和最重要的东西**保持缄默**。

阿·叶尔曼斯基先生是在**以自由派的观点**议论那些有趣的、但为古什卡先生缺乏思想地或盲目地统计出来的数字时被人捉住的。显然，这点一被揭穿，阿·叶尔曼斯基先生除了骂人和支吾搪塞以外，就别无办法了。

现在让我们从上面引用的阿·叶尔曼斯基的文章的话继续往下引：

"显然，事实上这里只有伊林一个人用自己的评定，同时还用〈！！〉法国大革命历史中作为学生学习样板的死板公式来偷换对事物的真实情况的研究。"

阿·叶尔曼斯基先生如此乱搅和,以至愈来愈无情地"毁灭"自己!他还没有发觉,这个对法国大革命的"死板公式"的愤怒攻击使他的自由主义暴露无遗!

亲爱的叶尔曼斯基先生,你该懂得(不管取消派是多么难以理解),如果**不**用马克思主义的观点来**评定**、评价事物的真实情况,而是用自由派的观点或者用反动的观点等来作评定和评价,那就无法进行"对事物的真实情况的研究"!

叶尔曼斯基先生,您过去和现在都是用自由派的观点来评定善良的官员古什卡的"研究"的,而我却是用马克思主义的观点来评定的。全部实质就在于此。您的批判的分析**在**国家政权的**机构**问题**面前**停住了,这样您就**证明了您的**阶级斗争概念的自由主义局限性。

需要证明的正是这一点。

您对法国大革命的"死板公式"的攻击使您露出了马脚,因为任何人都会懂得,问题不在于死板公式,也不在于法国的样板,比如**当时**在"死板公式和样板"的条件下,并没有发生也不可能发生大规模的罢工,特别是政治性的罢工。

问题在于:您成为取消派分子之后,已经不会运用**革命的**观点来评价社会事件了。问题的症结就在这里!马克思决不用18世纪末的"死板公式和样板"来限制自己的思想,他总是运用革命的观点,**评价**(善良的叶尔曼斯基先生,要是您喜欢用更富于"学术味的"字眼,那就用"评定"吧!)阶级斗争时总是极其**深刻**,总是剖析它是否涉及"基本的"东西,总是无情地抨击任何怯懦的思想和任何掩盖没有得到充分发展的、被阉割的、被私利歪曲了的阶级斗争的行径。

18世纪末的阶级斗争向我们表明,它是怎样变成政治性的斗争的,它是怎样达到真正"全民族的"形式的。从那时起,资本主义和无产阶级都有了巨大的发展。旧时期的"死板公式"并没有阻止任何人去研究比如我在上面已经部分地提到的新的斗争**形式**。

但是,马克思主义者的观点**总是**要求深刻的而不是肤浅的"评价",总是揭露**自由派的**歪曲、闪烁其词、胆怯的掩饰等等的贫乏。

我们向阿·叶尔曼斯基先生致意,因为他以忘我的精神十分精彩地说明,取消派由于丧失了用革命观点观察社会现象的能力,是怎样以自由主义的阶级斗争概念偷换马克思主义的阶级斗争概念的。

载于1913年5月《启蒙》杂志第5期

译自《列宁全集》俄文第5版第23卷第236—241页

资本主义与税收

(1913 年 6 月 1 日〔14 日〕)

在彼·米古林先生出版的、有联合起来的十月党人和立宪民主党人参加的《新经济学家》杂志[123](1913 年第 21 期)上，我们看到了一篇关于美国所得税的有趣的短评。

按草案规定：未超过 4 000 美元(8 000 卢布)的收入免交所得税。超过 4 000 美元的收入征税 1％，超过 2 万美元的收入征税 2％，以此类推，随着收入的增加而稍微提高税率。因此草案规定的是累进所得税，但是税率的累进非常缓慢，例如一个拥有 100 万美元收入的人，他所交的税一般不到 3％。

草案估计这种税收可以从 425 000 个收入超过 4 000 美元的人那里征得 7 000 万美元(将近 14 000 万卢布)，《新经济学家》杂志的十月党人—立宪民主党人编辑部关于这一点指出：

"与 7 亿卢布的关税收入和 5 亿卢布的消费税比起来，预期征收的 14 000 万卢布所得税并不多，并且也不会动摇间接税的作用。"

可惜我们的自由派资产阶级经济学家口头上愿意承认累进所得税，甚至愿意在纲领中写上累进所得税，但却不想肯定、确切地说明，**他们认为必须征收多少所得税。**

是不是征收到只是动摇间接税作用的数量？究竟要动摇到什

么程度？或者是要征收到足以使间接税完全取消？

《新经济学家》杂志所谈到的美国的统计材料对这个问题提供了大有教益的例证。

从草案的材料中可以看出，425 000 个资本家的收入总数（在纳税 7 000 万美元的情况下）为 541 300 万美元。这一估计显然是过低了，因为收入在 100 万以上的有 **100 人**，他们的收入为 15 000 万美元。大家都知道，**10 个美国亿万富翁**的收入还要多得多。美国财政部长是想对亿万富翁讲点"客气"的……

但就是这些对资本家过分"客气"的统计材料也令人看到一幅精彩的图景。根据统计材料，美国共有 1 600 万户。其中资本家**不到 50 万**户，其余的是雇佣奴隶或受资本压迫的小农等等。

统计材料相当精确地统计了美国很多劳动群众的收入。例如：6 615 046 个产业工人的收入（在 1910 年）为 342 700 万美元，即每个工人的收入为 518 美元（1 035 卢布）。其次，1 699 420 个铁路工人的收入为 114 400 万美元（每人 673 美元）。再其次，523 210 个国民教师的收入为 25 400 万美元（每人 483 美元）。

把这些劳动群众加在一起，去掉尾数，则得出：880 万工人的收入为 48 亿美元，即每人收入 550 美元；50 万资本家的收入为 55 亿美元，即每人收入 11 000 美元。

50 万户资本家的收入比将近 900 万户工人的收入还要**多**。试问，间接税和草案所规定的所得税究竟会起什么作用？

间接税为 12 亿卢布，即 6 亿美元。美国每个家庭要交间接税 75 卢布（37.5 美元）。我们把这种税与资本家和工人的收入比较一下：

	户数 （单位百万）	总收入	间接税总数	占收入的百分比
		（单位百万美元）		
工人………	8.8	4 800	330	7
资本家……	0.5	5 500	19	0.36

我们可以看到，从每一个卢布中工人要交间接税 7 戈比，而资本家交⅓戈比。工人按比例要比资本家多交 **19 倍**。间接税的制度必然在**一切**资本主义国家造成这样的"秩序"（十分混乱的秩序）。

假若资本家按照和工人一样的收入百分比来纳税的话，那么应从资本家那里征收的税款就不是 1 900 万美元，而是 **38 500 万美元**。

美国拟收的**这种**累进所得税会不会使情况大大改变呢？改变得很少。照那样就是要向资本家征收 1 900 万美元间接税＋7 000 万美元所得税，即总共征收 8 900 万美元，**或者说总共占收入的 1.5％!!**

如果我们把资本家分成中等资本家（收入为 4 000—10 000 美元，即 8 000—20 000 卢布）和大资本家（收入在 2 万卢布以上）两类，那么中等资本家有 304 000 户，收入为 181 300 万美元，大资本家有 121 000 户，收入为 36 亿美元。

假如中等资本家像目前工人那样按收入的 7％交税，这笔税款将近 13 000 万美元。大资本家收入的 15％可提供 54 000 万美元税款。这个总数**比所有的间接税还多**。同时，在扣除所得税后，每个中等资本家的收入还有 11 000 卢布，大资本家的收入还有 5 万卢布。

我们看到，社会民主党人的要求是**完全**取消所有的间接税，代之以真正的而不是闹着玩的累进所得税，这种要求是**完全**可以实现的。这种措施不会触动资本主义的基础,但会立刻大大减轻十分之九的居民的负担。其次,由于国内市场的扩大,由于国家摆脱了为征收间接税而实行的对经济生活的不合理的束缚,这种措施就会大大推动社会生产力的发展。

资本家的维护者通常总是强调统计巨额收入有困难。实际上,由于银行、储蓄所等发展到现代的水平,这些困难完全是虚构出来的。**唯一的困难是**:资本家的阶级私利以及在资产阶级国家的政治制度方面存在着不民主的设施。

载于1913年6月7日《真理报》第129号　　　　　　　　　译自《列宁全集》俄文第5版第23卷第242—245页

关于波格丹诺夫先生和 "前进"集团问题[124]

(致《真理报》编辑委员会)

(1913 年 6 月 3 日〔16 日〕)

编辑部对波格丹诺夫先生歪曲党史的行为所采取的行动非常令人气愤,真不知道,今后是否还能继续当撰稿人。

事情是怎样的呢?

我的文章**没有一句话**反对波格丹诺夫先生(不作为"前进"集团的成员[125]),根本就没有一句**谴责**的话。

我十分慎重地确认了一个**事实**,全党一致谴责的倾向是"**与前进派思想有联系的**"①。

一句话也没有多说。就连波格丹诺夫先生自己也**无法**引证出别的什么话来!

试问,能否回避这一事实呢? 不能,因为党既对取消主义也对召回主义**立刻**进行了谴责。谁想在谈论党对取消主义的态度的历史时回避这一事实,谁就是**骗子**。我敢设想编辑部并不要求我行骗。由于编辑部声称同意第 95 号的看法,我就更应当这样设想了!

这个事实是真的吗? 编辑部已经同意这是真的。既然前进派

---

① 见本卷第 71 页。——编者注

自己已经宣布召回主义是"一个合理的色彩",那也就很难表示**不同意**!!

　　但是,既然事实是真的,又怎么可以(("为了公正起见")让波格丹诺夫先生在这件事上**说谎**呢?? 除了说明编辑部不熟悉"**前进**"集团的历史外(假如一个人对于哲学家波格丹诺夫用来教导工人的那种反动的庸俗见解不是完全盲目偏袒的话),我找不出别的解释。

　　可能编辑部不知道"**前进**"集团已经完全瓦解。波格丹诺夫先生早已退出——他的"哲学"已经在报刊上受到**前进派分子**阿列克辛斯基的**指责**。就是这位阿列克辛斯基**在报刊上**指责过"无产阶级文化"(前进派纲领里的提法)。这件事编辑部不知道吗?

　　现在**已经退出**"前进"集团的有波格丹诺夫、多莫夫、利亚多夫、沃尔斯基和斯捷平斯基(卢那察尔斯基也快要退出——见**巴黎新出的小报**)。编辑部不知道这些事吗?

　　编辑部是在支持"前进"集团中的最坏的(不可救药的)资产阶级造谣分子去**反对**已经同波格丹诺夫先生**断绝关系的**优秀分子(像阿列克辛斯基那样)!!

　　鬼才知道这是怎么一回事! 这简直是对真理、**对党**的嘲弄。

　　我坚决要求把我附上的短评**全文**登出来。我一向给予编辑部以同志式的态度进行修改的权利,但对这篇文章(在波格丹诺夫先生的信发表以后),我**不给予**修改等等的权利。如果你们不登这篇文章,那就请交给《启蒙》杂志,而我则保留同歪曲党史的行为作战的**完全自由**。一面向取消主义作斗争,一面又**掩盖**召回主义——这是十分卑鄙的行径,我深信,这种失误只是由于**对事物的无知**。

　　编辑部应该说:大家确信波格丹诺夫先生对"前进"集团纲领

的说明是**错误的**，对**事实**的转述也是不正确的。

　　我坚决要求马上答复。由于波格丹诺夫先生的卑鄙谎言，我不能再为《真理报》写文章。

愿为你们效劳的　**弗·伊林**

载于1930年《列宁全集》俄文
第2、3版第16卷

译自《列宁全集》俄文第5版
第23卷第246—247页

不正确的评价

(《光线报》论马克拉柯夫)[126]

(1913 年 6 月 4 日〔17 日〕)

……①自由派的纲领和决议。

我们在《光线报》第 122 号的社论上看到了对这一重要讲话的极不正确的评价。《立宪民主党的学理主义》——这就是《光线报》在这篇讲话里所看到的东西。马克拉柯夫代表像一头牲畜似的，用自己的尾巴来消除自己的足迹。"通过对自己的讲话所作的一系列补充，他把这篇讲话中的反对派的内容完全取消了"，——于是《光线报》便引用瓦·马克拉柯夫先生的这样一段话："反动是历史的规律"，应该（根据俾斯麦的教诲）善于辨别时机，知道什么时候需要实行自由主义的管理，什么时候需要实行专制的管理。

《光线报》最后说："会发表这种讲话的是教授，而不是捍卫民主派的自决权的政治活动家"（?）。

不对，瓦·马克拉柯夫先生根本不是学理主义者，他的讲话也根本不是教授式的讲话。期待瓦·马克拉柯夫捍卫民主派的权利——那简直可笑。他是自由派资产阶级的投机者，他在大胆地揭露本阶级政治的"本质"。瓦·马克拉柯夫先生责备政府，说它"能够懂得〈当革命平息下来的时候〉用什么东西可以消灭革命"，

---

① 手稿第 1 页没有找到。——俄文版编者注

但是它并没有懂得。

瓦·马克拉柯夫先生高声喊道："当政府同革命作斗争时,政府是正确的,这是它的职责",同时他又补充说:"革命的情况也会是如此,一旦革命成功,它将同反革命作斗争"(在这里"老练的"演说家很可笑地说走了嘴,不知为什么只是用将来时)。瓦·马克拉柯夫先生几次重复说,他之所以责备政府,"不是因为它同骚动,同革命作斗争,而是因为它同秩序本身作斗争"。

瓦·马克拉柯夫先生把斯托雷平比成一个正在打破一所起火的房子的玻璃窗的消防队员。

由此可以清楚地看出,这篇值得注意的讲话的基调和主要内容绝对不是教授腔,也不是学理主义,而是狂热的、顽固的反革命精神。报纸就"冲突"的细节掀起的闹剧愈是竭力掩盖问题的实质,就愈是需要谈论这个问题。不了解自由主义政治的这一基本特征,就决不能**理解**自由主义政治及其阶级根源。

《光线报》对事情的无知已经到了惊人的可笑的地步,它喊道:"不管怎么说,俾斯麦始终是用铁血进行统治的人,崇拜他的治国才能,岂不是一种最糟糕的学理主义?"

先生们,这与学理主义有什么关系?牛头不对马嘴。瓦·马克拉柯夫说得再清楚不过了,他赞成"同骚动,同革命作斗争",赞成"消防队员",当然,瓦·马克拉柯夫非常明白,这正是指的铁和血。瓦·马克拉柯夫说得再清楚不过了,他正是**赞成这种有条件**获得成功的政治!他教导说,应该打破玻璃窗,不要害怕打破它,我同你们都不是多愁善感的人,不是教授,不是学理主义者,但是应该像俾斯麦那样打破它,也就是说要获得成功,**巩固资产阶级和**地主的联盟。

瓦·马克拉柯夫对政府说：而你们呢，却**徒劳无益地**打破玻璃窗，像一个流氓，而不像一个消防队员。

俾斯麦是德国反革命地主的代表。他懂得**只有**同反革命自由派资产阶级建立巩固的联盟，才能挽救他们（数十年）。他建成了这个联盟，因为无产阶级的反抗软弱无力，而一场走运的战争又帮助完成了**当时的任务**：德国民族的统一。

我们这里有反革命的地主，有反革命的自由派资产者，瓦·马克拉柯夫就是其中的第一个。他以自己的讲话证明他准备在普利什凯维奇之流面前极尽奴颜婢膝、阿谀奉承之能事。但为了使"联姻"获得成功，这还不够。应当完成当前的历史任务，我们这里的历史任务根本不是民族统一的问题（这样的问题在我们这里太多了……），而是**土地问题**……在无产阶级更猛烈的反抗下，应当完成这个历史任务。

关于这一点，为俄国俾斯麦叹息的可怜的自由派分子瓦·马克拉柯夫竟说不出一句清楚的话来。

载于 1937 年《列宁文集》俄文版第 30 卷　　　　　译自《列宁全集》俄文第 5 版第 23 卷第 248—250 页

议员弗兰克主张群众性罢工

(1913 年 6 月 5 日〔18 日〕)

有名的巴登的社会民主党人,机会主义派最著名的代表人物之一弗兰克发表演说,主张群众性罢工,认为群众性罢工是争取在普鲁士实行选举改革的斗争手段,这是德国社会党内的一件大事。

柏林城郊的维尔梅尔村的社会民主党组织邀请弗兰克就这个题目作一次专题报告。资产阶级报纸以为"巴登"会发出和解的、降温的言论,因而对这次集会大肆渲染,大做免费广告,把这次会议弄得规模很大,特别引人注目。

但是,也许因为弗兰克是在具有激进情绪的柏林工人面前讲话,也许因为这位习惯于德国南部较为自由的制度的南方人,在柏林亲眼看到"容克"(德国的贵族黑帮)的无耻统治后极为愤慨,所以他发表了主张群众性罢工的热烈演说。

报告人首先描述了普鲁士的对内政策。他对容克的统治、反动的普鲁士议会选举法(同我们的第三届杜马选举法相似)以及没有起码的民主保障作了无情的抨击。当报告人指出,按照普鲁士选举法,妓院老板享有第一类选举权,而首相只享有第三类选举权,并说这是普鲁士"制度"的特点时,会场发出一片笑声,表示赞同他的这种评价。

弗兰克诙谐地说,柏林工人同亚戈夫(市长,他企图禁止 1910

年的游行示威，但没有成功）的斗争证明，他们在街头行动方面是有天才的。

报告人提到了历史上群众性罢工的例子：英国宪章运动[127]的群众性罢工，1893年、1902年和1912年比利时人的群众性罢工，1903年瑞典人的群众性罢工，1904年意大利人的群众性罢工和1905年俄国人的群众性罢工；报告人对俄国人的群众性罢工讲得比较详细，着重指出了那时俄国工人给予他们的邻居和兄弟——奥地利工人以怎样的帮助。**当时**奥地利工人只是威胁说要举行政治罢工，就争得了普选权。

弗兰克高声说道：在普鲁士和德国有世界上最好的工人运动，有发行最广的工人报刊。让我们从全世界无产阶级那里学会进行群众性的斗争吧！（与会者热烈拥护，热烈鼓掌）

弗兰克继续说道：当然，新的斗争形式会带来牺牲和危险，但是什么地方看见过政治搏斗没有牺牲和没有危险呢？既然我们认识到斗争的必要性，我们就应当把斗争进行到底，我们就应当把我们的船向前驶去，尽管途中会遇到暗礁。谁害怕暗礁而留在港湾中，谁当然就不会有什么危险，但是他永远也不会到达彼岸，永远也达不到我们所向往的目的地。

弗兰克的演说受到与会者的热烈欢迎，这就再次表明，反动派极大地激怒了德国工人。德国无产阶级的强有力的抗议正在缓慢地但却不断地增强。

载于1913年6月11日《真理报》　　　译自《列宁全集》俄文第5版
第132号　　　　　　　　　　　　　第23卷第251—252页

工人阶级和新马尔萨斯主义

(1913 年 6 月 6 日〔19 日〕)

在皮罗戈夫医生代表大会[128]上，关于堕胎，也就是关于人工流产问题，引起了很大的兴趣和热烈的讨论。报告人利奇库斯引用了在现代所谓文明国家里极为流行的打胎现象的材料。

在纽约，一年内人工流产达 8 万次，在法国，每月达 36 000次。在彼得堡，人工流产的百分比在五年内增加了一倍多。

皮罗戈夫医生代表大会通过了一个决定：母亲因人工堕胎而受到刑事追究是绝对不应当的，至于医生也只是在"图谋私利"的情况下才应当受到追究。

在辩论中多数人发言主张堕胎不应受惩罚，这自然也就涉及所谓新马尔萨斯主义[129]的问题（人工避孕措施），并且触及问题的社会方面。例如，根据《俄罗斯言论报》报道，维格多尔契克先生说"避孕措施应该受到欢迎"，而阿斯特拉汉先生的高声发言博得了热烈的掌声，他说：

"我们应当使母亲们相信，生孩子就是为了让他们在学校里受摧残，就是为了让他们去参加征兵抽签，就是为了让他们去自杀！"

如果报道属实，阿斯特拉汉先生的这种论调果真博得了热烈的掌声，那么这个事实并不使我感到惊奇。这是因为听众都是一些带有市侩心理的中小资产者，从他们那里，除了最庸俗的自由主义以外，又能期待什么呢？

但是，从工人阶级的观点来看，阿斯特拉汉先生上述这番话最清楚不过地表明了"社会新马尔萨斯主义"的极端反动和极端贫乏。

"……生孩子就是为了让他们受摧残……" 仅仅是为了这个目的吗？为什么不是为了让他们比我们更好地、更同心协力地、更自觉地、更坚定地去同摧残和毁灭我们这一代的现代生活条件作**斗争**呢??

这也就是农民、手工业者、知识分子即一切小资产者的心理同无产者的心理的根本不同之处。小资产者看到和感觉到自己要完蛋了，日子愈来愈难过了，为生存而进行的斗争愈来愈残酷无情了，他们和他们的家庭愈来愈没有出路了。这是无可争辩的事实。小资产者对这种情况也表示抗议。

但是他们是**怎样**表示抗议的呢？

他们是作为必遭灭亡的、对于自己的将来感到绝望的、受压抑的和怯懦的阶级的代表来表示抗议的。于是没有办法，只好少生孩子，免得也像我们那样受苦受难，也像我们那样受穷受屈辱，——这就是小资产者的叫喊。

觉悟的工人远不是这种观点。不管这种叫喊多么恳切动人，他们是不会因此而模糊自己的意识的。是的，不论我们工人，还是小业主群众，都过着充满难以忍受的压迫和苦难的生活。我们这一代比我们的父辈更艰难。但是有一个方面我们要比我们的父辈幸运得多。我们**已经学会斗争并且学得很快**，而且我们不像我们父辈中的优秀人物那样单枪匹马地斗争，也不是为了资产阶级雄辩家提出的在思想内容上与我们格格不入的口号而斗争，我们是为了自己的口号，为了自己阶级的口号而斗争。我们比我们的父辈斗争得出色。我们的子女将比我们斗争得更出色，而且**他们一定会取得胜利**。

工人阶级不会在斗争中灭亡，而会在斗争中成长，巩固，壮大，团结起来，受到教育和锻炼。对于农奴制、资本主义和小生产，我们是悲观论者，但是对于工人运动及其目的，我们是竭诚的乐观论者。我们已经在为新的大厦奠定基础，我们的子女将把它建成。

正因为这样——也只是因为这样——我们是新马尔萨斯主义的死敌；新马尔萨斯主义是落后的利己的市侩夫妇的思潮，他们恐惧地嘟哝说：上帝保佑，让我们自己勉勉强强地维持下去吧，至于孩子最好不要。

当然，这丝毫不妨碍我们要求无条件地废除有关追究堕胎或追究传播关于避孕措施的医学著作等等的一切法律。这样的法律不过是表示统治阶级的伪善。这些法律并不能治好资本主义的脓疮，反而会使这种脓疮变成恶性肿瘤。从而给被压迫群众带来极大的痛苦。医学宣传的自由和保护男女公民的起码民主权利是一回事。新马尔萨斯主义的社会学说是另一回事。觉悟的工人永远要进行最无情的斗争来反对把这一反动的怯懦的学说强加到现代社会最先进、最强大、最有决心进行伟大改造的阶级身上的尝试。

载于 1913 年 6 月 16 日《真理报》
第 137 号

译自《列宁全集》俄文第 5 版
第 23 卷第 255—257 页

资产阶级的金融资本家和政治家

(1913 年 6 月 6 日〔19 日〕)

英国的工人报刊在继续揭露金融"业务"同高级政治的联系。这种揭露值得引起各国工人的注意,因为这里揭示了资本主义社会国家管理的基础本身。马克思所说的政府是管理资本家事务的委员会①这句话,得到了最充分的证明。

《工人领袖》报第 24 号(公历 6 月 12 日)以整整一版的篇幅登载了下列担任股份公司(主要是做军用装具生意的)股东或经理的人的名单:英国大臣(7 人)、前任大臣(3 人)、主教和修士大司祭(12 人)、贵族(47 人)、议会议员(18 人)、大报老板以及金融家和银行家。

文章作者沃尔顿·纽博尔德是从官方手册如银行手册、工商业手册、金融手册等等以及从爱国团体(如**海军协会**)的报告等等中把这些资料收集起来的。

这幅图景非常像鲁巴金有一次根据俄国材料所描绘的那种情景。鲁巴金描述了俄国有多少个最大的地主是国务会议成员、高级官员,——现在可以补充说,是国家杜马代表、股份公司的股东和经理等等。如果用最新的材料,尤其是用有关加入金融企业和工商企业的材料来补充鲁巴金的这些材料,那是非常及时的。

---

① 参看《马克思恩格斯文集》第 2 卷第 33 页。——编者注

　　我们的自由派（尤其是立宪民主党人）特别不喜欢阶级斗争"理论"，特别坚持自己的观点，说什么在现代国家中政府**能够**站在**阶级之外**或阶级之上。但是，先生们，如果你们所不喜欢的"理论"确实符合实际情况，那又怎么办呢？如果现代法律和现代政治的全部**基本原理**非常清楚地向我们表明了一切现代国家的制度和管理的阶级性质，那又怎么办呢？如果就连关于杰出的政治活动家、议会议员、高级官员等等的个人成分的材料也显示出经济统治同政治统治的不可分割的联系，那又怎么办呢？

　　否认或者掩盖阶级斗争，这是政治上最恶劣的一种伪善行为，是利用人民中间最不觉悟的阶层即小业主（农民、手工业者等）的愚昧和偏见来进行投机，因为这些人同最尖锐最直接的阶级斗争离得最远，依旧保持着宗法式的观点，然而，正是农民的愚昧和不觉悟，才使自由派知识分子能以巧妙的手法去腐蚀人民，使人民继续处于奴隶状态。

载于1913年6月23日《真理报》
第142号

译自《列宁全集》俄文第5版
第23卷第258—259页

270

论现政府的（一般的）
土地政策问题[130]

（不晚于1913年6月7日〔20日〕）

1905年革命以后，政府的土地政策大大改变了它原来的性质。以前，专制政府实行卡特柯夫和波别多诺斯采夫的路线，竭力在人民群众面前显示自己是站在"各阶级之上"的，是保护广大农民群众的利益的，是防止农民失去土地和遭到破产的。自然，这种对庄稼汉假仁假义的"关怀"，实际上是掩盖纯粹农奴主的政策，上述这两位革命以前的旧俄国的"活动家"，在社会生活和国家生活的各个方面都曾以愚蠢的直率态度实行过这种政策。专制政府当时完全依靠农民群众的极端落后、愚昧无知和没有觉悟。在革命以前，专制政府冒充"禁止转让"份地的保护人和"村社"的拥护者，企图指靠俄国在经济上的停滞和农民群众在政治上的沉睡。那时，整个土地政策是彻头彻尾的农奴主-贵族的政策。

现在，1905年革命引起了专制政府整个土地政策的转变。斯托雷平在切实执行贵族联合会的旨意时，曾决定（用他自己的话说）"寄希望于强者"。这就是说，自**1905**年革命使俄国无产阶级和广大的民主派农民阶层猛然觉醒以后，我国政府再也不能冒充**弱者**的保护人了。人民既然能够在俄国农奴制的旧国家制度上打开第一个缺口（虽然还不够大），那也就证明了：人民已经从政治

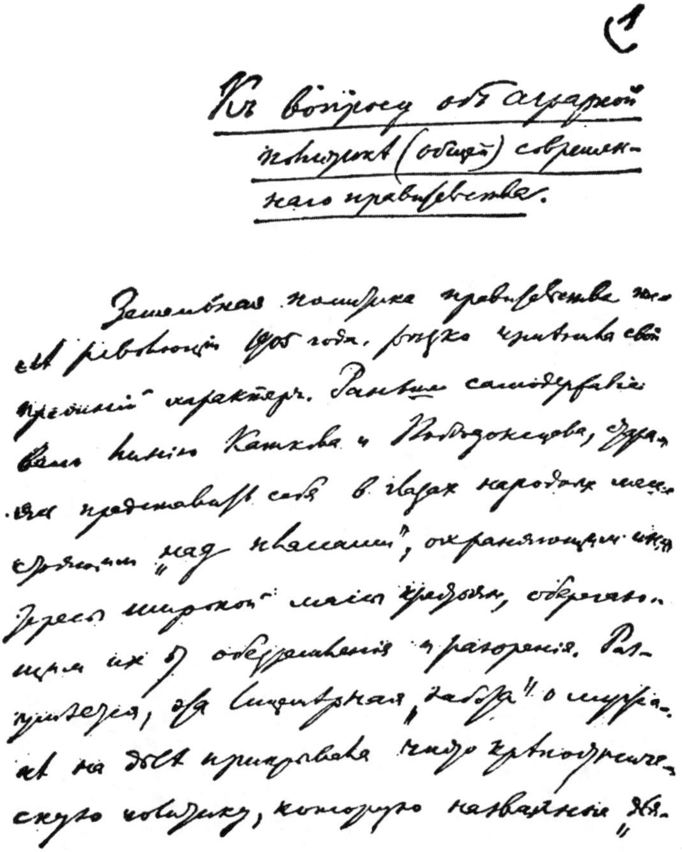

1913年6月列宁《论现政府的(一般的)土地政策问题》手稿第1页
(按原稿缩小)

上的沉睡中觉醒了,所谓政府保护"村社"、保护"禁止转让份地"一类的神话,所谓超阶级的政府保护弱者的神话,在农民中间完全没有人相信了。

1905年以前,政府还可以指望把全体农民群众的备受压制和停滞不前作为它的支柱,当时农民还摆脱不了他们许多世纪以来所持有的那种甘受奴役、忍气吞声和俯首听命的政治偏见。当农民还是俯首听命和备受压制的时候,政府**可以**装模作样,似乎它是"寄希望于弱者"的,也就是说是关怀弱者的,虽然实际上它只关怀农奴主-地主,只关怀保持自己的专制制度。

1905年以后,旧的政治偏见被破除得非常彻底,也非常广泛,以致政府和领导它的农奴主-贵族联合会已经认识到不能像从前那样利用庄稼汉的愚昧和绵羊般的顺从来投机了。政府认识到,它同那些被它弄得破产的并且弄到一贫如洗、忍饥挨饿地步的农民**群众不可能和平相处了**。就是这种不可能同农民"和平相处"的认识,使"农奴主联合会"的政策发生了变化。联合会决定无论如何要分裂农民,从农民中培植一个"新式地主",即富裕的农民私有者阶层,这些人会"**真心诚意地**"来保护地主大地产的安宁和不可侵犯,使之**不受群众的侵害**,而这种地主的大地产在1905年毕竟多少受到了革命群众的冲击。

因此,在革命以后政府整个土地政策的转变决不是偶然的。相反,这种转变对于政府、对于"农奴主联合会"来说,是**阶级的必然性**。政府没有别的出路。政府认识到,它同农民群众不可能"和平相处",农民已经从长达几世纪的、农奴制的沉睡中觉醒过来了。政府没有其他任何出路,它只好**试图**作出最大的努力,采取各种使农村破产的办法来**分裂**农民,把农村交给富农和富裕农民去"任意洗劫",以便指靠农奴主-贵族同"新式地主"的**联盟**,即同富人——农民私有者,同农民资产阶级的**联盟**。

斯托雷平忠心耿耿地为"农奴主联合会"效劳,并且执行它的政策,他自己说:"给我20年的安宁,我就能改革俄国。"他的所谓"安宁",是**墓地的安宁**,是要农村默不作声地、绵羊般地忍受所遭到的空前的破产和贫困的安宁。他的所谓"安宁",是**地主**的安宁,地主希望看到农民完全停滞不前,忍受压制,毫不反抗,只要地主老爷们感到舒服和愉快,情愿平静而欢快地饿死,情愿交出自己的土地,离开农村,遭受破产,斯托雷平的所谓改革俄国,就是要引起这样一种变化:农村只剩下心满意足的地主,心满意足的富农和吸血鬼,再就是分散的、备受压制的、无依无靠的、软弱无力的雇农。

斯托雷平真心实意地希望俄国有20年这样的墓地的安宁,这在一个地主看来是极其自然和完全可以理解的。可是我们现在已经知道,现在已经完全看到和感觉到,结果是既没有"改革",也没有"安宁",有的是3 000万农民忍饥挨饿,农民贫穷和破产程度空前的(就是在多灾多难的俄国也是空前的)严重以及他们强烈的怨恨和不满情绪。

有人向国家杜马提议用批准预算的办法来再一次表示赞同(杜马中地主的政党当然会赞同)政府的所谓"斯托雷平的"土地政策[131],但是这个政策已经**破产**了,为了弄清这一破产的原因,我想稍微详细地谈一谈我国"新"土地政策的可以说是**两张**主要的**王牌**:

第一张王牌是移民。

第二张王牌是声名狼藉的**独立农庄**。

说到移民,那么,1905年革命已经向地主们表明,农民在政治上已经觉醒,革命迫使地主"稍稍打开"一点气门,使他们不再像从前那样阻挠移民,而是竭力"冲淡"俄国的气氛,竭力把更多的**不安分的农民打发到**西伯利亚去。

政府是否收到了成效呢?它是否使农民多少**安分了**一些,使俄罗斯和西伯利亚的农民的生活状况多少改善了一些呢?恰恰相反。**无论在俄罗斯还是在西伯利亚**,政府都使农民的生活状况变得更加紧张、更加恶化了。

现在我就向你们证明这一点。

财政大臣的1913年国家预算草案的说明书中,洋溢着常见的官方的乐观态度和对于政府政策的"成就"的吹捧。

据说:移民正在把荒僻的地区变成"文明的地区",移民正在发财致富,正在改善他们的经营,等等,等等。一套常见的官方的吹嘘!无非是"天下太平","在希普卡平静无事"[132]这类老生常谈。

遗憾的只是,这个说明书**绝口不提**倒流的移民的数字!!好一个奇怪的、意味深长的沉默!

不错,先生们,**1905**年以后,移民人数平均每年增加50万。不错,移民浪潮到1908年达到了顶点:一年之内有665 000人。可是后来浪潮**急速地低落**,1911年只有**189 000人**。这不是清楚地说明,被吹得天花乱坠的政府"安置"移民的办法已成**泡影**了吗?这不是清楚地说明,革命后只过了6年,政府又要去守**破木盆**[133]了吗?

关于倒流的移民人数的资料,即财政大臣先生在他的"说明书"(正确些说,是一个隐瞒书)中故意不提的资料,向我们表明,倒流的人数有了**惊人的**增加,**1910年达到30%或40%,1911年达到60%**。这个移民倒流的大浪潮,表明农民遭受到极大的灾难、破产和贫困。他们卖掉了家里的一切到西伯利亚去；而现在又不得不从西伯利亚跑回来，变成完全破产的穷光蛋了。

这个完全破产的移民倒流的大浪潮极其明显地向我们表明，政府的移民政策已经**完全破产**。只引证关于在西伯利亚定居已久的移民经营情况得到改善的统计表（移民管理署预算的说明书就是这样做的），而对**数万**倒流的移民已经完全彻底破产的事实却**默不作声**，这简直是对统计资料的歪曲！这明明是拿纸牌搭成的房子和天下太平的童话来应付杜马代表，而实际上我们看到的却是破产和贫穷。

先生们，财政大臣在他的说明书中**隐瞒**关于倒流的移民人数，**隐瞒**他们绝望的、贫困的生活状况，**隐瞒**他们完全破产的事实，这就说明政府**拼命想隐瞒真相**。可是这种尝试是徒劳的！真相是隐瞒不了的！真相是一定要被人们承认的。**返回俄罗斯**的那些破产的农民的贫穷状况，西伯利亚的那些破产的当地居民的贫穷状况，是**一定要**被人们谈论的。

为了更清楚地说明我这个关于政府移民政策破产的结论，我还要引证一位官员的评论。这位官员在西伯利亚林业部门工作了27年，——先生们，**27年**！——他熟悉移民工作的全部情况，他**不能容忍**我国移民主管机关内的种种胡闹行径。

这位官员就是五等文官**阿·伊·科马罗夫**先生，他工作了27年后不得不承认，1910年首席大臣斯托雷平及农业和土地规划管理总署署长克里沃舍因对西伯利亚那次著名的巡视是一次"**滑稽的巡视**"——这是工作了27年的五等文官自己说的话！！这位官员不能容忍通过这类"滑稽的巡视"对整个俄国进行的欺骗，因此他**弃官而去**，出版了一本专门的小册子，真实地叙述我国移民政策执行中的一切盗窃财物、侵吞公款的现象以及这一政策的种种荒唐、野蛮和劳民伤财的情况。

这本小册子叫做《移民工作的真相》，是今年即1913年在圣彼得堡出版的，定价60戈比——书中载有大量揭发性材料，因此价钱不贵。我国政府在移民工作中，也像其他一切"事业"和"管理部门"一样，照例总是尽量隐瞒真相，生怕"家丑外扬"。官员科马罗夫在任职时曾不得不**隐姓埋名**，不得不用**笔名**在报上发表揭发性的来信，而当局也曾竭力"**缉拿**"这位通讯作者。并不是所有的官员都能够抛弃官职和出版说明真相的揭发性小册子！不过只要看一本这样的小册子，我们就可以想象得到在这个"黑暗的王国"里充满着多么腐朽衰败的现象。

官员阿·伊·科马罗夫绝对不是什么革命者。绝对不是！他自己曾说他如何出自内心地仇视社会民主党人和社会革命党人的理论。不，这是一个普普通通的最心地善良的俄国官员，他会满足于最初步最起码的诚实和正派。这是一个仇视1905年革命并决心为反革命政府服务的人。

连这样的人都弃官出走，坚决洗手不干，这就更加值得注意了。他不能容忍的是，我国的移民政策意味着"**所谓合理的林业遭到彻底破坏**"（第138页）。他不能容忍"**当地居民的可耕地遭到剥夺（即被抢走）**"而使"**当地居民日益贫困**"（第137页和第138页）。他不能容忍"**国家这样地侵吞**，或者更确切些说是**破坏**西伯利亚土地和森林的情况，与此相比，以前对巴什基尔土地的侵吞就实在是**微不足道了**"（第3页）。

下面就是这位官员得出的结论：

　　"移民管理总署对于安排这样巨大规模的工作**毫无准备**"，"工作完全缺乏计划性，而且工作的质量很差"，"把不宜于耕种的、缺乏水源或**水质不宜于饮用的地段分给移民**"（第137页）。

　　当移民浪潮高涨时，官员们都张皇失措。他们"把几乎是昨天刚刚建设起来的官有林区分成许多小块"，——"他们把这些小块土地拿来，碰上哪一块就是哪一块，——不管好歹只求能把那**数十个疲惫不堪、倦怠已极的人**安置下来，使他们不再纠缠就行，因为这些人老是待在移民站，长时间地站在移民管理署的门口"。（第11页）

　　请看两个例子。官方为移民划出了**库林移民区**。该区土地是从阿尔泰制盐厂附近的异族人手里夺来的。异族人遭到了掠夺。新迁入的人碰到了不宜饮用的咸水！官方拨款掘井，但白费金钱，毫无成效。新迁入的人要到**7—8俄里**（七八俄里！）之外去运水！！（第101页）

　　"维耶兹德诺伊"区是在马纳河上游，迁入了30户人家。新迁入的人过了7个艰苦的年头后最终确信土地不能耕种。**几乎所有的人都走了**。剩下的几个人则以打猎捕鱼为生。（第27页）

　　丘纳-安加拉边疆区：官方把该边疆区划分为**数百块土地**，如900块、460块等等。但没有移民。不能居住。遍地都是山岭和沼泽，水不能饮用。

　　官员阿·伊·科马罗夫又谈到财政大臣先生避而不谈的那些倒流的移民，说出了政府所**不高兴听的真相**。

　　关于这些倒流的破产的贫苦移民，他说道："**人数不止10万**。返回来的都是些在未来的革命中（如果将来会发生这样的革命的话）会起可怕作用的人……　返回来的不是那些终生当雇农的人……返回来的是不久以前的业主，是那些从来也不会想到可以同土地分开的人，这些人正当地怀着一股强

烈的怨气,因为他们不但没有得到好的安排,反而破产了,——这样的人对于任何国家制度都是危险的。"(第74页)

对革命怀有恐惧心理的官员科马罗夫先生就是这样说的。科马罗夫先生认为只有**地主的**"国家制度"才有可能存在,那是不对的。在最好最文明的国家里,**没有地主也**过得去。俄国没有地主也会过得去,而且对人民有好处。

科马罗夫揭示了当地居民的**破产**。由于当地居民遭到这种掠夺,甚至号称"西伯利亚的意大利"的米努辛斯克县也开始"歉收"——照实说是已经开始闹饥荒。科马罗夫先生揭露,承包人如何侵吞公款,官员们如何弄虚作假即写假报告和编假计划,他们的工程,如耗费了数百万卢布的鄂毕—叶尼塞运河,如何毫无用处,**数以亿计的卢布**如何被白白地浪费掉。

这位敬畏神灵的朴实的官员说道:我国的整个移民运动"**不过是一部地地道道的丑史而已**"(第134页)。

这就是财政大臣先生避而不谈的关于**倒流的移民**的**真相**!这就是我国移民政策完全**破产**的**真相**!无论在俄罗斯还是在西伯利亚,到处都遭到破产,一贫如洗。侵吞土地,**破坏**森林规划——写假报告,官场的弄虚作假。

现在来谈一谈独立农庄问题。

财政大臣先生的说明书在这个问题上也同在移民问题上一样,向我们提供的只是一些笼统的、什么也说明不了的官方虚假材料(确切些说,是**所谓的**材料)。

说明书中说,到1912年已有150多万农户完全脱离村社;有100多万农户已建起独立农庄。

至于独立农庄主的实际经营状况究竟怎样,在政府的报告中

没有一处讲到,连一句实话也没有!!

　　然而,根据诚实的观察家(如已故的伊万·安德列耶维奇·柯诺瓦洛夫)关于新的土地规划情况的记述,以及根据自己对农村和农民生活的观察,我们现在已经知道,**独立农庄主**有截然不同的两类。政府把这两类混淆起来,举出一些笼统的数字,那只是为了欺骗人民。

　　一类独立农庄主为数极少,这就是富裕的庄稼汉,富农;在实行新的土地规划以前,这类人的生活就已经很优裕。这种农民由于退出村社和收买贫苦农民的份地,无疑是在靠损害他人致富,使居民群众更加破产和受盘剥。可是,我再说一遍,这样的独立农庄**主为数极少**。

　　占大多数而且占绝大多数的是另一类独立农庄主,即贫穷破产的农民,他们为贫困所迫而建立独立农庄,因为他们走投无路。"既然走投无路,那就干独立农庄吧",——这种农民就是这样说的。他们依靠穷困窘迫的经营只能挨饿受苦,他们抓住最后一根稻草,为的是领取迁移补助金,借得安置费。他们在独立农庄中拼命挣扎;他们卖尽所有的粮食,为的是向银行偿付债款;他们总是靠借债度日,穷困不堪,像乞丐一样生活;他们因**不能偿付债款**而**被人逐出独立农庄**,最后变成无家可归的流浪者。

　　如果官方的统计不是虚构出一幅什么都说明不了的天下太平的图景来供我们欣赏,如果这个统计能够真实地告诉我们这些带着衣衫褴褛的患病的儿女、住在又饲养牲畜又住人的土屋里、过着半饥半饱生活的**贫苦的独立农庄主**的数目,那么我们就会了解"**独立农庄的真相**"了。

　　可是,问题就在于政府竭力隐瞒独立农庄的这一真相。独立自主地考察农民生活的人遭到迫害并被逐出农村。农民向报馆投稿,遭到的警察和当局的欺凌、压制和迫害甚至在俄国也是闻所未闻的。

分明只有一小撮富裕的独立农庄主,却说成有大批富裕的农民!分明是官方制造的关于富农的谎言,却说成是农村的真相!然而政府是隐瞒不住真相的。政府隐瞒农村破产和闹饥荒的真相的做法,只会引起农民理所当然的**怨恨**和**愤怒**。去年和前年曾有数千万农民挨饿,这一事实比长篇大论更能揭露关于独立农庄起着良好作用的神话的欺骗性和虚伪性。这一事实最清楚不过地表明:**即使是在**政府改变土地政策**以后**,**即使是在**臭名昭彰的斯托雷平改革**以后**,俄国农村仍然像在农奴制时代一样受压迫、受剥削、贫穷,没有权利。贵族联合会的"**新**"土地政策,仍然保护旧农奴主不受侵犯,仍然维护他们的数千俄亩乃至数万俄亩的大地产的压迫。"**新**"土地政策使旧地主和一小撮农民资产者富了起来,使农民群众更加穷困。

已故的斯托雷平在说明自己的土地政策并为它辩护时,高声喊道:"我们寄希望于强者"。这句话值得注意并且值得记住,因为这是一句出自大臣口中的不可多得的老实话,绝无仅有的老实话。农民很清楚地理解这句老实话,并且根据亲身的经历领会了这句老实话。这句话的意思就是:**新**法律是**为了富人**并**由富人**所制定的法律;**新**土地政策是**为了富人**并**由富人**所执行的政策。农民懂得了这么一个"**并不奥妙的**"诀窍:老爷们的杜马只会制定老爷们的法律,政府是体现农奴主-地主意志的机关,是他们统治俄国的机关。

如果斯托雷平曾想拿他的"著名的"(以卑鄙无耻著名的)格

言——"我们寄希望于强者"来教导农民懂得**这一点**,那么,我们深信,他在破产的怨恨的农民群众中间已经找到并且还会找到好学生,这些学生领悟到政府**寄希望于谁**以后,就会更好地懂得**他们**应当**寄希望于谁**,就是说应当寄希望于工人阶级及其争取自由的斗争。

为了证实我的话,我想引证几个例子。这些例子是一位能干的、矢忠于自己事业的观察家伊万·安德列耶维奇·柯诺瓦洛夫从实际生活中得来的(伊万·柯诺瓦洛夫《现代农村概况》1913年圣彼得堡版,定价1卢布50戈比,页码在引文后标明)。

在奥廖尔省利夫内县,如下的4家大地产已被分成独立农庄:安德列·弗拉基米罗维奇大公5 000俄亩,波利亚科夫900俄亩,纳波柯夫400俄亩,科尔夫600俄亩。总计将近7 000俄亩。独立农庄的面积确定为9俄亩,12俄亩的只是例外,所以一共有**600**多个独立农庄。

为了更清楚地说明这些数字的意义,我再引证一下关于奥廖尔省的1905年官方统计材料。该省**5个贵族**共有**143 446俄亩**土地,平均每人有**28 000俄亩**。显然,这样惊人的大地产是不会全由占有者耕种的,而只是用来压迫和盘剥农民的。每户拥有5俄亩以下份地的前地主农民[134],1905年在奥廖尔省有44 500户,共有土地173 000俄亩。一个地主平均拥有**28 000俄亩**,而一个"**隶属于地主的**"贫苦庄稼汉平均只有**4俄亩**。

奥廖尔省拥有500俄亩以上土地的贵族,在1905年共有**378**人,共有土地**592 000俄亩**,平均每人有**1 500多俄亩**,而奥廖尔省每户拥有7俄亩以下份地的"**前地主**"农民,有124 000户,共有土地**647 000俄亩**,平均每户有**5俄亩**。

　　据此可以判定,奥廖尔省的农民被农奴主的大地产压迫到什么程度,而利夫内县被分成许多独立农庄的 **4 家**大地产在贫穷困苦的汪洋大海之中是多大的一滴。但独立农庄主在自己的 9 俄亩地块上又是怎样谋生的呢?

　　每俄亩土地的价值为 220 卢布。农民一年要交付 118 卢布80 戈比(也就是说,每俄亩耕地将近要交付 20 卢布)。贫苦农民是无力交付这笔钱的。他们为了弄到一点钱,就把一部分土地廉价出租。他们把全部粮食卖掉,为的是向银行交付这笔钱。在他们手里既没有留下种子,也没有留下口粮。要去借,就又得受盘剥。奶牛卖掉了,只剩下一匹瘦马。耕具是旧的。根本谈不上改善经营。"小孩们连牛奶是什么颜色都忘记了,更不用说怎样喝了"(第 198 页)。这样的业主因到期付不了款而被赶离土地,他也就完全破产了。

　　财政大臣先生在自己的说明书里竭力泰然自若地掩饰新的土地规划所造成的,或者确切些说,新的土地破坏所造成的这种农民破产的事实。

　　大臣先生在自己的说明书第 2 部分第 57 页上,引用了官方关于截至 1911 年底出卖土地的农民人数的资料。这个数字是**385 407 户**。

　　大臣先生这样"**安慰**"人们说:买主的人数(362 840 人)"**与卖主的人数**〈385 407 人〉**十分接近**"。每个卖主平均卖出 3.9 俄亩,每个买主平均买进 4.2 俄亩(说明书第 58 页)。

　　这有什么好安慰的呢? 第一,就连这些官方材料也表明买主比卖主少。这就是说,农村破产和贫穷在日益加剧。第二,谁不知道,由于法律规定购买份地不得超过法定的不大的数量,买主便逃避法律,用妻子、亲属或别人的名义购买土地呢?? 谁不知道,农民出于需要,不得不假借一切其他的交易形式,如出租等等,来出卖土地(这种方法非常流行)呢? 只要看一看半立宪民主党人、半十月党人奥博连斯基公爵在《俄国思想》杂志上写的文章,就可以知道:就连这位持有十足地主观点的地主也承认,富人在**大批**购买份地并千方百计用种种逃避法律的办法来**掩盖**这种购买!!

不,先生们,政府和贵族的"新"土地政策就是贵族老爷们为了保护自己的财产和收入不受侵犯(甚至常常通过地价**暴涨**和"农民银行"**135**对贵族多方宽容的办法而**增加**自己的收入)所能做的**一切**。

但贵族的这"**一切**"已经化为**乌有**了。农村更加破产了,更加**怨声载道了**。农村的怨恨达到了可怕的程度。所谓流氓行为主要就是农民怨恨达到极点和**他们**采用**原始反抗**形式的结果。无论怎样迫害农民,无论怎样加重惩罚农民,都消除不了千百万饥饿农民的这种怨恨和反抗,因为他们目前已被"土地规划者"以空前的速度,以粗暴和残酷的手段弄到破产的地步了。

不,贵族的或斯托雷平的土地政策并不是一种出路,而只是重新**解决**俄国土地问题的一条最痛苦的**途径**。这种解决办法应当是怎样的呢? 这甚至从爱尔兰的命运中可以间接地看出来;在爱尔兰,尽管土地占有者千方百计地拖延和阻挠,土地还是转到了农场主手中。

俄国土地问题的实质是什么呢? 关于地主大地产的材料再清楚不过地说明了这个问题。1905年官方的即政府的统计资料中就有这些材料;凡是认真地关心俄国农民的命运和我国整个政治形势的人,都一定会注意这些材料。

请看俄国欧洲部分的地主大地产。占地 500 俄亩以上的地主有 **27 833 人**,共有**土地 6 200 万俄亩!!** 再加上皇族的土地和乌拉尔工厂主的大地产,总共就有 **7 000 万俄亩**,但地主人数却不到 **3 万**。每个大地主平均有 **2 000 多俄亩**。**699 个地主每人拥有 1 万多俄亩**,共计有 20 798 504 俄亩,从这里可以看出俄国大地产的规模之大。这些巨头或达官显贵平均每人几乎有 **3 万俄亩**(29 754 俄亩)!!

拥有这样规模巨大的农奴制大地产的国家,在欧洲甚至在全世界都是不容易找到的。

而且最重要的,就是这些土地只有一部分是用资本主义方式经营,即土地靠雇佣工人和用土地占有者的农具耕种的。而大部分是用**农奴制**方式经营的,即像 100 年、300 年或 500 年以前一样,地主盘剥农民,迫使他们用**自己的**耕马和**自己的**农具来耕种地主的土地。

这不是资本主义。这不是欧洲的经营方式,右派和十月党人先生们;请注意这一点,你们这些吹嘘自己愿意使俄国农业"欧化"(即按欧洲方式进行改造)的先生们!不,这完全不是欧洲式的。这是**古老的中国式**的。这是**土耳其式**的。这是**农奴制式**的。

这不是经过改良的经营,而是土地的高利贷制。这是陈旧不堪的盘剥制。一个贫穷的农民甚至在收成好的年头还是一个过半饥半饱生活的穷光蛋,只有一匹瘦弱而饥饿的马和几件陈旧而可怜的农具,只好到地主"**老爷**"那里去受盘剥,因为庄稼汉走投无路。

如果农民不甘愿受"老爷"的盘剥,"老爷"就不租给他土地,不让过路,不给饮马场,也不给草地和木料。如果农民因"非法"砍伐林木而被拿获了，那会怎样呢？巡查员、切尔克斯人等等就把他痛打一顿，然后就是这位在杜马中大谈我国农业的进步以及效法欧洲等等的"**老爷**"，叫被痛打的庄稼汉作如下的抉择：要么进监狱；要么替他播种和收割两三俄亩！农民的牲口践踏田禾也要这样办理；借粮过冬也要这样办理。借用草地或牧场等等，等等，也都要这样办理。

这不是地主的大规模的经营。这是对庄稼汉的**盘剥**。这是靠数千俄亩大地产，靠地主的大地产对千百万贫苦农民进行的**农奴制的**剥削，这些地主从各方面压榨和扼杀农民！！

独立农庄所解救的只是一小撮富人。而大批群众却依旧挨饿。地主老爷们，为什么欧洲早就没有饥荒了呢？为什么那里只在农奴制下才有过像我国1910—1911年那样可怕的饥荒呢？

因为在欧洲没有农奴制的盘剥。在欧洲有富裕农民、中等农民，也有雇农，可是没有千百万完全破产的、一贫如洗的、由于长年累月的劳累和苦役般的生活而变得痴呆的、无权的、备受压制的、依附于"老爷"的农民！

怎么办呢？出路何在呢？

出路只有一条：使农村从这种农奴制的大地产的压迫下解脱出来，把这**7 000万**俄亩土地从地主的手里夺过来转交给农民，并且是无偿地转交给农民。

只有这一条出路能使俄国变得真正像个欧洲国家。只有这一条出路能使俄国千百万农民喘口气并且恢复元气。只有这一条出路能使俄国从一个受地主盘剥而一直挨饿的贫苦农民的国家变成"欧洲式进步"的国家，从一个文化水平很低的国家变成文化水平高的国家，从一个落后的、极端停滞的国家变成能发展能前进的国家,从一个人民没有权利的奴隶制的国家变成自由的国家。

工人阶级的政党认识到,除了自由的民主的设施以外,没有而且也不可能有其他通向社会主义的道路,因此它指出:政府用它的土地政策又使俄国陷于绝境,而摆脱绝境的出路,就是把地主的全部土地无偿地转交给农民,就是进行新的革命来争得完全的政治自由。

载于 1930 年《列宁全集》俄文　　　　　　译自《列宁全集》俄文第 5 版
第 2、3 版第 16 卷　　　　　　　　　　　第 23 卷第 260—277 页

关于土地政策问题[136]

（不晚于1913年6月7日〔20日〕）

在谈到7 000万俄亩土地集中在不到3万个大地主手里这个地方（在文章末尾）①应作如下补充：

从同一份关于贫苦农民土地占有情况的官方统计材料中可以看出，3万个大地主-农奴主占有7 000万俄亩土地具有什么样的意义。据1905年统计，每户占有土地不到15俄亩的份地农户有**1 000万户**（份地农户总数是1 225万户），而他们只占有**将近7 300万俄亩**（7 290万俄亩）土地。

由此看出，**1 000万个农户**占有的土地几乎与**3万个贵族**占有的土地相等。将近330个平均每户只有7俄亩土地的贫苦农户才抵得上1个拥有2 000俄亩土地的大地主。

很明显，这种状况造成的结果，只能是农民**遭受盘剥**和他们对**农奴主**的依附关系。只要这**7 000万俄亩土地**不从大地主手里转交给农民，任何"土地规划"都不可能使农民摆脱盘剥。假如这些土地转交给农民，就会使**1 000万农户**占有的土地**增加一倍**。农民就会用地主的这7 000万俄亩土地为自己建立"独立农庄"，如

---

① 见本卷第285页。——编者注

果他们认为这样做有必要的话。

译自《列宁文集》俄文版第 39 卷
第 93—94 页

关于一则谎话

（给编辑部的信）

（1913 年 6 月 7 日〔20 日〕）

尔·马尔托夫在《光线报》上发表了几篇文章,说要分析"当前争论的策略实质"问题,如果不是第一篇文章就撒了一个弥天大谎的话,那么,无论从哪个角度来说都是应该表示欢迎的。我说过,我们同取消派争论的绝对不是组织问题①,尔·马尔托夫则声称我的话"出乎意料",他提高嗓门说:"怎么是这样呢!","上帝保佑,突然间竟变了卦"等等。

其实尔·马尔托夫十分清楚,这方面根本没有什么变卦,也根本没有什么东西出乎意料。1910 年 5 月,也就是 3 年多以前,我在马尔托夫非常熟悉的一家巴黎刊物上就写过**"论独立派-合法派集团"**(《我们的曙光》杂志和《复兴》杂志的思想),认为这些人"已经完全联合起来并完全脱离党了"②。

显然,这里争论的也绝对不是组织问题(**怎样**建党?),而是党的**存在**问题,是取消派脱离党、同党完全决裂的问题。马尔托夫不会不懂得,这不是关于组织问题的争论。

1911 年 10 月在马尔托夫同样很熟悉的一家刊物上的一篇也

---

① 见本卷第 179 页。——编者注
② 参看本版全集第 19 卷第 286 页。——编者注

是我署名的文章中说道："实际上,现在居于首位的决不是组织问题",而是党"**能否存在**"的问题①。

马尔托夫不去分析党的历次准确决定,却散布无稽之谈并在报刊上公然撒谎,可见取消派的事情一定很不妙了。

载于1913年6月15日《真理报》
第136号

译自《列宁全集》俄文第5版
第23卷第278—279页

---

① 参看本版全集第20卷第337页。——编者注

农业中的小生产

(1913 年 6 月 7 日〔20 日〕)

现代资本主义国家的农民问题,最经常地引起马克思主义者的疑虑和动摇,也最能引起资产阶级的(教授式的)政治经济学对马克思主义的攻击。

马克思主义者说,在资本主义制度下农业中的小生产注定要灭亡,注定要陷于最受压制、最受压迫的境地。小生产依附于大资本,同农业中的大生产相比较是落后的,因此它只有在大大降低需求和进行苦役般的艰苦劳动的情况下才能维持。人的劳动被分散和掠夺,生产者受到种种恶劣依附形式的支配,农民全家的人力、畜力和地力都消耗殆尽,——这就是资本主义到处给农民带来的恶果。

农民除了参加无产阶级的,首先是雇佣工人的行动以外,**别无求生之路**。

但是资产阶级政治经济学和它的未必总是自觉的拥护者民粹派和机会主义者,却竭力证明小生产是有生命力的,比大生产更有利可图。在资本主义制度下地位牢固可靠的农民,不应当靠拢无产阶级,而应当靠拢资产阶级,不应当参加雇佣工人的阶级斗争,而应当巩固自己私有者和业主的地位,——这就是资产阶级经济学家的理论的实质。

现在我们根据确凿的材料来检验一下无产阶级的理论和资产阶级的理论的正确性。让我们拿奥地利和德国农业中关于**女工**的材料来看。由于政府不愿意在科学的基础上对一切农场进行调查,俄国直到现在还没有完整的材料。

在奥地利,根据1902年的调查,在9 070 682个农业从业人员中,有4 422 981人是妇女,即48.7%是妇女。在资本主义发达得多的德国,妇女占全体农业劳动者中的**多数**,即占54.8%。农业中的资本主义愈发达,使用女工就愈多,也就是劳动群众的生活条件**就愈恶化**。在德国工业中妇女占25%,而在农业中则多一倍多。这就是说,工业吸收了**强**劳动力,而把比较弱的劳动力留给了农业。

在发达的资本主义国家,农业已经主要由妇女来干。

但是如果看一看各种不同规模的农户的材料,就会发现正是在小生产中使用女工的比重特别大。相反,资本主义大生产就是在农业中主要也是使用男工,虽然在这方面还没有赶上工业。

下面就是奥地利和德国的对比材料:

农户类别	经营规模	妇女在劳动力总数中所占的百分比	
		奥地利	德国
无产者农户	不到½公顷①	52.0	74.1
	½ — 2公顷	50.9	65.7
农民农户	2 — 5公顷	49.6	54.4
	5 — 10公顷	48.5	50.2
	10 — 20公顷	48.6	48.4
资本主义农户	20—100公顷	46.6	44.8
	100公顷以上	27.4	41.0
共 计		48.7	54.8

① 1公顷=9/10俄亩。

我们可以看到,这两个国家的资本主义农业有一个共同的规律。生产规模愈小,劳动力的构成就**愈差**,妇女在农业从业人员总数中所占的比重就愈大。

资本主义制度下的一般情况是这样的:在无产者农户中,即在那些主要靠替别人做工维持生活的"业主"(雇农、日工以及只有很小一块土地的一般雇佣工人)中,**女工的人数超过男工**,有时超过的数量还很大。

不应当忘记,这些无产者农户或雇农农户的数量是很大的:在奥地利,在280万农户总数中就有130万;在德国,在570万农户总数中甚至有340万。

在农民农户中,男工和女工的人数大致相等。

最后,在资本主义农户中,男工人数**超过女工**。

这说明什么呢?

这说明,小生产中劳动力的构成比资本主义大生产中劳动力的构成要差。

这说明,在农业中,女工(女无产者和农妇)为了尽量赶上资本主义大生产中的男工,必须加倍努力,高度紧张,拼命干活,完全不顾自己的健康和自己子女的健康。

这说明,在资本主义制度下,小生产要维持下去,就只有从劳动者身上**榨取**比大生产从劳动者身上榨取的**还要多的**劳动。

同雇佣工人比较起来,农民被盘根错节的资本主义依附关系束缚得更紧,缠得更牢。他自以为是独立的,可以"独自经营",但是实际上,为了维持下去,他必须比雇佣工人更艰苦地劳动(为了资本的利益)。

关于农业中童工的材料更清楚地说明了这一点。①

载于 1913 年 7 月 18 日《工人
真理报》第 5 号

译自《列宁全集》俄文第 5 版
第 23 卷第 280—283 页

① 见本卷第 296—299 页。——编者注

农民经济中的童工

(1913 年 6 月 8 日〔21 日〕)

为了正确估计资本主义制度下小农生产的条件,最重要的是要了解劳动者的状况,即他们的收入、劳动量、生活环境问题,其次是牲畜饲养情况以及照管牲畜的质量问题,最后是土地耕作方法、施肥情况以及地力消耗等问题。

不难理解,如果我们回避这些问题(资产阶级政治经济学常常这样做),我们得到的关于农民经济的概念就会是一种完全被歪曲了的概念,因为农民经济的**真正**"生命力"正是取决于劳动者的生活状况、牲畜饲养条件和土地保养条件。如果毫无根据地设想小生产在这几方面都与大生产的条件相同,那就是把恰恰尚待求证的东西当做已经证明了的东西,就是一下子接受了资产阶级的观点。

资产阶级企图证明,农民是名副其实的、有生命力的"业主",而不是像雇佣工人那样受压迫的资本奴隶,只不过他比雇佣工人被束缚得更紧、被缠得更牢罢了。若要认真地、老老实实地搜寻解决这一争论问题的**材料**,那就必须探讨有关小生产和大生产的**生活条件和劳动条件**的有系统的、客观的指标。

使用**童**工的程度,就是这样的一个指标,而且是一个特别重要的指标。毫无疑问,童工使用得愈多,劳动者的状况就愈恶劣,他们的生活也就愈艰苦。

奥地利和德国的农业调查,提供了儿童和少年在农业从业人员总数中所占的比重的材料。而且奥地利的材料还单独计算了16岁以下的男女工人的总数。他们在 900 万人中占 120 万,即占13％。而德国的材料,则只把 **14 岁以下**的儿童分出来计算,他们在 1 500 万(15 169 549)人中占 60 万(601 637),即占 3.9％。

显然,奥地利的材料和德国的材料是不能相比的。但是这些材料所揭示的无产者农户、农民农户同资本主义农户之间的**比例数**是完全可以相比的。

我们把拥有微不足道的、只能给雇佣工人以副业收入的小块土地(经营不足 2 公顷,即将近 2 俄亩土地)的划为无产者农户。我们把拥有 2 公顷到 20 公顷土地的划为农民农户;这一类农户的家庭劳动超过雇佣劳动。最后是资本主义农户,这是较大的农户,其中雇佣劳动超过家庭劳动。

下面就是在这三类农户中使用童工的材料:

农户类别	经营规模	每 100 个农业从业人员中有童工:	
		16 岁以下者 (奥地利)	14 岁以下者 (德国)
无产者农户…………	不到¹⁄₂公顷	8.8	2.2
	¹⁄₂—2 公顷	12.2	3.9
农民农户…………	2— 5 公顷	15.3	4.6
	5— 10 公顷	15.6	4.8
	10— 20 公顷	12.8	4.5
资本主义农户……	20—100 公顷	11.1	3.4
	100 公顷以上	4.2	3.6
共　计…………		13.0	3.9

从这里我们可以看到,正是在两国的**农民**农户中,特别是在**中**

等农户(有 5—10 公顷,即 4.5—9 俄亩土地)中对童工使用得
最多。

可见,不仅仅是小生产的处境比大生产糟。我们还可以看出,
特别是农民农户的处境不但比资本主义农户糟,甚至比无产者农
户的处境还要糟。

怎样解释这种现象呢?

无产者农户是在一小块微不足道的土地上耕作的,其实严格
说来,还谈不上是什么"农户"。这类农户种地不过是一种**副业**,主
要是在农业和工业中从事雇佣劳动。工业的影响一般提高了劳动
者的生活水平,特别是减少了对童工的使用。例如,据德国的统
计,在工业中 14 岁以下的劳动者只占 0.3%(比农业中的少%₁₀),
16 岁以下的只占 8%。

在农民农户中,工业的影响最小,但同资本主义农业的竞争却
最激烈。农民要是自己不拼命干,不强迫自己的子女加倍苦干,那
就无法维持下去。贫困迫使农民靠自己的劳动来弥补资金的不足
和技术的落后。既然农民的子女都干着非常繁重的活,那么不言
而喻,农民的牲畜一定干得更重,喂得更差,总之,农民在经营的各
个方面都必须竭尽一切力量,必须处处"节约"。

德国的统计表明,在资本主义大农户(拥有 100 公顷以及
100 公顷以上的土地)中,雇佣工人中的童工为数最多(占 3.7%
即将近占 4%)。而在本户劳力中,农民使用儿童是最多的,约占
5%(4.9%—5.2%)。在大资本家雇用的**临时**工中童工的百分
比达 9%,在农民的 **本户** 临时工中童工的百分比竟达
16.5%—24.4%!!

农民在农忙时苦于劳动力不足,但他只能雇少量的工人。因

此他不得不尽量利用自己子女的劳动。结果就出现了这样的情况:就德国整个农业来说,童工在本户工人中的百分比比在雇佣工人中的百分比**几乎高出一半**。童工在本户工人中占 4.4%,而在雇佣工人中则占 3%。

农民不得不比雇佣工人**更紧张**地工作。经过千万次考察所肯定的这一事实,现在已经完全被这两个国家的统计材料所证实。资本主义必定要使农民受最深重的压迫,必定要使农民处于濒临死亡的境地。农民除了参加雇佣工人的阶级斗争,别无生路。但是,农民要懂得这个结论,还得经历漫长岁月,经历对骗人的资产阶级口号的一次又一次的失望。

载于 1913 年 6 月 12 日《真理报》
第 133 号

译自《列宁全集》俄文第 5 版
第 23 卷第 284—287 页

一次值得注意的代表大会

（1913年6月8日〔21日〕）

昨天，6月12日，一次值得注意的代表大会在哈尔科夫开幕了。说它值得注意，是从两个方面来看的。一方面，这是第一次专门研究国民教育统计工作的全国地方自治人士代表大会。另一方面，它受到当局的特别重视。代表大会的主席**是当局指定的**，那些专家，就像波·韦谢洛夫斯基在《俄罗斯言论报》上所说的，也是经过当局"过滤的"。新闻界的代表不许参加代表大会。

采取这些措施（甚至从"俄罗斯人"的观点来看，这些措施也似乎是过于……小心的），未必是因为这次代表大会是在乌克兰的一个中心召开的。出席全国地方自治人士代表大会的不仅有乌克兰的统计学家和地方自治人士，而且还有俄国各民族在这方面的工作者。

或许，当局对代表大会所要讨论的问题并不十分喜欢，虽然问题只是涉及统计工作的安排，也就是讨论过去做了什么，为什么做得少，今后应当做得更多更好。

俄国的国民教育比世界上任何国家都落后。杜马代表巴达耶夫在他的发言中指出，甚至在美国的黑人中间文盲总共也不过占44％（在欧洲文盲只占1％—2％），而在俄国文盲却占79％！

近来，国民教育虽然遇到无数阻碍，但比以前还是发展得快些。了解国民教育状况的真相,是人民群众,特别是工人最感兴趣和最关心的事。

如果按照欧洲的方式来安排国民教育的统计工作,那是很容易的。每个教员每年报告一次每个学生的情况(年龄、民族、家庭生活条件、父母经济状况等等)和每个教员的情况(文化程度、工资多少、工作日、民族等等)是不难做到的。少数统计学家每年整理一下这些资料,就能够向国家提供有关年轻一代受教育和受训练的状况以及有关人民生活的许多方面的极其丰富极其宝贵的材料……只要……只要……　可是现在新闻界的代表不许参加哈尔科夫的代表大会,代表大会的主席是指定的,那些专家,按照波·韦谢洛夫斯基在《俄罗斯言论报》上的话来说,是经过当局过滤的。

我们关于欧洲的国民教育统计工作说了许多蠢话。可是欧洲在这方面是怎样的啊! 不如不说为妙。

载于1913年6月13日《真理报》第134号

译自《列宁全集》俄文第5版第23卷第288—289页

在澳大利亚

（1913 年 6 月 8 日〔21 日〕）

在澳大利亚，新的议会选举已于不久前结束。工党[137]原在众议院中领先，75 个议席中占 44 席。但是，这次工党遭到了失败。现在它只占 75 个议席中的 36 席了。自由派成了多数，但这个多数是很不稳定的，因为在参议院的 36 个议席中有 30 席是工人的。

在这个国家里，工人在**参议**院中占优势，而不久前在众议院中也占优势，可是资本主义制度却没有遭到任何危险，怎么会有这样一个奇特的资本主义国家呢？

这种情况常常成为资产阶级著作家发表谬论的借口，不久前，德国工人报刊的一位英国通讯员对这种情况作了解释。

澳大利亚工党甚至在口头上也不是社会主义政党。实际上，这是一个自由派资产阶级政党，而所谓的澳大利亚自由派，则是保守派。

这种在党的名称上奇怪而荒诞地滥用字眼的现象并不是独一无二的。例如在美国，昨天的奴隶主今天叫做民主党人，又如在法国，昨天的小资产者，社会主义的敌人，今天叫做"激进社会党人"！要想了解政党的真正作用，不要看它的招牌，而要看它的阶级性质和每个国家的历史条件。

澳大利亚是英国的一个年轻的殖民地。

在澳大利亚,资本主义还十分年轻。这个国家才刚刚开始形成为独立的国家。大部分工人是英国移民。他们离开英国的时候,正是自由派工人政策在英国几乎完全占统治地位的时期,当时的英国工人群众都是**自由派**。直到现在,英国多数熟练的、受过训练的工厂工人都是自由派或半自由派。这种情况是英国在上一世纪下半叶处于特别有利的垄断地位造成的。只是现在,英国工人群众才转向(但转得缓慢)社会主义。

如果说,在英国,所谓"工党"就是非社会主义的工会与极端机会主义的"独立工党"的**联盟**,那么在澳大利亚,工党就是**非社会主义的工人工会的纯粹代表机构**。

澳大利亚工党的领袖就是工会的官员,这种人到处都是最温和最"顺从资本的"分子,而在澳大利亚则是完全温和的、纯粹自由主义的分子。

使澳洲各国结成统一的澳大利亚的纽带还很不牢固。工党不得不关心这一纽带的发展和巩固,关心中央政府的建立。

澳大利亚工党所推行的正是其他国家的自由派所推行的那一套,即全国统一的海关税率、统一的学校法、统一的土地税和统一的工厂法。

很明显,随着澳大利亚作为独立的资本主义国家的最终发展和巩固,工人的生活状况会发生变化,**自由主义的"工党"**也会发生变化,会让位于**社会主义的**工党。澳大利亚的例子是说明在什么样的条件下有可能出现一般规律的**例外**的一个佐证。这个一般规律就是,在资本主义国家内会产生社会主义的工党。这个例外就是,由于特殊的、对整个资本主义来说是不正常的条件,才会在某个时期产生自由主义的工党。

欧洲和俄国的自由派试图拿澳大利亚作例子来"教导"人民，说阶级斗争是不必要的，他们这样说不过是自欺欺人而已。要想把澳大利亚的条件（这是一个不发达的、居住着英国自由派工人的年轻的殖民地）搬到其他早已形成为国家的、资本主义已经发达的国家去，那是可笑的。

载于 1913 年 6 月 13 日《真理报》第 134 号

译自《列宁全集》俄文第 5 版第 23 卷第 290—292 页

为"人民"供应廉价肉

(1913年6月8日〔21日〕)

多么耸人听闻的消息! 工人的一项多么迫切的需要得到了满足! 为人民供应廉价肉——什么地方供应? 供应什么肉? 怎样供应?

《俄罗斯言论报》报道说,莫斯科各市立屠宰场开设了"弗莱班克",也就是出售经过消毒的、在一定条件下可供食用的廉价肉的小店铺。

廉价肉,这倒不错。但是,"经过消毒的","**在一定条件下可供食用的**"(那么,根据同样的理由也可以说:**在一定条件下不能食用的!**)肉究竟是什么样的肉? 瞧,就是这样的一种肉:

当牲畜出售时,要经过兽医检验。病畜被剔除。病畜不许宰杀,因为食用病畜的肉,人就有感染各种疾病的危险。患结核病的(肺痨病的)和"囊虫病的"(囊尾蚴病的)牲畜特别经常被剔除。

通过莫斯科各个屠宰场宰杀的全部将近45万头牲畜中,**有疾病嫌疑**而被剔除的大约近3万头。

于是,这种有疾病嫌疑、患囊虫病或结核病的牲畜在兽医的监督下,放在特制的密封设备中煮上3小时左右进行消毒。经过这样一煮囊虫和结核杆菌就会死亡。

这样,大概所有的或几乎所有的虫、菌全被消灭,或几乎全被消灭！就这样制成了经过消毒的、煮得烂熟的廉价肉。

人们对《俄罗斯言论报》的评论发表意见说："吃了这种肉，死当然不会死，但毕竟会得肺痨病，或者吃了肚子难受。道理很简单，因为牲畜是有病的。"

买主可多极了。工人们甚至从莫斯科城里乘车赶来。要排队等很长时间。早晨排队的多半是家庭主妇，下午排队的多半是工人，主要是建筑工人。

煮得烂熟的、经过消毒的肉，吃了不会死，可是肚子却会难受——这种肉供应人民正合适。好肉老百姓是买不起的。

据说，兽医监督愈严格，剔除的肉也就愈多。《俄罗斯言论报》得出结论说："这样一来，两方面的居民都关心兽医的严格监督：中产阶级关心的是屠宰场能出售好肉，贫民关心的则是多剔除些牲畜，使弗莱班克的肉类供应有充分保证。"

瞧，我们生活在多么文明、博爱的时代：人们学会了使"两方面的"居民都"关心"。购买廉价肉多么"自由"，要知道"弗莱班克"在德文中就是"自由店铺"的意思。

文明、自由、食品价格低廉、生意兴隆———一切为了人民！您看写着"人民住宅协会"的广告，就知道地下室或阁楼将廉价出租，而且处于医生监督之下，当然死是不会的，不过会得肺痨病。

您看到"人民食堂"的招牌，就大胆地进去。会有廉价的、煮得烂熟的肉供应，这种肉是在监督下通过屠宰场的，没有监督屠宰场是通不过的。

您看到"人民图书馆"的牌子，您尽可以欢欣雀跃。那里有俄罗斯人民同盟[138]或全俄民族俱乐部在精神食粮检查机关医生的监督下出版的廉价的、甚至是免费的小册子。

据说,不久即将开设一种"弗莱班克"——供应"人民"面包……这种面包是用草制成的,它经过消毒,煮得烂熟,并且是在兽医的监督下,不,我是想说,在医生的监督下制成的。

文明、自由、食品价格低廉、生意兴隆——一切为了人民! 于是,两方面的居民都变得愈来愈关心:富人关心的是能买到好肉,穷人关心的则是"弗莱班克"能保证供应在一定条件下可供食用的肉。

载于1913年6月16日《真理报》
第137号

译自《列宁全集》俄文第5版
第23卷第293—295页

资本家和扩充军备

(1913 年 6 月 12 日〔25 日〕)

英国的工人报刊在继续开展引人注目而又有教益的、揭露国际资本家联合组织辛迪加如何把各国人民推向战争的运动。

请看看诺贝尔**代那买特炸药托拉斯**（或辛迪加）吧。它的资本为 3 000 万卢布。最近一年的纯利润为 330 万卢布。纯利润达 11％，真不坏，不是吗?

那些贩卖杀人材料的高尚的商人在自己的年度报告中用一句简短的话谦虚地解释自己的成绩："今年的军火需求量增大了"。

当然啦! 资本家的报刊和为资本家服务的政客都在叫嚣战争，要求新的军备——这对生产军火的工业家非常有利!

那么这些工业家是些什么人呢?

他们是联合起来的**各**国资本家、大臣的弟兄、议员等等!

这家"代那买特炸药"托拉斯（这一托拉斯是德国**四**家炸药厂的股东，甚至是它们的老板）的股东有:

德军:冯·米尔堡将军、男爵冯·弗里奇少校等等;

英军:J.唐纳德将军、诺埃尔·芬德利上校等等;

法军:弗朗索瓦·拉法格上校;

英国首相的夫人阿斯奎斯女士的兄弟格伦康纳勋爵、大臣诺思爵士、议员哈罗德·坦南特、"德意志银行"、"汉诺威银行"**等等**。

在各国议会中，**各民族**政党的领袖高喊"国家实力"和"爱国主义"（见立宪民主党人、进步党人、十月党人在第四届杜马中的程序提案[139]！）。他们通过武装法国去打德国、武装德国去打英国诸如此类的方法来实现这种爱国主义。他们都是这样一些热诚的爱国主义者。他们都在如此操心，如此为"国家实力"即为本国实力操心，当然是为了对付敌人。

但是他们却和这些"敌人"一起出席代那买特炸药托拉斯和其他托拉斯（辛迪加）的董事会和股东会议，目的是为了攫取数百万卢布的纯利润并且各自挑动"本国"人民去和别国人民作战。

载于 1913 年 6 月 12 日《真理报》第 133 号

译自《列宁全集》俄文第 5 版第 23 卷第 253—254 页

革命无产阶级的五一游行示威

(1913 年 6 月 15 日〔28 日〕)

　　自勒拿事件和六三政变后掀起的革命工人运动的第一次决定性的高潮以来已经一年了。沙皇黑帮和地主，一大群官僚和资产阶级庆祝了罗曼诺夫王朝对俄国进行掠夺、鞑靼式袭击和玷辱的三百周年。第四届杜马已经召开并开始进行"工作"，但是这届杜马自己没有信心，它已经失去了先前的反革命劲头。自由派社会茫然失措，百无聊赖，他们无精打采地反复提出实行**改革**的号召——同时又认为就连类似改革的事也不可能实行。

　　现在，俄国工人阶级的五一游行示威宛如闪电一般，在阴暗、颓唐、郁闷的气氛中划破了天空，他们首先在里加进行了演习，然后在俄历 5 月 1 日那天在彼得堡转入了坚决的行动。在刽子手的迫害和朋友们的叛卖下得以幸存的数百个老革命家，数百万个新一代的民主派和社会党人，重又面临一个庄严的未来革命的任务，并且看清了领导这一革命的先进阶级的力量。

　　还在五一前几个星期，政府就简直不知所措，而厂主老爷们则变成了一群好像完全没有头脑的人。他们开始逮捕和搜查，首都所有的工人区都被弄了个底朝天。外省也不亚于中央。厂主东奔西窜，召集各种会议，提出互相矛盾的口号，时而以镇压和同盟歇业相威胁，时而预先作出让步和同意关闭工厂；时而唆使政府采取残暴行动,时而指责政府并吁请政府把五一列为"休假"日。

但是,不管宪兵队怎样卖力,不管他们怎样对工厂区进行"清洗",不管他们怎样根据最新的"嫌疑犯名单"大肆逮捕,——一切都无济于事。工人们对沙皇匪帮和资本家阶级的这种发泄怒火的无力行径嗤之以鼻,他们嘲笑市长的恫吓性的可怜的"告示",他们撰写和传递——或者口头传诵——讽刺诗文,他们就好像是从地下弄到了一批又一批小型的、印刷简陋的、简短易懂而又富有教育意义的"传单",这些"传单"号召举行罢工和游行示威,使人重新想起社会民主党原来的没打折扣的革命口号;社会民主党在1905年曾经领导群众对专制政府和君主制进行第一次冲击。

第二天,政府的报刊报道五一罢工的人数为10万人。资产阶级报纸根据第一批电讯报道说是125 000人(《基辅思想报》)。德国社会民主党中央机关报记者从彼得堡发出的电讯说是15万人。又过了一天,所有资产阶级报刊都说人数为20万—22万。实际上罢工人数达到**25万**!

但是,除了五一的罢工人数以外,更加令人激动的、也是更加具有重要意义的就是工人的革命的街头游行示威。在首都各个郊区和市区各个角落,工人群众唱着革命歌曲,高喊革命口号,举着红旗,同政府以十倍的劲头动员起来的警察和警卫部队展开斗争长达数小时之久。工人们使沙皇的最得力的爪牙也感觉到,这场斗争不是儿戏,警察面对的不是斯拉夫主义事件[140]中的一小撮玩偶小人[141],挺身而出的确实是首都的劳动阶级**群众**。

无产阶级公开地显示了它的革命意图和它的受过锻炼的并由一代代新人充实起来的革命力量,它向俄国人民和俄国各民族发出了公开的革命号召,这一切干得确实非常出色。如果说在去年,政府和厂主还可以安慰自己说，勒拿事件的爆发是无法预料的，要立刻准备好同它的后果作斗争是不可能的，那么现在，君主政府方面所作的预料是非常准确的，准备的时间也十分充裕，采取的"措施"又极其"有力"，——但结果是，沙皇君主政府面对无产阶级群众的革命觉醒，彻底暴露了自己的**软弱无力**。

是的，勒拿事件以后的这一年是罢工斗争的一年，尽管自由派及其应声虫可怜地叫喊反对"罢工狂热"、反对"工团主义者的"罢工、反对经济罢工同政治罢工的结合或者反对政治罢工同经济罢工的结合，但这一年还是表明了社会民主主义无产阶级在革命时代已经为自己锻造出多么伟大而无法替代的武器来鼓动群众，唤醒群众，吸引他们参加斗争。革命的群众性罢工既不给敌人以喘息的机会，也不让敌人有片刻的安宁。罢工还使敌人在经济上受到损失，使貌似"强大的"沙皇政府的政治威信在全世界面前一落千丈。它使愈来愈多的工人阶层能够把1905年的哪怕一小部分胜利成果夺回来，并吸引愈来愈多劳动者阶层包括最落后的人参加斗争。这样的罢工不会耗尽工人的力量，它往往是短时间的示威性行动，同时又酝酿着群众的新的更加有威力更加革命的公开行动，即街头示威游行。

最近一年来，世界上任何一个国家都没有发生过像俄国发生的参加人数如此众多、斗志如此顽强、形式如此多样、威力如此巨大的政治罢工。仅仅这一情况就足以表明，自由派和取消派这些聪明人是多么渺小和多么可鄙地糊涂，他们竟想用"欧洲的"宪政时期的标准即主要是对群众进行社会主义启蒙和教育的准备工作时期的标准来"修正"1912—1913年俄国工人的策略。

要知道俄国的罢工大大超过了欧洲最先进的国家的罢工，这绝不是证明俄国工人具有特殊的品质或特殊的才能，而只是证明现代俄国在具备革命形势和直接的革命危机增长方面条件**特殊**。一旦欧洲也临近类似的革命发展时刻（在那里这将是社会主义革命，而不像我国那样是资产阶级民主革命），资本主义最发达的国家的无产阶级一定会以巨大得无可比拟的威力举行革命罢工、示威游行和开展反对雇佣奴隶制维护者的武装斗争。

今年的五月罢工正同俄国最近一年半以来的一系列罢工一样具有革命的性质，它不仅不同于通常的经济罢工，而且也不同于示威性罢工和那些提出立宪改革要求的政治罢工（例如最近的比利时罢工就是这样的罢工）。完全由俄国的革命形势所决定的俄国罢工的这一特点，是那些为自由主义世界观所俘虏而再也不会从革命观点来看待事物的人们无论如何不能理解的。反革命和背叛情绪泛滥的时代甚至在那些想以社会民主党人自居的人们中间也留下了很多这样的人。

俄国正处于革命的状态，这是因为对绝大多数人民即不仅对无产阶级而且对十分之九的小生产者尤其是农民的压迫，已经加剧到了无以复加的程度，而且这种加剧了的压迫、饥饿、贫困、无权、对人民的凌辱，又是同俄国生产力的状况，同 1905 年所唤醒的群众的觉悟程度和要求的水平，以及同所有邻国即不但同欧洲的而且同亚洲的邻国的现状极不相称。

但还不止于此。单是压迫这一点，不管它有多么严重，并不总是能造成一个国家的革命形势。在多数情况下，对于革命来说，仅仅是**下层不愿**像原来那样生活下去是不够的。对于革命，还要求**上层不能**像原来那样统治和管理下去。现在我们在俄国看到的正是这种情况。一场政治危机正在成熟，这是有目共睹的事实。为了支持反革命并在这种反革命的基础上取得"和平的发展",资产阶级做了力所能及的**一切**。刽子手和农奴主要多少钱,资产阶级便给多少钱,资产阶级辱骂革命,背弃革命,资产阶级舐着普利什凯维奇的皮靴和马尔柯夫第二的鞭子,变成了他们的奴仆,资产阶级创造了种种以"欧洲式的"论据为基础的理论,把1905年的所谓"知识分子的"革命骂得狗血喷头,宣布这场革命是罪大恶极的、鼠窃狗盗的、祸国殃民的,如此等等。

尽管资产阶级这样牺牲自己的钱袋、荣誉和良心,但它**自己**,从立宪民主党人到十月党人,也承认,专制政府和地主已**不能**保证"和平的**发展**",已不能保证"秩序"和"法制"的起码条件,而没有这些条件,一个资本主义国家在20世纪是不能与德国和新中国一起生存的。

俄国全国性的政治危机已经形成,而且是这样一种危机,它触动的正是国家制度的**基础**,而绝不是它的某些部分,触动的是大厦的**地基**,而不是它的某一附属建筑物、某一层楼房。不管俄国的自由派和取消派怎样胡说"谢天谢地,我们立宪了",胡说某些政治**改革**已提到日程上来(只有鼠目寸光的人才不懂得前一点同后一点的密切联系),不管他们讲了多少这种改良主义的废话,情况仍然是:没有一个取消派分子和自由派分子能够指明一条可以摆脱目前状况的改良主义的出路。

俄国人民群众的现状,由于新的土地政策(农奴主–地主势必抓住这一政策,把它看做最后的一根救命稻草)而使人民群众的生活状况更加恶化的事实,国际条件以及我国已经形成的普遍政治危机的性质,——这些就是由于政府和剥削阶级已不可能通过当前的道路和现有的手段来完成资产阶级变革的任务而在俄国出现革命形势的全部客观条件。

　　这就是社会的、经济的和政治的基础，这就是俄国各阶级的相互关系，这种关系使我国发生了目前欧洲不可能发生的独特的罢工，在欧洲，任何叛徒都不希望仿效昨日的资产阶级革命（带有明日的无产阶级革命的闪光），而是想因袭今日的"立宪"局面。如果在一个国家里没有一个革命阶级能够把遭受压迫的消极局面变成义愤填膺、举行起义的积极局面，那么无论下层遭受压迫还是上层发生危机都不能造成革命，而只能造成国家的腐朽。

　　工业无产阶级现在所发挥的作用正是一个真正先进、真正发动群众起来革命、真正能够拯救俄国免于腐朽的阶级的作用。工业无产阶级用自己革命的罢工来实现的正是这一任务。这些为自由派所仇视和为取消派所不理解的罢工，是（用俄国社会民主工党二月决议的话来说）"克服农业无产阶级和农民的冷漠、绝望情绪和涣散状态，**吸引他们**参加尽可能齐心协力、步调一致、声势浩大的**革命行动**的最有效的手段之一"①。

　　工人阶级正在吸引被剥夺了最起码权利并且陷于绝望境地的被剥削劳动群众参加革命行动。工人阶级教导他们进行革命斗争，培养他们从事革命活动，告诉他们出路和生路何在。工人阶级不是用言语而是用行动，用实例来教育他们，而且不是用个别英雄的冒险行动作例子，而是用把政治要求和经济要求结合起来的**群众性**的革命行动作例子来教育他们。

　　对于任何一个哪怕只初步懂得社会主义和民主学说的诚实的工人来说，这些思想是多么简单、易懂和亲切！而对于那些背叛社

---

　　① 见本版全集第22卷第277页。——编者注

会主义和民主的知识分子来说,这些思想又是多么格格不入,他们在取消派报纸上咒骂或者讥笑"地下组织",使那些幼稚的头脑简单的人相信,似乎他们"也是社会民主党人"。

彼得堡无产阶级以及继他们而起的全俄无产阶级的五一游行示威,一次又一次清楚地向一切有眼可看有耳可听的人们表明了当代俄国的革命地下组织的伟大历史意义。俄国社会民主工党在彼得堡的唯一党组织彼得堡委员会,在五一游行示威前夕,像在1月9日前夕,在罗曼诺夫王朝三百周年前夕,以及在4月4日[142]一样,使资产阶级报纸也不得不指出这样一个事实:彼得堡委员会的传单一再在各个工厂里出现。

这些传单是付出了重大的牺牲的。有时候传单的外表并不好看。有些传单,例如举行4月4日游行示威的号召,只是规定游行示威的时间和地点,整张传单只有6行,看样子是在不同的印刷所和用不同的字型秘密地极端匆忙地赶印出来的。我们有些人("也是社会民主党人")提到"地下组织"的这些工作条件时,总是要恶毒地窃笑或轻蔑地�’着嘴问道:"如果党只是限于地下组织,那么它会有多少党员呢?两三百人吧?"(见叛徒的机关报《光线报》第95号(总第181号)上为谢多夫先生辩护的**编辑部的**文章,这位谢多夫先生有着充当公开的取消派分子的可悲的勇气。这号《光线报》是在五一游行示威前5天,也就是**恰恰在**地下组织准备传单的**时候**出版的!)

写出了这种可耻的东西的唐恩和波特列索夫先生之流不会不知道,早在1903年党内就已有数千无产者,1907年已有15万,而现在则有成千上万的工人在出版和散发**地下组织的**传单,他们都是俄国社会民主工党**地下**支部的成员。但是取消派先生们知道,他们受到了斯托雷平的"合法性"的保护,他们有关地下组织的无耻谎言以及对地下组织表现出来的那种更加无耻的"丑态"是不会受到合法批驳的。

请看,这些可怜虫离开群众性的工人运动,离开整个革命工作有多么远呀! 就拿他们为了讨好自由派而显然捏造出来的标准来说吧。我们暂且假定在彼得堡有"两三百个"工人参加准备和散发这些秘密传单的工作。

由此可以得出什么结论呢? 这"两三百个"工人是圣彼得堡无产阶级的精华,是一些不仅自称为社会民主党人,而且真正做社会民主党工作的人,一些为此而受到俄国整个工人阶级的尊敬和珍视的人,一些不是空谈什么"广泛的党",而是在实际上组成了唯一存在于俄国的地下社会民主党的人,——就是这些人印制和散发秘密传单。《光线报》的取消派分子却在斯托雷平的书报检查官的保护下对这"两三百个",对"地下组织",对"夸大"它的意义等等嗤之以鼻。

而突然,出现了奇迹! 按照彼得堡委员会执行委员会 5—7 个委员作出的决定,按照"两三百个"人所印制和散发的传单,彼得堡 25 万人竟万众一心地奋起战斗了。

这些传单所谈的,工人在群众大会上和游行示威时发表的革命演说中所谈的并不是"公开的工人政党",不是"结社自由"和诸如此类的改革(改革不过是自由派用来欺骗人民的幻影)。这些传单和演说中所谈的是革命,说革命是摆脱现状的唯一出路。这些传单和演说中所谈的是建立共和国,说建立共和国是唯一正确的口号,因为这个口号与自由派关于改革的谎言针锋相对,指出只有变革才能保障自由,指出哪些力量能够自觉地起来为自由而战斗。

　　整个 200 万人口的彼得堡都看到和听到了这些革命号召，这些号召深深地印入每个劳动者和被压迫者的心中。整个彼得堡通过一个活生生的群众运动的实例，看到了出路在什么地方，自由派空谈改革的欺骗性在什么地方。数千条工人联络渠道——和数百家不得不哪怕三言两语地报道彼得堡群众运动的资产阶级报纸——把首都无产阶级顽强的罢工斗争的消息传遍了全俄国。这个关于罢工、关于工人的革命要求、关于工人为建立共和国和为没收地主土地交给农民而斗争的消息，也传到了农民群众和农民的军队那里。革命罢工正在缓慢地但却不断地鼓动、唤醒、教育和组织人民群众去**进行革命**。

　　"两三百个""地下工作者"表达了**几百万几千万人**的利益和需要，告诉他们关于他们的毫无出路的处境的真情实况，擦亮他们的眼睛，使他们看到革命斗争的必要性，培养他们对这一斗争的信心，为他们提出正确的口号，帮助这些群众摆脱资产阶级那些冠冕堂皇但是彻头彻尾骗人的改良主义口号的影响。而"二三"十个知识分子取消派分子为了用从国外和从自由派商人那里搞到的金钱来愚弄没有觉悟的工人，正在把这个资产阶级的口号拿到工人中间去传播。

　　五月罢工也同 1912—1913 年所有的革命罢工一样，十分明显地向我们表明了当前俄国分成的三个政治营垒。一个是刽子手和农奴主、君主政府和暗探局营垒。这个营垒的残暴已经达到了无以复加的地步。它已经无力对付工人群众。一个是资产阶级营垒。整个资产阶级，从立宪民主党人到十月党人，又是叫嚷又是呻吟，他们号召实行改革，由于他们认为在俄国能够实现改革，他们就自己把自己宣布为"傻瓜"。一个是革命营垒，这是唯一表达被压迫群众利益的营垒。

　　这个营垒的全部思想工作和全部政治工作都是由地下的社会民主党进行的,这个党善于按照自己的精神来利用每一个合法的机会,这个党同先进阶级即无产阶级有着不可分割的联系。谁也不能预言,这个先进阶级能否引导群众达到革命的胜利。但是这个阶级不顾自由派和"也是社会民主党人"的一切动摇和背叛,还在履行自己引导群众走向这一出路的义务。俄国社会主义运动和俄国民主运动中一切生动的和有生命力的东西,都是通过无产阶级革命斗争的范例并在这一斗争的指引下培育出来的。

　　今年的五一游行示威向全世界表明,俄国的无产阶级正在沿着自己的革命道路坚定不移地前进,离开这条道路便无法拯救奄奄一息的、活活在腐烂的俄国。

载于 1913 年 6 月 15 日(28 日)　　　译自《列宁全集》俄文第 5 版
《社会民主党人报》第 31 号　　　　　第 23 卷第 296—305 页

政论家札记

(1913 年 6 月 15 日〔28 日〕)

俄罗斯人政治上缺乏教养,表现之一就是他们不善于寻找准确的证据来解决有争议的重要历史问题,他们只是天真地相信当事人的叫喊、保证和誓言。

取消主义问题之所以纠缠不清,就是由于当事人(即取消派自己)勤于发誓赌咒,而"公众"又懒于寻找准确的证据。

问题的实质在哪里呢? 在于对革命和地下组织的态度,在于想不想从事群众性的工人运动。

难道就没有准确的证据来回答这些问题的实际方面吗?

当然有的。只要不相信空谈家和自由派的言词就行。

关于地下组织的"问题"。对这个问题感兴趣的人该不该问一问:**谁**在地下组织中工作呢? **谁**参加了地下组织呢? 不显示自己的存在的地下组织等于零,等于欺骗,这不是很明显吗?

在彼得堡有两家报纸:一家是反取消派的报纸,另一家是"也是社会民主党人的"即取消派的《光线报》。其他城市里现在还没有工人报纸。

该不该设想取消派在彼得堡的力量要比其他地方大呢? 在彼得堡究竟是哪些人**在党内**进行工作呢?

就拿资产阶级报刊上提供的证据来说。你们可以看到这样的消息：在1月9日前夕，在罗曼诺夫王朝三百周年的时候，在4月4日前夕，在五一游行示威前夕，都有人**散发彼得堡委员会的传单**。

你们有理由在这样的事实问题上不相信资产阶级报刊吗？

没有一个明智的人会说不相信的。谁只要稍微接近社会民主党，谁就会**看到过**彼得堡委员会的传单。

没有一家报纸讲到过彼得堡取消派"发起小组"**[143]**散发过与彼得堡无产阶级群众开展伟大革命行动的那些伟大日子有关的传单。

不管光线派分子怎样"信誓旦旦"，说他们"也是社会民主党人"，"也拥护地下组织"，说"列宁派"和普列汉诺夫无缘无故地"攻击"他们等等，——我们仍然要不厌其烦地用**事实**来揭穿《光线报》的捏造和谎言。

请给我们找出报道过取消派在1月9日前夕、4月4日前夕和5月1日前夕在彼得堡散发传单的消息的资产阶级报纸吧。没有这样的报纸。**没有散发过传单**。取消派没有在地下组织中工作。取消派**不属于**党的地下组织。取消派没有参加彼得堡委员会。取消派置身于**党外**，因为除了地下党，而在彼得堡除了彼得堡委员会领导的组织以外，**不存在**其他什么党。

我们有意不说中央委员会和组织委员会的传单，因为要证明在地方上散发过**这些传单**是比较困难的。而由组织委员会印发的传单我们在几乎整整一年之中只看到过一张**维也纳**的五一传单，而这张传单同彼得堡和俄国的工作没有任何关系。

取消派所以要回避就"地下组织"问题作直接的回答，就是因为**其中没有他们**。发誓赌咒，大声叫骂，都抹不掉这一事实。

　　忠诚为取消派效劳的托洛茨基,要使自己和幼稚的"欧洲人"(那些属于喜欢亚洲谣言的人)相信,取消派在合法运动中"比较强大"。但**事实**又把这个谎言驳倒了。

　　杜马选举。第二届杜马时布尔什维克占工人选民团中的47%。第三届时占其中的50%。第四届时占其中的67%。是相信这些事实呢,还是相信托洛茨基和取消派?

　　工人报刊。在1912年反取消主义的报纸出现得要早得多,并且拥有的工人团体也多得多(根据关于捐款的公开材料)。《真理报》拥有620个工人团体,《光线报》则拥有89个。

　　1913年,护党派已经在为两家报纸捐款,而取消派的**一家**报纸还有赤字,只好靠国外的和来历不明的(资产阶级的)援助维持。《真理报》拥有402个工人团体,有同一倾向的一家莫斯科工人报纸拥有172个,《光线报》则拥有167个。

　　是相信这些事实呢,还是相信《光线报》、托洛茨基、费·唐·之流的誓言呢?

　　彼得堡五金工会。按纲领举行的第一次**公开**选举,14人中有10人是《真理报》的拥护者。[144]正像一个被捉住了的贼喊"捉贼呀!"一样,取消派在喊谨防分裂!

　　1910年5月我们曾经公开地、明确地对取消派说(《争论专页》[145]第2号),他们是脱离了党的合法派-独立派①。从那时起**3年**过去了。只有说谎成性或完全无知的人才会否认已经完全证实这些话的**事实**。

　　取消派是社会民主党机体上的寄生虫。在"欧洲"面前(组织

---

　　①　参看本版全集第19卷第280—293页。——编者注

委员会的德文小册子和谢姆柯夫斯基先生在《斗争》杂志上写的文章[146]），他们拿罢工来夸耀，而在俄国，他们却在《光线报》上写可耻的文章**反对**罢工，谈论"罢工狂热"，谈论革命罢工的"工团主义"。在欧洲面前，他们是**拥护**地下组织的（在天真的阿恩面前也是这样）。但**实际上**他们没有参加地下组织。他们在工人阶级中间软弱无力，只是依靠资产阶级精神上的（当然**不仅仅**是精神上的）支持才变得强大起来。需要有阿恩——《光线报》编辑部把他当做小孩来戏弄（见第95号）——的天真幼稚才会一方面维护地下组织，一方面又承认"公开的党"的口号！这就是把**内容**让给了取消派，而在**形式**方面则同他们争论不休。请阿恩仔细想想，敌视地下组织的资产阶级完全接受"公开的党"的口号，这是偶然的吗？

"公开的党"这一口号是"**改良主义**"的口号，在俄国目前的阶级和政治力量对比的情况下是**放弃**革命的口号。地下组织这一口号是革命的口号。

在目前的俄国，资产阶级不能够**直接**影响工人。1905年使得工人对资产阶级和它的自由主义嗤之以鼻。在工人中间"立宪民主党人"成了骂人的字眼，于是取消派就在工人中间起资产阶级的作用。他们的客观作用就是传播资产阶级影响、资产阶级改良主义、资产阶级机会主义。

费·唐·在《光线报》上的全部文章，取消派的全部策略前提，都是以改良主义、以否定革命为基础的。你们没有证明革命是不可避免的，——取消派常常这样回答我们。你们关于革命的"预测"是片面的，——谢姆柯夫斯基先生这样喋喋不休地说，以此来向取消派摇尾乞怜。

对此只需作一个简单的答复。自由派先生们，革命的到来只能以革命正在到来作证明。而当革命到来的时候,胆小的自由派甚至完全偶然参加进来的人物和冒险分子都能够成为"革命者"。1905 年 10 月和 11 月完全证明了这一点。

革命者不是那种在革命到来的时候才变得革命的人,而是那种在反动势力极其猖獗、自由派和民主派极其动摇的时刻起来捍卫革命的原则和口号的人。革命者是那种**教导群众**以革命方式进行斗争的人,而要预见(作出"预测")这门"科学"的结果是任何人都办不到的。

俄国的形势是革命的。无产阶级(**只有反取消派才能同它步调一致、协力同心地工作**)正在教育群众去进行革命,**为革命作准备,为革命**而利用所有一切合法机会。在为革命作准备的事业中,也就是在对群众进行彻底的民主主义教育的事业中,在履行我们的**社会主义的**职责(因为没有民主主义就没有社会主义)的事业中,革命的社会民主党起着**积极作用**,而取消派起着**消极作用**。

只有反对改良主义,只有反对取消派,才有可能在俄国从事真正社会民主主义的工作。

载于 1913 年 6 月 15 日(28 日)　　　　译自《列宁全集》俄文第 5 版
《社会民主党人报》第 31 号　　　　　　第 23 卷第 306—310 页

谈谈自由派关于
支持第四届杜马的号召

(1913 年 6 月 20 日〔7 月 3 日〕)

报刊上愈来愈经常地讨论国家杜马对政府和国家的态度问题,这个问题正在引起人们极大的关注。六三选举法制造了两个多数:右派—十月党人多数和十月党人—立宪民主党人多数。后一个多数,即所谓"自由派的"多数,在第三届杜马里就曾经不止一次地形成过。

现在,在第四届杜马中,十月党人—立宪民主党人多数就更经常出现了。但是决不能忘记,这种情况的发生不仅是由于十月党人的"左倾",而且也是由于立宪民主党人的**右倾**,这种**右倾**一方面表现为一部分立宪民主党人转到进步党人方面去;另一方面表现为在进步党人的调解下,十月党人经常与立宪民主党人勾勾搭搭。

毫无疑问,十月党人—立宪民主党人多数在第四届杜马中通过的反政府的决定的增多,证明俄国的政治危机日益加深,证明六三体制已经陷入绝境,它甚至没有能使为了这个体制的利益和为了加强反革命势力而情愿牺牲金钱、荣誉和良心的资产阶级感到满意。

值得注意的是,甚至连德国历史学家施曼这个顽固不化的和死硬的反动分子(他懂俄文,常常给德国的普利什凯维奇之流的机关报[147]写文章)也得出了俄国的危机已经成熟的结论：不是实行纯普列韦式的体制[148]（我们好像已经进入这一"体制"？），就是来一次像这位德国历史学家所说的震动。

试问，由于杜马作出的自由派决定的增多，人们在实际政治中会得出什么结论呢？

关于十月党人对内务部的政策提出的谴责，立宪民主党人已经作出了自己的结论。这个结论就是：要求给第四届杜马以"人民的和社会的支持"，号召"舆论""把杜马看做**自己的**力量、看做社会意志的直接表现"，等等（见《真理报》第128号）。

我们已经指出，这种结论是一钱不值的①。就国民教育部预算进行的投票非常清楚地证实了我们的估计。

杜马通过了三个提案：(1)民族主义的、极端反动的提案，这是由右派和十月党人投票通过的；(2)十月党人的提案，这是由立宪民主党人投票通过的（提案要求国民教育部"不要被一些不相干的政治考虑所分心"，这个要求极其虚伪，不仅民主派甚至连正直的自由派也都是绝对不能容忍的）；最后，(3)农民团体的要求，这个要求大概是不仅在立宪民主党人，而且在民主派包括社会民主党人在内的支持下通过的。投票赞成农民的要求的有137票，反对的有134票，弃权的有4票。

毫无疑问，社会民主党人在投票赞成农民的提案时所犯的错误在于没有发表自己的声明或宣言。投票赞成是应该的，但是，必须附带说明自己不同意的地方，例如对农民提案的第5条。这一条谈的是**初级**学校使用母语的问题。民主派的要求不

---

①　参看本卷第231—233页。——编者注

能只限于初级学校。一般说来,不能认为农民的要求是**彻底**民主主义的。

投票赞成是应该的,因为农民提案中没有拥护政府的条款,没有虚伪的东西,但是,附带说明自己不同意农民民主主义的不彻底性和软弱性也是必要的。例如,闭口不谈学校与教会的关系,这对社会民主党人来说是完全不能容许的,如此等等。

但这一点只是顺便提一下。

主要的是,**在**立宪民主党人号召支持第四届杜马**以后**,第四届杜马通过了民族党人的提案!

只有瞎子才会看不到,支持第四届杜马就是支持**动摇的十月党人。**

立宪民主党人吹嘘说,由于他们的支持,他们正在把十月党人推向反对派立场。就算是这样吧。但是,这个十月党人反对派是站在什么立场上的呢? 在最好的情况下,即**在**它反政府的**时候**,它无疑是持反革命的自由主义观点的。至于它继续**仰承**大臣们的**鼻息,讨取**他们的**欢心**,这一点甚至连"进步党人"尼·李沃夫也加以证实了。李沃夫奉行的无疑是**讨好**政策,由于舍普金说了比右派通常说的话还要差劲百倍的话,李沃夫曾经两次禁止舍普金参加会议!

立宪民主党人号召人民支持动摇的十月党人,妄想使民主派听命于自由派中最坏的分子。

但是,民主派通过更为重大的事例已经数百次地看清了我们的自由派值几个钱。如果民主派再跟着自由派跑,那么它就会软弱无力,无人领导。

资产阶级与政府的冲突并不是偶然的,而是各个方面都日益成熟的深刻危机的标志。因此,密切关注这种冲突是必要的。但是,民主派只有时时刻刻不忘记自己的职责,即关心人民觉悟的提高,使他们认识到与自由派不同、与自由派对立、与自由派的动摇针锋相对的民主派的任务的独立性,才能为俄国争得某种美好的东西。

载于 1913 年 6 月 20 日《真理报》
第 139 号

译自《列宁全集》俄文第 5 版
第 23 卷第 311—313 页

民族问题提纲[149]

(1913 年 6 月 26 日〔7 月 9 日〕以前)

1. 对我们纲领中关于民族自决的那一条,除了从**政治**自决,即从分离和成立独立国家的权利这个意义上来解释以外,我们决不能作别的解释。

2. 社会民主党纲领中的这一条,对俄国社会民主党是**绝对**必要的:

(1)是为了执行一般民主的基本原则;

(2)是由于在俄国境内,**尤其是在它的边疆地区**有许多民族,这些民族在经济、生活习惯等方面的条件差别很大,而且这些民族(也同大俄罗斯人以外的俄国所有民族一样)都受着沙皇君主制的难以置信的压迫;

(3)最后,是由于在整个东欧(奥地利和巴尔干国家)和亚洲,也就是说在与俄国接壤的国家中,对国家进行的资产阶级民主改造不是还没有完成就是刚刚开始,而这一改造在世界各地或多或少地都导致建立独立的民族国家或有着血缘极其相近的和同源的民族成分的国家;

(4)俄国在目前同它周围的**所有**国家——从西方的奥地利(该国从 1867 年起就已巩固地建立起政治自由和立宪制度的基础,而现在又在实行普选权),到东方的中华民国——比较起来,是一个在国家制度方面最落后最反动的国家。所以,俄国社会民主党人应当在自己的整个宣传工作中,坚持一切民族都有成立单独国家或自由选择他们愿意参加的国家的权利。

3. 社会民主党承认一切民族都有自决权,这就要求社会民主党人做到:

(1)无条件地反对统治民族(或占人口多数的民族)对于在国家问题上愿意分离出去的民族使用任何形式的任何暴力;

(2)要求只能根据当地居民的普遍、直接、平等、无记名投票来解决这种分离问题;

(3)既同黑帮——十月党人也同自由派资产阶级的各个政党("进步党人"、立宪民主党人等)进行不懈的斗争,反对他们袒护和纵容民族压迫,尤其是否认民族自决权的任何行径。

4. 社会民主党承认一切民族都有自决权,决不是说社会民主党人在每一个具体情况下对某一民族的国家分离是否适宜的问题不作出独立的估计。相反,社会民主党人正应该作出这种独立的估计,既要考虑到资本主义发展的情况和联合起来的各民族的资产阶级对各民族的无产者压迫的情况,又要考虑到总的民主任务,首先是而且主要是无产阶级争取社会主义的阶级斗争的利益。

从这个角度来看,应当特别注意如下的情况:在俄国有两个民族,由于许多历史条件和生活条件,它们最有文化,最与其他民族隔绝,能够最容易最"自然地"实现自己的分离权。这两个民族就是芬兰和波兰。1905年革命的经验表明,甚至这两个民族中的统治阶级即地主和资产阶级也**因为害怕**芬兰和波兰的革命无产阶级而放弃了争取自由的革命斗争,谋求同俄国统治阶级及沙皇君主政府接近。

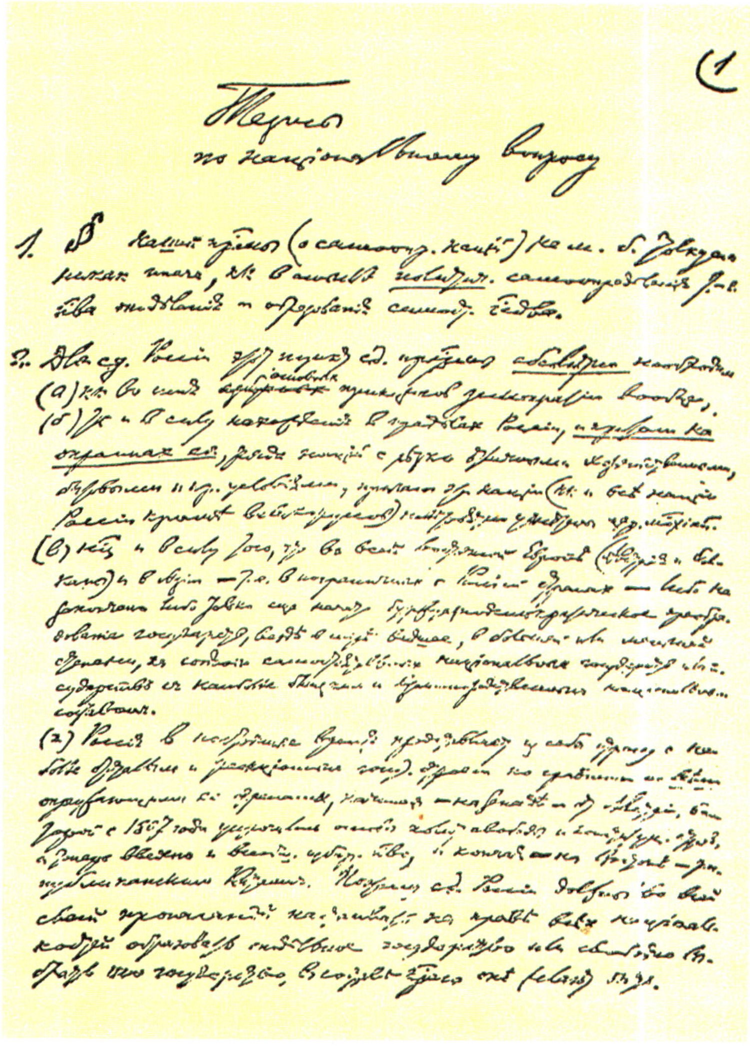

1913年6月列宁《民族问题提纲》手稿第1页

（按原稿缩小）

所以,社会民主党应当竭力提醒各民族的无产阶级和劳动阶级,使他们不要被"自己的"资产阶级的民族主义口号直接蒙蔽,因为资产阶级正在想方设法用关于"祖国"的花言巧语来**分裂**无产阶级,**使他们不去注意**资产阶级在经济上和政治上同别的民族的资产阶级以及同沙皇君主政府结成联盟的把戏。

所有民族的工人要是不在一切工人组织中实行最紧密最彻底的联合,无产阶级就无法进行争取社会主义的斗争和捍卫自己日常的经济利益。

除了用革命斗争的方法来推翻沙皇君主制而代之以民主共和国,无产阶级就不能争得自由。沙皇君主制**排斥**各民族的自由和平等,而且它还是欧洲和亚洲的野蛮、残暴、反动的主要**堡垒**。而要推翻这个君主制,只有俄国各民族的无产阶级联合起来才能做到,因为只有联合起来的无产阶级才能领导各民族劳动群众中一切彻底民主主义的、能够进行革命斗争的人前进。

所以,工人如果把同"本"民族资产阶级在政治上的统一看得高于同各民族无产者的完全统一,那就违背了自己的利益,违背了社会主义的利益和民主的利益。

5.社会民主党主张建立彻底民主的国家制度,它要求各民族一律平等,反对某个民族或某些民族享有任何特权。

特别是,社会民主党反对所谓"国"语。在俄国,这样的"国"语尤其是多余的,因为俄国$7/10$以上的人口属于同源的斯拉夫民族,在自由国家的自由教育的条件下,由于经济流转的要求,即使不给某一语言以任何"国家的"特权,他们也会很容易地进行交际。

社会民主党要求取消农奴主专制国家的农奴主-地主和官吏所规定的俄国原有的行政区划,而代之以根据现代经济生活要求和尽可能同居民民族成分相适应的区划。

凡是居民生活习惯特点或民族成分不同的国内的各个区域，都应当享有广泛的自我管理和自治，其机构应在普遍、平等、无记名的投票的基础上建立起来。

6.社会民主党要求颁布一项全国性的法律，以保护国内任何地方的任何少数民族的权利。根据这项法律，凡人口占多数的民族企图用来为自己建立民族特权或缩小少数民族的权利（在教育事业、使用某种语言、预算等方面）的任何措施，应当一律宣布无效，谁采取这种措施，谁就应当受到惩罚。

7.社会民主党对"民族文化"（或者只是"民族"）"自治"这个口号，对实现这个口号的种种方案均持否定态度，因为这个口号第一，根本违反无产阶级阶级斗争的国际主义；第二，容易使无产阶级和劳动群众受资产阶级民族主义思想的影响；第三，会置整个国家的彻底民主改造的任务于不顾，然而只有这样的改造才能保证（一般来说是在资本主义制度下可能的限度内）民族和平。

由于民族文化自治问题在社会民主党人之间闹得特别凶，我们应当对这种情况作一些说明。

（1）从社会民主党的观点来看，无论直接或间接地提出**民族**文化的口号，都是不能允许的。这个口号是不正确的，因为人类的整个经济、政治和精神生活在资本主义制度下就已经愈来愈国际化了。社会主义会把这三方面的生活完全国际化。现在就已经由各国无产阶级系统地建立起来的国际文化，并不是把"民族文化"（不论是哪一个民族集体的）全盘接受下来，而是**只吸取每个**民族文化中彻底民主主义的和社会主义的因素。

（2）在各社会民主党的纲领中接近于民族文化口号的唯一例

子,大概就是奥地利社会民主党布隆纲领的第 3 条了,虽然这种接近还不够大胆。这一条写道:"属于同一民族的各自治区域共同组成单一的民族联盟,该联盟完全按自治原则来处理本民族的事务。"

这是一个妥协性的口号,因为这里丝毫没有提出超地域的(按人的民族属性的)民族自治。但这个口号也是错误的、有害的,因为把罗兹、里加、彼得堡、萨拉托夫的德意志人结成一个民族根本不是俄国社会民主党人的任务。我们的任务是争取实行充分的民主制,取消**一切**民族特权,使在俄国的德意志工人同所有其他民族的工人在保卫和发展社会主义的国际文化的事业中联合起来。

超地域的(按人的民族属性的)民族自治并要设立(根据彻底拥护这个口号的人的计划)民族议会和民族事务大臣的口号(奥·鲍威尔和卡·伦纳),是更加错误的。这种违背资本主义国家的一切经济条件并且在世界任何一个民主国家中都没有试行过的制度,是某些人的机会主义幻想,他们对于建立彻底民主的制度感到绝望,而想在某些问题("文化"问题)上把每个民族的无产阶级和资产阶级都人为地加以隔绝,以求摆脱资产阶级的民族纷争。

情况有时迫使社会民主党人暂时服从某种妥协性的解决办法,但是我们应当向别国效法的不是妥协性的而是彻底社会民主主义的解决办法。所以,今天,当奥地利的妥协尝试甚至在奥地利本国也已经完全破产并且导致捷克社会民主党人的分离主义和分裂行动的时候,效法奥地利的这种不成功的尝试就更是不明智的。

(3)俄国的"民族文化自治"这个口号的历史表明:采用这个口号的,是**所有**(无一例外)犹太的资产阶级政党,而且**只是**犹太资产阶级政党,不加批判地跟着这些政党跑的是崩得,尽管它不彻底地反对设立犹太民族议会和犹太民族事务大臣。其实,连那些认可或者拥护民族文化自治这个妥协性口号的欧洲社会民主党人,也承认(如奥·鲍威尔和卡·考茨基等)这个口号对于犹太人是完全不能实现的。"在加利西亚和俄国的犹太人与其说是民族,不如说是帮会,而把犹太人组成一个民族的尝试,就是保存帮会的尝试。"(卡·考茨基)

(4)在一些文明国家里,我们看到在资本主义制度下,**只是**在整个国家制度和国家管理机构方面**最大限度地**实行民主制(瑞士)的条件下才有可能出现那种十分(相对地说)近似民族和平的局面。彻底民主主义的口号(如共和国、民兵制、人民选举官吏等等),正在把无产阶级和劳动群众以及每个民族中的一切先进分子联合起来,为创造彻底消除民族特权的条件而斗争,而"民族文化自治"这个口号则鼓吹各民族在教育事业(以至整个"文化"事业)上互相隔绝,而隔绝是完全符合保持一切特权(其中包括民族特权)的基础的需要的。

彻底民主主义的口号会**把**所有民族的无产阶级和先进的民主派(即那些不是要求隔绝,而是要求在一切事业上,其中包括在教育事业上把各民族的民主分子联合起来的人)**融为**一体,而民族文化自治的口号则**分裂**各民族的无产阶级,使他们同各民族的反动分子和资产阶级分子联在一起。

彻底民主主义的口号是同各民族的反动派和反革命资产阶级势不两立的,而民族文化自治的口号则完全为某些民族的反动派和反革命资产阶级所接受。

8.俄国的整个经济和政治状况就是这样无条件地要求社会民主党毫无例外地**把一切**无产阶级组织(政治组织、工会组织、合作社组织和教育组织等等)中的各民族工人**打成一片**。在党的体制上不是实行联邦制,也不是成立各民族的社会民主主义团体,而是实现当地各民族的无产者的统一,并用当地无产阶级使用的**各种**语言进行宣传和鼓动,进行各民族工人反对任何民族特权的共同斗争,实行地方和区域的党组织的自治。

9.俄国社会民主工党 10 多年来的历史经验证实了上述的论点。党在 1898 年诞生时就是"俄国的"党,即俄国各民族无产阶级的党。在党代表大会没有接受把崩得看做是犹太无产阶级的**唯一**代表的要求以后,崩得便在 1903 年退出了党,那时党仍然是"俄国的"党。1906—1907 年的实际生活充分表明这个要求是没有根据的,许多犹太无产者在许多地方组织中继续同心协力地进行共同的社会民主主义的工作,于是崩得又回到党内来了。斯德哥尔摩代表大会(1906 年)把主张**地域**自治的波兰社会民主党人和拉脱维亚社会民主党人联合了起来,而且大会**没有**接受联邦制的原则,并要求各民族的社会民主党人在当地联合起来。这个原则在高加索实行了好多年,在华沙(波兰工人和俄国士兵)、维尔纳(波兰、拉脱维亚、犹太和立陶宛的工人)和里加也在实行,这后三个中心城市实行这个原则是**针对**按照分离主义分离出去的崩得的。1908年 12 月,俄国社会民主工党以代表会议的名义通过了一项特别决议,确认各民族工人**不是在**联邦制的**原则上统一**的要求。崩得分离主义者主张分裂,不执行党的决定,因而使这种"最坏类型的联邦制"[150]完全破产,使崩得分离主义者和捷克人日益接近,或者说使后者与前者日益接近(见《我们的曙光》杂志上科索夫斯基的文章,以及捷克分离主义者的机关刊物《捷克斯拉夫社会民主党人》杂志 1913 年第 3 期上关于科索夫斯基的文章);最后,在取消派的八月(1912年)代表会议上,使崩得分离主义者和取消派以及一部分高加索取消派分子对"**民族文化自治**"**没有作实质性的说明**就妄图把它**偷偷地**塞到党纲里去!

无论是波兰或拉脱维亚边疆区的革命的社会民主主义工人,还是高加索的革命的社会民主主义工人,都仍然坚持地域自治和**所有**民族的社会民主主义工人**统一**的观点。崩得取消派的分裂以及崩得同华沙**非**社会民主党人的联盟,向所有社会民主党人提出了**整个**民族问题,把这个问题(无论从它的理论意义的角度还是从党的建设事业的角度)**提上了日程**。

妥协性的解决办法正是被那些违反党的意志硬来推行这些办法的人所破坏,要求各民族的社会民主主义工人统一的呼声现在比任何时候都更加响亮。

10. 沙皇君主政府的那种粗暴好战的黑帮民族主义的存在,以及**资产阶级**民族主义的抬头——不管这种民族主义是大俄罗斯的(司徒卢威先生、《俄国评论报》、"进步党人"等等)、乌克兰的、波兰的(民族"民主党"[151]的反犹太主义),还是格鲁吉亚的、亚美尼亚的,等等——这一切都特别迫切要求俄国各地的社会民主党组织比以往更加重视民族问题,并以坚定的国际主义和各民族的无产阶级统一的精神对这个问题制定彻底的马克思主义的解决办法。

————

(一)民族文化的口号是不正确的,它表现出来的只是对民族问题理解上的资产阶级局限性。国际文化。

(二)民族区分的永久化,精致的民族主义的推行——各民族的联合、接近、混杂和**另一种**文化即国际文化的原则的表现。

(三)小资产者的绝望(反对民族纷争的毫无希望的斗争)以及

对根本性的民主改造和社会主义运动的恐惧——只有根本性的民主改造才能在资本主义国家缔造民族和平,只有社会主义才能结束民族纷争。

(四)在教育事业上的民族组合。[152]

(五)犹太人。

载于1925年《列宁文集》俄文版
第3卷

译自《列宁全集》俄文第5版
第23卷第314—322页

颇有教益的言论

（1913 年 7 月初）

众所周知的叛徒伊兹哥耶夫先生，在 1905 年前曾是社会民主党人，后来很快变"聪明了"……10 月 17 日以后就摇身一变为右翼自由派分子，近来常常在"十月党人的"或反革命自由派的主要机关刊物《俄国思想》杂志上对社会民主党加以关注。

现在只能向希望充分了解工人政治中重大问题的工人介绍一下伊兹哥耶夫先生在今年《俄国思想》杂志最近一期即 6 月号上的一篇文章。

仔细思考一下伊兹哥耶夫先生乱捧取消派的**思想**和**策略**即取消派的基本原则的那些热情洋溢的颂词是很有益处的。自由派怎么能不吹捧自由派工人政治家的原则和策略呢！

仔细思考一下对取消派深表同情的伊兹哥耶夫先生的有独到之处的策略论点是很有益的，因为他终究上过"马克思主义的初级学校"，是懂得必须探索护党派同取消派之间的严重斗争的真正根源的。

可惜我们在这里只能从伊兹哥耶夫先生的这篇颇有教益的文章中摘出十分简短的几段话，并加上一个远不全面的极为简短的说明。

在伊兹哥耶夫先生看来，布尔什维主义的胜利取决于"俄国沿着立宪（即使是德国类型的立宪）的方向和平发展有多大希望。现在已经证明，在德国实行一种有各种自由、没有强化警卫、社会民主主义的工人政党能够广泛发展的君主立宪制是可能的。在俄国实行这种制度是否可能呢？这要看天平往哪一头倾斜：是取消派成功的希望大，还是布尔什维克成功的希望大……"

"……如果反动派的进攻没有止境，如果俄国的立宪力量不足，难以对国家进行和平改造，那么，无疑布尔什维主义就会胜利，并且会把取消派赶下舞台。"而伊兹哥耶夫先生本人认为布尔什维克是无政府主义者，取消派是"真正的社会民主党人"，取消派把布尔什维克纲领中的头两条去掉，换上结社自由的条文是十分明智的！！

伊兹哥耶夫先生写道："风暴是要过去的，做正常的工作的时刻是会到来的，取消派也将重新〈!!?〉成为工人阶级的领导者。"这就是伊兹哥耶夫先生的梦想。据他说，当"风暴过去"的时候，取消派的策略将是非常美好的……　下面就是他"对策略的见解"：

"如果更深入地思考一下布尔什维克的策略，那就必须承认，这个策略是根据这样一个信念制定的，即认为俄国争取君主立宪的斗争……〈省略号是伊兹哥耶夫先生用的〉已经在6月3日结束了。往后也许是争取直接民主或彻底民主的斗争。可是，在俄国的基本历史条件下，除了六三宪制以外，不可能有其他的宪制。俄国立宪派只能指望实行没有自由、只有非常条例的宪制。我们认为布尔什维克的观点是错误的，在政治上是有害的，虽然它同黑帮的观点完全对立，但却同出一源。可是不能否认它还是有思想内容的。如果俄国立宪派长时期地无力保证国家建立法制，那么将来甚至会证明布尔什维克的悲观主义是正确的。而在目前，正像《光线报》所正确指出的……〈啊，当然是这样！〉……布尔什维克的悲观主义只能和半无政府主义分子合流……"（接着，为《光线报》高兴得喘不过气来的伊兹哥耶夫先生援引了取消派文章中的几段话）

　　伊兹哥耶夫先生把**关于**地主和资产阶级的悲观主义笼统地称做悲观主义。**这种**"悲观主义"同关于首先是无产阶级，其次是小资产者劳动群众的**乐观主义**是否有不可分割的联系呢？关于这一点伊兹哥耶夫先生是怕想的。他怎么会不怕呢！

　　这个叛徒同取消派连连亲吻的最奇特之处，这个自由派分子所发表的这些言论的最有教益之处，就是他对取消派深表同情，但又**不敢**否认布尔什维克的策略**有思想内容**！他拥护"和平"发展和取消派的机会主义，但又**不能**断然肯定正是这种发展会取得胜利！！他是布尔什维主义的疯狂敌人，他对我们骂不绝口（说我们是无政府主义者、布朗基主义者，说我们喜欢自吹自擂等等）。他是取消派的亲密朋友，但是又**不得不**承认，如果"俄国的立宪力量不足"（就是说如果这种力量还像目前的情况那样……），布尔什维主义就会胜利！！

　　怒气冲冲的伊兹哥耶夫先生虽然很清楚社会民主党的情况，但是他不很机灵，他没有察觉，所有这些论点①……………………………………………………………………………………

而且他揭去了费·唐·、尔·谢·、叶若夫、拉林、马尔托夫、波特列索夫之流的遮羞布。

　　感谢你，衷心地感谢你，生布尔什维克气的伊兹哥耶夫先生！真理的光芒是刺眼的。而你**无意中**却刺了你的朋友取消派的眼睛。你这样"亲热地"拥抱他们，是会把他们抱得憋死的。

　　再稍微谈几句一个纯粹历史性的问题。为什么在德国正是实行这种比法国式的立宪更为反革命自由派所欣赏的立宪"是可能

────────────

　　①　下一页手稿没有找到。——俄文版编者注

的"呢？喜欢生气而又不机灵的伊兹哥耶夫先生，这只是因为这种立宪是害怕工人取得自由的俾斯麦和自由派所作的努力同40年代、50年代和60年代争取德国**最完全的**民主化的工人所作的努力这两者的一种**合力**。**那时**德国工人还软弱，因此俾斯麦和普鲁士自由派取得了**一半胜利**。如果那时德国工人强大些，俾斯麦就只能取得四分之一的胜利。如果德国工人再强大些，俾斯麦就根本不会取得胜利。德国所以能不顾俾斯麦的反对，**不顾普鲁士自由派的反对**而争得自由，**只是**由于工人阶级（部分地也是由于小资产阶级民主派，但所占比重很小）为争取最完全的民主化作出了坚定而又顽强的努力。

伊兹哥耶夫先生，你一点也不明白吗？对德国来说，历史也证实了"布尔什维克的"策略是正确的，这难道你不明白吗？对布尔什维克少生些气，同取消派少"亲热"些，这样你可能还会明白的。

弗·伊·

（或不署名）

附言：此文如不合用，请交给《启蒙》杂志。我的意见是最好作为小品文交《真理报》发表。

载于1925年《红色处女地》杂志
第1期

译自《列宁全集》俄文第5版
第23卷第323—326页

实际生活中的情景

(1913 年 7 月 2 日〔15 日〕)

当人们谈到俄国生活中,特别是俄国农村中的农奴制的时候,就会引起我国自由派,特别是那些喜欢装得几乎像马克思主义者的自由派的抗议。他们说,啊,在 20 世纪的俄国还有什么农奴制!这不过是一种"鼓动"……

其实,在现代俄国农村中,农奴制的极其鲜明的情景触目皆是,只是由于"已经惯于忍受的"俄国庸人的那种可诅咒的守旧心理,才使他们对这些情景无动于衷。

下面就是其中的一个情景,这我们是从切尔尼戈夫省地方自治会议 1900—1909 年这 10 年的官方决议汇编中摘引来的。

希日尼亚科夫先生(《俄国财富》杂志)就这个问题写道:"**直到今天**还用劳役制这个古老的方法来保养乡村道路,这是我们地方自治机关的一个污点…… 不用说这种劳役完全由农民负担是多么不公平……就是这种服役的方式本身也是令人愤慨的。在冰雪消融或大雨滂沱之后,村长通常按照巡官的森严命令,'赶着一群人'(像我们平常所说的那样)去修路。工作毫无条理,既不进行水平测量,也没有任何技术指标。我曾经看到过一次非常紧张的劳动,伴随它的是巡官威严的斥责声,**干活的人稍一懈怠就要挨鞭打**。这是在夏末,在省长的车辆将要路过之前…… 有将近 500 名手拿铁锹的男女被赶到大约 3 俄里的地段内干活。他们遵照巡官的命令挖掘谁也用不着的沟渠,后来只好又把这些沟渠填平了…… 我们的地方自治机关,在它存在的差不多 50 年时间里,不但没有想到要取消农民的这个负担,**反而加重了这个负担**……"

　　这个地方自治机关同俄国所有的地方自治机关一样,是地主的地方自治机关。

　　总之,地主进一步加重了农民的这种古老的"义务"。巡官和村长遵照地主的指示"赶着一群人",强迫几百个农民放下自己的活计去"挖掘谁也用不着的沟渠",工作"毫无条理","**干活的人稍一懈怠就要挨鞭打**"。

　　这就是普利什凯维奇之流和马尔柯夫之流等等的政权的根基。同这种根基相对照,我们这些精心谋划的、一本正经的、好心好意的、以改革为目的的自由派纲领该是多么虚伪,多么可憎!

载于1913年7月2日《真理报》　　译自《列宁全集》俄文第5版
第149号　　　　　　　　　　　　第23卷第327—328页

杜马休会和自由派茫然失措

（1913 年 7 月 5 日〔18 日〕）

第四届杜马休会[153]已经一个多星期了，但是报纸上还在发表对它的评论和对它的活动的评价。对第四届杜马普遍表示不满，这已经为大家所公认了。对杜马不满的不仅有自由派，不仅有"负责的"（对地主）反对派[154]，而且还有十月党人。右派也表示不满。

当然，反动地主和反动资产阶级对黑帮杜马表示不满，这是极不寻常的，是特别耐人寻味的。这些阶级做了**一切**可能做的**事情**来保证所谓"和平的""立宪的"发展。

做了**一切事情**——可是不得不承认，结果**毫无收获**！因此在地主和资产阶级本身的营垒里也普遍存在不满。现在，无论在右派那里还是在十月党人那里，再也听不到第三届杜马时期所特有的对六三体制的欢呼和赞美了。

我国的所谓"上层"阶级，即社会的和政界的"上层"，已经**不能**照旧统治俄国了，尽管俄国的国家制度和管理的全部原则完全是由**他们**确定的，是完全按照**他们**的利益安排的。"下层"则渴望改变这种统治。

"上层"不能照旧管理国家事务了，而"下层"又非常不愿意容忍这种管理，这两种情况凑合起来就恰好形成了所谓（即使不十分确切）全国范围的政治危机。

这个危机目前正在增长，这是事实，而且是毋庸争辩的事实。

看来，争取好转的重心根本不在于杜马，因为杜马在这方面不过是个不确切的标志，这一点不仅民主派，就是有见识的自由派也应该清楚了。

但是我们的自由派早已涣散了。《言语报》的社论作者写道："第三届杜马和第四届杜马是对人民代表制的讽刺"，"**可是正是它们存在着**，hic Rhodus, hic salta"（拉丁格言，直译就是"这里是罗得岛，就在这里跳吧"**155**，这就是说，这里是主要的，这里是关键所在，请在这里证明吧，请在这里斗争吧）。

先生们，你们错了！这里**不是**"罗得岛"，也**不会**在这里"跳"，因为这里**不是**开始跳的地方。

只有地主和财主的奴仆才会把第四届杜马当做民主派的"罗得岛"，才会忘记，除了杜马以外，还**"存在着"**比如说具有全民意义的工人运动，尽管自由派对工人运动的这种意义绝口不提，尽管自由派工人政治家即取消派缩小和贬低工人运动的这种意义。

《言语报》喊道："我们是否已经做了我们力所能及的一切来影响杜马，迫使它遵循和执行我们的要求呢？"

这句话有点文理欠通，但是意思很清楚。"我们"是指地主和资产阶级。《言语报》看到的是**这个**"社会"，只是**这个**"社会的"舆论，只是它才使《言语报》感兴趣。

迫使最反动的地主"执行"自由派地主和自由派资产阶级的"要求"？但是连自由派地主和自由派资产阶级自己也不清楚自己"要求"什么，希望什么，不知道是要进行争取好转的变革呢，还是要削弱正在实现这种变革的全国规模的工人运动。

可怜的自由派！

载于 1913 年 7 月 5 日《真理报》
第 151 号

译自《列宁全集》俄文第 5 版
第 23 卷第 329—330 页

国际反对卖淫第五次代表大会

（1913 年 7 月 13 日〔26 日〕）

"国际反对卖淫第五次代表大会"不久前在伦敦闭幕了。

公爵夫人、伯爵夫人、主教、牧师、拉比[156]、警官和各种各样的资产阶级慈善家都粉墨登场了！多少次隆重的宴会和豪华的官方招待会！多少次慷慨激昂地斥责卖淫的危害和下流无耻！

大会上温文尔雅的资产阶级代表们要求采取什么样的斗争方法呢？主要是两种方法：宗教和警察。据说这是反对卖淫的最正确最可靠的方法。据莱比锡《人民报》[157]驻伦敦记者报道，有一个英国代表夸耀说，他在议会里提议对拉皮条的人处以肉刑。看，这是一位多么了不起的反对卖淫的"文明的"当代英雄啊！

一位来自加拿大的女士非常赞赏采用警察方法和对"堕落"女人实行警察监视；而关于提高工资问题，她指出女工是不配获得较高的工资的。

一位德国牧师攻击了现代的唯物主义，他说唯物主义在人民中间日益广泛地传播，从而促进了自由恋爱的流行。

当奥地利代表格特纳试图提出关于卖淫的社会原因、关于工人家庭生活穷困、关于使用童工、关于不堪忍受的居住条件等等问题时，充满敌意的喊声迫使发言人停止了发言！

但是各组代表在讨论时却大谈高贵人物的发人深省和令人激

动的轶事。例如，当德国皇后参观柏林的某所产院时，**人们让**一些"非婚生的"孩子的母亲都**戴上指环**，以免未行过婚礼的母亲亵渎了这位高贵人物！！

　　据此可以判断，这些贵族资产阶级的会议充满了多么令人恶心的资产阶级的伪善。假慈善家和嘲弄穷困的警察辩护人开会"反对卖淫"，而支持卖淫的又恰恰是贵族和资产阶级……

载于 1913 年 7 月 13 日《工人真理报》第 1 号　　　　　　译自《列宁全集》俄文第 5 版第 23 卷第 331—332 页

言论和行动

(1913 年 7 月 16 日〔29 日〕)

我们有些人在评价某一党派的口号、策略和它的总方针时，经常错误地拿这个党派自己提出的愿望或动机来作根据。这样的评价实在要不得。俗话说得好，地狱是由善良的愿望铺成的。

问题不在于愿望，不在于动机，不在于言论，而在于不依这些东西为转移的客观环境。正是客观环境决定着某一党派的口号、策略或总方针的成败和意义。

现在我们就用这种观点来分析当前工人运动中最重要的问题。彼得堡 7 月 1—3 日的罢工有 62 000 多工人参加，这还是根据资产阶级报纸《言语报》和《俄罗斯言论报》的统计数字，这两家报纸在这种情况下总是提供缩小了的数字。

因此，有 6 万多人参加罢工，这是事实。大家知道，这次罢工的直接起因是抗议迫害工人报刊，抗议每天没收这些报刊等等。我们甚至从《新时报》、《言语报》、《现代报》[158]、《俄罗斯言论报》这类报纸的报道中也可以看出，工人通过自己的发言和其他方式着重指出他们的抗议具有全民的意义。

俄国社会的各个不同的阶级是怎样对待这一事件的呢？他们采取了什么立场呢？

我们知道，《俄国报》[159]、《庶民报》之类的报纸都对这一事件发表了照例是措辞激烈的谴责性声明，并且往往带有极粗鲁的谩骂和威胁等等。这并不新奇。这是可以理解的。这是必然的。

比较"新奇的"倒是资产阶级对这一事件采取了非常冷淡的态度，这一点在自由派报纸上已经反映出来了，而且这种冷淡态度往往转变为否定态度。可是，当工人运动在 17—18 年以前还不太重要，参加的人数还不太多的时候，自由派资产阶级曾对工人运动表示过明显的同情。可见，自由派无疑已经坚决地向右转了，它背离了民主运动并且反对民主运动。

自由派的《俄罗斯言论报》如果不是俄国销路最广的报纸，那也是俄国销路最广的报纸之一，这家报纸在评论彼得堡 7 月 1—3 日事件时写道：

"指出彼得堡出版的社会民主党报纸对这次罢工的态度是很有意思的。社会民主党的《真理报》专为昨天的〈此文写于 7 月 3 日〉罢工辟出很大的篇幅，而所谓取消派集团的机关报《光线报》却只登了一篇关于这次罢工的短评，在此之前，它曾为政治罢工写了一篇社论〈7 月 2 日《光线报》〉，表示反对工人的这类行动。"（1913 年 7 月 3 日《俄罗斯言论报》）

事实就是这样。反动派采取敌视态度。自由派和取消派则采取冷淡和否定的态度。自由派和取消派行动上是统一的。只有反对取消派，工人的群众性行动才能统一起来。

无产阶级要想履行自己的民主主义职责，要想尽到先锋队的义务，要想为人民群众服务，对他们进行教育，使他们团结起来，就只有同行动上完全依赖于自由派的取消派进行坚决的斗争。

自由派同各种各样的貌似马克思主义者的分子或动摇分子一样，也常常在杜马讲坛上表现激进，但是这并不妨碍自由派（在取

1913 年 7 月 16 日载有列宁《言论和行动》(社论)、
《立宪民主党人论乌克兰问题》和《关于德国各政党的最新材料》
三篇文章的《工人真理报》第 3 号第 1 版

（按原版缩小）

消派的帮助下）去反对杜马外的群众的民主运动。

载于1913年7月16日《工人真理报》第3号

译自《列宁全集》俄文第5版第23卷第335—336页

立宪民主党人论乌克兰问题

（1913 年 7 月 16 日〔29 日〕）

　　在报刊上以及杜马讲坛上，例如在社会民主党人彼得罗夫斯基的发言[160]中，早已指出某些有影响的立宪民主党人（以司徒卢威先生为首）就乌克兰问题发表的言论是非常不体面、反动和无耻的。

　　近来我们在立宪民主党的正式机关报——《言语报》上看到经常为该报撰稿的米·莫吉梁斯基先生写的一篇文章，我们对这篇文章**不能保持沉默**。

　　这篇文章以批"分离主义"为名对乌克兰人进行真正沙文主义的攻击。"不顾一切的冒险主义"、"政治上的梦呓"、"政治上的冒险"，——这就是在这位披着"民主主义"外衣的、地地道道的**新时报派分子**米·莫吉梁斯基先生的文章中使用的字眼！！ 而立宪"民主"党竟无耻地为这篇文章打掩护，十分推崇地把它登出来，这就无声地赞许了这种赤裸裸的沙文主义。

　　米·莫吉梁斯基先生本人指出这样一个事实：在利沃夫召开的全乌克兰大学生代表大会[161]上，某些乌克兰社会民主党人即居住在俄罗斯的某些乌克兰人也反对乌克兰政治独立的口号，反对社会民主党人顿佐夫，因为他向大会提出了关于"独立自主的乌克兰"的决议案，这个决议案除两票反对外，被一致通过。

可见，根本谈不上所有的社会民主党人都赞同顿佐夫的意见。不过社会民主党人同顿佐夫争论过，提出了自己的论据，并且是在同一个讲坛上为说服同一些听众而争论的。

米·莫吉梁斯基先生完全丧失了起码的政治礼貌，竟用黑帮分子词汇里粗野骂人的字眼来攻击顿佐夫，攻击整个乌克兰大学生代表大会。他很清楚，他的论敌根本没有可能来驳斥《言语报》的观点，根本没有可能在同一个讲坛上面对俄国听众发表同样坚决的、公开的、自由的演说。

我们的立宪民主党人是可悲的民主派！那些对立宪民主党人的这种无理取闹表示容忍而不作强烈抗议的人，也是可悲的民主派。马克思主义者永远不能让民族主义口号搞昏自己的头脑，不管这种民族主义口号是大俄罗斯的、波兰的、犹太的、乌克兰的还是其他民族的。但是，马克思主义者也没有忘记，一切民主派的起码责任是要反对那种以批"分离主义"为名对任何一个民族进行任何攻击，是要为承认完全的和无条件的民族平等和民族自决权而斗争。

从无产阶级的观点来看，这种自决在每个具体场合应该怎样表现是可以有不同看法的。同顿佐夫这样的民族社会主义者进行争论是可以的，也是应该的，但是以批"分离主义"为名进行卑鄙的攻击，对那些不能自卫的人进行攻击，却是我国的立宪民主党人无耻已极的行为。

载于1913年7月16日《工人真理报》第3号　　　　　译自《列宁全集》俄文第5版第23卷第337—338页

关于德国各政党的最新材料

（1913 年 7 月 16 日〔29 日〕）

德国统计局公布了一批有关 1912 年议会（帝国国会）选举的很有意思的材料。把各个政党**在农村**和**在城市中**的力量加以比较是大有教益的。

德国的统计把不满 2 000 个居民的居住区算做村庄，这和欧洲多数国家的统计是相类似的，但与俄国不同，俄国到目前为止仍然保持着官僚警察的荒唐做法，不管居民多少，任意把一些居住区"称做"城市。

德国的统计把拥有 2 000 到 10 000 个居民的居住区算做小城市，而把拥有 10 000 个以上居民的居住区算做较大的城市。

看来，某个政党的**进步性**（最广泛的经济和政治意义上的"进步性"）同它**在城市**以至一切较大的居住区**中**的力量的**增长**之间有着惊人的一致性。

在这方面，德国有四类政党特别令人注目：

（1）社会民主党，这是唯一彻底进步的政党，是雇佣工人的真正"人民的"群众性的政党；

（2）"进步人民党"[162]，这是小资产阶级的民主政党，类似我国的劳动派（只不过不是在农奴制而是在纯粹资产阶级社会的条件下）；

(3)"民族自由党"[163]，这是大资产阶级的政党，德国的十月党人—立宪民主党人的政党；

(4)一切保守党，即黑帮地主、教权派、反动小市民和农民的政党（反犹太主义者，"中央党"即天主教派，本来意义上的保守派，波兰人等等）。

各政党所得的选票比例（百分比）

	社会民主党	进步党	民族自由党	一切保守派政党	零散的不定型的党派	共计
农村……	19.0	8.8	12.8	58.6	0.8	100.0
小城市……	35.8	12.1	15.0	36.4	0.7	100.0
大城市……	49.3	15.6	13.8	20.0	1.3	100.0
全德国……	34.8	12.3	13.6	38.3	1.0	100.0

在德国实行了普选制。但上面的统计表清楚地表明，德国农村，德国农民（也像欧洲所有立宪的文明国家的农民一样）直到现在还几乎完全在精神上和政治上受到地主和神父的奴役。

在德国农村中，拥护保守党即地主和神父的政党的选票几乎达到$\frac{3}{5}$（58.6％）！当农民同封建主、农奴主和地主进行斗争时，农民在欧洲各地都曾经是革命的。而在他们争得了自由并获得了一小块土地以后，他们便照例同地主和神父和解，变成反动的了。

但是资本主义的发展又开始使农民离开反动派的怀抱而拥护社会民主党。1912年社会民主党在德国农村获得的选票几乎已占农村选票总数的$\frac{1}{5}$（19.0％）。

因此，当前德国农村的政治状况就是这样：五分之一的人拥护社会民主党，五分之一的人拥护在一定程度上是"自由派的"资产阶级，五分之三的人拥护地主和神父。在农村的政治教育方面还有不少工作要做。资本主义一方面使小农破产并日益加重对他们的压迫,同时可以说正在用强力迫使小农摆脱反动的偏见。

在小城市中则又是一种情况:社会民主党已经超过自由派资产阶级(35.8％的选票对27％的选票),但还没有完全赶上拥有36.4％选票的保守派。小城市是小市民的大本营,他们主要从事工商业。小市民是最动摇不定的,因此他们既不能给保守派,也不能给社会党人或自由派资产阶级提供稳定的多数。

在大城市,社会民主党取得了胜利。拥护社会民主党的占居民的**半数**(49.3％的选票),等于保守派和自由党人的选票的总和(15.6％＋13.8％＋20％＝49.4％)。这里拥护保守派的只有**五分之一**的居民,拥护自由派资产者的只有**十分之三**的居民,而拥护社会民主党的则占**半数**。如果拿最大的城市来说,社会民主党就更占有绝对的优势。

大家知道,在所有现代国家甚至在俄国,城市的发展要比农村快得多,城市是人民的经济、政治和精神生活的中心,是进步的主要动力。社会民主党在城市中的优势,清楚地表明了这个先进的人民群众的政党的作用。

1912年在德国的6 500万个居民中,仅有2 590万人住在农村,1 230万人住在小城市,2 680万人住在较大的城市。在近几十年,德国已经成为一个纯粹资本主义的、比较自由的、拥有可靠的宪制和实行了普选制的国家,因此,城市人口比农村人口的增加快得多。1882年,在4 500万个居民中,住在城市的有1 890万人,即占41.8％;1895年,在5 200万个居民中,住在城市的有2 600万人,即占49.8％;1907年,在6 200万个居民中,住在城市的有3 600万人,即占58.1％。而在上述这些年份里,住在拥有10万和10万人以上的最大城市的居民分别为300万——700

万——1 200 万,即占人口总数的 7.4％——13.6％——19.1％。25 年来人口总数增加了 36.5％,城市人口增加了 89.6％,而最大城市的人口增加了 254.4％。

最后,值得指出的是,在现代的资产阶级德国只有**少数人**拥护纯粹的资产阶级政党。1912 年,社会民主党人在全德国获得了总票数的**⅓强**(34.8％),保守派(主要是地主和神父)获得了总票数的**⅔弱**(38.3％),而所有的自由派资产阶级政党**仅仅**获得了¼的选票(25.9％)。

怎样解释这种现象呢? 为什么在资产阶级德国这样一个资本主义发展得特别快的国家里,在革命(1848 年资产阶级革命)以后已经过去了 60 多年的今天,占统治地位的仍然是地主和教权派的政党,而不是纯粹资产阶级的政党?

卡·马克思早在 1848 年就指出了产生这种现象的最主要原因,这就是:德国资产阶级被无产阶级的独立精神吓破了胆,它看到工人利用民主设施是**为了自己**和反对资本家,于是就背弃民主,可耻地背叛它以前曾经维护过的自由,向地主和教权派卑躬屈节。[164]大家知道,从 1905 年以来,俄国资产阶级比德国资产阶级更加热衷于发展这种卑躬屈节的政治意向和政治思想。

载于 1913 年 7 月 16 日《工人真理报》第 3 号　　　　　译自《列宁全集》俄文第 5 版第 23 卷第 339—342 页

揭露英国机会主义者

(1913 年 7 月 16 日〔29 日〕)

不久前,在英国的莱斯特市(Leicester)举行了议会补选。

这次选举具有重大的原则意义,任何一个社会党人,只要他关心无产阶级对自由派资产阶级的态度,特别是英国社会主义运动这个极其重大的问题,他就应当仔细考虑一下莱斯特市的选举。

莱斯特选区应当选出**两名**议员,因此每个选民拥有**两票**。这样的选区在英国并不多,但是正如莱比锡《人民报》驻英国记者所着重指出的那样,它们正好特别有利于社会党人同自由党人暗暗结成**同盟**(联盟)。所谓"独立"(独立于社会主义,但依附于自由主义的)工党的一些最著名的领袖,就是由这些选区选入议会的。"独立工党"的领袖基尔-哈第、菲力浦·斯诺登、拉姆赛·麦克唐纳都是由这些选区选出的。

在这些选区内占主导地位的自由党人向自己的选民发出指示(指令):一票投社会党人,一票投自由党人,——自然,这个社会党人应当是"通情达理的"、温和的、"独立的",而不是某个不可调和的、被英国自由党人和取消派骂为(他们骂起来并不亚于俄国人)无政府工团主义者等等的社会民主党人!

可见,自由党人实际上已同温和的、机会主义的社会党人结成同盟。英国"独立党人"(我们的取消派对他们怀有柔情蜜意)实际上是**依附于**自由党人的。"独立党人"在英国议会里的所作所为，不断地证实他们的这种依附性。

碰巧，莱斯特的"独立党人"的代表、党的领袖麦克唐纳本人，由于个人原因而放弃了代表资格。

怎么办呢？

自然，自由党人就提出了自己的候选人。

莱斯特是一个工业城市，其居民主要是无产者。

"独立党人"的地方组织召集了代表会议，以 67 票对 8 票决定**提出自己的候选人**。说了就干。他们提出了班顿，他是市议会议员，"独立工党"的著名活动家。

当时，这个党的中央委员会（它掌握着选举经费开支权，而在英国进行选举的开销是很大的！）**拒绝批准班顿为候选人!!**

机会主义者的中央委员会反对当地的工人。

另一个英国社会党（非机会主义的、**真正**独立于自由党人的）的莱斯特组织，派遣了自己的代表去见莱斯特"独立党人"，要他们支持**自己的**党员即"英国社会党"党员哈特莱（Hartley）为候选人。哈特莱是工人运动中一个很有声望的活动家，曾经是"独立工党"党员，后来由于这个党坚持机会主义而离开了它。

"独立工党"的莱斯特组织处于困难的境地：虽然它衷心赞成选哈特莱，但是……但是无奈有本党的纪律，有中央的决定！莱斯特人总算找到了一条出路：他们结束了会议，**所有的人都以个人名义**表示赞成选哈特莱。第二天，工人举行的一个大会表示同意哈特莱为候选人。班顿本人也发电报表示他将投票选哈特莱。莱斯特各工会也表示要选哈特莱。

于是"独立党人"的议会党团出面干涉，并且**在自由党人的报**

刊(就像我国为机会主义效劳的《言语报》和《现代报》)上公布**自己
的抗议书**,抗议哈特莱为候选人,抗议"暗中危害"麦克唐纳!!

选举结果当然是自由党人获得了胜利。他们获得了 10 863
票,保守党人获得了 9 279 票,哈特莱获得了 2 580 票。

各国觉悟的工人常常"迁就"英国独立党人。这是一个大错
误。莱斯特的独立党人**背叛**工人事业并不是偶然的,而是"独立工
党"**整个**机会主义政策的结果。一切**真正的**社会民主党人,应当站
在那些正在对英国"独立"工党用自由主义腐蚀工人的做法进行坚
决的斗争的英国社会民主党人这一边。

载于 1913 年 7 月 16 日《工人
真理报》第 3 号

译自《列宁全集》俄文第 5 版
第 23 卷第 343—345 页

一个先进的资本家的思想

(1913 年 7 月 17 日〔30 日〕)

美国最有名最富有的商人之一、国际商会代表大会副主席爱德华·阿伯特·**菲列纳**现在正在巴黎、柏林以及欧洲其他最大的中心城市访问,以便同商界最有影响的人士进行个人接触。

欧洲最富有的人照例要为这位美国富翁举行宴会,在这些宴会上,他发挥了自己关于商人的**世界实力**的"新"思想。德国交易所资本家的机关报《法兰克福报》[165]详细地转述了这位美国"先进的"百万富翁的思想。

他说:我们正经历着一个伟大的历史运动,这个运动的结果将是现代世界的整个统治权转入商业资本的代表手中。我们是世界上责任最重大的人,所以我们在政治上也应当是最有影响的人。

菲列纳先生断定,民主派正在成长,群众力量正在壮大(他想必有一点把这些"群众"看做傻瓜的癖好)。生活费用日益上涨。议会和发行几百万份的日报愈来愈详尽地向人民群众阐明这一点。

群众竭力要求参加政治生活,扩大选举权,征收所得税等等。这位可敬的演说家得出结论说,整个世界的统治权应当转入群众即转入**我们的职员手中**。

群众的当然领袖应当是**企业主和商人**,他们愈来愈学会认识自己的利益和群众的利益的共同性。(我们要顺便指出,机灵的菲列纳先生是一家有2 500个职员的大商行的老板,他已经把自己的职员"组织"成一个参与利润分成等等的"民主"组织。菲列纳先生把自己的职员看成一些不可救药的傻瓜,他确信他们一定会心满意足,并对"恩人"感激不尽……)

菲列纳先生说:提高工资、改善劳动条件——这样做就能使职员依附于我们,就能保证我们统治全世界。世界上一切有才能的人都将为我们服务。

这个美国人大声疾呼:我们需要的是组织再组织——强大而民主的组织,既需要全国性的组织,也需要世界性的(国际范围的)组织。他号召巴黎、柏林等城市的商界人士改组**国际商会**。这些商会应当把**一切**文明国家的商人和企业主联合成一个统一而强大的组织。一切重大的国际问题都应当由这个组织讨论解决。

这就是"先进的"资本家菲列纳先生的思想。

读者会看到,这些思想是向60多年前表述的马克思主义思想所作的一种小小的、狭隘的、片面的、出于私利而又内容贫乏的**靠拢**。"我们"是抨击和驳斥马克思的能手;"我们"这些文明的商人和政治经济学教授完全驳倒了马克思!……同时我们在琐碎的细节上盗用马克思的思想,而向全世界夸耀自己的"进步"……

最可敬的菲列纳先生!您莫非彻底相信全世界的工人都已经完全变成傻瓜了吗?

载于1913年7月17日《工人真理报》第4号　　　　　　　　译自《列宁全集》俄文第5版第23卷第346—347页

为国民教育能够做些什么

（1913 年 7 月 18 日〔31 日〕）

在西方国家充斥着不少迂腐的偏见，这些偏见在我们神圣的祖国俄国是没有的。例如，那里的人们认为，藏书几十万册或几百万册的大型公共图书馆，决不应当只成为现在利用这些图书馆的少数学者或所谓学者的财富。那里的人们抱定一种古怪、费解而又荒唐的目标：要使这些巨大宽敞的图书馆不只是对学者、教授和其他专家开放，而且也对群众，对普通人，对市井小民开放。

这是何等亵渎图书馆事业，何等缺乏那种值得我们骄傲的"秩序"！他们所注意的并不是数以十计的官僚委员会所讨论和制定的**规章**（这些委员会发明了成百上千条使用图书的手续和限制），而是使大量藏书连**儿童**也能利用；他们关心的是使读者能够在自己家里阅读公家的图书。他们认为一个公共图书馆引以自豪和引以为荣的并不在于它拥有多少珍本书，有多少 16 世纪的版本或 10 世纪的手稿，而在于图书**在人民中间**流传的**广泛程度**，在于吸引了多少新读者，如何迅速地满足读者对图书的各种要求，在于有多少图书被读者带回家去，有多少儿童来阅读图书，利用图书馆……　这些古怪的偏见在西方各国广为流传，于是我们的管理当局就无微不至、小心翼翼地来保护我们，使我们不受这些偏见的影响，使我们藏书丰富的公共图书馆不对市井小民，不对平民开放，这真不能不使人感到高兴啊！

我手头有一份纽约公共图书馆 1911 年的工作报告。

这一年纽约公共图书馆从两所旧房子迁到该市新建的一座大楼。这时藏书总数将近 200 万册。很凑巧，读者阅览室开馆后要求借阅的第一本书是俄文版的。这是尼·格罗特的著作——《当代的道德标准》。索书单是上午 9 时 8 分送进去的，读者在 9 时 15 分就拿到书了。

一年之内来过该图书馆的有 1 658 376 人。到阅览室阅读的有 246 950 人，借阅图书达 911 891 册。

但这不过是该图书馆**图书流通量**的一小部分。能够来该图书馆的人还不够多。衡量教育工作是否安排得合理，要看有多少书被读者借回家去，要看为**多数居民**提供了什么方便条件。

纽约公共图书馆在纽约的曼哈顿、布朗克斯和里士满这三个区（居民总数将近 **300 万人**）共有分馆 **42 个**，很快就要成立第 43 个了。这样做的目的，是要有步骤地使每个居民在自己的住宅周围方圆¾俄里以内，即 10 分钟内就能走到的地方，都可以找到一个分馆，这些分馆就是各种机关和企业的国民教育**中心**。

1911 年出借的图书近 **800 万**（7 914 882）册，比 1910 年多 40 万册。一年内平均每 100 个居民（不分年龄和性别）借回家阅读的图书为 267 册。

42 个分馆当中，每个分馆不仅使读者能在馆内阅读各种参考书和把图书借回家去，而且还为晚间讲座、群众集会、正当的文娱活动提供场所。

纽约公共图书馆收藏的东方语文图书将近 15 000 册，依地文图书约有 2 万册，斯拉夫文图书将近 16 000 册。在主阅览室里设有**开架**书橱，陈列了将近 2 万册图书，供大家随意利用。

纽约公共图书馆为儿童设立了专用的阅览室——中心阅览室，各个分馆也在逐步设立这种阅览室。图书馆工作人员尽量给儿童提供各种方便，并给他们解答问题。儿童借回家去的图书有 2 859 888 册，略少于 300 万册（占出借图书总数的 $\frac{1}{3}$ 强）。到阅览室阅读的儿童有 1 120 915 人。

至于图书遗失问题，纽约公共图书馆每出借 10 万册书才遗失 70—80—90 册。

这就是纽约图书馆现行的制度，而我们呢？

载于 1913 年 7 月 18 日《工人真理报》第 5 号

译自《列宁全集》俄文第 5 版第 23 卷第 348—350 页

一个"时髦的"工业部门

(1913年7月21日〔8月3日〕)

资本主义生产的发展是跳跃式、爆发式的。时而是工业的"极度"繁荣,时而是破产、危机和失业。在这种经济体制下情况只能是这样,因为各个分散的、互不相干的业主凭借私有财产来支配大企业里成千上万名工人的联合劳动,为一个未知的市场"工作"。

"时髦的"工业现在发展得特别迅速,同时也在飞快地走向破产。汽车工业就是这种"时髦的"工业的一个例子。例如在德国,各种汽车(包括摩托车)在1907年有27 000辆,在1912年已经达到7万辆。

在法国和英国,汽车使用得更加普遍。请看如下的比较数字:德国有7万辆,法国有88 000辆,英国有175 000辆。

总之,按人口计算,德国的汽车比英国的汽车**几乎**少¾,俄国当然落后得更多了。

在按资本主义方式组织国民经济的条件下,汽车只是一小撮富翁的财产。工业**本来可以**提供几十万辆汽车,但是人民**群众**的贫困却阻碍它的发展,使它在几年"极度"繁荣之后就遭到破产。

顺便说一下,如果汽车业能为多数人服务,它就具有很大的意义,因为联合起来的工人社团将用汽车代替农业和马车运输业中的大量役畜。这种代替能使现在生产马的饲料的**几百万俄亩**土地用来生产粮食、肉类和奶,以改善人民的饮食。

　　资产阶级经济学家说农业不能提供足够的粮食,这只是吓唬人而已!

载于1913年7月21日《工人真理报》第8号　　　　　　译自《列宁全集》俄文第5版第23卷第351—352页

死的取消主义和活的《言语报》

(1913 年 7 月 24 日〔8 月 6 日〕)

在取消派报纸《现代生活报》第 1 号上,刊登了尔·马·的《旧题重谈》一文。关于这位忘乎所以的、急于"抓住"同罗莎·卢森堡进行论战的考茨基的"后襟"的作者所耍弄的卑劣手法,我们以后有机会再谈。尔·马·使出自由派的故伎——吹嘘**这类论战**,把它说成是有原则意义的重大论战,而对德国机会主义者(改良主义者)的立场,却**完全避而不谈!**

尔·马·先生当然乐意抓住考茨基的礼服,但是在谈到"德国社会民主党的文献"时,却宁愿避而不谈——也许是出于谦逊——同尔·马·和《现代生活报》一脉相承的改良主义者的浩繁的真正有原则意义的重要文献。

再说一遍,关于这一点我们另外再谈。

尔·马·可以说硬是拉着德国人来管俄国的事情。而关于这些事情,《现代生活报》第 1 号通过尔·马·的嘴说道:

……不为结社自由而斗争,"俄国工人就无法摆脱不堪忍受的生活处境,只好干那种松鼠蹬轮子的事情,把力气大量花在周期性的同一类的群众性的行动上,结果既不能取得组织上的发展,又不能使夺得的政治阵地得到巩固"。先进无产者的努力(尔·马·在阐述先进的**自由派**的思想时写道)应当"使工人阶级能够不仅在一天的罢工战场上而且也在其他各种战场上进行战斗和取得胜利"。

这些话里包含着工人政党中的取消派的"学说"的实质。"松鼠蹬轮子"这句话将成为一句名言。《现代生活报》每一号都应当把它登出来,使它成为这家报纸整个方针的座右铭。这就是取消派的"口号"!

大概,绝顶聪明的尔·马·认为请愿就是"其他战场"和不叫做松鼠蹬轮子吧? 先生们,别不好意思,直截了当地说出来好了!

你们看,这就是真正**活的**,也就是说不是维护取消主义的死教条,而是维护活的阶级利益(当然,只是资产阶级的利益,而不是无产阶级的利益)的《言语报》。请把上面摘自 7 月 11 日《现代生活报》的那段话同 7 月 6 日《言语报》的社论比较一下吧。

《言语报》的社论指出 1905 年的工人运动是"全国性的,而1913 年的工人运动则是阶级的",同时又欣喜若狂地重复了取消派对"罢工狂热"的攻击,重复了取消派的指示,说什么"工人能够而且应当不单单用罢工,还要用其他更加复杂的〈原来如此!〉政治手段为言论自由、集会自由和结社自由而斗争"。

不言而喻,自由派也和尔·马·一样,谦逊地不说出这些"复杂的"手段究竟是什么。但是自由派却直截了当地说,结社等等自由一经确立,他们深信,就能够"同混乱的和破坏工业的偶发性罢工进行**严肃的斗争**"(《言语报》的同一社论)。

我们只想指出一点,就是现在大家都承认连纯粹的经济罢工也达到了新的高潮这一事实。再也没什么比在这种情况下讲什么"偶发性"更可笑更可怜的了。

但是,自由派的阶级立场是明显的。任何一个工人一下子就能明白他们的立场,一下子就能从关于"复杂的"手段这种含混的词句里看出资产阶级的利益。活的《言语报》表达的是资产阶级的利益。《现代生活报》的死的取消主义则束手无策地跟着自由派跑，讲不出任何明确的和直截了当的话来说明什么是"其他战场"，而只是愤愤不平地谩骂所谓"松鼠蹬轮子……"

取消派提出来的是一个有名的但却是可耻的口号！

载于 1913 年 7 月 24 日《工人
真理报》第 10 号

译自《列宁全集》俄文第 5 版
第 23 卷第 353—355 页

俄国社会民主工党
中央委员会与"波涛"小组
关于承认波涛出版社
为俄国社会民主工党中央委员会
出版社的协议草案[166]

(1913 年 7 月 25 日〔8 月 7 日〕)

((导言 X))功绩和重要作用

I 鉴于事业的发展和有必要予以正式承认,根据下列原则正确地组建成**中央委员会的出版社**:

(a)小组自主地进行行政组织工作;

(b)所有书籍和材料,凡是不紧迫的,预先送交中央委员会审查,紧迫的则无须送审即可出版,但中央委员会的代表有否决权。

在发生意见分歧并且不能取得一致时,将问题提交中央委员会的一个全体委员会作出最后决定。

中央委员会的代表和波涛出版社社务委员会之间在中央委员会代表经手的小册子问题上发生分歧时,小册子的出版问题也由这一全体委员会决定。

（c）中央委员会任命 X 同志负责该出版社的财务工作。

1913 年 8 月 7 日

载于 1962 年《历史文献》杂志
第 1 期

译自《列宁全集》俄文第 5 版
第 54 卷第 372—373 页

份地的转移

(1913 年 7 月 26 日〔8 月 8 日〕)

最近官方报纸《俄国报》刊登了 1912 年夏季内务部就份地的转移问题,即份地的买卖和转手问题进行调查的结果。

内务部选择了维捷布斯克、彼尔姆、斯塔夫罗波尔和萨马拉(尼古拉耶夫斯克县)4 个省进行调查。值得注意的是,俄国欧洲部分的大俄罗斯农业"中心"各省,虽然农奴制残余最厉害,农民的生活状况最困苦,农奴主-地主的压迫最严重,但却**没有被划入调查范围**! 显然,内务部并不是想**调查**,而是想**欺骗**,并不是想**研究**情况,而是想**歪曲事实**。

内务部所收集的并在《俄国报》上发表的统计材料非常潦草、杂乱和粗糙。这是那些连最简单的事情也会弄糟的俄国官吏们所做的一件日常"公事"。他们在整个俄国调查了大约 10 万农户,但未能制定出一份详细的纲要,未能配备精通业务的统计学家,甚至也未能在各地统一实施即使是不完备的纲要!

调查的总的结果是这样的:在上面提到的那 4 个省里,到 1912 年 1 月 1 日止,已经有 108 095 户农户退出村社,并获得了地契。"获得地契的农户"的总数现在在俄国大概已经达到 200 万户(农户总数为 1 200 万—1 300 万户),这就是说,大约调查了 $\frac{1}{20}$。当然,就是这样的调查,只要是认真进行的,即只要不是由俄国官吏进行的,不是在俄国的政治背景下进行的,那也是有价值的。

在 **10 万多**"获得地契的农户"中,出卖土地的有 27 588 户,即占¼**强**(25.5％)。有这样多获得地契的农户出卖土地,这就突出地表明我们俄国的臭名昭著的土地"私有制"首先是使农民**失去**土地的工具。实际上,在出卖土地的获得地契的农户中,有 **1 万多农户**(10 380 户)完全**没有**从事农业。是旧的、半中世纪的村社人为地把他们束缚在土地上的。社会民主党人的要求——允许自由退出村社——是唯一正确的要求,因为只有这样才能在不受警察、地方官[167]以及其他亲爱的"当权者"干涉的情况下,保证农民得到资本主义社会生活所迫切要求的东西。要想把那些无力经营的人束缚在土地上是不可能的,也是很荒唐的。

如果说全俄国获得地契的农户数目已达到 200 万户,那么上述材料就不能不使我们想到:其中有**将近 20 万户**没有从事农业,他们马上就把土地卖掉了。"私有制"顷刻之间就把数十万徒有其名的农民赶出农村! 这些贫穷的人的土地卖了什么价钱(大概是少得可怜),关于这一点内务部的统计材料只字未提。真是可怜的统计!

什么原因使得获得地契的农民出卖土地呢? 在 17 260 个这样的获得地契的农户中,只有 1 791 户,即只有极少数出卖土地是为了改善经营或购买新土地。其余大部分农户出卖土地是因为**不能依靠土地维持下去**:4 117 户出卖土地是为了迁移到西伯利亚;768 户出卖土地是为了改行;5 614 户出卖土地是由于贫困、"酗酒"(官方统计学家的看法!)和歉收;2 498 户出卖土地是由于疾病、年老、无依无靠;2 472 户是由于"其他"原因。

那些不诚实的统计学家竭力说"真正失掉土地的"只有 5 614

户！当然,这是那些受命去喊万岁的人的卑鄙手法。正如我们所看到的,实际上失掉土地的和破产的是绝大多数出卖土地的人。难怪出卖土地的主要是那些土地少的人。这一点就连官方的统计材料也承认,当然,它不会提供精确的和完全的材料。真是可怜的统计……

在27 588户出卖土地的获得地契的农户中,有一半以上(14 182户)出卖了**全部**土地,其余的出卖了部分土地。购买土地的有19 472人。只要比较一下购买者人数和出卖者人数,就可以明显地看出,土地正在集中,土地正在集中到**少数人**手里。穷人卖出,富人买进。御用文人竭力掩饰这个事实也是无济于事的。

在斯塔夫罗波尔省有14 282个获得地契的农户出卖土地,而购买土地的有7 489人。在这些人当中,购买土地在**15俄亩以上**的有3 290人,其中购买土地50—100俄亩的有580人,购买土地100—500俄亩的有85人,购买土地500—1 000俄亩的有7人。在萨马拉省尼古拉耶夫斯克县,购买土地50—100俄亩的有142人,购买土地100—500俄亩的有102人,购买土地500—1 000俄亩的有2人。

购买土地在两次或两次以上的,在彼尔姆省有201人,在斯塔夫罗波尔省有2 957人,其中562人购买土地5—9次,168人购买土地**10次或10次以上**！

土地集中在大规模地进行。我们清楚地看到,第三届杜马和政府所进行的并得到以立宪民主党为代表的"自由主义"**官吏们支持的限制**土地转移的一切尝试是多么可怜、无聊和反动。没有什么能比维护反对农民土地转移的"措施"更彻底地暴露出立宪民主党人的保守落后和官僚式的愚蠢的了。

若不是极度贫困,农民决不会出卖土地。企图限制他们的这一权利,就是卑鄙地假装好人,就是要**降低**农民出卖土地的条件,因为在现实生活中人们总是千方百计地回避这种限制。

民粹派不懂得资本主义制度下土地转移的必然性,他们较多地是站在民主的立场上要求废除土地私有制。只有不学无术的人才会认为这种废除是社会主义的措施。这根本不是什么社会主义的措施。在英国(最发达的资本主义国家之一),农场主(租佃资本家)是在大地主的土地上经营的。如果这些土地归国家所有,那么农业中的资本主义就会更加广泛、更加自由地发展。就不会受到地主的阻碍,就不必从生产中抽出用来购买土地的资本。土地转移,使土地进入商业周转,就会**更加容易**,因为土地转手会更加自由、更加简单、更加便宜。

国家愈穷,它受农奴制的大土地占有制的压迫和摧残愈厉害,也就愈加迫切地需要(从**发展**资本主义和发展生产力的角度来看)废除土地私有制,需要有土地转移的完全自由,需要打破农业中的陈规旧律和停滞现象。

我国的斯托雷平土地法不仅不能使农民免于破产,使农民的土地不转移,而且还会百倍地加剧农民的破产,使他们的生活状况更加困苦(其困苦程度比实行"一般的"资本主义措施时还要厉害许多倍),使他们在出卖土地时不得不接受更坏的条件。

载于1913年7月26日《工人真理报》第12号

译自《列宁全集》俄文第5版第23卷第356—359页

怎样增加俄国人均消费量？

（1913年8月3日〔16日〕）

前几天，我国工业资本暴君的机关刊物《工商业》杂志刊登了一篇题为《怎样增加俄国人均消费量？》的社论。这个刊物提出的问题是一个有关俄国经济（和其他各方面）落后原因的根本性问题。这个问题应当予以极大的注意。

我国工商业暴君宣布了一个"乍看起来令人难以置信的"事实：按生铁、石油和其他一些产品的产量来说，俄国居先进大国之列，但按**人均消费**量来说（即按每人平均计算的重要产品的产量来说），它却"和"最落后的国家之一"**西班牙相仿佛**"。

例如，1911年人均生铁消费量美国为233公斤，德国为136公斤，比利时为173公斤，英国为105公斤，而**俄国仅仅为25公斤**（＝$1\frac{1}{2}$普特）。俄国自农民获得解放后的半个世纪内，铁的消费增加了4倍，但是俄国依然是一个难以置信的空前落后的国家，是一个贫穷和半开化的国家，它所装备的现代生产工具比英国少$\frac{3}{4}$，比德国少$\frac{4}{5}$，比美国少$\frac{9}{10}$。

问题在哪里呢？《工商业》杂志不得不承认，全部问题在于农村的生活条件。我国农村每人只消费将近$\frac{1}{4}$普特的铁，但是"农村人口却占俄国总人口的$\frac{5}{6}$"。

"据某位统计学家计算，只要中国人把自己的民族服装放长一指，英国所有的织纺厂就得整整工作一年。"

这句话真是一针见血,很有说服力!

为了使数千万俄国农民能把"自己的民族服装放长",或者直截了当地说,为了提高农民的消费量,使他们不再穷困,终于稍微像人那样生活,那需要做些什么呢?

我国工业暴君空洞地回答说,需要"使国家的文化普遍得到发展",使工业和城市等都发展起来,"提高农民的劳动生产率",等等。

这是空话,是可怜的遁词! 半个多世纪以来俄国**一直在**这样发展和"提高",而且这是肯定无疑的。**各个阶级都竭力主张发展"文化"。甚至**黑帮分子和民粹主义者也站在资本主义的立场上了。但是在很久以前就提出了另外一个问题,即:**为什么在我国这种资本主义和文化的发展缓慢得像乌龟爬行? 为什么我国愈来愈落后? 为什么这种愈来愈落后的状态使得以特快速度发展和"罢工"成为必要?**

对每个觉悟的工人来说,这个问题是十分清楚的,我国工业暴君所以害怕回答这个问题,正是因为他们是暴君。他们不像美国资本那样是自由的强大的资本的代表,而是靠国家援助和同黑帮地主百般勾结,搞种种诡计的一小撮垄断资本家,正是这些黑帮地主靠自己的中世纪的地产(拥有约 7 000 万俄亩良田)和压榨,使 $\frac{5}{6}$ 的人民遭受穷困,使整个国家停滞不前,腐化衰败。

И.布—金先生在暴君们的杂志上大声喊道:"必须努力使按人口计算的消费量接近美国,而不是接近西班牙。"这位受暴君们雇用的下流文人不愿意知道,向黑帮地主"讨好",就**不可避免地要"接近西班牙"**,而要接近美国,就必须无情地、奋不顾身地同这个阶级作全面的斗争。

载于 1913 年 8 月 3 日《北方
真理报》第 3 号

译自《列宁全集》俄文第 5 版
第 23 卷第 360—362 页

奥古斯特·倍倍尔

(1913 年 8 月 8 日〔21 日〕)

倍倍尔的逝世,不仅仅使德国社会民主党失去了一位在工人中间最有威信、最受群众爱戴的领袖,因为倍倍尔在自己的发展过程和自己的政治活动过程中不仅体现了德国的而且也体现了国际的社会民主运动的整个历史时期。

国际社会民主运动的历史可以分为两大时期。第一个时期是社会主义思想产生和无产阶级的阶级斗争萌芽的时期。无数的社会主义学说和流派进行了长时期的顽强的斗争。社会主义在探索自己的道路,在进行自我探索。刚刚开始从一般小资产阶级"人民"群众中分离出来的无产阶级的阶级斗争,带有个别爆发的性质,里昂织工的起义[168]就是这样。这个时期的工人阶级也只是在摸索自己的道路。

这个时期是马克思主义这个唯一经受了历史考验的社会主义学说酝酿和诞生的时期。这个时期几乎包括 19 世纪前三分之二的年代,当这个时期结束时,马克思主义已经完全取得了胜利,马克思以前的五花八门的社会主义已宣告破产(特别是在 1848 年革命以后),工人阶级已从小资产阶级民主派中分离出来而走上了独立的历史道路。

第二个时期是由阶级即无产阶级组成的群众性的社会主义政

党建立、发展和壮大的时期。社会主义广泛传播,各种无产阶级组织空前发展,无产阶级为实现自己伟大的具有世界历史意义的目标而在各方面进行全面准备,——这些就是这个时期的特点。紧接着,在最近几年,第三个时期已经开始,在这个时期,准备好了的力量一定会利用一系列的危机来实现自己的目标。

奥古斯特·倍倍尔本身是工人,他通过顽强的斗争才使自己树立了社会主义世界观,他把自己全部充沛的精力毫无保留地用来为社会主义的目标服务,数十年来他一直同日益成长和发展的德国无产阶级携手并进,他成了欧洲最有才干的国会议员、最有天才的组织家和策略家,成了反对改良主义和机会主义的国际社会民主运动中最有威信的领袖。

1840年2月22日,倍倍尔诞生于莱茵河畔科隆城的一个贫穷的普鲁士士官的家里。还在幼年时代,他就接受了不少荒谬的偏见,直到后来才逐渐地但却是永远地把它们抛弃了。1848—1849年,即在德国资产阶级革命时代,莱茵河沿岸居民都向往共和制。在国民学校里只有两个男孩(其中的一个就是倍倍尔)拥护君主制,他们因此遭到同学们的殴打。倍倍尔在自己的回忆录里谈到童年时代的这件事时,曾得出一个"教训",如果把它意译成俄语,那就是:"一个挨过打的抵得上两个没有挨过打的。"

19世纪60年代,即在经历了漫长而痛苦的反革命年代以后,德国出现了一个自由主义的"春天",群众性的工人运动又重新活跃起来。拉萨尔开始了他的出色的、但为时不久的鼓动工作。倍倍尔当时是一个年轻的旋工助手,他贪婪地阅读1848年的老活动家出版的自由主义报纸,并且成了工人教育协会的热心的参加者。倍倍尔虽然摆脱了普鲁士兵营的偏见,却接受了自由主义的观点而反对社会主义。

但是生活毕竟起了作用,尽管当时在德国由于十多年的反革命压迫而很难读到马克思的著作,但这位年轻的工人却通过阅读拉萨尔的小册子开始逐渐了解马克思。工人生活的条件,对社会科学的认真严肃的研究,都促使倍倍尔走向社会主义。他自己也是能够走向社会主义的,但李卜克内西(比倍倍尔大 14 岁,这时刚从伦敦流亡归来)的帮助加速了他的这种发展。

当时马克思的敌人散布了一些恶毒的言论,说什么马克思的党由 3 个人组成:党的首领是马克思,他的秘书是恩格斯,他的"代理人"是李卜克内西。尽管某些糊涂人对李卜克内西这个侨民或流亡者的"代理人"避之不及,但倍倍尔却从李卜克内西身上找到了自己所需要的东西,即找到了同马克思在 1848 年的伟大活动的活生生的联系,找到了同当时建立起来的虽然很小但却是真正无产阶级的政党的活生生的联系,找到了马克思主义的观点和马克思主义的传统的活生生的代表人物。据说,年轻的旋工倍倍尔是这样评论李卜克内西的:"在这个人身上真能学到点东西!"

在 60 年代后 5 年,倍倍尔断绝了同自由派的联系,使工人联合会中的社会主义者同资产阶级民主主义者区分开,并同李卜克内西一起站在爱森纳赫派即马克思主义者的派别的最前列,这个派别同另一个工人派别即拉萨尔派[169]作了多年的斗争。

德国社会主义运动分裂的历史原因,简单说来可以归结为下面这一点。当时德国的统一问题已经提到日程上来。在当时的阶级对比条件下,这种统一可以通过两种方式来实现:或者是通过无产阶级领导的革命并由革命来建立全德共和国;或者是通过普鲁士王朝战争,由这种战争来巩固普鲁士地主在统一的德国中的领导权。

拉萨尔和拉萨尔派认为走无产阶级的和民主的道路成功的可能性不大，于是他们就实行了动摇的策略，迁就容克俾斯麦的领导权。他们的错误就在于使工人政党转向波拿巴的国家社会主义道路。相反，倍倍尔和李卜克内西一贯坚持民主的和无产阶级的道路，反对向普鲁士主义、俾斯麦精神和民族主义作任何微小的让步。

虽然德国按照俾斯麦精神统一起来了，但是历史证明倍倍尔和李卜克内西是正确的。只有倍倍尔和李卜克内西的彻底民主主义的和革命的策略，只有他们对民族主义的"不妥协精神"，只有他们对"自上而下"统一德国和革新德国问题所抱的不调和态度，才有助于为真正的社会民主工党奠定牢固的基础。而当时的问题也正在于党的**基础**。

如果说，拉萨尔派向俾斯麦主义献媚或对它"迁就"并没有给德国工人运动带来危害，那**只是**由于倍倍尔和李卜克内西对这些企图作了最有力、最猛烈的反击。

当问题已经获得历史性的解决的时候，即在德意志帝国建立5年以后，倍倍尔和李卜克内西已把两个工人派别统一起来，并且保证了马克思主义在统一的党内的领导地位。

从德国国会刚成立时起，倍倍尔就当选为国会议员，当时他还只是一个 27 岁的青年。德国（以及国际）社会民主党在国会中的策略就是对敌人不作丝毫让步，不放过能使工人生活状况得到即使是微小改善的任何机会，同时在原则上绝不调和，始终力求实现最终目标，这个策略的原则是由倍倍尔或者在他的直接参与和领导下制定的。

按照俾斯麦精神统一起来的、按照普鲁士方式和容克意旨革新的德国,用反社会党人非常法[170]来对付工人政党的成就。工人阶级政党进行活动的合法条件被破坏了,它被宣布为非法组织。困难时期到来了。当时除了敌人的迫害以外,还有内部危机,即在一些主要策略问题上出现了动摇。起先是机会主义者抬头,他们因合法性被破坏而惊慌失措,并唱起了灰心丧气的调子来,说要放弃不折不扣的口号,责备自己走得太远了,等等。顺便指出,这个机会主义派别的代表之一赫希柏格,在党还很弱小,还不能立即站稳脚跟的时候,曾经在财政上帮助过党。

马克思和恩格斯从伦敦猛烈地抨击了这种可耻的机会主义动摇。这时倍倍尔显示出了自己是党的真正领袖。他及时地看出了危险性,认识到马克思和恩格斯的批评是正确的,并把党引上了进行不调和斗争的道路。当时创办了秘密报纸《社会民主党人报》[171],该报最初在苏黎世出版,后来在伦敦出版,每周发往德国,它拥有1万个订户。机会主义的动摇被彻底消除了。

当时的另一次动摇是在19世纪70年代末由于人们对杜林的迷恋而产生的。倍倍尔也曾一度被杜林所迷惑。杜林的拥护者们(其中最突出的是莫斯特)玩弄"左倾"把戏,很快就滑到无政府主义的立场上去了。恩格斯对杜林的理论提出的尖锐的致命的批判,遭到了许多党组织的反对,在一次党代表大会上甚至有人建议不许中央机关报再登载这种批判。

但是一切富有生命力的社会主义者(当然是以倍倍尔为首)很快就认识到这些"新"理论的十足的腐朽性,并与这些理论和一切无政府主义的意图一刀两断。党在倍倍尔和李卜克内西的领导下,学会了把秘密工作和合法工作结合起来。当合法的社会民主党国会党团的多数人在投票**赞成**拨款补助轮船公司这个有名的问题上持机会主义立场时[172]，秘密的《社会民主党人报》就起来**反对**党团，经过 4 个星期的斗争，终于取得了胜利。

1890 年，施行了 12 年的反社会党人非常法被废除了。这时其性质与 70 年代中期相类似的党内危机再一次出现了。一方面，以福尔马尔为首的机会主义者准备利用合法性来抛弃不折不扣的口号和不调和的策略；另一方面，所谓的"青年派"[173]则玩弄"左倾"把戏并滑到无政府主义的立场上去了。这次党内危机历时很短，而且也不严重，这正是倍倍尔和李卜克内西的莫大功劳，因为他们给予了这两种动摇以最坚决的反击。

党开始了向广度和深度迅速发展的时期，不仅无产阶级力量的政治组织，而且无产阶级力量的工会组织、合作社组织、教育组织以及其他组织也都得到了发展。身为国会议员、鼓动家和组织家的倍倍尔，在所有这些领域内所进行的巨大的实际工作是无法估量的。正是由于做了这些工作，倍倍尔才赢得了工人群众最亲切的、最受工人群众爱戴的、党的无可争辩的、一致公认的领袖地位。

德国党内的最近一次危机就是所谓"伯恩施坦主义"[174]，对于这次危机倍倍尔也采取了最积极的行动。曾经是正统的马克思主义者的伯恩施坦，在 19 世纪末采取了彻头彻尾的机会主义即改良主义的观点。于是有人企图把工人阶级政党变成实行社会改良的小资产阶级政党。新的机会主义思潮在工人运动的官吏中间以及在知识分子中间都找到了很多拥护者。

倍倍尔以全部精力来反对这种思潮，他表达了工人群众的情绪和他们一定要为实现不折不扣的口号而斗争的坚强信心。他在汉诺威和德累斯顿举行的党的代表大会上所作的反对机会主义者的讲话[175]，将永久地成为捍卫马克思主义观点和为工人政党的真正社会主义性质而斗争的典范。培养和集结工人阶级力量的时期，是各国在发展世界无产阶级解放斗争事业中所必经的一个阶段。没有一个人像奥古斯特·倍倍尔那样明显地体现出这个时期的特点和任务。他本身是个工人，他冲破了一切障碍去树立坚定的社会主义信念，成为工人领袖的典范，成为资本的雇佣奴隶为争取人类社会的美好制度而进行群众斗争的代表者和参加者的典范。

载于 1913 年 8 月 8 日《北方真理报》第 6 号

译自《列宁全集》俄文第 5 版第 23 卷第 363—369 页

自由派同民主派的分离

(1913 年 8 月 11 日〔24 日〕)

俄国自由派同民主派分离的问题是整个解放运动中的一个根本问题。

俄国解放运动软弱无力的原因何在呢？是否在于民主派**不是很**自觉地和毅然决然地同自由派分离，因而感染了自由派的软弱性和动摇性呢？或者在于民主派过早地（或者过于坚决地等等）同自由派分离，因而削弱了"总攻击的力量"呢？

一个关心自由事业的人未必会否认这是一个极端重要的问题。不能十分明确地解答这个问题，就不能成为自觉拥护自由的人。而要解答这个问题，就必须了解：哪些社会力量、哪些阶级拥护自由派，哪些拥护民主派，这些阶级的本性又使它们产生哪些政治倾向。

在本文中我们想从对外政策中一些当前大家所关心的事件着眼来阐明这个根本问题。当前大家最关心的事件当然是：第二次巴尔干战争[176]；保加利亚的被击败；使保加利亚蒙受耻辱的布加勒斯特和约；俄国指责法国没有支持"我们"并力求重新审查和约条件，但这些尝试均遭失败。

大家知道，这些对法国的指责，这些恢复俄国在巴尔干的"积极"政策的尝试，都是《新时报》和《言语报》所赞同的。这就是说，农奴主-地主和反动民族主义的统治集团同早就倾心于帝国主义政策的最自觉最有组织的自由派资产阶级集团这两方面的意见是一致的。

关于这一点，一家反映小资产阶级民主派某些阶层的观点的、销路很广的地主报纸《基辅思想报》，在8月1日的一篇发人深思的社论中写道：

> "不是反对派和民族主义互换了位置〈像米留可夫先生在杜马所作的关于对外政策的有名讲话中所断定的那样〉，而是自由派同民主派**分离**〈黑体是《基辅思想报》用的〉，起先还是畏畏缩缩、左顾右盼地，后来简直是昂首阔步地继同样打着斯拉夫主义的旗帜的民族主义之后走上了政治冒险的道路。"

这家报纸公正地指出了一些众所周知的事实：《言语报》如何表现了"沙文主义狂热"，这家一般来说充满了"帝国主义倾向"的报纸如何鼓吹向亚美尼亚、向博斯普鲁斯海峡推进。

《基辅思想报》写道："自由派既然情愿冒着风险去支持俄国的对外政策（只要对内方针照旧不变，这种对外政策就不能不是反动的民族主义的政策），也就得对自己的这种支持承担政治上的责任。"

这是无可争辩的真理。不过应该彻底**想一想**这一真理。如果说俄国对外政策的方针取决于对内政策的方针（这无疑是对的），那么难道这仅仅同反动派有关吗？显然，不是的。显然这也同自由派有关。

如果自由派在对内政策上没有同民主派分离，它在对外政策上也就不会"同民主派分离"。《基辅思想报》自己也不得不承认这一点，说"自由派所犯的政治错误的性质""证明了它本身有严重的缺陷"。

正是这样！不过我们不想使用这种有些夸张的和含混不清的说法，我们要说这是资产阶级深刻的阶级利益，自由派的这种阶级利益使它害怕(特别是在1905年)民主运动,在对内政策和对外政策上都**向右转**。

谁想要否认今天的立宪民主党人的帝国主义和沙文主义同1907年春天立宪民主党人—十月党人保护杜马的口号之间的联系,否认1906年春天立宪民主党人投票反对成立地方土地委员会的行为同1905年秋天立宪民主党人参加布里根杜马的决定之间的联系,那就太可笑了。这是害怕革命甚于害怕反动势力的同一个阶级的**同一个**政策。

俄国解放运动之所以软弱无力,主要原因之一是,一般小资产阶级广大阶层,特别是小资产阶级政治家、著作家和思想领袖不了解这个真理。

自由派总爱责备左派"不调和",以掩盖他们对右派采取的妥协行动,但不管自由派怎样胡说八道,工人民主派从来没有把自由派和右派混做"反动的一帮"[177],从来没有放弃**利用**他们之间的争吵(例如,即使是在杜马选举的第二阶段也没有放弃)来为解放运动服务。但是工人民主派已经(而且始终应该)把**制止**自由派的动摇性看做是自己的一项任务,因为自由派在斯托雷平或马克拉柯夫时期是会"迷恋于"帝国主义的。

不认识自由派同民主派**分离**的深刻的阶级根源,不把这种认识在**群众**中广泛传播,不学会用这样的方法来制止自由派对"人民自由"事业的叛变和动摇,俄国民主派就不能大踏步前进。不这样做,就谈不上什么解放运动的成就。

载于1913年8月11日《北方真理报》第9号

译自《列宁全集》俄文第5版第23卷第370—372页

一件值得注意的事情¹⁷⁸

(1913 年 8 月 18 日〔31 日〕)

在神圣的俄罗斯母亲的土地上,还有许多地方就好像昨天一样存在着农奴制。例如拿乌拉尔来说吧。地主在这里拥有数万俄亩土地。工厂(其实还是那些地主)禁止手工业者发展小工业。农民直到今天还依附于地主,直到今天还没有分到土地。

可是乌拉尔并不是一个小"地方",这是一个极其辽阔极其富饶的地区。

在乌拉尔斯特罗加诺夫各工厂的工人和极其富有的地主斯特罗加诺夫的工厂管理处之间就按照 1862(六二!)年的法令把土地分给农民的问题已经闹了很多年。

一直到 1909 年春天,"最高机关"即参议院作出决定,这个问题才算了结。参议院命令彼尔姆省的政府机关**执行** 1862 年的法令,把土地分给农民。

总之,在法令颁布了 47 年以后,参议院才命令地主执行法令。

结果怎样呢?

结果,地主们把官司打到当时任内务大臣的地主斯托雷平那里去了。按照法律,参议院在内务大臣之上,但是斯托雷平"无视法律",发了一份电报给彼尔姆省省长,要他暂时停止执行参议院的命令!

省长命令暂时停止执行。于是又是公文往返，又是因循拖延。

最后，国务会议同意了参议院的意见，国务会议的决定"得到恩准"，也就是说，已经由最高当局批准了。

结果怎样呢？

结果，地主们又去求当时接替斯托雷平任内务大臣的地主尼·阿·马克拉柯夫去了。乌拉尔地主代表团"说服了"这位大臣。大臣声明说，参议院和国务会议的决定"都不明确"。

于是又是公文往返，又是因循拖延。

参议院再次——1913年5月——发表了不利于大臣的意见。

乌拉尔地主们再次"上书"大臣……

情况就是这样。于是一直到今天，那个把土地分给乌拉尔工人的1862年的法令已颁布了半个多世纪，但是土地还是没有分配。

自由派报纸在谈到这件颇有教益的事情时得出结论说：俄国的"法治"情况很糟糕。这倒是实话。但这不全是实话。

地主们一边颁布法令，一边实际上又在执行或废除法令，在这种情况下谈论"法"是可笑的。这就是说，现在有这样一个阶级，它自己制定"法"，又自己把它废除。这就是说，自由派关于"法"和"改革"的言论，全是空话。

地主们也赞成"法"，但只是赞成地主的法，赞成自己的法，赞成本阶级的法。

既然自由派在这样的一些颇有教益的事实面前依旧抛开阶级斗争"学说"，说它是错误的等等，这就清楚地表明自由派居心不良。难道自由派不想同地主**分享**特权吗？如果想分享，那就很清楚，他们为什么不喜欢阶级斗争"学说"！

　　既然工人的"学说"已为生活所证实,那他们有什么过错可言呢?

载于1913年8月18日《北方
真理报》第14号

译自《列宁全集》俄文第5版
第23卷第373—374页

犹太学校的民族化

(1913 年 8 月 18 日〔31 日〕)

政府的政策彻头彻尾地表现出民族主义精神。当局竭力使"统治"民族，即大俄罗斯民族享有种种特权，虽然大俄罗斯人在俄国人口中占**少数**，即只占 43％。

它竭力把住在俄国的一切其他民族的权利削减得愈来愈少，使它们彼此隔绝并煽起它们之间的仇恨。

现代民族主义的极端表现，就是犹太学校民族化的方案。这个方案出自敖德萨学区的督学之手，并且得到国民"教育"部的赞许。这种民族化究竟是怎么回事呢？

这就是想把犹太人分出来去上**专门的**犹太学校（中等的），想叫其他一切学校，不管是私立的还是公立的，都紧紧地对犹太人关上大门。为了使这个"天才的"计划更加完美，居然有人打算用著名的"百分数的标准"来限制犹太中学的学生人数！

在所有欧洲国家中，这类反犹太人的措施和法律，只是在中世纪的黑暗年代，即在有宗教裁判所，有焚烧异教徒以及其他奇妙行为的那个时代存在过。犹太人在欧洲早就取得了完全的平等权利，并且同他们与之相处的民族日益融合起来。

在我国的整个政治生活中，特别是在上述方案中，除了对犹太人的虐待和压迫以外，最有害的就是力图煽起民族主义情绪，使国内各民族彼此隔绝，使它们进一步疏远，把它们的学校分开。

工人阶级的利益——以及一般政治自由的利益——则要求这个国家的各个民族一律享有最完全的平等权利，消除各民族之间的种种隔膜，使各民族的儿童在统一的学校里打成一片，等等。只有抛弃一切荒谬的和愚蠢的民族偏见，只有使各民族的工人结成一个联盟，工人阶级才能成为一种力量，给资本以反击并争得生活的真正改善。

请看看资本家吧，他们竭力想在"普通人民"中间煽起民族仇恨，而他们自己却巧妙地干着自己的勾当：在同一个股份公司里既有俄罗斯人、乌克兰人，也有波兰人、犹太人和德意志人。为了对付工人，各个民族具有不同宗教信仰的资本家已经联合起来了，可是他们却力图用民族仇恨来分裂工人，削弱工人！

犹太学校民族化这个极其有害的方案还表明，所谓"民族文化自治"的计划，即把教育事业从国家手里分出来，分别交给每一个民族的计划是何等的错误。我们应当追求的决不是这种计划，而是要使各个民族的工人在反对**各种各样的**民族主义的斗争中，在争取真正民主的**共同的**学校和一般政治自由的斗争中联合起来。全世界各先进国家的榜样，即使是西欧的瑞士或东欧的芬兰也向我们表明，只有建立全国性的彻底民主的设施，才可以保证各民族最和平最合乎人道地（不是野蛮地）共同生活，而**不是**人为地、有害地按民族来割裂教育事业。

载于 1913 年 8 月 18 日《北方　　　　　　译自《列宁全集》俄文第 5 版
真理报》第 14 号　　　　　　　　　　　第 23 卷第 375—376 页

农民经济中的铁

(1913年8月21日〔9月3日〕)

就一些最重要产品按人口计算的消费量来说，俄国和最落后的国家之一西班牙相仿佛，——为这件事，不久以前，我国工业百万富翁的机关刊物，即代表大会委员会的机关刊物《工商业》杂志，以某种愚蠢的伪善态度或某种伪善的愚蠢态度叹息不止。

说到铁——现代工业的主要产品之一，也可以说是文明的基础之一，俄国是特别落后和不开化的。

百万富翁的机关刊物承认："铁轮车在俄国农村中还很稀罕。"

但是，俄国农村中标志文明的这种"稀罕"现象是否取决于农奴制关系的**多少**和农奴主-地主（我国资本主义"巨头"对他们是很卑躬屈节的）的无限权力的**强度**，对这一点百万富翁却谦逊地不发一言。

空谈文明，空谈生产力的发展，空谈农民经济的振兴等等，我们都是行家里手和酷爱成癖的人，但是问题一触及排除那块妨碍千百万贫穷的、受压抑的、饥饿的、赤脚的、不开化的农民"振兴"的石头时，我们的百万富翁就哑口无言了。

下面是匈牙利农业方面的统计材料。这份材料清楚地表明，在铁的消费量问题上，**也就是**在该国文明的铁的基础的强度问题上地主对农民的压迫所起的作用。

　　如大家所知道的,匈牙利不但在地理上最靠近俄国,而且在从中世纪以来就保留大量土地的反动地主握有莫大势力这一点上也同俄国极其相似。

　　例如在德国,550万农户中,拥有100公顷以上土地的占23 000户,他们所占有的土地不到全国土地的¼,而在匈牙利,280万农户中这种农户就有24 000户,其土地占全国土地总数的45％!!在匈牙利,4 000个大地主各拥有1 000俄亩以上的土地,他们拥有的土地几乎占土地总面积的⅓。可见,这已经离"俄罗斯母亲"不远了。

　　匈牙利1895年的统计材料特别详细地考察了农民经济中的铁的问题。结果表明,在280万农户中,有**150万**雇农(或者说无产者)农户(拥有的土地在5约赫以下,也就是说在2.85俄亩以下)以及**100万**小农户(拥有的土地在20约赫以下,也就是说在11俄亩以下)只能用**木制农具**。

　　这250万农户(农户总数为280万)无疑大都只能使用木辕犁和木架耙,几乎有一半农户使用木轮车。

　　关于俄国还没有完整的材料。根据现有的个别地区的材料可以看出,我国绝大多数农户比起匈牙利的农户来要贫穷、原始和孤苦得多。

　　情况不可能不是这样。为了使铁轮车不致成为稀罕之物,就必须有自由的、文明的、勇敢的、善于对付奴隶主的农场主,他们能够打破陈规旧俗,管理全国的土地。而期待直到现在还受着马尔柯夫之流和普利什凯维奇之流及其地产压迫的农民讲"文明",那就等于期待萨尔特奇哈能讲人道。

　　我国工业百万富翁宁愿同普利什凯维奇之流分享他们的中世

纪的特权,并为"粗国"①未能摆脱中世纪的不文明状态而叹息……

载于 1913 年 8 月 21 日《北方真理报》第 16 号

译自《列宁全集》俄文第 5 版第 23 卷第 377—379 页

---

① 原文是"атечиство",是没有文化的人对俄语中"отечество"("祖国")一词的误读,犹如在汉语中把"祖国"读成了"粗国"。——编者注

1912年五金工人的罢工

(1913年8月24日—10月25日〔9月6日—11月7日〕)

莫斯科工业区厂主协会今年出版了(1913年莫斯科帕·巴·里亚布申斯基印刷所)某种类似该协会1912年的活动报告的材料。报告中大概最引人注目的部分是关于俄国各地区罢工运动的资料。

一

据莫斯科厂主协会统计,1911年在俄国参加罢工的工人总数为96 750人,1912年为211 595人。这两个数字**仅仅**指经济罢工而言。据协会统计,参加政治罢工的工人1912年为85万人,1911年为8 000人,1910年为4 000人。

应当指出,莫斯科巨头们的协会"为了便于同官方资料相对照",根本没有把6 000勒拿罢工工人计算在内,因为官方资料是不包括不受工厂视察机关监督的企业的。自然,就是这种对照我们也不能保证它是正确的,因为厂主先生们打算模仿我国官方统计学中的坏的一面,他们既不关心自己的材料是否完整,又不考虑统计人员的统计是否精确。例如,罢工人数一览表(报告第23页)简直错到令人难以置信的地步。我们竭力纠正这些错误,才得出上述的总数。这份一览表写着,在1912年**全年**波兰王国五金工人罢工人数为2 390人,而第56页上却告诉我们说,1912年的**7个月**内在波兰王国参加罢工的五金工人已达3 790人!

这就不能不希望我国的基特·基特奇之流雇用一些有计算专长的文人,或者把自己的统计材料交给工人的工会组织去核实和修正。

我们不妨根据厂主的材料来看一看1912年经济罢工运动中五金工人所起的作用。

根据这份材料,在罢工总人数211 595人中,各工种的罢工人数如下:五金工人——78 195人,纺织工人——89 540人,所有其他工业部门工人——43 860人。在俄国,五金工人比纺织工人少得多,因此这份材料使我们可以立即看出,**五金工人与其他工业部门的工人相比**,在1912年进行了最顽强和最坚决的罢工斗争。为了更准确地说明这一结论,我们把俄国工人总数与1912年罢工人数作一比较。

	俄国工人总数		1912年罢工人数
	1908年的资料 (包括矿工)	1910年的资料 (不包括矿工)	(根据厂主 协会的资料)
五金工人………	529 274	280 194	78 195
纺织工人………	823 401	840 520	89 540
其他部门工人…	901 112	831 241	43 860
共　计…	2 253 787	1 951 955	211 595

这份材料清楚地表明,参加罢工斗争最积极的是五金工人,其

次是纺织工人,再次是其他工业部门的工人。

假使"其他部门"工人也像五金工人那样积极参加罢工,那么罢工人数就可增加 9 万人。

无疑,1912 年对五金工人较为有利的市场条件使他们便于进行罢工斗争。但是,如果就斗争的顽强精神来看五金工人是首屈一指的话,那么就经济罢工的**成效**来看,正如我们将要看到的,"其他部门"工人的情况最好。

<h2 style="text-align:center">二</h2>

罢工斗争的顽强精神还取决于罢工的平均持续时间。工人罢工所损失的全部工作日除以罢工人数,就得出这种平均持续时间。

下面是厂主协会的数字:

	罢工的平均持续时间
1895—1904 年	4.8 天
1909 年	6.5 天
1911 年	8.2 天
1912 年	13.4 天

报告中写道:"事实表明,1912 年工人的反抗性较之 1911 年几乎增加了一倍。"我们应当补充一句,如果拿 1912 年后 7 个月的资料来看(老实说,在我们所分析的这份报告中,只有这些资料整理得还算差强人意),那么罢工的平均持续时间为 **16 天**。

可见,工人参加罢工斗争的坚定性无疑是在增长,而且是增长得愈来愈快。

各个生产部门的罢工持续时间如下:

	1911 年	1912 年	1912 年后 7 个月
五金工人…………	10.0 天	14.2 天	18.8 天
纺织工人…………	9.2 天	11.9 天	14.0 天
其他部门工人……	5.0 天	15.6 天	16.8 天
各生产部门平均	8.2 天	13.4 天	16.0 天

我们可以看出,就罢工的持续时间来说,1911 年和 1912 年下半年五金工人都占第一位。只是 1912 年上半年才由"其他部门工人"占第一位,五金工人占第二位。纺织工人在整个这一期间就罢工的持续时间来说都占第二位。

三

厂主先生们确定罢工的总结果,是为了计算罢工给"工业造成的**损失**"。我国的资本家是根本不愿意计算工人阶级在罢工中所赢得的胜利的!下面是厂主统计的结果:

工业部门	经济罢工给工业家带来的直接损失	工 人 的工资损失	国家因减产所受的损失
	（单 位	千 卢	布）
冶金…………………558		1 145	4 959
纺织…………………479		807	6 010
其他…………………328		529	3 818
1912 年**全年共计**…… 1 365		2 481	14 787
1911 年**全年共计**…… 402		716	4 563

由此可见,1912 年资本家因罢工所遭到的损失超过 1911 年

两倍。

资产阶级政治经济学代表人物会反驳我们说：但是要知道，"国家"也遭受了两倍的巨大损失，工人在工资方面也遭受了两倍的巨大损失，而且工人所遭受的损失要比厂主所遭受的损失大得多！

根据厂主的统计材料和根据资产阶级的逻辑，可以得出这样的结论：这些不识事理的工人闹罢工，只对他们自己有害处；而关心人民疾苦的当局和慈善的资本家们镇压罢工，正是关心工人的利益……

但是，就是这些厂主告诉我们说1911年内有96730人参加的罢工，结果已经弄清楚了。

47369个工人（即占49％）在罢工斗争中遭到了**失败**，而49361个工人（即占51％）得到了全部的或部分的**满足**，也就是说获得了胜利。

厂主的统计学和资产阶级的经济学就是不喜欢计算罢工的这种结果！当然这种结果也无法用卢布来计算，因为工人除了在罢工胜利时由于增加了工资而得到直接的好处以外，还有另一种"好处"。整个工人阶级，也可以说是整个**国家**（劳动群众的国家，而不是资产阶级少数人的国家）都由于工人以罢工形式反抗剥削者老爷们而得到好处。如果工人不进行这种反抗，他们就必然会因生活费用上涨而变得极度贫困，如果他们不进行这种反抗，他们就必然会从人变成永世不能翻身的资本奴隶。

据厂主统计，1912年下半年，罢工成功的比率下降了：52％的罢工工人遭到了**失败**，只有36％的工人获得了**胜利**，还有11％的工人罢工结果不明。但是，在这里我们应该更仔细地考察在俄国特别是在俄国各个地区罢工的五金工人所起的作用。

四

上面已经说过,莫斯科厂主协会关于罢工的资料中,只有1912年后7个月的资料整理得还算差强人意。这些资料包括俄国的5个地区:莫斯科地区,彼得堡地区,波罗的海沿岸地区,南方和波兰王国。

在上述月份中,罢工的五金工人按地区分布的情况如下:

罢工工人人数(1912年后7个月)

地　　区	总　　数	其中五金工人人数
莫斯科地区……………	48 140	3 760
彼得堡地区……………	35 390	15 160
波罗的海沿岸地区……	13 210	1 160
南　　方……………	22 195	16 605
波兰王国……………	12 690	3 790
共　　计……	131 625	40 475

由此可见,在南方,五金工人在罢工工人的总数中占大多数。在彼得堡地区,五金工人在罢工工人中占很大一部分(40％以上),仅次于纺织工人(在彼得堡地区参加罢工的有16 770人)。在莫斯科地区、波罗的海沿岸地区和波兰地区,五金工人占罢工工人的很小一部分。

如果拿1912年前5个月同后7个月作比较,那我们可以看到这样的情况:

	1912年罢工工人人数	
	前5个月	后7个月
五金工人………	37 720	40 475
纺织工人………	22 950	66 590
其他部门工人……	19 300	24 560
共　计………	79 970	131 625

下半年五金工人罢工的积极性稍有减弱;纺织工人的罢工斗争大大发展;其他工业部门工人的罢工运动差不多保持原有水平。

五

莫斯科厂主协会在罢工的成果问题上把罢工工人分成三类:遭到失败的,获得胜利的(要求得到了全部或部分的满足)和罢工斗争结果不明的。

这个问题是有关罢工统计的所有问题当中最值得注意的问题之一。但是,百万富翁的协会对这个问题研究得是很差的。例如,那里没有关于进攻性罢工(即工人要求**改善**自己生活条件和工作条件的罢工)的材料和关于防御性罢工(工人对资本家**使**工人的生活条件**恶化**采取反抗行动)的材料。其次,也没有关于罢工原因的详细材料(这样的材料甚至在我国官方统计材料中都可以找到)等等。

此外,莫斯科厂主协会对现有材料的整理也是极其不能令人满意的。甚至可以明显地看出公然歪曲材料的情形,例如,在莫斯科地区获得胜利的五金工人人数被确定为只有40人(3 420人遭到失败,300人罢工斗争结果不明)。

可是报告的第 35 页却说,1912 年 7 月初许多工艺五金制品厂的工人举行了罢工,总人数达 **1 200 人以上**,包括了 15 个企业。这次罢工是进攻性罢工:工人要求实行九小时工作制,要求在节日前夕实行七小时工作制,还要求提高工资,改善卫生条件。厂主试图组织反击,一致决定不作让步,不接受举行罢工的工厂的订货。但是,工人显然看准了时机:这正是施工的紧张时期,"很难找到闲散工人。**7 月底,大部分工厂的厂主作了让步**"。

在报告中就是这样说的!可是在统计表中却写着仅有 40 名(**四十名!**)五金工人取得了罢工胜利。这就不由得使人想到,是不是厂方统计学家先生们恰恰对于工人的**胜利**特别"健忘"呢?是不是他们竭力——当然是"无意地"——缩小获得胜利的工人的人数以博得基特·基特奇之流的欢心?

不管怎样,有组织、有觉悟的工人都必须对厂主的统计持谨慎的不轻信的态度,并要坚定地去尝试进行工人**自己的**罢工统计。

下面就是厂主协会关于罢工结果的综合资料:

罢工工人人数	五金工人	纺织工人	其他部门工人	共计
遭到失败的…………	19 990	43 085	7 150	70 225
获得胜利的…………	17 860	20 285	9 520	47 665
罢工结果不明的……	2 625	3 220	7 890	13 735
共　计……	40 475	66 590	24 560	131 625

由此可见,罢工最成功的是**其他**工业部门的工人:胜利的人数**超过**失败的人数。其次是五金工人:胜利的人数也占很大比重——占罢工总人数的 40% 以上。罢工结果最差的是纺织工人:

失败的人数超过胜利的人数一倍以上。

六

总的说来,1912 年罢工斗争的结果虽然不如 1911 年,但仍然是不坏的。为了便于按不同年代进行比较,我们不妨把罢工结果不明的工人的人数分做两半,分别加到获得胜利的和遭到失败的工人人数上去。这样我们就可以得出如下的数字:1912 年后 7 个月,在 132 000 个罢工工人当中,失败的有 77 000 人(即占 58.4%),胜利的有 55 000 人(即占 41.6%)。

我们不能保证,这些资料同过去几年官方统计的资料完全一致。但是,我们仍然要引证这些资料,以便工人能够判断,在工人运动顺利的年代和困难的年代俄国罢工的成果**大体上**是怎样的。

	罢　工　工　人　人　数　(单　位　千)				
	胜利的	%	失败的	%	共计
1895—1904 年 (10 年总计)…………	159	37.5	265	62.5	424
1905 年…………	705	48.9	734	51.1	1 439
1906 年…………	233	50.9	225	49.1	458
1907 年…………	59	29.5	141	70.5	200
1908 年…………	—	—	—	—	—
1909 年…………	—	—	—	—	—
1910 年…………	—	—	—	—	—
1911 年…………	49	51.0	47	49.0	96
1912 年(7 个月)……	55	41.6	77	58.4	132

可见,1912 年下半年的罢工结果较之 1905 年、1906 年和 1911 年要**差**,但比 1895—1904 年要**好**,比 1907 年也要**好**。再重复一句,我们手头拥有的各个年代的资料大概没有充分的可比性,但是这些材料仍然能够在一定程度上说明问题。

应当指出的是,根据英国的罢工统计,在 1900—1909 年这 10 年间,获得罢工胜利的工人平均为 26.8％,遭到失败的工人平均为 31.7％,以妥协的办法结束斗争的工人平均为 41.3％。如果将最后一个数字分做两半,分别加到罢工胜利的和罢工失败的人数上去,我们便可得出这样的数字:**胜利的**占 47.5％,**失败的**占 52.3％。1905 年和 1906 年(以及 1911 年)俄国罢工取得的成果超过英国罢工平均取得的成果,虽然英国工人在组织性和政治自由方面都有着巨大的优越性。

七

把俄国各个地区五金工人罢工的成果加以比较,并不是没有意义的。

莫斯科地区和彼得堡地区在这方面的情况与其他各地区都不同。1912 年后 7 个月莫斯科地区和彼得堡地区的五金工人和所有其他部门工人的罢工,一般说来都不太成功。而其他各地区的情况却与此相反。

下面是莫斯科地区和彼得堡地区的材料:

| | 1912 年后 7 个月五金工人罢工人数 | |
	莫斯科地区	彼得堡地区
失败的…………	3 420	10 840
胜利的…………	40	4 170
结果不明的………	300	150
共　计…	3 760	15 160

失败的工人人数大大超过了胜利的工人人数。这两个地区的纺织工人和彼得堡地区的"其他部门工人"也有同样情况。只是莫斯科地区的"其他部门工人",获得胜利的人数(4 380 人)多于失败的人数(1 230 人)。

显然,在莫斯科地区和彼得堡地区,几乎所有工业部门都存在着某些不利于工人罢工的共同条件。

与此相反,在南方、在波罗的海沿岸地区和波兰地区,所有工人的罢工,特别是五金工人的罢工都获得了成功。

| 1912 年后 7 个月五金工人罢工人数 | | | |
	南方	波罗的海沿岸地区	波兰王国
失败的…………	4 390	440	900
胜利的…………	10 040	720	2 890
结果不明的……	2 175	—	—
共　计……	16 605	1 160	3 790

在波兰地区,五金工人的胜利最为显著,而且一般说来,该地区进行罢工斗争的经济条件对工人最为有利。这里**一切**工业部门的工人都取得了胜利(在南方,"其他部门工人"遭到了失败,在波罗的海沿岸地区,纺织工人斗争的结果是"平局":胜利的和失败的都是 1 485 人)。在 1912 年下半年,在全俄国,纺织工人一般说来

遭到了最严重的失败(43 000人遭到失败,2万人获得胜利),但是在波兰王国却取得了辉煌的胜利:只有390人遭到失败,而获得胜利的有8 060人。

俄国西部和南部的工人对资本家采取了攻势,并取得了巨大的胜利;莫斯科和彼得堡的工人也采取了攻势,但是他们的攻击多半都被击退了。可惜我们考察的资料非常有限,还不能与1911年进行比较,因而不可能得出为什么会造成这种差别的明确结论。

八

正如我们看到的,就罢工的顽强精神来说,五金工人占首位,纺织工人占末位。把五金工人在成功的罢工和不成功的罢工中表现出来的顽强精神加以比较,那是很有意思的。下面就是关于这方面的资料:

	五金工人罢工人数	损失的工作日 (单位千)	平均每个罢工者所损失的工作日
失败的………	19 990	230.7	11.5
胜利的………	17 860	387.3	21.7
结果不明的…	2 625	145.3	55.4
共　计……	40 475	763.3	18.8

我们看到,五金工人在成功的罢工中比在不成功的罢工中所

表现出来的顽强精神几乎强一倍(21.7天比11.5天)。胜利是来之不易的。只有拿出巨大的毅力和坚韧不拔的精神,才能击败资本家。结果不明的罢工显然是那些"敌对双方"的实力在一定程度上势均力敌,因而斗争异常顽强的罢工:这种结果不明的罢工平均持续时间长达55.4天。

应当指出,"其他部门"工人所进行的成功的罢工也是比较顽强的,但纺织工人的情况却恰恰相反,他们所进行的不成功的罢工却表现得比较顽强。

将各个地区五金工人在罢工斗争中所表现出来的顽强精神的材料加以比较,便可得出下列结果:

每 个 五 金 工 人 罢 工 的 平 均 持 续 时 间				
莫斯科地区	彼得堡地区	波罗的海沿岸地区	南方	波兰王国
失败的………11.5	12.1	5.9	12.0	5.2
胜利的………7.5	37.2	23.7	14.9	22.4
结果不明的……12.0	261.3	—	47.1	—
共　计……11.5	21.4	17.0	18.4	18.3

就五金工人罢工的顽强精神来说,彼得堡地区占第一位;其次是南方地区,再次是波兰地区和波罗的海沿岸地区,最后是莫斯科地区。除莫斯科地区外,所有其他地区的成功的罢工都比不成功的罢工表现得更顽强。

按斗争的顽强精神(以及按参加罢工斗争的工人的百分比)来看,彼得堡五金工人在全俄五金工人中起着先锋队的作用。一般说来,五金工人对其他工业部门的工人也起着同样的作用。

九

莫斯科厂主协会在报告中描述某些罢工时,只寥寥数语。为了让五金工人能够看到编写厂主报告的先生们是**怎样**描写他们的斗争的,我们不妨从这些描述中摘引几句。

在莫斯科地区,1 200名工艺五金制品厂工人举行的罢工非常出色。这在上面我们已经谈过了。

厂主们认为,西门子-哈耳斯克厂举行的罢工是彼得堡地区最顽强的一次罢工,这次罢工延续了14周,于8月19日才结束。据厂主协会统计,参加这次罢工的有1 600名工人。厂方不同意取消参加纪念五一节的罚金,但是"作为交换条件,表示愿意在圣诞节前夕发给工人3卢布奖金。后来,厂方同意把五一节列为节日,如果政府方面不阻挠的话"(报告第38页)。报告中写道,"在罢工期间,几次发生工人袭击新雇用的工人的事件,因为依靠这些工人工厂才部分地恢复了工作"。

在南方五金工人罢工中,尼古拉耶夫造船厂的3 886人的罢工最为出色,这次罢工损失了155 000多个工作日。工人要求实行八小时工作制,增加工资50%,废除各种罚金,不再加班加点,建立工人选举工长的制度等等。罢工整整持续了6月一整月。"6月底,工人和厂方达成了协议,其条件是,全体工人回到原工作岗位上去,工厂接受工长制度,开办食堂以及增加工资18%。"罢工工人同工贼之间曾发生过冲突。

11月间,在哈尔科夫爆发的机车制造厂的2 000工人的罢工表现得异常顽强。当时工厂承包了官方的一批紧急订货,"由于停工,工厂遭到了巨大的损失"。

在乌拉尔爆发的罢工,厂主协会**根本没有**统计进去;这些罢工当中,值得指出的是塞谢尔特的一些工厂举行的一次罢工。工人的工资得到了提高。"在兹拉托乌斯特的官方兵工厂里,罢工的导火线是3名工人因被机器轧伤致死。罢工者要求安装安全设备,同时要求提高工资。"

十

只要大致浏览一下厂主统计的有关罢工的贫乏的资料,就不能不指出以下的看法。

对工人来说,一份完整的、精确的、编制合理的、出版迅速的罢工统计材料,无论在理论上还是在实践上都有重大的意义。它能提供宝贵的资料,这些资料既能阐明工人运动向其世界目标迈进所应经历的整个伟大道路,也能阐明当前的迫切的斗争任务。

在稍微有点民主和自由的国家里,政府的统计材料是能够搞得差强人意的。但在我国谈不上这一点。我国政府的统计材料很糟糕,它被"各主管部门"弄得支离破碎,而且很不可靠,又出版得晚。厂主们的统计材料要好一些,但更不完整,尽管有时比昏庸的俄国官吏的统计材料出版得早一些。

工人应当考虑搞出工人**自己的**罢工统计材料。当然,在我国工人团体和工人刊物受到种种迫害的条件下,要搞出这样的统计材料是非常困难的。要一下子克服这些困难是不可能的。但是工人从不惧怕迫害，也从不向困难低头。

即使工人所统计的是部分的罢工材料，就是说只包括个别地区、个别工业部门和比较短的一段时间，那也会很有用处。这样的统计材料能使工人学会更全面地、更好地进行工作，并且有时可以把厂主描述的情景、官吏描述的情景同工人自己描述的情景加以对照。

因此，我们在结束对厂主的统计材料的分析时，希望工人能够克服重重障碍，一次又一次地尝试进行工人自己的罢工统计。只要两三个觉悟的工人就能把每次罢工的情况确切地记载下来，如，罢工开始和结束的日期，参加的人数（如有可能，分别注明性别、年龄），罢工的原因以及罢工的结果等。这样的记载材料应该是一份送交有关的工人团体理事会（工会的或其他团体的理事会，或工会机关报编辑部）；另一份送交全国性的工人机关报刊；最后，第三份送交国家杜马中的工人代表，使他了解情况。

无论是厂主的还是政府的罢工统计材料，**总是**不仅会有疏漏，而且会有歪曲。甚至在同情工人的报刊上，有时也会遇到极不可信的、荒唐的、充满资产阶级精神的对罢工的评价，如把罢工说成是"狂热"的表现等等。

只有工人亲自动手，才能够帮助（随着时间的推移，经过顽强的工作和坚韧不拔的努力）工人更好地了解自己本身的运动，从而保证运动取得更大的胜利。

载于1913年8月24日、9月18日和10月25日《五金工人》杂志第7、8、10期

译自《列宁全集》俄文第5版第23卷第380—393页

俄国的资产阶级和
俄国的改良主义

(1913年8月27日〔9月9日〕)

萨拉兹金先生在下诺夫哥罗德代表全俄商界向首席大臣发表了"迫切需要"实行根本政治改革的声明[179]，这已经由工人报刊登出来了，并且作了评论。然而，为了指出两个重要情况，现在还应当谈一谈这个声明。

联合起来的贵族和全俄商人多么迅速地互换了角色! 在1905年以前的40多年间，贵族一直采取自由主义态度，总是彬彬有礼地提到立宪问题，商人则是满意多于反对。

1905年以后，情况就完全相反了。贵族成了最反动的阶级。它完全满足于六三宪制，如果想要对它进行修改的话，那也只是希望改得右一点。相反，商人却成了明显的自由主义反对派。

俄国似乎顷刻间"欧化了"，即顺应了那种在欧洲常见的封建主和资产者之间的相互关系。自然，所以会这样，只是因为纯资本主义关系早就成了划分俄国各政治集团的基础。这种关系从1861年开始成熟，而在1905年的烈火中迅速地完全成熟了。一切强调俄国某个根本特点的民粹派言论，一切用超阶级的或非阶级的观点来谈论俄国的政治和经济的尝试，都一下子失去了任何意义，变成了枯燥的、荒唐的、陈旧得可笑的、毫无用处的东西。

这是前进了一步。这是从有害的自我欺骗中解脱了出来，是从那种想不经过阶级斗争而取得什么有用的、重大的东西的幼稚希望中解脱了出来。站在这个阶级或那个阶级的一边，帮助认识和发展这种阶级政策或那种阶级政策，——这就是1905年革命从正面提出来而为六三体制的经验从反面证实了的严峻而有益的教训。

自由派知识分子和小资产阶级民粹派的非阶级的空话，已经从历史的道路上被扫除了。能被扫除，那真是太好了。早就应该这样了！

另一方面，请看全俄自由派商人的改良主义吧。他们声明"迫切需要"实行10月17日宣言明文规定的"改革"。大家知道，在那里规定有"公民自由的不可动摇的原则"，"人身的真正不可侵犯"，"信仰、言论、集会和结社的自由"，以及"进一步发展普选权的原则"。

很清楚，我们面对的确实是一张实行根本政治改革的清单。很清楚，即使单独实现其中任何一项改革，也意味着向好的方面的极大转变。

因此，**全俄商人**，这个资本主义俄国在经济上最有实力的阶级，要求实现**所有**这些改革。那么，为什么这个要求会受到完全的冷遇呢？为什么所有的人，从首席大臣到那位莫斯科商人都以为这个要求是无关紧要的呢？首席大臣听了听发言，酒足饭饱，回答几句，就致谢告辞；而那位莫斯科商人则说，萨拉兹金的发言好极了，但是不会有什么结果。

为什么会这样呢？

这是因为俄国正经历着一种独特的历史情况（这种情况在欧

洲大国里早已不存在了,不过每个欧洲大国都是在某个时期经历过的),在这种情况下,改良主义是特别愚蠢的、可笑的、软弱无力的,因而也是特别可恶的。毫无疑问,实现商人所要求的任何一项改革,不论是信仰自由也好,结社自由也好,或者是其他的自由也好,都意味着向好的方面的极大转变。任何一个先进阶级,其中包括工人阶级,而且首先是工人阶级,都会紧紧抓住实行极微小的改革的可能性以完成向好的方面的任何转变。

为自己的绝顶聪明的"部分要求"大吹大擂的机会主义者,是无论如何也弄不明白这个简单道理的,虽然工人过去很好地抓住保险法的"部分的"(但是实际的)改革这一例子对任何人都应该说是有教益的。

但是问题在于,自由派的有关政治改革的改良主义没有一点**"实际的东西"**。换句话说,大家都非常清楚,不论是商人还是在杜马中占多数的十月党人和立宪民主党人都非常清楚,没有也不可能有任何一种改良主义办法可以用来推行萨拉兹金所要求的任何一项改革,这一点是大家都知道、理解和感觉到的。

因此,老老实实地指出不存在改良主义的办法,这要比把随便什么改良都吹嘘得天花乱坠更符合历史现实主义,更符合历史的实际情况,更有积极的意义。谁坚决相信不存在改良主义的办法,并且把这一点告诉别人,谁**实际**上在利用保险法或任何的"可能性"以促进民主方面所做的工作要比那些连自己的话都不相信的奢谈改革的空谈家多过千百倍。

对当今的俄国来说,**特别**适用的是那个被世界历史几百次地证实了的真理,这就是:改革只能作为完全摆脱改良主义的任何狭隘性的运动的附带结果。因此,自由派的改良主义是毫无用处的。

因此，民主派和工人阶级对改良主义的唾弃是极其必要的。

载于1913年8月27日《北方真理报》第21号和1913年8月28日《我们的道路报》第3号

译自《列宁全集》俄文第5版第23卷第394—396页

各等级和各阶级
在解放运动中的作用

(1913 年 8 月 28 日〔9 月 10 日〕)

有一本法律杂志引用了关于俄国国事罪的一些统计材料。[180] 这些材料很有教益,因为它们就不同历史时期各等级和各阶级在解放运动中的作用问题提供了确切的材料。

遗憾的是材料不完全,只说明了以下几个时期:1827—1846 年(农奴制时期);1884—1890 年("平民知识分子"运动时期;资产阶级自由派运动同自由主义民粹派运动混合时期)。最后是革命爆发前时期(1901—1903 年)和革命时期(1905—1908 年),即资产阶级民主运动和无产阶级运动时期。

关于各等级的作用的统计材料如下。在每 100 个被控犯有国事罪的人当中,各等级所占的比例是:

时期	贵族	小市民和农民	僧侣	商人
1827—1846 年	76	23	?	?
1884—1890 年	30.6	46.6	6.4	12.1
1901—1903 年	10.7	80.9	1.6	4.1
1905—1908 年	9.1	87.7	?	?

从这里可以清楚地看出,19 世纪解放运动的民主化发展得多

么迅速,运动的阶级成分发生了多么大的变化。农奴制时期(1827—1846年),贵族占绝对优势。这是从十二月党人[181]到赫尔岑的时期。农奴制的俄国是受压制的、停滞不前的。起来反抗的只是极少数没有得到人民支持的软弱无力的贵族。然而贵族中的优秀人物帮助**唤醒**了人民。

平民知识分子时期或资产阶级自由派时期(1884—1890年),贵族在解放运动参加者当中已占少数,但是如果加上僧侣和商人,就还占49%,即**几乎占一半**。运动有一半还是贵族、资产阶级上层这些特权阶级的运动。因此,尽管个别人单枪匹马,十分英勇,运动还是软弱无力的。

第三个时期(1901—1903年)和第四个时期(1905—1908年)是农民和无产阶级民主运动时期。贵族所占的比重极小。小市民和农民在革命前时期占$8/10$,在革命时期占$9/10$。群众已经觉醒了。从这里可以得出两点结论:(1)有可能取得某些重大的胜利;(2)自由派仇视运动(出现了反革命的自由派)。

更有意思的是关于职业的统计,虽然只有后三个时期的材料。下面是每100个解放运动参加者(被控犯有国事罪的)的职业统计:

时期	农业	工业和商业	自由职业和学生	没有固定职业和没有职业的
1884—1890年………	7.1	15.1	53.3	19.9
1901—1903年………	9.0	46.1	28.7	8.0
1905—1908年………	24.2	47.4	22.9	5.5

这是一些非常发人深省的数字。从这里马上就能看出平民知识分子在民粹派和民意党人时期(1884—1890年)的作用:**多数参**

加者是学生和自由职业者(占53.3%)。资产阶级自由派运动和自由主义民粹派运动混合在一起,学生和知识分子在其中起着显著的作用——这就是当时的各政党和当时的运动的阶级实质。农民("农业")和产业工人("工业和商业")所占的比重不大(7%和15%)。所谓没有固定阶级特性的人,即脱离本阶级而又没有同一定的阶级发生联系的人,却占了⅕(19.9%),比农民要多,比工人也多!

从这里就可以看出为什么运动具有特殊的形式——非常英勇但又很软弱。

到了革命前时期(1901—1903年),起首要作用的是城市工人("工业和商业")。他们虽然在人民中占少数,但是**几乎**占参加者的**一半**(46.1%)。知识分子和学生**已经**降到第二位(正好揭穿了自由派和取消派关于工人政党的无稽之谈)。农民的比重虽然很小(从事"农业"的占9%),但是在不断增长。

最后一个时期是1905—1908年。城市工人的比重从46.1%增加到47.4%。他们已经唤醒了农民群众。农民参加运动的比重增长得比所有其他阶级都快,从9%增长到24.2,即**几乎**增长了**两倍**。农民已经超过了自由派知识分子和学生(22.9%)。脱离本阶级而没有固定阶级特性的人的比重更是微不足道了(5.5%)。自由派关于我国革命实质上是"知识分子的"革命的理论,其恶毒诬蔑的性质在这里表现得再清楚不过了。

无产阶级和资产阶级民主派(农民)——这就是运动的社会力量。农民虽然比工人和市民的人数多得多,但是远远落在后面,只占参加者的¼(24.2%),因为农民觉醒得还不够。

最后还要赞扬一下六三(斯托雷平)土地政策,因为它也在非常成功地、迅速地、有力地唤醒着其余的人……

载于 1913 年 8 月 28 日《北方真理报》
第 22 号和 1913 年 8 月 29 日《我们的
道路报》第 4 号

译自《列宁全集》俄文第 5 版
第 23 卷第 397—399 页

都柏林的阶级战争

(1913 年 8 月 29 日〔9 月 11 日〕)

爱尔兰的首都都柏林是一个有 50 万人口、工业不很发达的城市。在那里,渗透到一切资本主义社会整个生活的阶级斗争已经激化,成了阶级战争。警察局简直像发了疯,喝醉了酒的警察殴打和平工人,擅自闯入民宅,折磨老弱妇孺。数百名(400 人以上)工人受伤,有**两名**工人**被打死**——这就是这场战争的牺牲品。所有杰出的工人领袖都已被捕。发表最和平的言论也要被关进监牢。城市就像一座兵营。

这是怎么回事呢? 在一个和平的、有文化的、文明的、自由的国家里,怎么会燃起这样的战火来呢?

爱尔兰有点像英属波兰,只是在类型上与其说它像华沙—罗兹—栋布罗瓦,不如说它像加利西亚。民族压迫和天主教反动势力,使这个不幸国家的无产者变得一贫如洗,使农民成了僧侣主义的顽固守旧、愚昧无知的奴隶,使资产阶级成了在民族主义美丽辞藻掩盖下的一支压迫工人的暴君即资本家的队伍,最后,还使行政当局成了惯于采取种种暴力的匪帮。

现在,爱尔兰的民族主义者(即爱尔兰的资产者)取得了胜利:他们即将从英国地主手里赎回自己的土地;他们即将取得民族**自治权**(为了这个著名的爱尔兰自治[182],爱尔兰同英国进行了长期而顽强的斗争）；他们将与"自己的"爱尔兰神父们一道自由地来管理"自己的"国土。

现在，这个民族主义的爱尔兰资产阶级便以宣布要同爱尔兰工人运动进行你死我活的战争来庆祝自己"民族的"胜利和自己"国家的"成熟。

英国的总督住在都柏林。但是他的权力实际上不如都柏林资本家的领袖，一个姓墨菲（Murphy）的人。这位墨菲是《Independent》报（《独立报》）[183]——这可不是闹着玩的！）的出版者，市电车公司的大股东和经理，都柏林许多资本主义企业的股东。墨菲宣称（当然是代表所有爱尔兰资本家），他准备花 75 万英镑（将近700 万卢布）来破坏爱尔兰的工会。

但这些工会已开始蓬蓬勃勃地发展起来。继爱尔兰资产阶级坏蛋庆祝自己"民族的"胜利之后出现的是爱尔兰无产阶级的阶级觉醒。爱尔兰无产阶级发现了爱尔兰运输工人工会书记**拉金**（Larkin）同志是一位很有才干的领袖。拉金赋有卓越的演说才能，具有爱尔兰人的旺盛精力，他在非熟练工人中间创造了奇迹，这一部分不列颠无产阶级群众，在英国常常由于英国"熟练"（skilled）工人具有那种令人诅咒的市侩式的、自由主义的、贵族的情调而不得不处于同先进工人隔绝的状态。

一种新的气象在爱尔兰工会中出现了。非熟练工人群众给工会带来了空前活跃的气氛。连妇女也开始组织起来，这是信奉天主教的爱尔兰未曾有过的现象。就工人的组织情况来说，都柏林很可能成为整个大不列颠的先进城市。这个国家的特点是：天主教神父个个脑满肠肥，而工人则忍饥挨饿、衣衫褴褛，甚至在星期日也穿得很破烂，因为他们买不起节日服装。这个身受双重和三重民族压迫的国家,已开始变成一个拥有组织起来的无产阶级大军的国家。

于是墨菲便宣布向拉金和"拉金主义"进行资产阶级的十字军讨伐。一开始就解雇了 200 个电车工人,为的是在解雇工人期间挑起罢工,从而**破坏**整个斗争。运输工人工会举行了罢工,要求让被解雇的工人复工。墨菲组织同盟歇业来对付工人。工人则用罢工来回答他们。战争全面展开,怒火在燃烧。

拉金(附带说说,他是因参加爱尔兰解放运动而于 1867 年被处死的著名的拉金的孙子)在群众大会上发表了激昂慷慨的演说。他在演说中还指出,反对爱尔兰"自治"的英国资产阶级政党曾肆无忌惮地号召反抗政府,以革命相威胁,并组织对自治的武装反抗,毫无顾忌地向这个国家散发革命呼吁书。

但是,**英国的**沙文主义者卡森、伦敦德里、博纳·罗(英国的普利什凯维奇分子,扼杀爱尔兰的民族主义者)这些反动分子可以做的事,却不容许无产者-社会主义者去做。拉金被逮捕。工人集会被禁止。

爱尔兰毕竟不是俄国。剥夺集会自由激起了群众的怒潮。**不得不**把拉金送交法庭审判。然而在法庭上拉金变成了原告,实际上处于被告地位的倒是墨菲自己。拉金通过同证人的交叉讯问证明,在他(拉金)被捕前夕,墨菲曾同总督进行了长时间的谈话。拉金宣称警察是墨菲豢养的,对拉金的这种说法谁也不敢反驳。

拉金被保释出来了(政治自由不能马上取消)。拉金公开表示他无论如何要参加群众大会。果然,他化了装来到会场,并开始向群众发表演说。警察认出是他,就把他抓住并殴打他。开始了为时两天的警棍专政,他们殴打群众,折磨妇女和儿童。警察擅自闯入工人住宅。运输工会会员、工人**诺兰**被他们活活打死,另一个也因受伤致死。

星期四,即9月4日(俄历8月22日),举行了诺兰的葬礼。都柏林的无产者组成了5万人的游行队伍来给自己的同志送葬。野兽般的警察都躲藏起来了,他们不敢触怒群众,送葬行列秩序井然。一位爱尔兰老人对德国记者说:"这次游行示威比安葬帕内尔〈爱尔兰民族主义者的著名领袖〉时还要壮观。"

都柏林事件将成为爱尔兰工人运动和社会主义运动史上的转折点。墨菲扬言要破坏爱尔兰工会。但他所破坏的只不过是爱尔兰民族主义资产阶级对爱尔兰无产阶级的最后一点残余影响。他促使爱尔兰独立自主的、毫无民族主义偏见的、革命的工人运动受到了锻炼。

这一点立刻就在9月1日(俄历8月19日)于曼彻斯特召开的工会(工联)代表大会上表现出来了。尽管有充满庸俗习气的、只想讨好上司的机会主义的工会工作者进行阻挠,都柏林事件还是激起了代表们的怒火。都柏林工人代表团受到了热烈欢迎。五金工会都柏林分会主席、代表帕特里奇讲述了警察在都柏林的令人发指的暴行。一位年轻女工刚躺下睡觉,警察就闯进屋里来了。这个姑娘躲到厕所里,但仍被他们揪着头发拖了出来。警察们喝得酩酊大醉。这帮"人"(带引号的)竟连10岁的儿童或5岁的小孩都要痛打一顿!

帕特里奇由于发表了连法官自己也认为是和平的演说而两次被捕。帕特里奇说:我相信,假如我当众念诵"我的主啊",我也会马上被捕的。

曼彻斯特代表大会派遣自己的代表团去都柏林。当地的资产阶级又抓起了民族主义的武器(同我国波兰、乌克兰或犹太人中间的资产阶级民族主义者一模一样!),他们说,"英国人管不着爱尔兰土地上的事"! **幸而**民族主义者在工人中间已经失去了影响。①

在曼彻斯特代表大会上发表了很久没有听到过的演说。有人提议整个代表大会迁到都柏林举行,并提议在英国各地组织总罢工。矿工工会主席斯迈利说,都柏林的方式将促使英国所有工人走上革命的道路,他们是一定能够学会掌握武器的。

英国工人群众正在缓慢而坚定地走上新的道路——从维护工人贵族的区区特权转到工人群众自己为建立新的社会制度而进行伟大英勇的斗争。通过这条道路,英国无产阶级凭着自己的毅力和组织性,将比任何地方更迅速、更坚决地实现社会主义。

载于 1913 年 8 月 29 日《北方真理报》第 23 号和 1913 年 8 月 30 日《我们的道路报》第 5 号

译自《列宁全集》俄文第 5 版第 23 卷第 400—404 页

---

① 已经可以听到爱尔兰民族主义者发出的忧虑,即担心拉金会组织爱尔兰独立工党,对此第一届爱尔兰国民议会也不得不加以注意。

土地"改革"的新措施

(1913年8月29日〔9月11日〕)

政府拟定了一个关于农民土地占有制法律的新草案。这是为了要急速"限制"独立农庄和独立田庄的土地"分散"。地主想"保护小土地所有制",防止土地过于分散、零碎和变成小块。

这个法律的实质就是禁止农民的**中等规模的**地块,即独立农庄和独立田庄的土地分散。这样的地块无论是出卖或继承都必须归一人单独所有。其他继承人则按照地主土地规划委员会的估价领取现金"偿付"。

偿付的钱是用土地作为抵押,以特别优惠的条件,由农民银行支付的。中等规模的地块(不可分割的地块)的面积则按照1861年关于法定份地的农奴制法令来确定。

这个法律草案的用意是很明显的。地主想为农民资产阶级建立一种享有特权的、不受资本主义侵犯的土地所有制。地主感到自己的特权和自己的农奴主土地占有制已在动摇,因此竭力想把农民资产阶级中为数极少但最富裕的阶层争取过去。地主对富农和财主说:我把我的特权分给你们一小部分,我帮助你们靠破产的农民群众发财致富,而你们要保护我不受这群人的侵犯,你们要成为社会秩序的支柱。这就是新法律草案的阶级含义。

这个草案同六三土地政策,即所谓斯托雷平土地政策的总的方针是完全一致的。这是同样的地主的政策,因为在1905年以后地主作为一个阶级不可能在俄国实行其他政策,否则他们就无法维持自己的特权,甚至无法生存下去。

民主派,无论是工人民主派还是资产阶级民主派(即大多数农民),都必须认清阶级关系的这种无可争议的实际情况,并由此作出必然的结论。自由派和民粹派害怕农民土地的**转移**,即害怕土地的自由买卖,他们所抱的这种官吏的观点,是最愚蠢最反动不过的了。例如,《言语报》在两篇评述新法律草案的社论中声称,"保护小土地所有制是必然的现象"。要知道,糟糕的是六三土地政策已被"突然当做锐利的政治工具"采用了。

扮演"超阶级的"官吏角色的绝顶聪明的自由派,谴责地主的首领斯托雷平为地主的利益使用政治工具!懦怯地想要逃避不可避免的阶级斗争,却用因阶级利益同阶级政策的联系而发出的啜泣声来加以掩盖。无怪乎斯托雷平对**这样的**对手只好付之一笑了。

"保护小土地所有制"这个自由派(俄国的)和民粹派非常喜欢的提法,是一句反动的空话。只有在农民采取民主的行动,即为着社会的发展和资本主义的发展、为着国家摆脱农奴主的压迫和取消他们的特权而行动起来的时候,工人阶级才会支持农民(并领导农民)。而任何限制农民土地转移的做法,第一,是荒谬的,因为这种做法不能阻止资本主义发展,只会使群众的生活状况恶化,使群众的生活更加困难,迫使群众绕开法律。第二,这种做法实际上是在制造**享有特权的**小资产者的小阶层,即反对进步的、最守旧、最愚钝的人的小阶层。

针对农奴主-地主的阶级政策,工人阶级不是要大谈"超阶级的"空话,而是要讲清占人口十分之九的其他各阶级的利益。作为小资产阶级群众的农民会长期动摇不定,他们一方面向往无产阶级的彻底的民主主义,另一方面又指望得到地主的小恩小惠,指望同地主分享特权。

但是,俄国地主为农民提供的条件是非常苛刻的,在这种条件下千百万人经常忍饥挨饿,因此一切有朝气的、有生命力的和有觉悟的人将跟着谁走,是不会有任何疑问的。

载于1913年8月29日《我们的道路报》第4号和1913年8月30日《北方真理报》第24号

译自《列宁全集》俄文第5版第23卷第405—407页

商人萨拉兹金和著作家费·唐·

(1913 年 9 月 1 日〔14 日〕)

商人萨拉兹金的发言，无疑具有很大的社会意义。"原始积累"时代，也就是贵族-地主牢骚满腹、要求"信任"，而商人感恩不尽的历史时代，已经成为过去了。

六三反革命时代的第一个时期，也就是被群众运动吓得魂不附体的商人兴高采烈、十分感动地盯着斯托雷平的时期，也已经过去了。第二个时期，即工人运动高涨、"社会"复苏和商人自由派兴起的时期开始了。

这个自由派是介乎十月党和立宪民主党之间的一个派别，这一正确的评价甚至连小资产阶级民主派也**不得不**（由于事态的发展）愈来愈**接受了**。不久以前，《北方真理报》[184]援引了《基辅思想报》的一段公正的议论（见 8 月 11 日《北方真理报》第 9 号①）。这段议论谈到自由派同民主派的**分离**，谈到立宪民主党人（更不用说"进步党人"了）的自由主义同反动的民族主义的接近。

但是，某些著作家甚至还落在小资产阶级民主派的后面，做了自己的机会主义教条的俘虏。当然，这些著作家中为首的是取消派分子费·唐·。

费·唐·在评论萨拉兹金的发言时写道（8 月 23 日《新工人

---

① 见本卷第 389—391 页。——编者注

报》);强烈反对萨拉兹金的黑帮分子是对的,"但是左派的〈应读做:自由派的〉报刊也是对的,因为它们指出了官僚制度天生就不能满足国家的迫切需要。不对的只是《俄国报》"。

费·唐·写道:"萨拉兹金的发言不是由于他对激进纲领的热爱,而是由于缺乏秩序和法制。商人开始造反了…… 既然如此,那么,不管商人如何敌视激进纲领,到头来他迟早还是不得不把他的努力同国内更激进的阶层的努力联合起来。"

费·唐·的评论就是这样的。他只谈到自由派同工人的联合,往下就不再谈了。

这真是创见!费·唐·竟没有觉察到商人的努力已同黑帮地主的努力联合起来。他竟没有觉察到,萨拉兹金拥护六三制度的"原则",想要在这种原则的范围内取代普利什凯维奇。

另一方面,他没有觉察到自由派和萨拉兹金的**改良主义**立场同工人阶级立场之间的区别,而工人阶级立场是同改良主义的可怜的狭隘性格格不入的。民主派同自由派今天的实质性的差别,竟被著作家费·唐·忽略了。

费·唐·关心的**只有**一件事,即自由派同工人的"联合"。真是一个有意思的……特长!

请把费·唐·这篇文章作为政治文献,并从"全欧的"观点来看一看吧(要知道,费·唐·和他的朋友们是非常喜欢谈论自己的欧洲主义的……)。您会发现费·唐·完全赞同劳合-乔治和"工党"的极端机会主义者的立场(英国型的),或孔布和饶勒斯的立场(法国型的),或柏林左翼自由派的机关报《柏林每日小报》[185]以及伯恩施坦、科尔布、福尔马尔的立场。

在费·唐·的文章里,没有一点东西是那些忙于把"萨拉兹金之流的努力同国内更激进阶层的努力""联合起来"的左派立宪民主党人所不能接受的。

马克思主义者对工人说:要利用萨拉兹金之流同普利什凯维奇之流之间的不一致,要使萨拉兹金之流的动摇不发生影响,因为萨拉兹金之流同普利什凯维奇之流的"联合",要比同反对派的联合紧密得多。自由派对工人说:萨拉兹金之流将不得不把自己的努力同你们的努力联合起来。

为什么著作家费·唐·竟忘记说明一切自由派的改良主义的阶级根源,特别是萨拉兹金的改良主义的阶级根源呢? 为什么费·唐·甚至忘记指出萨拉兹金之流的商人的改良主义在俄国的条件下带有极其荒谬的、可笑的、怪诞的狭隘性呢?

是不是由于著作家已经**扯下了**自己的马克思主义"招牌",而采取了同商人萨拉兹金一样的改良主义立场呢? 而萨拉兹金是**根据**本阶级的利益挂着他的进步党的即半十月党的招牌采取这种立场的。

载于 1913 年 9 月 1 日《北方真理报》第 26 号　　　　　译自《列宁全集》俄文第 5 版第 23 卷第 408—410 页

为马克思主义而斗争

（1913年9月3日〔16日〕）

关于工人为彼得堡工人报刊捐款的问题，近来在报纸上讨论得很热烈。应当认为，极详尽而又认真地讨论这个问题是绝对必要的，因为这是一个具有重大原则性的政治问题。

问题是怎样发生的呢？取消派（《新工人报》）坚持要平均分配捐款，马克思主义者（《北方真理报》）则要求按捐献工人的意愿分配捐款。工人们通过对这种或那种报纸的方针的讨论，自己来决定他们的捐款是**捐给谁**的。

第一个谈到这个问题的**文件**，即维堡区22个支持取消派的人的决议，直截了当地说（见8月9日《新工人报》第2号）："按平均原则给工人报纸分配捐款。"后来，诺贝尔工厂和普梯洛夫工厂一部分工人的决议（同上，第6、8、9、10号）坚决主张并且实际上已经把捐款**平均分为三份**：马克思主义者一份，取消派一份，民粹派一份。《新工人报》编辑部默然赞同这种做法，并且在格·拉·的文章里为这种做法辩护（第9号）。

与此相反，《北方真理报》则指出，平均分配的办法是不对的，是不符合马克思主义的任务和目标的。

我们再说一遍，一切觉悟的工人都应当仔细地和完全独立地来分析这个问题。

　　赞成平均分配的论据是什么呢？就是借口"工人马克思主义者的神圣口号是：全世界无产者，联合起来！"。

　　试问，这个口号是否要求工人马克思主义者，比如说马克思主义政党的党员，同追随**资产阶级**政党的工人联合起来呢？每一个工人只要稍微思考一下就会说"不"的。

　　在所有国家里，即使是在最先进的国家里，都有追随资产阶级政党的工人：在英国是追随自由党人，在法国是追随"激进社会党人"，在德国是追随天主教派和自由"人民"党，在意大利是追随改良主义的（小资产阶级的）政党等等，以及在邻国波兰是追随小资产阶级的波兰社会党。

　　这个伟大的口号号召工人联合成无产阶级的、独立的、阶级的政党，而上面列举的**所有**政党都**不是**无产阶级的政党。

　　就拿我国民粹派的基本原则来说吧！民粹派以为废除土地私有制而进行平均分配就是社会主义或"社会化"，但这是一种错误的观点，是**资产阶级**的观点。马克思早已证明，大胆的**资产阶级**经济学家能够要求并且已经要求废除土地私有制。[①] 这是**扩大资本主义活动范围**的**资产阶级**改革。我们支持作为**资产阶级**民主派的农民反对农奴主-地主、争取土地和自由的斗争。

　　但是，要把雇佣工人的无产阶级组织同小资产阶级的农民民主派统一起来，就是最严重地违背这一伟大的马克思主义口号。实行这种统一的尝试会给工人运动带来极大的害处，并且总是要以迅速失败而告终。

　　俄国的历史（1905—1906—1907年）证明，除了农民中的左

————————

① 参看《马克思恩格斯全集》第1版第26卷第2册第38—39页。——编者注

派以外，民粹派找不到而且也不可能找到任何群众性的、阶级的
支柱。

　　这就是说，取消派以及追随他们的工人背离了马克思主义，
背离了**阶级的**道路，走上了雇佣工人同小资产阶级政党实行无
党性的统一的道路。这正是**无党性的**联合，因为他们号召工人：
不要区分哪个是无产阶级政党，哪个是小资产阶级政党，来平均
分配吧！①

　　格·拉·在《新工人报》第9号上写道，群众"不能识别问题的
实质"。正因为这样，我们就需要用老的、经受过考验的马克思主
义报纸来**提高**"没有分辨能力的"群众的**觉悟**，**帮助**他们识别事物，
分清是非。

　　格·拉·以及像他一样的著作家为了**反对**有组织的马克思主
义的联合，借口说（根本不提两党联合的问题！）"群众不能识别问
题的实质"，这种做法就是**宣扬无党性**，就是**背叛**马克思主义，就是
在偷偷地采取小资产阶级的观点和实行小资产阶级的政策。

　　取消派在用这种政策来证明自己是名副其实的取消派，也就
是马克思主义组织的叛徒和破坏者。

————————

① 某些工人对取消派这种无原则的说教的反应如何，也可以从下面这个载于
《新工人报》第21号上的决议来判明：
　　"我们认为这样的决定〈三家报纸平均分配……〉是必要的，是唯一公平
合理的，因为第一，这三家报纸都是工人的报纸，它们同样受到处罚和迫害；
第二，无论在我们这里或在其他地方，大多数工人还没有完全了解不同党派
的特点，不能有意识地只靠拢其中一个党派，而是对三家报纸一视同仁。"
　　取消派的报纸从来没有打算向读者讲清楚，也从来没有使他们有机会弄
清楚：是否可以把民粹派的报纸当做工人的报纸，应不应该把民粹派的报纸
同马克思主义的报纸，甚至同取消派的报纸混为一谈。《新工人报》宁愿依附
"自发势力"，做不了解真相的群众的尾巴，其目的只是为了找马克思主义者
的"麻烦"。

另一个论据（见《新工人报》第6号上格·拉·的文章和该报编辑部自己的论断）是，按各家报纸的方针来分配捐款会破坏大家"同心协力地反击"迫害工人报纸的"反动派"。

每一个觉悟的工人只要稍微思考一下就会看出，这是重弹民主派脱离自由派就是破坏"同心协力地反击反动派"这一自由派的老调。这是资产阶级的论调，是极端错误的论调。

"不能识别问题的实质"（按照取消派分子格·拉·的武断说法）的非党群众，正通过一些实例在出色地学习。只有那些还非常无知和没有觉悟的人，那些不善于或懒于思考和"识别"是非的人，才会挥挥手说："我也反对，大家平均分配吧"。谁**开始**思考问题和"识别"是非，谁就**除了**去听**就各种纲领进行的辩论**，即对各派观点进行的辩护，还会去听觉悟**更高**的人的意见，使自己多少学到一点东西，从无所谓、从一视同仁转变为对各报有明确的深思熟虑的看法。

"每个工人都应该知道和记住的"所有这些起码常识，取消派都忘记了。取消派**主张**"平均分配"，这就证明，说他们是无党性的鼓吹者、马克思主义的叛徒、"资产阶级对无产阶级的影响"的维护者（见1910年1月马克思主义者一致通过的决定），是**正确的**。

马克思主义组织通过制定共同的纲领、共同的策略以及关于对反动派、资本家、资产阶级民主派（民粹派）的态度的共同的决定等等把**觉悟的**工人联合起来。所有这些**共同的**决定，其中包括1908年、1912年和1913年关于**改良主义**的荒谬性和致命的危害性的决定，马克思主义者都是坚决捍卫和不倦地执行的。

关于政党和关于共同的策略的辩论（交谈、讨论、争论）是必要的；不这样，群众就会涣散；不这样，就**不会有**共同的决定，因而也就不可能有统一的行动;不这样,那些"能识别问题的实质"的**工人**的马克思主义组织就会**瓦解**,资产阶级就会更容易影响落后群众。

彼得堡的优秀工人主张按照方针分配捐款,主张分配捐款时对纲领进行辩论,这样做就是反对那些坚持无党性的人,就是为马克思主义而斗争。

所以,我们确信,工人在任何时候、任何地方都只会全力去捍卫那些能够**教育**群众的马克思主义的捐款分配方法和辩论方法。

载于1913年9月3日《北方真理报》第27号

译自《列宁全集》俄文第5版第23卷第411—415页

都柏林流血事件一星期后

（1913 年 9 月 3 日〔16 日〕）

9 月 7 日（俄历 8 月 25 日）星期日，警察制造流血事件整整一星期之后，都柏林工人举行了大规模的群众集会，抗议爱尔兰资本家和爱尔兰警察的行为。

群众大会仍旧在奥康奈尔大街原来预定的地方举行，本来上星期日就决定在这里召开大会，但被警察禁止。这是一个具有历史意义的地方，在这里举行群众大会最合适，因而都柏林的群众大会大多在这个地方举行。

警察躲起来了。满街都是工人。到处都是人群，而且秩序井然。一位发表演说的爱尔兰人高声喊道："上星期日，在这里占统治地位的是没有理性的警棍，今天在这里占统治地位的是没有警棍的理性。"

英国有宪法，因此当局不敢再次动用喝得醉醺醺的警察了。那里搭起了 3 个讲台。有 6 位演讲人，其中包括几位英国无产阶级的代表，他们痛斥了反人民的罪行，号召工人实现国际主义的团结，进行联合斗争。

一致通过了一项决议，要求集会自由和结社自由，并要求对警察在上星期日的罪行立即进行调查（要在与这一事件无关的人士的领导下进行，并要保证公布全部调查情况）。

在伦敦，在特拉法尔加广场举行了隆重的群众大会。各社会主义者和工人的团体高举着自己的旗帜参加了大会。有许多宣传画，上面是反映当前重大问题的各式各样的图画和标语。有一张宣传画特别受群众欢迎，上面画着一个警察挥动着一面写着"不准作声"字样的红旗。

演说者当中，特别出色的是本·蒂利特和五金工会都柏林分会书记帕特里奇，前者指出英国"自由党人"政府丝毫也不比反动政府逊色；后者详细地叙述了都柏林警察的无耻暴行。

值得指出的是，伦敦和都柏林的群众大会提出的主要口号是要求结社自由。这是完全可以理解的。一般地说，英国**有**政治自由的基础，**有**立宪制度。工人所要求的结社自由在那里是许多项改革中的一项，这些改革都是非常必要的，而且在现行的宪制条件下都是完全可以实现的（同样，在俄国，在工人保险方面的部分改革也是可以实现的）。

对英国和俄国的工人来说，结社自由是同样迫切需要的。而英国工人提出他们所必需的政治改革的口号是完全正确的，他们清楚地认识到实现这种改革的途径以及在英国宪法条件下实现这种改革的充分可能性（同样，如果俄国工人提出将保险法作某些修改的局部要求，也是正确的）。

在俄国所缺少的正是这些政治自由的一般基础，**没有这种基础**而要求结社自由，这简直是笑话，这只不过是自由派所惯用的花言巧语，其目的是欺骗人民，使他们相信在我国可以走改良主义道路。在俄国，如果**不**把自由派的软弱无力的、骗人的改良主义同对改良主义不抱任何幻想的工人的彻底民主主义加以对比，那就无法进行争取结社自由(这是工人和全体人民最迫切需要的)的斗争。

载于 1913 年 9 月 3 日《北方真理报》
第 27 号和 1913 年 9 月 3 日《我们的
道路报》第 8 号

译自《列宁全集》俄文第 5 版
第 23 卷第 416—418 页

政治上的原则问题

自由派资产阶级和改良主义

（1913年9月4日〔17日〕）

百万富翁萨拉兹金在下诺夫哥罗德集市委员会上代表全俄商界要求实行广泛的政治改革。在彼得堡有3000个五金工人参加的大会上，改良派遭到了彻底的失败，他们收罗到的赞成他们提出的理事会候选人名单的选票只有150张。[186]

这两个自然形成鲜明对比的事实，甚至促使那些最没有原则的人也要考虑考虑现代俄国政治生活中的一些原则问题。在各个阶级中，都有很多人关心俄国的政治，但是只有少数人才意识到从原则上提出政治问题的意义。只有少数人才意识到对这些问题总是给予周密、确切而肯定的回答的那些政党的意义。而当各政党同一定的阶级联系起来的时候，这种回答总是以群众工作的经验为基础并由多年的群众工作来检验。

马克思主义者在四年半以前对六三体制以及自己针对这一体制所提出的任务作估价时，他们的回答正是这样的①。整整一条鸿沟把工人和惊慌失措的知识分子隔开了。前者在各种场合年复一年地、勤勤恳恩地根据这种回答的精神来活动，而后者则害怕作出一切明确的回答，一步一步地向改良主义和取消主义

---

① 见本版全集第17卷第298—301页。——编者注

滑去。

有些人在观察马克思主义者同取消派的斗争时,只是用一些可怜的空话来敷衍了事。他们说什么争论、纠纷、内讧、派别活动……都是有害的,对于这样一些人不能不表示遗憾。而许多"也是马克思主义者"和一切"左翼"民粹派就正是这样的人!

资产阶级的坚决拥护者和马克思主义的敌人,即《言语报》中的自由派,对于上述事实是回避不了的。在这家报纸编辑部发表的一篇专论(第234号)中,他们重复了老一套的抱怨话,但还不仅仅是这些老一套的抱怨话。

自由派不得不承认"布尔什维克同取消派的斗争到处都在进行","这个斗争已经渗入工人机体的每个毛孔"。

这是怎么回事呢?难道这是偶然的吗?

不是……

"重大的原则性的意见分歧早就显露出来了,而这些分歧归根结底都可以归结为关于国家今后发展进程这个问题。"

到底还是明白过来了!马克思主义者在1908年12月就说明了这一点,而自由派在1913年8月才开始弄懂这一点。不过迟懂总比不懂好。

自由派报纸继续说道:"走改革的道路是可能的,还是'改革只有作为那种完全摆脱了改良主义任何狭隘性的运动的附带结果才是可能的?'〈引自《北方真理报》〉问题就是这样摆着的。"

正是这样!关于取消主义的问题,只是关于脱离马克思主义的、非党的改良主义者的问题的一部分。

但是,看一看自由派即改良主义的坚决拥护者究竟怎样为改良主义辩护,是很有意思的。

"当然,在关于改革只有作为'附带结果'才是可能的这种意见中,有许多形而上学和宿命论的东西。没有改良派和改良主义,也就不会有改革,即使这种改革只是作为'附带结果'……"

又是一个慷慨陈词而企图逃避回答的样板!这同形而上学有什么相干,历史的经验,英国、法国、德国、俄国的经验,欧洲和亚洲的整个现代史的经验,不是都表明重大的改革只能是那种完全摆脱了改良主义狭隘性的运动的附带结果吗?

这同宿命论有什么相干,上述经验不是也清楚地说明,活动得最有成效的正是那些敌视改良主义的阶级吗?

或许在20世纪最初年代的俄国工人阶级的行动中,比在19世纪最后30多年的自由主义的地方自治人士和资产阶级的行动中有更多的"宿命论"吧?自由派先生们,你们简直把自己弄到了可笑的地步!

难道你们竟无知到看不出资产阶级这个阶级的利益同它的局限于改良主义的意向之间的联系吗?难道你们竟无知到看不出工人阶级的生活状况同它的与之相反的意向之间的联系吗?

不,先生们,你们是改良主义的拙劣的辩护人!也许你们为当前俄国的改良主义会辩护得好一些?

《言语报》继续说道:"必须承认,当前形势一再向最谦逊的改良主义者证明,他们的努力完全是徒劳的,这种形势促使人们在思想上、特别是在感情上对改良主义抱否定态度。"

你瞧!原来连你们这些改良主义的坚决拥护者也既不能拿历史的经验,又不能拿俄国的"当前形势"来作挡箭牌了。甚至你们也不得不承认这种形势对你们是不利的!

　　先生们，如果你们不顾历史的经验，不顾"当前形势"的经验，而继续采取改良主义的无原则立场，那你们将成为何等的形而上学者和宿命论者！或者说，你们将成为那些狭隘的、自私自利的、怯懦的财主们的何等盲从的奴隶。既然你们自己也不相信改革，那你们实际上不正是在维护那个竭力想靠剥削别人来发财的资产阶级吗？

　　俄国工人阶级的先进部队，彼得堡的五金工人，使自己队伍中的改良派和取消派遭到毁灭性的失败，这是可以理解的。根据自由主义和改良主义的《言语报》的材料来看，改良派-取消派在2 000人当中只得到150张选票，也就是说，每100个人当中，只有7个半人投他们的票。这难道不是再一次证明（在工人参加第四届杜马选举之后，在彼得堡和莫斯科的工人报刊出现之后），取消派所代表的只是惊慌失措的、半自由主义的知识分子吗？这难道不是再一次证明，广大的觉悟工人坚决地、果断地谴责和唾弃了他们吗？

载于1913年9月4日《北方真理报》第28号和1913年9月4日《我们的道路报》第9号

译自《列宁全集》俄文第5版第23卷第419—422页

自由派和民主派
对语言问题的态度

(1913 年 9 月 5 日〔18 日〕)

许多报纸都不止一次地提到高加索总督的报告。这个报告的特点并不在于它的黑帮反动主张,而在于它的羞羞答答的"自由主义"。顺便提一下,总督表示反对人为的俄罗斯化,即反对非俄罗斯民族俄罗斯化。高加索非俄罗斯民族的代表**自己**就在竭力教儿童讲俄语,例如,在不一定要教俄语的亚美尼亚教会学校里就有这种情形。

俄国发行最广的自由派报纸之一《俄罗斯言论报》(第 198号)指出了这一点,并且作了一个公正的结论:在俄国,俄语之所以遭到敌视,"完全是"由于"人为地"(应当说:强制地)推广俄语"引起的"。

该报写道:"用不着为俄语的命运担心,它自己会得到全俄国的承认。"这说得很对,因为经济流转的需要总是要使居住在一个国家内的各民族(只要他们愿意居住在一起)学习多数人使用的语言。俄国的制度愈民主,资本主义的发展就会愈有力、愈迅速、愈广泛,经济流转的需要就会愈迫切地推动各个民族去学习最便于共同的贸易往来的语言。

但是自由派报纸很快就自己打自己的嘴巴,证明它的自由主义不彻底。

该报写道:"就是反对俄罗斯化的人里面也未必会有人反对像俄国这样大的国家应当有一种全国通用的语言,而这种语言……只能是俄语。"

逻辑正好相反!瑞士没有一种全国通用的语言,而是有三种语言——德语、法语和意大利语,但是小小的瑞士并没有因此吃亏,反而得到了好处。在瑞士居民中,德意志人占70%(在俄国,大俄罗斯人占43%),法兰西人占22%(在俄国,乌克兰人占17%),意大利人占7%(在俄国,波兰人占6%,白俄罗斯人占4.5%)。在瑞士,意大利人在联邦议会经常讲法语,这并不是由于某种野蛮的警察法(在瑞士没有这种法律)强迫他们这样做,而纯粹是由于民主国家的文明公民自己愿意使用多数人都懂得的语言。法语之所以没有引起意大利人的仇视,是因为它是一个自由的、文明的民族的语言,而不是靠令人厌恶的警察措施强迫别人接受的语言。

为什么民族成分复杂得多而又极端落后的"庞大的"俄国却一定要保留一种语言的特权,从而**妨碍**自己的发展呢?自由派先生们,情况不是正好相反吗?如果俄国想赶上欧洲,它不是应当尽量迅速、彻底、坚决地取消一切特权吗?

如果取消一切特权,如果不再强迫使用一种语言,那么所有的斯拉夫人就会很快而且很容易地学会相互了解,就不用担心在联邦议会里使用不同的语言发言这一"可怕的"主张。经济流转的需要本身自然会**确定**一个国家的哪种语言使用起来对多数人的贸易往来**有好处**。由于这种确定是各民族的居民自愿接受的,因而它会更加巩固,而且民主制实行得愈彻底,资本主义因此发展得愈迅速,这种确定也就会愈加迅速、愈加广泛。

　　自由派对待语言问题也像对待所有的政治问题一样,活像一个虚伪的小商人,一只手(公开地)伸给民主派,另一只手(在背后)却伸给农奴主和警察。自由派分子高喊:我们反对特权;但在背后却向农奴主时而要求这种特权,时而要求那种特权。

　　一切自由派资产阶级的民族主义都是这样的,不仅大俄罗斯的民族主义(它是最坏的,因为它带有强制性,并且同普利什凯维奇之流有着血缘关系)是这样,波兰的、犹太的、乌克兰的、格鲁吉亚的以及一切其他的民族主义也是这样。无论在奥地利还是在俄国,**一切**民族的资产阶级都高喊"民族文化"这个口号,**实际上**是在分裂工人,削弱民主派,同农奴主大做出卖人民权利和人民自由的交易。

　　工人民主派的口号不是"民族文化",而是民主主义的和全世界工人运动各民族共同的文化。让资产阶级用各种"良好的"民族纲领去欺骗人民吧。觉悟的工人将这样回答他们:解决民族问题的办法只有一个(如果说在资本主义世界,在追逐金钱、互相争吵和人剥削人的世界,民族问题能够解决的话),那就是实行彻底的民主主义。

　　证据是:西欧的瑞士是一个具有古老文化的国家,东欧的芬兰是一个具有新兴文化的国家。

　　工人民主派的民族纲领是:绝不允许任何一个民族,任何一种语言享有任何特权;采取完全自由和民主的办法解决各民族的政治自决问题,即各民族的国家分离权问题;颁布一种全国性的法律,规定凡是赋予某一民族任何特权、破坏民族平等或侵犯少数民族权利的措施(地方自治机关的、市的、村社的等等),都是非法的和无效的,同时国家的每一个公民都有权要求取消这种违反宪法的措施,都有权要求给予采取这种措施的人以刑事处分。

各民族的资产阶级政党由于语言问题以及其他问题而争吵不休,工人民主派则反对这样争吵,要求在**一切**工人组织中,即在工会组织、合作社组织、消费合作社组织、教育组织以及其他一切组织中,**各**民族的工人无条件地统一,并且完全打成一片,以对抗各种资产阶级的民族主义。只有这样的统一,这样的打成一片,才能捍卫民主,捍卫工人的利益而反对资本(资本已经成为而且愈来愈成为国际资本),捍卫人类向不容许任何特权、任何剥削现象的新的生活制度发展的利益。

载于 1913 年 9 月 5 日《北方真理报》第 29 号和 1913 年 9 月 7 日《我们的道路报》第 12 号

译自《列宁全集》俄文第 5 版第 23 卷第 423—426 页

数字的语言[187]

(1913年9月8日和10日〔21日和23日〕)

一

大家知道,正是在1905年和1905年以后,全俄国工厂工人的工资才有了大幅度的提高。根据工厂视察员的报告,在1901—1905年这5年间,俄国工厂工人的平均工资为206卢布,而随后的5年即1906—1910年为238卢布。

莫斯科省工人的工资较全俄平均工资略低一些。根据工厂视察员科兹米内赫-拉宁的统计,1901—1905年莫斯科省工人的工资为201卢布,而随后的4年即1906—1909年为235卢布。

这样,由于1905年的缘故,莫斯科省工人的工资平均每人增加了**34卢布**,即将近17%。按莫斯科省30万到35万工厂工人计算,全体工人**每年**多得工资的总数大约为**1100万卢布**。

我们看到,工人在1905年罢工中所遭受的牺牲,由于工人经济状况的重大改善而得到了补偿。

虽然六三体制即反革命体制得逞以后工人的许多斗争成果都被夺去了,但资本家还是没能把工资降回到以前那样低的水平。在莫斯科省,从1901年到1905年工人的年工资约为200卢布,即在 197 卢布(1902 年)和 203 卢布(1905 年)之间浮动。1906 年,即当 1905 年的成果初次显示出来的时候,工资提高到 228 卢布,后来在 1907 年又提高到 237 卢布,1908 年略有降低(236.5 卢布),1909 年重又回复到 237 卢布。

这些数字表明,如果没有 1905—1906 年取得的成果,工人就会穷到根本无法忍受的地步,因为近 10 年来生活必需品的价格一直在上涨。

二

莫斯科省大工厂的工人工资一般说来要比小工厂的工人工资高些。例如,占我们全省工厂工人总数 68% 即占⅔以上的纺织工人,在 1909 年这一年的平均工资为:

	卢布	百分比
1 000 名工人以上的工厂 ……………………	219	100
501—1 000 名工人的工厂……………………	204	93
101— 500 名工人的工厂……………………	197	90
51— 100 名工人的工厂……………………	188	86
21— 50 名工人的工厂……………………	192	88
20 名工人以下的工厂 ……………………	164	75
共 计 ……………………	211	96

工厂愈大,工人的工资就愈高。五金工人的情况也一样。在大工厂里,工人比较容易联合起来,给资本家以回击,共同捍卫自己的要求。小工厂和作坊的工人,为了赶上先进的同行,应该更致

力于联合,建立起各种联合组织(工会、教育协会、合作社协会等等),并应更加紧密地团结在自己的工人报纸周围。

由于大工厂的工人团结性较强,因此那里的工人罢工就比较容易组织,进行得也比较顺利。大工厂比小工厂更多地参加了1905年和1906年的罢工运动。

由此我们可以看到,大工厂的工人在这两年的罢工中**得到的好处要多于**小工厂的工人。下面就是关于莫斯科省各生产部门的工人的材料:

按工人人数划分的工厂类别	每一工人的平均年工资		增加数
	5年内(1901—1905年)	4年内(1906—1909年)	(单位卢布)
1 000 人以上的	196	234	+38
501—1 000 人的	186	231	+45
101— 500 人的	211	238	+27
51— 100 人的	215	240	+25
21— 50 人的	216	241	+25
20 人以下的	193	207	+14
共　计	201	235	+34

关于这些数字,首先必须说明一下上述的大工厂工资多于小工厂工资这个规律的一个例外(表面看来的例外)。事情是这样的,五金工人、印刷工人和其他一些部门的工人的工资比纺织工人的工资要高得多(360卢布、310卢布比211卢布,等等)。可是,在大工厂里,纺织工人在工人总数中所占的**比重**大大超过在中小工厂中的比重。因此就出现了表面上的例外,似乎中小工厂的工资高于大工厂的工资。

对于1905年以后大小工厂工资提高这一事实,我们可以得出怎样的结论呢?

在大工厂(500 名工人以上),一年增加工资将近 40 卢布,即每 1 卢布将近增加 20 戈比。

在中小工厂(21—500 名工人),增加工资将近 25 卢布,即每 1 卢布将近增加 12 戈比。

在最小的工厂(20 名工人以下),只增加工资 14 卢布,即每 1 卢布增加 7—8 戈比。

由此可见,在大工厂里由于工人罢工斗争进行得比较坚决和协同一致,工资就增加得比较多。我们已经指出,小工厂工人如能联合起来,建立各种联合组织,在这方面就能与大工厂工人并驾齐驱。

三

1905 年工人罢工斗争的成果不仅仅表现在工资得到了提高。除此以外,工人的整个生活状况一般来说也都有了改善。

工人的生活状况改善到了什么程度,这不能用数字准确表达出来,但在 1905—1906 年每个工人都清楚地了解到和明显地感觉到了这种改善。

工厂视察员科兹米内赫-拉宁的材料只能使我们确定 1905 年对工人**罚款**产生的影响。资本家在给工人课以罚款时总是以审判官自居。因此,在罚款时,总是对工人任意胡来,有时甚至公然侮辱工人。自然,工人总是要求**取消**罚款,取消资本家在工人自己的事情上充当审判官的权利。

下面就是莫斯科省所有工人历年来被罚款的材料:

年　份	每个工人平均罚款数 （单位戈比）
1901 年 …………………………………………	30
1902 年 …………………………………………	27
1903 年 …………………………………………	27
1904 年 …………………………………………	29
1905 年 …………………………………………	17
1906 年 …………………………………………	12
1907 年 …………………………………………	15
1908 年 …………………………………………	18
1909 年 …………………………………………	21

我们看到，工人是怎样成功地"缩减了"罚款数目。1905 年以前，每个工人平均罚款数达 27 到 30 戈比。

1905 年来到了。罚款数一下子缩减了几乎一半，即减到 17 戈比。到了 1906 年，1905 年的成果表现得更加明显：罚款数减到 12 戈比。

革命一过去，资本家胆子又大了。罚款数又增加到 15—18—21 戈比。

但就是在 1909 年（这是最沉闷的一年，沉寂时间最长的一年）资本家也没能把罚款数增加到以前那样荒唐的高度。尽管资本家在普利什凯维奇面前摇尾乞怜，但这一对"亲爱的伙伴"无论如何也不能回复到老样子了，因为**俄国工人已经不是以前的俄国工人了**。俄国工人已经学到了一些东西！

如果把罚款数同工人的工资数比较一下（这种比较是必要的，因为从一个卢布的工资中支出 20 戈比与从一个半卢布的工资中支出 20 戈比是不同的），工人在 1905 年的胜利就更为明显。

工人每 100 卢布的工资中平均每年要付出的罚款（单位戈比）：

1901 年·············15	1906 年·············5
1902 年·············14	1907 年·············6
1903 年·············13	1908 年·············8
1904 年·············14	1909 年·············9
1905 年············· 9	

由此可见,由于 1905 年,莫斯科省的工人使荒唐的罚款减少了**三分之二**。他们也一定会争取到全部取消罚款。

四

最后,我们稍微谈一谈莫斯科省的工人所得到的工资中现金占多大比重的问题。

莫斯科省的工人在这方面的状况是很糟糕的。在 1909 年,他们一共得到了 7 300 万卢布的工资;其中 6 150 万卢布即 84.2% 是用现金发给的。将近十分之一的工资即 720 万卢布是用工厂小卖部的各种食品和商品支付的。这种工资形式使工人处于对厂主的农奴制式的依附关系,并给厂主提供了"超额利润"。

棉纺织业工人在这方面的状况特别糟:五分之一以上的工资(2 880 万卢布当中有 590 万卢布)是用各种食品支付的。如果工人能为自己举办自由的工人合作社,那就不仅会为资本的奴隶积攒几十万卢布,而且他们对**厂主**小卖部的那种半农奴制式的依附关系也会随之消失。

其次,工人要将 375 万卢布(5%)的工资用来支付从消费合作社小卖部等赊购的物品。最后,要将 68 万卢布(0.9%)的工资用来支付工人在厂主所办食堂的膳费。

这种必然使工人陷于各种各样的农奴制性质的人身依附的工资形式,在丝织部门和麻织部门,其次在食品加工和畜产品加工部门保存得更为明显。

至于1905年对工资形式的影响,那么在这方面几乎没有取得任何成果。下面就是1901年以来的材料:

年　份	工人工资总数（单位百万卢布）	各　种　支　付　的　百　分　比			
		现金	工厂小卖部的商品	消费合作社的赊购	工人在厂主所办食堂的膳费
1901 年	53	81.4	8.9	7.3	2.4
1902 年	54	81.5	9.1	7.0	2.4
1903 年	57	83.0	8.3	6.6	2.1
1904 年	55	82.7	9.0	6.5	1.8
1905 年	57	82.8	9.2	6.5	1.5
1906 年	64	85.1	7.6	5.8	1.5
1907 年	71	83.8	9.4	5.3	1.5
1908 年	73	82.9	10.4	5.2	1.5
1909 年	73	84.2	9.8	5.1	0.9

1905年以后,用现金支付的工资数额增加极少。同样,工人在厂主食堂用膳所支出的费用缩减也不多。相反,通过工厂小卖部支出的款项甚至有所增加。

整个说来,情况仍然同以前一样糟。莫斯科省的工人必须争取用现金支付工资,必须争取以自由的工人消费合作社来代替工厂小卖部。

载于1913年9月8日和10日《我们的道路报》第13号和第14号

译自《列宁全集》俄文第5版第23卷第427—432页

资产者先生们论"劳动"农业

（1913 年 9 月 11 日〔24 日〕）

在基辅农业代表大会上，在来自全俄国的 1 000 个地主面前，科辛斯基教授先生作了第一个报告，证明农业中的"劳动农户"获得了胜利。

"劳动"农户问题是阐明农业中资本主义关系的最重要问题之一。此外，俄国还有民粹派（包括"左翼"民粹派）资产阶级政党，这个政党硬要工人相信它是社会主义政党，它竭力鼓吹的就是"劳动"农户。因此每一个觉悟的工人就有必要弄清楚所谓"劳动"农户究竟是什么。

资产阶级教授科辛斯基先生根本没有引用任何材料，就断言农民农户正在发展，而剥削雇佣劳动的大农户则正在瓦解和灭亡。同时教授先生

"把农民农户分成三类：（1）只有小块土地的农户（极小农户）——农民在某个地方的工厂里做工，而在农村的家里只有一个农舍和一个菜园，在菜园里种植一些东西稍微补充他的收入；（2）自耕自食农户——农民拥有较多的土地，但耕种土地不足以满足家庭的全部需求，因此部分家庭成员要在别处工作；（3）劳动农户，这是一种纯粹的农民农户，全家从事农业劳动。农业的演进（发展）使自耕自食农户逐渐消灭，使这种农户不断遭到劳动农户和只有小块土地的农户排挤。未来主要属于劳动农户。在俄国劳动农户占有的土地面积平均将近 50 俄亩。劳动农户的胜利决不会带来农村的无产阶级化"（《基辅思想报》第 242 号）。

　　这就是民粹派所承袭的资产阶级"劳动"农业理论的基础。任何一个工人,只要稍微懂得一点政治经济学,就会马上看出,这位资产者先生是把**无产者**农户,即雇农农户,**雇佣**工人"农户"称为只有小块土地的农户或极小农户。

　　他显然是把主要不进行交换、不从事买卖、而是从事自然经济的(为自己提供食物的)小农户称为"自耕自食"农户。我们这位不自觉的资产阶级教授承认这种农户在被排挤,因而也就承认资本主义的胜利,承认交换在发展和小农户在受排挤。被什么农户排挤呢? 首先是被无产者农户排挤。不自觉的教授先生,这就叫做无产阶级化! 其次是被"劳动"农户排挤,而这种农户的土地面积平均将近50俄亩。

　　现在我只须向这位不自觉的教授和他的门徒社会革命党人[188](民粹派)证明,所谓"劳动"农户也就是**小资产者**农户,**资本主义**农户。

　　资本主义的主要特征是什么呢? 就是使用雇佣劳动。我们的教授和社会革命党人该是弄懂这个真理的时候了!

　　关于在农民农户中使用雇佣劳动的情况,欧洲的科学的统计告诉我们什么呢? 它告诉我们,不但拥有50俄亩土地的农户,就是拥有**10公顷以上**(1公顷将近1俄亩)土地的农户,**在多数情况下也不能没有雇佣劳动!**

　　德国。1907年的最新调查。拥有10—20公顷土地的农户数为412 741。它们拥有雇佣工人711 867名。甚至拥有5—10公顷土地的652 798个农户,也有雇佣工人487 704名。换句话说,甚至在这里雇佣工人数为农户数的一半以上。而任何人都知道,小农在大多数情况下最多只有一个雇佣工人。

奥地利。1902 年的最新调查。拥有 10—20 公顷土地的农户数为 242 293。其中拥有雇佣工人的占**多数**，即为 142 272 户，也就是说差不多占总数的³∕₅。补充说一下，奥地利是一个在资本主义发展方面比德国落后得多的国家。在奥地利的整个农业中，雇佣工人的百分数（14％）比德国的（30％）低**一半**。

瑞士。1905 年的最新调查。拥有 10—15 公顷土地的农户数为 19 641。其中有雇佣工人的 11 148 户，也就是说占**多数**。拥有5—10 公顷土地的农户中，拥有雇佣工人的在瑞士将近占 36％，在奥地利占 33％。

根据这一点就可以判定，民粹派所追随的这位资产阶级教授不是无知透顶就是极不老实。这位教授**否认**农村的无产阶级化，却**承认**"自耕自食"农户首先被无产者农户所排挤，其次被"劳动"农户所排挤，他就是用"劳动"这个甜蜜的字眼来称呼拥有雇佣工人的农户的！

凡是颂扬资本主义制度下"劳动"农业的成就的人（其中包括我们的左翼民粹派），都是欺骗工人的资产者。首先，这种欺骗是在粉饰资产阶级。雇佣劳动的剥削者被称为"劳动"业主！其次，这种欺骗掩盖了广大的无产者农户和为数极少的资本主义农户之间的鸿沟。

资产阶级的利益要求粉饰资本主义和掩盖阶级鸿沟。无产阶级的利益则要求揭露资本主义和对雇佣劳动的剥削，要求群众正视阶级鸿沟的深度。

下面就是根据 1907 年的调查得出的关于德国农业中阶级鸿沟的简要材料。农户的总数为 570 万。其中无产者农户（拥有 2公顷以下的土地）有 340 万。这些"业主"中的大多数都是只拥有一小块土地的**雇佣工人**。

其次是小农户(拥有 2—5 公顷土地;共有 100 万户)。这是最贫苦的农民。其中不到一半(495 000 户)是**不从事**副业的独立农民。多数农民需要从事副业,就是说需要出卖自己的劳动力。这些农民最容易加入无产阶级的行列。

我们把他们归并为**第一类**,即无产者农户和小农户。

第二类:中等农户(拥有 5—10 公顷土地)。正像我们所看到的,其中不少中等农户是剥削雇佣工人的。中等农民是动摇于无产阶级和资产阶级之间的小资产者。

第三类:其他农户,即资本家(拥有 20 公顷以上的土地)和大农(拥有 10—20 公顷土地)。我们看到,大农**大部分**是剥削雇佣工人的。

综上所述,第一类是无产者农户和小农户;第二类是中等农户;第三类是大农户和纯粹资本主义农户。现在请看各类农户占有多少土地和牲畜:

类　别	农 户 数 (单位百万)	各 类 农 户 拥 有 工人	土 地 (公顷)	(单 位 百 万) 牲　　畜 (折合成大牲畜计算)	机器
第一类………	4.4	7.3	5.0	7.0	0.2
第二类………	0.6	2.5	4.6	5.1	0.4
第三类………	0.7	5.4	22.2	17.3	1.2
共　计………	5.7	15.2	31.8	29.4	1.8

这就是现代农业的一幅图景,它不是教授所描绘的那种图景,也不是民粹派所描绘的那种图景,而是一幅真实的图景。**大部分土地、牲畜、机器掌握在极少数(占农户总数的⅛弱,即 570 万农户中的 70 万户)资本家和农民资产者手中。广大的"业主"(570 万**

户中的 440 万户)每户拥有不到两个劳动力,不到两俄亩土地,不到两头牲畜。这都是些穷人。他们在整个农业生产中所占的比重是很小的。人们愚弄他们说,在资本主义制度下他们才有生路。

如果把各类农户的劳动生产率作一比较(就是每一俄亩土地,每一头牲畜分摊的工人数),你们就可以看出,小农户的劳动被野蛮地分散和掠夺。而资本家却拥有几乎全部机器,他们的劳动生产率是很高的。

如果把各类农户所拥有的牲畜头数同土地数量(包括草地和饲料地等)作一比较,你们就可以看出,小农户只拥有挨饿的牲畜,而一小撮上层分子那里却是一片资本主义的"繁荣景象"。

马克思主义者捍卫群众的利益,向农民说明:你们除了参加无产阶级的斗争以外,别无生路。资产者教授和民粹派则用关于资本主义制度下"劳动"小农业的鬼话来欺骗群众。

载于 1913 年 9 月 11 日《我们的道路报》第 15 号和 1913 年 9 月 14 日《劳动真理报》第 4 号

译自《列宁全集》俄文第 5 版第 23 卷第 433—437 页

哈里·奎尔奇

9 月 17 日（俄历 9 月 4 日），星期三，英国社会民主党的领袖哈里·奎尔奇（Quelch）同志在伦敦逝世。英国社会民主党人的组织成立于 1884 年，称为"社会民主联盟"。1909 年起改称"社会民主党"。而从 1911 年起，一些单独存在的社会主义团体并入之后，又改称"英国社会党"。

哈里·奎尔奇是英国社会民主党内精力最充沛也是最忠诚的工作者之一。他不仅是工人阶级的社会民主主义组织即党组织的活动家，而且也是工人阶级的工会组织的活动家。印刷工人工会伦敦分会曾不止一次选他为主席。他还多次担任"职业理事会"（"Trades Council"）工会联合会伦敦局的主席。

奎尔奇曾是英国社会民主党中央机关报《正义报》（«Justice»）[189]的编辑，同时也是党的月刊《社会民主党人》杂志[190]的编辑。

他十分热心地参加英国社会民主党的各项工作，经常在党的会议上和民众集会上发表演说。奎尔奇不止一次代表英国社会民主党出席国际的代表大会和参加社会党国际局。顺便提一下，奎尔奇在出席斯图加特国际社会党代表大会时曾遭到符腾堡政府的迫害。符腾堡政府因为奎尔奇在民众集会上称海牙会议为"a thief's supper"(直译为:强盗会议)而把他**驱逐出**斯图加特(未经审讯,按警察局命令,作为一个外国人被驱逐)。他被驱逐的第二天,大会又复会了,英国代表让奎尔奇坐过的椅子空着,在这张椅子上挂了一个标语牌,上面写着:"这是昨天被符腾堡政府驱逐出境的哈里·奎尔奇的坐位。"

德国南部的人常常自夸说,他们厌恶普鲁士人的官僚习气、官僚主义和警察制度,但是一旦问题涉及无产者-社会主义者的时候,他们自己却像最凶恶的普鲁士人那样行动了。

以奎尔奇为领袖的英国社会民主党进行活动的历史条件是极其独特的。在这个就资本主义的发展和政治自由的程度来说是最先进的国家里,英国资产阶级(它早在17世纪就以相当民主的方式收拾了无限君主制)在19世纪就**使**英国工人运动**分裂了**。19世纪中叶,英国几乎完全垄断了世界市场。这种垄断使英国资本获得难以置信的巨额利润。因此有可能从这些利润中拿出一点点给工人贵族——熟练的工厂工人。

这些当时有较为可观的工资收入的工人贵族,封闭在狭隘的、自私的行会性的联合会中,与无产阶级群众隔绝,在政治上站在自由派资产阶级一边。甚至到目前为止,世界上大概还没有任何地方像英国那样在先进工人中有这么多的自由派。

但是,19世纪最后25年的情况却有了变化。英国的垄断被美国、德国等所破坏。英国工人中的狭隘的、市侩式的工联主义和自由主义的经济基础被摧毁了。社会主义又重新在英国抬头,日益深入人心,而且**不顾**英国貌似社会主义知识分子的极其恶劣的机会主义的阻挠,正以不可遏止之势向前发展着。

在那些不屈不挠、满怀信心地反对英国工人运动中的机会主义和自由派工人政策的人们中间，奎尔奇走在最前列。诚然，脱离群众有时使英国社会民主党人沾染上一些宗派主义的习气。英国社会民主党的领袖和创始人海德门甚至滚进了沙文主义的泥潭。但是社会民主党对他进行了反击；同时，在全英国**只有**英国社会民主党人在数十年内一直以马克思主义的精神进行系统的宣传鼓动。这是奎尔奇及其同志们的极大的历史功绩。马克思主义者奎尔奇的活动的成果将在最近几年的英国工人运动中充分表现出来。

最后，不能不指出奎尔奇对俄国社会民主党人的同情和支援。11年前，俄国社会民主党的报纸[191]不得不在伦敦出版。以奎尔奇为首的英国社会民主党人非常乐意地让出自己的印刷所。奎尔奇本人不得不因此"挤一挤"，在印刷所里用薄木板给他隔出一个小角落作为编辑室。在这个小角落里安放了一张非常小的写字桌，桌子上方的墙上有一个摆满书的搁板，还有一把椅子。当时，当笔者到这个"编辑室"拜访奎尔奇的时候，已经没有地方再摆另外一把椅子了……

载于1913年9月11日《劳动真理报》第1号和1913年9月12日《我们的道路报》第16号

译自《列宁全集》俄文第5版第23卷第438—440页

附　　录

《马克思主义的三个来源和
三个组成部分》一文提纲①

（1913 年 3 月）

社会主义，它的内容

　　　（被压迫阶级对压迫制度的抗议和斗争）。

空想社会主义。

由于一系列历史原因，法国的发展最清楚地表明发展的动力是**阶
级**斗争。

政治由混乱和欺骗变成了科学，　　　　有组织的群众运动：
有可能经受**检验**等。　　　　　　　　　{工人的解放是工人
　　　　　　　　　　　　　　　　　　　　　自己的事情。

　　社会主义从空想变成了科学，接受了**阶级斗争**的理论。
　　马克思主义政治的基石。

一般结论：完整的哲学世界观。

---

① 该文见本卷第 41—48 页。——编者注

分析经济制度，阐明雇佣奴隶制的原因和资本主义的发展规律。

阶级斗争是谋求出路的手段。结论＝无产阶级的学说。

载于 1959 年《苏共历史问题》杂志　　　　　译自《列宁全集》俄文第 5 版
第 4 期　　　　　　　　　　　　　　　　第 23 卷第 443 页

关于民族问题的报告提纲^①

(1913 年 6 月 26 日〔7 月 9 日〕以前)

1

导言。民族问题的迫切性。民族主义反动派的好战性。一些社会主义政党对待民族问题的态度。

I（A）

　　1. 中世纪的割据。方言——**n+1**。民族语和拉丁语。

　　2. 民族国家的经济要求和民主要求。

　　3. 民主集中制是普遍的"正常的"国家的类型。

　　　　集中制**和**地方自治**相比较**。

　　　　"民族国家"

$$+\text{"理论"}\begin{cases}\alpha—\epsilon\\(1)—(5)。\end{cases}\textbf{192}$$

（B）

　　　　民族自决的要求，它的意义和必要性。

　　4. 一般民主的要求和俄国历史的要求。

$$\left(\begin{array}{c}\text{提纲第 1—2 条}\\(a)(d)\end{array}\right)$$

---

① 报告见本卷第 329—337 页。——编者注

5. 它的含义。提纲第 3—4 条。

6. 挪威的例子。

(C)

7. 民族平等和民族特权。

8. **国语**。瑞士和俄国相比较。

9. 地域自治还是按人的民族属性的自治？地域的含义。

10. 俄国的各民族地区。

11. 民族文化自治。

(α) 民族文化这个口号是不正确的。

(β) 违反国际主义。

(γ) 使……受资产阶级民族主义的影响。

(δ) 绝对的和精致的民族主义。

(ε) 置民主任务于不顾。

(ζ) 民族的不同社会成分。

(η) 城市和乡村。

(θ) 民族文化自治——教权主义。

布　隆[193]
和
斯大林[194]
乌克兰人[195]

(ι) 人为的性质（"议会"）。

(κ) 不能摆脱。

(λ) 民族组合。

(μ) 民族文化自治的目的——"彼此隔离"，但应该联合。

补 11。布隆纲领：第 3 条。

布隆代表大会。民族文化自治的**破产**。

再补 11。犹太人。

袭用。**提纲，第 13 页**。¹⁹⁶

12. 全国性法律和对少数民族权利的保障。

提纲第 6 条。

有权对违法措施进行追究以及要求取消。

麦迭姆的反对意见和对这些意见的分析。①

D　　13. 奥地利

维姆堡

布隆

摘自奥·鲍威尔著作的引文

捷克人和分离主义

破产

14. 俄国。提纲第 9 条（第 17 页）。

15. 取消派八月代表会议和社会革命党人代表会议相比较。

_____

① 见本卷第 105—107、231—233 页。——编者注

2

三　个　部　分

I
- (A)民族主义是资产阶级民主的公设和口号。
- (B)对于民族自决这一权利的要求。

II
- (C)民族文化自治。
- (D)奥地利社会民主党的纲领和俄国社会民主党的纲领。

乌克兰:巴钦斯基

乌克兰主义和司徒卢威。[197]
资产阶级制造分裂。
民族斗争的根源。
与乌克兰主义的斗争。

犹太人问题。卡·考茨基。
挪威。

奥地利——土耳其**走后**的"病人"。

奥地利的人为的性质　（1848 年)

奥地利的瓦解还是民主主义的民族国家的联盟?

卡·考茨基和伦纳-施普林格、奥·鲍威尔相比较。

　　巴尔干的斯拉夫民族运动。

亚洲及其民主主义的演进。土耳其——波斯——中国——
　　印度。

民族文化自治和教权主义（布隆）。	各民族的不同社会成分。 资本主义是碾碎民族差别的磨坊。 城市和乡村。不同的民族成分。

　　命运的讽刺：有地域的民族**不接受**超地域的民族自治，——而没有地域的民族**甚至**得不到在原则上拥护民族自治的人的承认。

	俄国袭用"民族文化自治"。**欧洲的**犹太资产阶级政党和民族文化自治。

挪威及其1905年的分离。

瑞士及其"语言"（相应**民族的**）秩序。

古怪的现象（法国的普罗旺斯语以及使它复活的尝试）。**德国的低地德语**也是同样的情况。丧失民族特性。

载于1937年《列宁文集》俄文版
第30卷

译自《列宁全集》俄文第5版
第23卷第444—448页

注　释

1　《马克思学说的历史命运》一文是为纪念马克思逝世三十周年而写的，发表于1913年3月1日(14日)《真理报》第50号。——1。

2　《给德国社会民主党执行委员会的信》是受有党的工作者参加的俄国社会民主工党中央委员会克拉科夫会议的委托而写的。这封信对德国社会民主党领袖们提出的召开布尔什维克和取消派的联席会议以求两派统一的建议作了答复。——5。

3　指俄国社会民主工党第二次代表大会。

　　俄国社会民主工党第二次代表大会于1903年7月17日(30日)—8月10日(23日)召开。7月24日(8月6日)前，代表大会在布鲁塞尔开了13次会议。后因比利时警察将一些代表驱逐出境，代表大会移至伦敦，继续开了24次会议。

　　代表大会是《火星报》筹备的。列宁为代表大会起草了一系列文件，并详细拟定了代表大会的议程和议事规程。出席代表大会的有43名有表决权的代表，他们代表着26个组织(劳动解放社、《火星报》组织、崩得国外委员会和中央委员会、俄国革命社会民主党人国外同盟、国外俄国社会民主党人联合会以及俄国社会民主党的20个地方委员会和联合会)，共有51票表决权(有些代表有两票表决权)。出席代表大会的有发言权的代表共14名。代表大会的成分不一，其中有《火星报》的拥护者，也有《火星报》的反对者以及不坚定的动摇分子。

　　列入代表大会议程的问题共有20个:1.确定代表大会的性质。选举常务委员会。确定代表大会的议事规程和议程。组织委员会的报告和选举审查代表资格和决定代表大会组成的委员会。2.崩得在俄国社会民主工党内的地位。3.党纲。4.党的中央机关报。5.代表们的报告。6.党的组织(党章问题是在这项议程下讨论的)。7.区组织和民族组织。8.党的各独立团体。9.民族问题。10.经济斗争和工会运动。11.五一节的庆祝活动。12.1904年阿姆斯特丹国际社会党代表大会。13.游行示威和起义。14.恐怖手段。15.党的工作的内部问题:(1)宣传工作,(2)鼓动工作,(3)党的书刊工作,(4)农民中的工作,(5)军队中的工作,(6)学生中的工作,(7)教派信徒中的工作。16.俄国社会民主工党对社会革命党人的态度。17.俄国社会民主工党对俄国各自由主义派别的态度。18.选举党的中央委员会和中央机关报编辑部。19.选举党总委员会。20.代表大会的决议和记录的宣读程序,以及选出的负责人和机构开始行使自己职权的程序。有些问题没有来得及讨论。

列宁被选入了常务委员会,主持了多次会议,几乎就所有问题发了言。他还是纲领委员会、章程委员会和代表资格审查委员会的委员。

代表大会要解决的最重要的问题是:批准党纲、党章以及选举党的中央领导机关。列宁及其拥护者在大会上同机会主义者展开了坚决的斗争。代表大会否决了机会主义分子要按照西欧各国社会民主党的纲领的精神来修改《火星报》编辑部制定的纲领草案的一切企图。大会先逐条讨论和通过党纲草案,然后由全体代表一致通过整个纲领(有1票弃权)。在讨论党章时,会上就建党的组织原则问题展开了尖锐的斗争。由于得到了反火星派和"泥潭派"(中派)的支持,尔·马尔托夫提出的为不坚定分子入党大开方便之门的党章第1条条文,以微弱的多数票为大会所通过。但是代表大会还是基本上批准了列宁制定的党章。

大会票数的划分起初是:火星派33票,"泥潭派"(中派)10票,反火星派8票(3名工人事业派分子和5名崩得分子)。在彻底的火星派(列宁派)和"温和的"火星派(马尔托夫派)之间发生分裂后,彻底的火星派暂时处于少数地位。但是,8月5日(18日),7名反火星派分子(2名工人事业派分子和5名崩得分子)因不同意代表大会的决议而退出了大会。在选举中央机关时,得到反火星派分子和"泥潭派"支持的马尔托夫派(共7人)成为少数派,共有20票(马尔托夫派9票,"泥潭派"

10票,反火星派1票),而团结在列宁周围的20名彻底的火星派分子成为多数派,共有24票。列宁及其拥护者在选举中取得了胜利。代表大会选举列宁、马尔托夫和格·瓦·普列汉诺夫为中央机关报《火星报》编委,格·马·克尔日扎诺夫斯基、弗·威·林格尼克和弗·亚·诺斯科夫为中央委员会委员,普列汉诺夫为党总委员会委员。从此,列宁及其拥护者被称为布尔什维克(俄语多数派一词音译),而机会主义分子则被称为孟什维克(俄语少数派一词音译)。

俄国社会民主工党第二次代表大会具有重大的历史意义。列宁说:"布尔什维主义作为一种政治思潮,作为一个政党而存在,是从1903年开始的。"(见本版全集第39卷第4页)——5。

4　立宪民主党人是俄国自由主义君主派资产阶级的主要政党立宪民主党的成员。立宪民主党(正式名称为人民自由党)于1905年10月成立。中央委员中多数是资产阶级知识分子、地方自治人士和自由派地主。主要活动家有帕·尼·米留可夫、谢·安·穆罗姆采夫、瓦·阿·马克拉柯夫、安·伊·盛加略夫、彼·伯·司徒卢威、约·弗·盖森等。立宪民主党提出一条与革命道路相对抗的和平的宪政发展道路,主张俄国实行立宪君主制和资产阶级的自由。在土地问题上,主张将国家、皇室、皇族和寺院的土地分给无地和少地的农民;私有土地部分地转让,并且按"公平"价格给予补偿;解决土地问题的土地委员会由同等数量的地主和农民组成,并由官员充当他们之间的调解人。1906年春,曾同政府进行参加内阁的秘密谈判,后来在国家杜马中自命为"负责任的反对派"。第一次世界大战期间,支持沙皇政府的掠夺政策,曾同十月党等反动政党组成"进步同盟",要求成立责任内阁,即为资产阶级和地主所信任的政府,力图阻止革命并把战争进行到最后胜利。二月革命后,立宪民主党在资产阶级临时政府中居于领导地位,竭力阻挠土地问题、民族问题等基本问题的解决,并奉行继续帝国主义战争的政策。七月事变后,支持科尔尼洛夫叛乱,阴谋建立军事独裁。十月革命胜利后,苏维埃政府于1917年11月28日(12月11日)宣布立宪民主党为"人民公敌的党"。该党随之转入地下,继续进行反革命活动,并参与白卫将军的武装叛乱。国内战争结束后,该党上层分子大多数逃亡国外。

1921年5月,该党在巴黎召开代表大会时分裂,作为统一的党不复存在。——7。

5 第四届国家杜马(第四届杜马)是根据1907年6月3日(16日)颁布的选举法于1912年秋天选举、当年11月15日(28日)召开的,共有代表442人,主席是十月党人米·弗·罗将柯。在这届杜马的442名代表中,有右派和民族党人185名,十月党人98名,立宪民主党人59名,进步党人和民族集团69名,劳动团10名,社会民主党人14名,无党派人士7名。这届杜马和上届杜马一样,也有两个多数:右派—十月党人多数和自由派—十月党人多数。第四届杜马的社会民主党党团中有6名布尔什维克、7名孟什维克和1名附和孟什维克而不享有完全权利的党团成员(华沙代表,波兰社会党"左派"的叶·约·亚格洛)。1913年10月,布尔什维克代表退出了统一的社会民主党党团,成立了独立的布尔什维克党团——俄国社会民主党工人党。布尔什维克代表为了揭露沙皇制度的反人民政策,就大家所关心的问题不断向第四届杜马提出对政府的质询。第一次世界大战爆发后,布尔什维克代表坚决反对战争,拒绝投票赞成军事拨款,并在群众中进行革命宣传活动。1914年11月布尔什维克党团成员被捕,随后被流放到西伯利亚。1915年8月,第四届国家杜马中的地主资产阶级党团组成了所谓"进步同盟",一半以上的杜马代表参加了这个同盟。列宁认为,这是自由派和十月党人为了同沙皇在实行改革和动员工业力量战胜德国这一纲领上达成协议而结成的同盟。

1917年2月26日(3月11日),二月革命爆发后,沙皇尼古拉二世命令第四届国家杜马停止活动。2月27日(3月12日),国家杜马代表为了反对革命和挽救君主制度,成立了国家杜马临时委员会。3月1日(14日),该委员会同彼得格勒苏维埃执行委员会的社会革命党和孟什维克领导达成协议,通过了关于建立资产阶级临时政府的决议。1917年10月6日(19日),在革命群众的压力下,资产阶级临时政府被迫发布了解散国家杜马的法令。——7。

6 《真理报》(«Правда»)是俄国布尔什维克的合法报纸(日报),根据俄国

社会民主工党第六次(布拉格)全国代表会议的决定创办,1912 年 4 月
22 日(5 月 5 日)起在彼得堡出版。《真理报》是群众性的工人报纸,依
靠工人自愿捐款出版,拥有大批工人通讯员和工人作者(它在两年多时
间内就刊载了 17 000 多篇工人通讯),同时也是布尔什维克党的实际
上的机关报。《真理报》编辑部还担负着党的很大一部分组织工作,如
约见基层组织的代表,汇集各工厂党的工作的情况,转发党的指示等。
在不同时期参加《真理报》编辑部工作的有斯大林、雅·米·斯维尔德
洛夫、尼·尼·巴图林、维·米·莫洛托夫、米·斯·奥里明斯基、康·
斯·叶列梅耶夫、米·伊·加里宁、尼·伊·波德沃伊斯基、马·亚·
萨韦利耶夫、尼·阿·斯克雷普尼克、马·康·穆拉诺夫等。第四届国
家杜马的布尔什维克代表积极参加了《真理报》的工作。列宁在国外领
导《真理报》,他筹建编辑部,确定办报方针,组织撰稿力量,并经常给编
辑部以工作指示。1912—1914 年,《真理报》刊登了 300 多篇列宁的
文章。

　　《真理报》经常受到沙皇政府的迫害。仅在创办的第一年,编辑们
就被起诉过 36 次,共坐牢 48 个月。1912—1914 年出版的总共 645 号
报纸中,就有 190 号受到种种阻挠和压制。报纸被查封 8 次,每次都变
换名称继续出版。1913 年先后改称《工人真理报》、《北方真理报》、《劳
动真理报》、《拥护真理报》;1914 年相继改称《无产阶级真理报》、《真理
之路报》、《工人日报》、《劳动的真理报》。1914 年 7 月 8 日(21 日),即
在第一次世界大战前夕,沙皇政府下令禁止《真理报》出版。

　　1917 年二月革命后,《真理报》于 3 月 5 日(18 日)复刊,成为俄国
社会民主工党中央委员会和彼得堡委员会的机关报。列宁于 4 月 3 日
(16 日)回到俄国,5 日(18 日)就加入了编辑部,直接领导报纸工作。
1917 年七月事变中,《真理报》编辑部于 7 月 5 日(18 日)被士官生捣
毁。7 月 15 日(28 日),资产阶级临时政府正式下令查封《真理报》。
7—10 月,该报不断受到资产阶级临时政府的迫害,先后改称《〈真理
报〉小报》、《无产者报》、《工人日报》、《工人之路报》。1917 年 10 月 27
日(11 月 9 日),《真理报》恢复原名,继续作为俄国社会民主工党中央
委员会的机关报出版。1918 年 3 月 16 日起,《真理报》改在莫斯科出

版。——7。

7　《前进报》(《Vorwärts»)是德国社会民主党的中央机关报(日报),1876
年10月在莱比锡创刊,编辑是威·李卜克内西和威·哈森克莱维尔。
1878年10月反社会党人非常法颁布后被查禁。1890年10月反社会
党人非常法废除后,德国社会民主党哈雷代表大会决定把1884年在柏
林创办的《柏林人民报》改名为《前进报》(全称是《前进。柏林人民
报》),从1891年1月起作为中央机关报在柏林出版,由李卜克内西任
主编。恩格斯曾为《前进报》撰稿,同机会主义的各种表现进行斗争。
1895年恩格斯逝世以后,《前进报》逐渐转入党的右翼手中。它支持过
俄国的经济派和孟什维克。第一次世界大战期间持社会沙文主义立
场。俄国十月革命以后,进行反对苏维埃的宣传。1933年停刊。
——7。

8　指俄国社会民主工党第六次全国代表会议。

俄国社会民主工党第六次全国代表会议于1912年1月5—17日
(18—30日)在布拉格举行,会址在布拉格民众文化馆捷克社会民主党
报纸编辑部内。

这次代表会议共代表20多个党组织。出席会议的有来自彼得堡、
莫斯科、中部工业地区、萨拉托夫、梯弗利斯、巴库、尼古拉耶夫、喀山、
基辅、叶卡捷琳诺斯拉夫、德文斯克和维尔诺的代表。由于警察的迫害
和其他方面的困难,叶卡捷琳堡、秋明、乌法、萨马拉、下诺夫哥罗德、索
尔莫沃、卢甘斯克、顿河畔罗斯托夫、巴尔瑙尔等地党组织的代表未能
到会,但这些组织都送来了关于参加代表会议的书面声明。出席会议
的还有中央机关报《社会民主党人报》编辑部、《工人报》编辑部、国外组
织委员会、俄国社会民主工党中央运输组等单位的代表。代表会议的
代表中有两位孟什维克护党派分子 Д.М.施瓦尔茨曼和雅·达·捷文,
其余都是布尔什维克。这次代表会议实际上起了代表大会的作用。

出席代表会议的一批代表和俄国组织委员会的全权代表曾经写信
给拉脱维亚边疆区社会民主党中央委员会、崩得中央委员会、波兰和立
陶宛社会民主党总执行委员会以及国外各集团,请它们派代表出席代

表会议,但被它们所拒绝。马·高尔基因病没有到会,他曾写信给代表们表示祝贺。

列入代表会议议程的问题是:报告(俄国组织委员会的报告,各地方以及中央机关报和其他单位的报告);确定会议性质;目前形势和党的任务;第四届国家杜马选举;杜马党团;工人国家保险;罢工运动和工会;"请愿运动";关于取消主义;社会民主党人在同饥荒作斗争中的任务;党的出版物;组织问题;党在国外的工作;选举;其他事项。

列宁代表中央机关报编辑部出席代表会议,领导了会议的工作。列宁致了开幕词,就确定代表会议的性质讲了话,作了关于目前形势和党的任务的报告和关于社会党国际局的工作的报告,并在讨论中央机关报工作、关于社会民主党在同饥荒作斗争中的任务、关于组织问题、关于党在国外的工作等问题时作了报告或发了言。他起草了议程上所有重要问题的决议案,代表会议通过的决议也都经过他仔细审定。

代表会议的一项最重要的工作是从党内清除机会主义者。当时取消派聚集在两家合法杂志——《我们的曙光》和《生活事业》——的周围。代表会议宣布"《我们的曙光》和《生活事业》集团的所作所为已使它们自己完全置身于党外",决定把取消派开除出俄国社会民主工党。代表会议谴责了国外反党集团——孟什维克呼声派、前进派和托洛茨基分子——的活动,认为必须在国外建立一个在中央委员会监督和领导下进行协助党的工作的统一的党组织。代表会议还通过了关于党的工作的性质和组织形式的决议,批准了列宁提出的党的组织章程修改草案。

代表会议共开了23次会议,对各项决议进行了详细的讨论(《关于党的工作的性质和组织形式》这一决议,是议程上的组织问题与罢工运动和工会问题的共同决议)。会议的记录至今没有发现,只保存了某些次会议的片断的极不完善的记录。会议的决议由中央委员会于1912年以小册子的形式在巴黎出版。

代表会议恢复了党,选出了中央委员会,并由它重新建立了中央委员会俄国局。当选为中央委员的是:列宁、菲·伊·戈洛晓金、格·叶·季诺维也夫、格·康·奥尔忠尼启则、苏·斯·斯潘达良、施瓦尔茨曼、罗·瓦·马林诺夫斯基(后来发现是奸细)。在代表会议结束时召开的中央委员会全会决定增补伊·斯·别洛斯托茨基和斯大林为中央委员。过了一段时间又增补格·伊·彼得罗夫斯基和雅·米·斯维尔德洛夫为中央委员。代表会议还决定安·谢·布勃诺夫、米·伊·加里宁、亚·彼·斯米尔诺夫、叶·德·斯塔索娃和斯·格·邵武勉为候补中央委员。代表会议选出了以列宁为首的《社会民主党人报》编辑委员会,并选举列宁为俄国社会民主工党驻社会党国际局的代表。

　　这次代表会议规定了党在新的条件下的政治路线和策略,决定把取消派开除出党,对俄国社会民主工党这一新型政党的进一步发展和巩固党的统一具有决定性意义。

　　关于这次代表会议,参看《俄国社会民主工党第六次(布拉格)全国代表会议文献》(本版全集第21卷)。——7。

9　崩得是立陶宛、波兰和俄罗斯犹太工人总联盟的简称,1897年9月在维尔诺成立。参加这个组织的主要是俄国西部各省的犹太手工业者。崩得在成立初期曾进行社会主义宣传,后来在争取废除反犹太特别法律的斗争过程中滑到了民族主义立场上。在1898年俄国社会民主工党第一次代表大会上,崩得作为只在专门涉及犹太无产阶级问题上独立的"自治组织",加入了俄国社会民主工党。在1903年俄国社会民主工党第二次代表大会上,崩得分子要求承认崩得是犹太无产阶级的唯一代表。在代表大会否决了这个要求之后,崩得退出了党。根据1906年俄国社会民主工党第四次(统一)代表大会决议,崩得重新加入了党。从1901年起,崩得是俄国工人运动中民族主义和分离主义的代表。它在党内一贯支持机会主义派别(经济派、孟什维克和取消派),反对布尔什维克。第一次世界大战期间,崩得分子采取社会沙文主义立场。1917年二月革命后,崩得支持资产阶级临时政府。1918—1920年外国武装干涉和国内战争时期,崩得的领导人同反革命势力勾结在一起,而一般的崩得分子则开始转变,主张同苏维埃政权合作。1921年3月崩得自行解散,部分成员加入俄国共产党(布)。——8。

10　高加索区域委员会(外高加索区域委员会)是高加索孟什维克取消派的

派别中心。该委员会是在 1908 年 2 月外高加索社会民主党组织第五次代表大会上选出的。出席代表大会的有 15 名孟什维克和 1 名布尔什维克。

委员会没有经过任何选举,也不顾各个党组织的意志,就任命帕·波·阿克雪里罗得、费·伊·唐恩和诺·维·拉米什维里为出席俄国社会民主工党第五次全国代表会议的代表。1912 年,该委员会参加了列·达·托洛茨基组织的八月联盟。——8。

11　指当时对取消派持调和态度的拉脱维亚边疆区社会民主党中央委员会。

拉脱维亚边疆区社会民主党原称拉脱维亚社会民主工党,于 1904 年 6 月在该党第一次代表大会上成立。在 1905 年 6 月党的第二次代表大会上通过了党的纲领并作出了必须同俄国社会民主工党统一的决议。1905 年该党领导了工人的革命行动并组织群众准备武装起义。1906 年,在俄国社会民主工党第四次(统一)代表大会上,拉脱维亚社会民主工党作为一个地区性组织加入了俄国社会民主工党。代表大会后改名为拉脱维亚边疆区社会民主党。——8。

12　取消派组织委员会(组委会)是 1912 年在取消派的八月代表会议上成立的俄国孟什维克的领导中心。第一次世界大战期间,组委会采取社会沙文主义立场,站在沙皇政府方面为战争辩护。组委会先后出版过《我们的曙光》、《我们的事业》、《事业》、《工人晨报》、《晨报》等报刊。1917 年 8 月孟什维克党选出中央委员会以后,组委会的职能即告终止。除了在俄国国内活动的组委会外,在国外还有一个组委会国外书记处。这个书记处由帕·波·阿克雪里罗得、伊·谢·阿斯特罗夫-波韦斯、尔·马尔托夫、亚·萨·马尔丁诺夫和谢·尤·谢姆柯夫斯基组成,持和中派相近的立场,实际上支持俄国的社会沙文主义者。书记处的机关报是《俄国社会民主工党组织委员会国外书记处通报》,1915 年 2 月—1917 年 3 月在日内瓦出版,共出了 10 号。——8。

13　《光线报》(«Луч»)是俄国孟什维克取消派的合法报纸(日报),1912 年 9 月 16 日(29 日)—1913 年 7 月 5 日(18 日)在彼得堡出版,共出了

237号。为该报撰稿的有帕·波·阿克雪里罗得、费·伊·唐恩、弗·叶若夫(谢·奥·策杰尔包姆)、诺·尼·饶尔丹尼亚、弗·科索夫斯基等。该报主要靠自由派捐款维持。对该报实行思想领导的是组成原国外取消派机关报《社会民主党人呼声报》编辑部的尔·马尔托夫、阿克雪里罗得、亚·马尔丁诺夫和唐恩。该报反对布尔什维克的革命策略,鼓吹建立所谓"公开的党"的机会主义口号,反对工人的革命的群众性罢工,企图修正党纲的最重要的论点。列宁称该报是叛徒的机关报。

从1913年7月11日(24日)起,《光线报》依次改用《现代生活报》、《新工人报》、《北方工人报》和《我们的工人报》等名称出版。——8。

14 指波兰社会党"左派"。

波兰社会党"左派"原为波兰社会党内的左派。波兰社会党是以波兰社会党人巴黎代表大会(1892年11月)确定的纲领方针为基础于1893年成立的。这次代表大会提出了建立独立民主共和国、为争取人民群众的民主权利而斗争的口号,但是没有把这一斗争同俄国、德国和奥匈帝国的革命力量的斗争结合起来。该党右翼领导人约·皮尔苏茨基等认为恢复波兰国家的唯一道路是民族起义,而不是以无产阶级为领导的全俄反对沙皇的革命。从1905年2月起,以马·亨·瓦列茨基、费·雅·柯恩等为首的左派逐步在党内占了优势。1906年11月在维也纳召开的波兰社会党第九次代表大会把皮尔苏茨基及其拥护者开除出党,该党遂分裂为两个党:波兰社会党"左派"和波兰社会党"革命派"("右派",亦称弗腊克派)。

波兰社会党"左派"反对皮尔苏茨基分子的民族主义及其恐怖主义和密谋策略,主张同全俄工人运动密切合作,认为只有在全俄革命运动胜利基础上才能解决波兰劳动人民的民族解放和社会解放问题。在1908—1910年期间,主要通过工会、文教团体等合法组织进行活动。该党不同意孟什维克关于在反对专制制度斗争中的领导权属于资产阶级的论点,可是支持孟什维克反对第四届国家杜马中的布尔什维克代表。第一次世界大战爆发后,该党持国际主义立场,参加了1915年的齐美尔瓦尔德会议和1916年的昆塔尔会议。该党欢迎俄国十月革命。

1918 年 12 月,该党同波兰王国和立陶宛社会民主党一起建立了波兰共产主义工人党(1925 年改称波兰共产党,1938 年解散)。——8。

15 指波兰王国和立陶宛社会民主党。

　　波兰王国和立陶宛社会民主党成立于 1893 年 7 月,最初称波兰王国社会民主党,其宗旨是实现社会主义,建立无产阶级政权,最低纲领是推翻沙皇制度,争取政治和经济解放。1900 年 8 月,该党和立陶宛工人运动中国际主义派合并,改称波兰王国和立陶宛社会民主党。在 1905——1907 年俄国革命中,波兰王国和立陶宛社会民主党提出与布尔什维克相近的斗争口号,对自由派资产阶级持不调和的态度。但该党也犯了一些错误。列宁曾批评该党的一些错误观点,同时也指出它对波兰革命运动的功绩。1906 年 4 月,在俄国社会民主工党第四次(统一)代表大会上,该党作为地区性组织加入俄国社会民主工党,保持组织上的独立。由于党的领导成员扬·梯什卡等人在策略问题上发生动摇,1911 年 12 月该党分裂成两派:一派拥护在国外的总执行委员会,称为总执委会派;另一派拥护边疆区执行委员会,称为分裂派(见本版全集第 22 卷《波兰社会民主党的分裂》一文)。分裂派主要包括华沙和洛兹的党组织,同布尔什维克密切合作,赞同 1912 年俄国社会民主工党布拉格代表会议的决议。第一次世界大战期间,波兰王国和立陶宛社会民主党持国际主义立场,反对支持外国帝国主义者的皮尔苏茨基分子和民族民主党人。1916 年该党两派合并。该党拥护俄国十月社会主义革命,1918 年在波兰领导建立了一些工人代表苏维埃。1918 年 12 月,在该党与波兰社会党"左派"的统一代表大会上,成立了波兰共产党。——8。

16 指社会民主党第四届国家杜马党团关于接收叶·约·亚格洛为社会民主党党团成员的决议。这一决议于 1912 年 12 月 1 日(14 日)在《真理报》第 182 号和《光线报》第 64 号上全文公布。决议在党团内是以 7 票对 6 票强行通过的,但对亚格洛的权利作了些限制。决议规定:亚格洛作为党团成员在杜马工作问题上有表决权,在党内问题上只有发言权。列宁在《工人阶级及其"议会"代表团》一文以及有党的工作者参加的俄国社会民主工党中央委员会克拉科夫会议《关于社会民主党杜马党团》的决议中,对上述决议作了评价(见本版全集第22卷)。

亚格洛是波兰社会党"左派"的党员,不属于社会民主党。在华沙工人选民团的选举中,波兰王国和立陶宛社会民主党本已取得初选人的多数,在选举复选人时,可以获得全胜,但由于该党处于分裂状态,支持该党总执行委员会的一个初选人拉拢两个持动摇立场的初选人对属于该党分裂派的候选人投弃权票,所以该党不得不与波兰社会党和崩得的联盟订立协议,最后选出该党两名分裂派的成员(尤·布罗诺夫斯基和扎列斯基)和一名波兰社会党的成员(亚格洛)为复选人。接着在选举杜马代表时,占华沙城市选民团复选人多数的犹太民族主义者又与波兰社会党和崩得的联盟达成协议支持亚格洛,亚格洛乃当选为华沙杜马代表。社会民主党的两名复选人反对这种做法,在投票选举杜马代表时退出会场表示抗议。——8。

17　1861年2月19日(3月3日)是沙皇亚历山大二世签署废除农奴制的宣言和农民改革的法令的日子。——10。

18　《言语报》(《Речь》)是俄国立宪民主党的中央机关报(日报),1906年2月23日(3月8日)起在彼得堡出版,实际编辑是帕·尼·米留可夫和约·弗·盖森。积极参加该报工作的有马·莫·维纳维尔、帕·德·多尔戈鲁科夫、彼·伯·司徒卢威等。1917年二月革命后,该报积极支持资产阶级临时政府的对内对外政策,反对布尔什维克。1917年10月26日(11月8日)被查封。后曾改用《我们的言语报》、《自由言语报》、《时代报》、《新言语报》和《我们时代报》等名称继续出版,1918年8月最终被查封。——12。

19　十月党人是俄国十月党的成员。十月党(十月十七日同盟)代表和维护大工商业资本家和按资本主义方式经营的大地主的利益,属于自由派的右翼。该党于1905年11月成立,名称取自沙皇1905年10月17日宣言。十月党的主要领导人是大工业家和莫斯科房产主亚·伊·古契柯夫、大地主米·弗·罗将柯,活动家有彼·亚·葛伊甸、德·尼·希波夫、米·亚·斯塔霍维奇、尼·阿·霍米亚科夫等。十月党完全拥护沙皇政府的对内对外政策,支持政府镇压革命的一切行动,主张用调整租地、组织移民、协助农民退出村社等办法解决土地问题。第一次世界大战期间,号召支持政府,后来参加了军事工业委员会的活动,曾同立宪民主党等结成"进步同盟",主张把帝国主义战争进行到最后胜利,并通过温和的改革来阻止人民革命和维护君主制。二月革命后,该党参加了资产阶级临时政府。十月革命后,十月党人反对苏维埃政权,在白卫分子政府中担任要职。——12。

20　第一届国家杜马(维特杜马)是根据沙皇政府大臣会议主席谢·尤·维特制定的条例于 1906 年 4 月 27 日(5 月 10 日)召开的。

在 1905 年十月全俄政治罢工的冲击下,沙皇尼古拉二世被迫发表了 10 月 17 日宣言,宣布召开具有立法职能的国家杜马以代替布里根咨议性杜马,借以把国家引上君主立宪的发展道路。1905 年 12 月 11日,沙皇政府公布了《关于修改国家杜马选举条例的命令》,这一命令原封不动地保留了为选举布里根杜马而制定的以财产资格和阶级不平等为基础的选举制度,只是在原来的三个选民团——土地占有者(地主)选民团、城市(资产阶级)选民团、农民选民团之外,新增了工人选民团。就分得的复选人数额来说,各选民团的权利不是平等的。地主的 1 票相当于城市资产阶级的 3 票、农民的 15 票、工人的 45 票。工人选民团的复选人只占国家杜马全部复选人的 4%。选举不是普遍的。全体妇女、不满 25 岁的青年、游牧民族、军人、学生、小企业(50 人以下的企业)的工人、短工、小手工业者、没有土地的农民都被剥夺了选举权。选举也不是直接的。一般是二级选举制,而为工人规定了三级选举制,为农民规定了四级选举制。

十二月起义失败后,沙皇政府一再限制曾经宣布过的杜马的权力。1906 年 2 月 20 日的诏书给了国务会议以批准或否决国家杜马所通过的法案的权力。1906 年 4 月 23 日(5 月 6 日)又颁布了经尼古拉二世批准的《国家根本法》,将国家政策的最重要问题置于杜马管辖之外。

第一届国家杜马选举于 1906 年 2—3 月举行。布尔什维克宣布抵制,但是没能达到搞垮这次选举的目的。当杜马终究召集起来时,列宁要求利用杜马来进行革命的宣传鼓动并揭露杜马的本质。

第一届国家杜马的代表共478人,其中立宪民主党179人,自治派63人(包括波兰、乌克兰、爱沙尼亚、拉脱维亚、立陶宛等民族的资产阶级集团的成员),十月党16人,无党派人士105人,劳动派97人,社会民主党18人。主席是立宪民主党人谢·安·穆罗姆采夫。

第一届国家杜马讨论过人身不可侵犯、废除死刑、信仰和集会自由、公民权利平等等等问题,但是中心问题是土地问题。在杜马会议上提出的土地纲领主要有两个:一个是立宪民主党人于5月8日提出的由42名代表签署的法案,它力图保持地主土地占有制,只允许通过"按公平价格"赎买的办法来强制地主转让主要用农民的耕畜和农具耕种的或已出租的土地;另一个是劳动派于5月23日提出的"104人法案",它要求建立全民土地资产,把超过劳动土地份额的地主土地及其他私有土地收归国有,按劳动份额平均使用土地。

第一届国家杜马尽管很软弱,它的决议尽管很不彻底,但仍不符合政府的愿望。1906年7月9日(22日),沙皇政府解散了第一届国家杜马。

第二届国家杜马(第二届杜马)于1907年2月20日(3月5日)召开,共有代表518人。主席是立宪民主党人费·亚·戈洛文。尽管当时俄国革命处于低潮时期,而且杜马选举是间接的、不平等的,但由于各政党间的界限比第一届杜马时期更为明显,群众的阶级觉悟较前提高,以及布尔什维克参加了选举,所以第二届杜马中左派力量有所加强。按政治集团来分,第二届杜马的组成是:右派即君主派和十月党54名,立宪民主党和靠近它的党派99名,各民族代表76名,无党派人士50名,哥萨克集团17名,人民社会党16名,社会革命党37名,劳动派104名,社会民主党65名。

同第一届杜马一样,第二届杜马的中心议题是土地问题。右派和十月党人捍卫1906年11月9日斯托雷平关于土地改革的法令。立宪民主党人大大删削了自己的土地法案,把强制转让土地的成分降到最低限度。劳动派在土地问题上仍然采取在第一届杜马中采取的立场。孟什维克占多数的社会民主党党团提出了土地地方公有化法案,布尔什维克则捍卫全部土地国有化纲领。除土地问题外,第二届杜马还讨论了预算、对饥民和失业工人的救济、大赦等问题。在第二届杜马中，布尔什维克执行与劳动派建立"左派联盟"的策略，孟什维克则执行支持立宪民主党人的机会主义策略。

1907年6月3日(16日)沙皇政府发动政变，解散了第二届杜马。同时颁布了保证地主和大资产阶级能在国家杜马中占绝对多数的新选举法。这一政变标志着俄国历史上斯托雷平反动时期的开始。

第三届国家杜马(第三届杜马)是根据1907年6月3日(16日)沙皇解散第二届杜马时颁布的新的选举条例在当年秋天选举、当年11月1日(14日)召开的，存在到1912年6月9日(22日)。这届杜马共有代表442人，先后任主席的有尼·阿·霍米亚科夫、亚·伊·古契柯夫(1910年3月起)和米·弗·罗将柯(1911年起)，他们都是十月党人。这届杜马按其成分来说是黑帮—十月党人的杜马，是沙皇政府对俄国革命力量实行反革命的暴力和镇压政策的驯服工具。这届杜马的442名代表中，有右派147名，十月党人154名，立陶宛—白俄罗斯集团7名，波兰代表联盟11名，进步派28名，穆斯林集团8名，立宪民主党人54名，劳动派14名，社会民主党人19名。因此它有两个多数：黑帮—十月党人多数和十月党人—立宪民主党人多数。沙皇政府利用前一多数来保证推行斯托雷平的土地政策，在工人问题上采取强硬政策，对少数民族采取露骨的大国主义政策；而利用后一多数来通过微小的让步即用改良的办法诱使群众脱离革命。

第三届杜马全面支持沙皇政府在六三政变后的内外政策。它拨巨款给警察、宪兵、法院、监狱等部门，并通过了一个大大扩充了军队员额的兵役法案。第三届杜马的反动性在工人立法上表现得尤为明显，它把几个有关工人保险问题的法案搁置了3年，直到1911年在新的革命高潮到来的形势下才予以批准，但保险条件比1903年法案的规定还要苛刻。1912年3月5日(18日)，杜马工人委员会否决了罢工自由法案，甚至不许把它提交杜马会议讨论。在土地问题上，第三届杜马完全支持斯托雷平的土地法，于1910年批准了以1906年11月9日(22日)法令为基础的土地法，而拒绝讨论农民代表提出的一切关于把土地分配给无地和少地农民的提案。在少数民族问题上，它积极支持沙皇政府的俄罗斯化政策,通过一连串的法律进一步限制少数民族的基本权利。在对外政策方面,它主张沙皇政府积极干涉巴尔干各国的内政,破坏东方各国的民族解放运动和革命。

第三届杜马的社会民主党党团,尽管工作条件极为恶劣,人数不多,在初期活动中犯过一些错误,但是在列宁的批评和帮助下,工作有所加强,在揭露第三届杜马的反人民政策和对无产阶级和农民进行政治教育等方面都做了大量的工作。

第四届国家杜马(第四届杜马)是根据1907年6月3日(16日)颁布的选举法于1912年秋天选举、当年11月15日(28日)召开的,共有代表442人,主席是十月党人米·弗·罗将柯。在这届杜马的442名代表中,有右派和民族党人185名,十月党人98名,立宪民主党人59名,进步党人和民族集团69名,劳动团10名,社会民主党人14名,无党派人士7名。这届杜马和上届杜马一样,也有两个多数:右派—十月党人的多数和自由派—十月党人的多数。第四届杜马的社会民主党党团中有6名布尔什维克、7名孟什维克和1名附和孟什维克而不享有完全权利的党团成员(华沙代表,波兰社会党"左派"的叶·约·亚格洛)。1913年10月,布尔什维克代表退出了统一的社会民主党党团,成立了独立的布尔什维克党团——俄国社会民主党工人党团。布尔什维克代表为了揭露沙皇制度的反人民政策,就大家所关心的问题不断向第四届杜马提出对政府的质询。第一次世界大战爆发后,布尔什维克代表坚决反对战争,拒绝投票赞成军事拨款,并在群众中进行革命宣传活动。1914年11月布尔什维克党团成员被捕,随后被流放到西伯利亚。1915年8月,第四届国家杜马中的地主资产阶级党团组成了所谓"进步同盟",一半以上的杜马代表参加了这个同盟。列宁认为,这是自由派和十月党人为了同沙皇在实行改革和动员工业力量战胜德国这一纲领上达成协议而结成的同盟。

1917年2月26日(3月11日),二月革命爆发后,沙皇尼古拉二世命令第四届国家杜马停止活动。2月27日(3月12日),国家杜马代表为了反对革命和挽救君主制度,成立了国家杜马临时委员会。3月1日(14日),该委员会同彼得格勒苏维埃执行委员会的社会革命党和孟什维克领导达成协议,通过了关于建立资产阶级临时政府的决议。
1917年10月6日(19日),在革命群众的压力下,资产阶级临时政府被
迫发布了解散国家杜马的法令。——14。

21　这里是套用俄国诗人尼·阿·涅克拉索夫《摇篮曲》中的诗句:"你有官
僚的仪表,无耻之徒的灵魂。"(见《尼·阿·涅克拉索夫选集》1947年
俄文版第4页)这首诗通过一个官僚的太太在摇篮旁哼摇篮曲催儿子
入睡的形式,对俄国官僚进行了辛辣的嘲讽。——17。

22　指俄国六三政变后的所谓"立宪"制度。

　　　六三政变是指俄国沙皇政府在1907年6月3日(16日)发动的反
动政变,史称六三政变。政变前,沙皇政府保安部门捏造罪名,诬陷社
会民主党国家杜马党团准备进行政变。沙皇政府随之要求审判社会民
主党杜马代表,并且不待国家杜马调查委员会作出决定,就于6月2日
(15日)晚逮捕了他们。6月3日(16日),沙皇政府违反沙皇1905年
10月17日宣言中作出的非经国家杜马同意不得颁布法律的诺言,颁
布了解散第二届国家杜马和修改国家杜马选举条例的宣言。依照新的
选举条例,农民和工人的复选人减少一半(农民复选人由占总数44％
减到22％,工人复选人由4％减到2％),而地主和资产阶级的复选人
则大大增加(地主和大资产阶级复选人共占总数65％,其中地主复选
人占49.4％),这就保证了地主资产阶级的反革命同盟在第三届国家
杜马中居统治地位。新的选举条例还剥夺了俄国亚洲部分土著居民以
及某些省份的突厥民族的选举权,并削减了民族地区的杜马席位(高加
索由29席减到10席,波兰王国由37席减为14席)。六三政变标志着
1905—1907年革命的失败和反革命的暂时胜利,斯托雷平反动时期由
此开始。——21。

23　这里说的是社会民主党第四届国家杜马党团宣言。这个宣言是布尔什
维克代表和孟什维克代表共同拟定的,列宁《关于工人代表的某些发言
问题》提纲(见本版全集第22卷)构成了它的基础。宣言通过以前,党
团内部曾发生激烈斗争。双方除代表外,参与拟定宣言的还有当时在
彼得堡的党的工作人员。经过同孟什维克的多次激烈交锋,布尔什维

克终于争取到把自己的基本要求列入宣言,使宣言几乎包括了党的最低纲领的一切重要内容。同时,孟什维克也争取到把他们的一项关于民族文化自治的要求写进宣言。该宣言是在1912年12月7日(20日)的杜马会议上宣读的。1912年12月8日(21日)《真理报》公布了包括宣言全文的杜马会议速记记录,报纸因此被没收,编辑也受到法庭传讯。——24。

24 民族文化自治是奥地利社会民主党人奥·鲍威尔和卡·伦纳制定的资产阶级民族主义的解决民族问题的纲领。俄国孟什维克取消派和崩得分子都提出过民族文化自治的要求。1903年俄国社会民主工党第二次代表大会在讨论党纲草案时否决了崩得分子提出的增补民族文化自治内容的建议。列宁对民族文化自治的批判,见《关于民族问题的批评意见》、《论"民族文化"自治》、《论民族自决权》等著作(本版全集第24卷和第25卷)。

下面说的是社会民主党杜马党团成员孟什维克阿·伊·契恒凯里1912年12月10日(23日)在国家杜马第10次会议上违背党纲、为民族文化自治辩护一事。俄国社会民主工党中央委员会克拉科夫会议的决议对此提出了批评(见本版全集第22卷第280页)。——24。

25 《时报》(《Di Zait》)是崩得的机关报(周报),1912年12月20日(1913年1月2日)—1914年5月5日(18日)用依地文在彼得堡出版。

这里说的是1913年2月21日(3月6日)《时报》第9号刊载的《工人代表和民族问题》一文,作者是Φ.И.利平。——24。

26 《新时报》(《Новое Время》)是俄国报纸,1868—1917年在彼得堡出版。出版人多次更换,政治方向也随之改变。1872—1873年采取进步自由主义的方针。1876—1912年由反动出版家阿·谢·苏沃林掌握,成为俄国最没有原则的报纸。1905年起是黑帮报纸。1917年二月革命后,完全支持资产阶级临时政府的反革命政策,攻击布尔什维克。1917年10月26日(11月8日)被查封。——26。

27 进步党人是俄国进步党的成员。该党是大资产阶级和按资本主义方式经营的地主的民族主义自由派政党,成立于 1912 年 11 月,它的核心是由和平革新党人和民主改革党人组成的第三届国家杜马中的"进步派",创建人有著名的大工厂主亚·伊·柯诺瓦洛夫,大地主和地方自治人士伊·尼·叶弗列莫夫和格·叶·李沃夫等。该党纲领要点是:制定温和的宪法,实行细微的改革,建立责任内阁即对杜马负责的政府,镇压革命运动。列宁指出,进步党人按成分和意识形态来说是十月党人同立宪民主党人的混合物,这个党将成为德国也有的那种"真正的"资本主义资产阶级的政党(参看本版全集第 22 卷第 265、352 页)。

第一次世界大战期间,进步党人支持沙皇政府,倡议成立军事工业委员会。1915 年夏,进步党同其他地主资产阶级政党联合组成"进步同盟",后于 1916 年退出。1917 年二月革命后,进步党的一些领袖加入了国家杜马临时委员会,后又加入了资产阶级临时政府。但这时进步党本身实际上已经瓦解。十月革命胜利后,进步党前领袖积极反对苏维埃政权。——31。

28 这里说的是马克思的《〈黑格尔法哲学批判〉导言》中的一段话:"有个学派以昨天的卑鄙行为来说明今天的卑鄙行为是合法的,有个学派把农奴反抗鞭子——只要鞭子是陈旧的、祖传的、历史性的鞭子——的每一声呐喊都宣布为叛乱……这个**历史法学派**本身如果不是德国历史的杜撰,那它就是杜撰了德国历史。"(见《马克思恩格斯文集》第 1 卷第 5 页)——32。

29 俄国石油工业处在各大国际股份公司的控制之下。1912—1913 年间,几乎所有的石油开采都操在与外国资本(英法的、德国的、英荷的)有联系并且大部分已联合成康采恩的各大公司之手。70% 的煤油贸易和重油贸易集中在诺贝尔兄弟公司和"重油"公司这两家商行的手中。——33。

30 参议院(执政参议院)是沙皇俄国最高国家机关,参议员由沙皇从高级官员中任命。参议院是根据彼得一世的诏令于 1711 年开始设立的,当时是管辖立法和国家管理事务的最高机关。从 19 世纪上半叶起,随着政府各部的成立,参议院成为最高司法机关和监察机关。根据 1864 年的法院章程,参议院是最高上诉审级。参议院还负责颁布法令并有法律解释权,它对法律的解释(即所谓参议院说明)和法律本身具有同样的强制性。十月革命后,1917年11月22日(12月5日),参议院被苏维埃政权撤销。

国务会议是俄罗斯帝国的最高咨议机关,于1810年设立,1917年二月革命后废除。国务会议审议各部大臣提出的法案,然后由沙皇批准;它本身不具有立法提案权。国务会议的主席和成员由沙皇从高级官员中任命,在沙皇亲自出席国务会议时,则由沙皇担任主席。国家杜马成立以后,国务会议获得了除改变国家根本法律以外的立法提案权。国务会议成员半数改由正教、各省地方自治会议、各省和各州贵族组织、科学院院士和大学教授、工商业主组织、芬兰议会分别选举产生。国务会议讨论业经国家杜马审议的法案,然后由沙皇批准。——34。

31　指第一次巴尔干战争。

第一次巴尔干战争(1912年10月—1913年5月)是土耳其和巴尔干同盟各国——保加利亚、塞尔维亚、门的内哥罗和希腊——之间的战争,以土耳其战败告终。双方于1913年5月签订了伦敦和约,根据条约,土耳其几乎全部丧失了它在巴尔干的属地,阿尔巴尼亚人民获得独立。列宁认为第一次巴尔干战争"是亚洲和东欧中世纪制度崩溃的一系列世界性事件中的一个环节"(见本卷第39页)。——39。

32　民族党人是指全俄民族联盟的成员。全俄民族联盟是俄国地主、官僚的反革命君主主义政党。该党前身是1908年初从第三届国家杜马右派总联盟中分离出来的一个独立派别,共20人,主要由西南各省的杜马代表组成。1909年10月25日,该派同当年4月19日组成的温和右派党的党团合并成为"俄国民族党人"共同党团(100人左右)。1910年1月31日组成为统一的党——全俄民族联盟,党和党团主席是彼·尼·巴拉绍夫,领导人有帕·尼·克鲁平斯基、弗·阿·鲍勃凌斯基、米·奥·缅施科夫和瓦·维·舒利金。该党以维护贵族特权和地主所有制、向群众灌输好战的民族主义思想为自己的主要任务。该党的纲领可以归结为极端沙文主义、反犹太主义和要求各民族边疆区俄罗斯化。1915年初,"进步"民族党人从全俄民族联盟分离出来,后来参加了"进步同盟"。1917年二月资产阶级民主革命后,该党即不复存在。——40。

33 《马克思主义的三个来源和三个组成部分》一文是为纪念马克思逝世三十周年而写的,发表于1913年3月《启蒙》杂志第3期。——41。

34 指第四届国家杜马社会民主党党团里的6名布尔什维克代表和7名孟什维克代表。——49。

35 指布尔什维克的《真理报》(见注6)和孟什维克取消派的《光线报》(见注13)。——49。

36 出自伊·安·克雷洛夫的寓言《音乐家们》。寓言说,有一个人请客,邀了一批歌手助兴。这些歌手各唱各的调,叫客人实在受不了。主人却解释说,他们唱得是有些刺耳,可是个个生活严肃,滴酒不进。作者以讽刺的笔调在寓言的结尾写道:"可是我以为:喝酒没有什么关系,只要能把事情办好。"——50。

37 1913年4月5日(18日),列宁在克拉科夫国民大学作了题为《今天的俄国和工人运动》的报告。这里收载的是加利西亚和西里西亚社会民主党中央机关报《前进报》对报告所作的报道,载于1913年4月9日(22日)该报第92号。

　　《前进报》(《Naprzód》)是加利西亚和西里西亚波兰社会民主党的中央机关报,1892年起在克拉科夫出版。该报反映小资产阶级民族主义的思想。——55。

38 指俄国第一次资产阶级民主革命期间的1905年十月全俄政治罢工。

　　十月全俄政治罢工是俄国第一次革命的最重要阶段之一。1905年10月6日(19日),在一些铁路线的布尔什维克组织的代表决定共同举行罢工后,俄国社会民主工党莫斯科委员会号召莫斯科铁路枢纽各线从10月7日(20日)正午起实行总罢工,全俄铁路工会中央常务局支持这一罢工。到10月17日(30日),铁路罢工已发展成为全俄总罢工,参加罢工的人数达200万以上。在各大城市,工厂、交通运输部门、发电厂、邮电系统、机关、商店、学校都停止了工作。十月罢工的口号是:推翻专制制度、积极抵制布里根杜马、召集立宪会议和建立民主共和国。十月罢工扫除了布里根杜马,迫使沙皇于10月17日(30日)颁布了允诺给予"公民自由"和召开"立宪"杜马的宣言。罢工显示了无产阶级运动的力量和声势,推动了农村和军队中革命斗争的展开。在十月罢工中,彼得堡及其他一些城市出现了工人代表苏维埃。十月罢工持续了十多天,是十二月武装起义的序幕。关于十月罢工,参看列宁《全俄政治罢工》一文(本版全集第12卷)。——56。

39 贵族联合会是农奴主-地主的组织,于1906年5月在各省贵族协会第一次代表大会上成立,存在到1917年10月。成立该组织的主要目的是维护君主专制制度,维护大地主土地占有制和贵族特权。贵族联合会的领导人是阿·亚·鲍勃凌斯基伯爵、Н.Ф.卡萨特金-罗斯托夫斯基公爵、Д.А.奥尔苏菲耶夫伯爵、弗·米·普利什凯维奇等人。列宁称贵族联合会为"农奴主联合会"。贵族联合会的许多成员参加了国务会议和黑帮组织的领导中心。——57。

40 《俄国财富》杂志(《Русское Богатство》)是俄国科学、文学和政治刊物。1876年创办于莫斯科,同年年中迁至彼得堡。1879年以前为旬刊,以后为月刊。1879年起成为自由主义民粹派的刊物。1892年以后由尼·康·米海洛夫斯基和弗·加·柯罗连科领导,成为自由主义民粹派的中心,在其周围聚集了一批政论家,他们后来成为社会革命党、人民社会党和历届国家杜马中的劳动派的著名成员。在1893年以后的几年中,曾同马克思主义者展开理论上的争论。为该杂志撰稿的也有一些现实主义作家。1906年成为人民社会党的机关刊物。1914年至1917年3月以《俄国纪事》为刊名出版。1918年被查封。

　　这里说的是1906年《俄国财富》杂志第8期上发表的阿·瓦·彼舍霍诺夫的《当前的主题。我们的纲领(它的梗概和范围)》一文。——58。

41 指1912年6月23日(7月6日)工人保险法。该法律是第三届国家杜马在工人运动压力下通过的。根据这个法律,在俄国将设立伤病救济基金会和各级保险机关。由于种种限制,有权享受此项保险的不及职工总人数的十分之一,救济金额也很低。工人交纳的保险费多于厂主提供的部分。布尔什维克一方面向工人群众解释这个法律的反人民性质,另一方面号召群众不要抵制伤病保险基金会,而要利用这种合法组织进行革命工作。——58。

42　指奥地利社会民主党内的民族斗争,其结果是统一的党归于瓦解。该党在 1897 年维姆堡(维也纳)代表大会上,把一个统一的党划分成德意志、捷克、波兰、卢西人、意大利、南方斯拉夫六个民族的社会民主主义团体,这些团体仅通过共同的代表大会和共同的中央执行委员会彼此联结起来,而形成联邦式的联盟。在 1899 年的布隆代表大会上,中央执行委员会又被改组成一个由各民族社会民主党的执行委员会共同组成的联邦机关。——59。

43　指 1912 年 4 月 4 日(17 日)沙皇军队枪杀西伯利亚勒拿金矿工人的事件。勒拿金矿工人因不堪资本家的残酷剥削和压迫,于 1912 年 2 月底开始举行罢工。3 月中旬,罢工席卷各矿,参加者达 6 000 余人。罢工者提出实行八小时工作制、增加工资、取消罚款、提供医疗救护、改善供应和居住条件等要求。布尔什维克帕·尼·巴塔绍夫是领导罢工的总委员会主席。沙皇当局调动军队镇压罢工,于 4 月 3 日(16 日)夜逮捕了几乎全部罢工委员会成员。4 月 4 日(17 日),2 500 名工人前往纳杰日金斯基矿向检察机关的官员递交申诉书。士兵们奉命向工人开枪,当场死 270 人,伤 250 人。勒拿惨案激起了全俄工人的愤怒,俄国革命运动从此迅速地向前发展。——60。

44　英国工党成立于 1900 年,起初称劳工代表委员会,由工联、独立工党和费边社等组织联合组成,目的是把工人代表选入议会。1906 年改称工党。工党的领导机关执行委员会同工联总理事会、合作党执行委员会共同组成所谓全国劳动委员会。工党成立初期就成分来说是工人的政党(后来有大批小资产阶级分子加入),但就思想和政策来说是一个机会主义的组织。该党领导人从党成立时起就采取同资产阶级实行阶级合作的路线。第一次世界大战期间,工党领导机构多数人持沙文主义立场,工党领袖阿·韩德逊等参加了王国联合政府。从1924年起,工党领导人多次组织政府。——63。

45　英国社会党是由英国社会民主党和其他一些社会主义团体合并组成的,1911年在曼彻斯特成立。英国社会党是马克思主义的政治组织,但是由于带有宗派倾向,并且党员人数不多,因此未能在群众中展开广泛的宣传活动。第一次世界大战前夕和大战期间,在党内国际主义派(威·加拉赫、约·马克林、阿·英克平、费·罗特施坦等)同以亨·海德门为首的社会沙文主义派之间展开了激烈的斗争。但是在国际主义派内部也有一些不彻底分子,他们在一系列问题上采取中派立场。第一次世界大战爆发以后,1914年8月13日,英国社会党的中央机关报《正义报》发表了题为《告联合王国工人》的爱国主义宣言。1916年2月英国社会党的一部分活动家创办的《号召报》对团结国际主义派起了重要作用。1916年4月在索尔福德召开的英国社会党年会上,以马克林、英克平为首的多数代表谴责了海德门及其追随者的立场,迫使他们退出了党。该党从1916年起是工党的集体党员。1919年加入了共产国际。该党左翼是创建英国共产党的主要发起者。1920年该党的绝大多数地方组织加入了英国共产党。——63。

46　独立工党(I.L.P.)是英国改良主义政党,1893年1月成立。领导人有基·哈第、拉·麦克唐纳、菲·斯诺登等。党员主要是一些新、旧工联的成员以及受费边派影响的知识分子和小资产阶级分子。独立工党从建党时起就采取资产阶级改良主义立场,把主要注意力放在议会斗争和同自由主义政党进行议会交易上。1900年,该党作为集体党员加入英国工党。在第一次世界大战期间,独立工党领袖采取资产阶级和平主义立场。1932年7月独立工党代表会议决定退出英国工党。1935年该党左翼成员加入英国共产党,1947年许多成员加入英国工党,独立工党不再是英国政治生活中一支引人注目的力量。——63。

47　《工人领袖》(《The Labour Leader》)是英国的一家月刊,1887年起出版,最初刊名是《矿工》(《Miner》),1889年起改用《工人领袖》这一名

称,是苏格兰工党的机关刊物;1893 年起是独立工党的机关刊物;1894
年起改为周刊;在 1904 年以前,该刊的编辑是詹·基尔·哈第。1922
年该刊改称《新领袖》;1946 年又改称《社会主义领袖》。——63。

48 指 1908 年 12 月俄国社会民主工党第五次全国代表会议关于各个工作
报告的决议(参看《苏联共产党代表大会、代表会议和中央全会决议汇
编》1964 年人民出版社版第 1 分册第 246 页)。

　　俄国社会民主工党第五次全国代表会议于 1908 年 12 月 21—27
日(1909 年 1 月 3—9 日)在巴黎举行。出席代表会议的有 24 名代表,
其中有表决权的代表 16 名:布尔什维克 5 名(中部工业地区代表 2 名,
彼得堡组织代表 2 名,乌拉尔组织代表 1 名),孟什维克 3 名(均持高加
索区域委员会的委托书),波兰社会民主党 5 名,崩得 3 名。布尔什维
克另有 3 名代表因被捕未能出席。列宁作为俄国社会民主工党中央委
员会的代表出席代表会议,有发言权。代表会议的议程包括:俄国社会
民主工党中央委员会、波兰社会民主党中央委员会、崩得中央委员会以
及一些大的党组织的工作报告;目前政治形势和党的任务;关于社会民
主党杜马党团;因政治情况变化而发生的组织问题;地方上各民族组织
的统一;国外事务。

　　在代表会议上,布尔什维克就所有问题同孟什维克取消派进行了
不调和的斗争,也同布尔什维克队伍中的召回派进行了斗争,并取得了
重大胜利。代表会议在关于各个工作报告的决议里,根据列宁的提议
建议中央委员会维护党的统一,并号召同一切取消俄国社会民主工党
而代之以不定型的合法联合体的企图进行坚决的斗争。由于代表会议
须规定党在反动年代条件下的策略路线,讨论目前形势和党的任务就
具有特别重要的意义。孟什维克企图撤销这一议程未能得逞。会议听
取了列宁作的《关于目前形势和党的任务的报告》(报告稿没有保存下
来,但其主要思想已由列宁写入《走上大路》一文,见本版全集第 17
卷),并稍作修改通过了列宁提出的决议案。在讨论列宁的决议草案
时,孟什维克建议要在决议里指出,专制制度不是在变成资产阶级君主
制,而是在变成财阀君主制,这一修改意见被绝大多数票否决;召回派
则声明他们不同意决议草案的第 5 条即利用杜马和杜马讲坛进行宣传

鼓动那一条,但同意其他各条,因此投了赞成票。关于杜马党团问题的讨论集中在是否在决议中指出杜马党团的错误和中央委员会对党团决定有无否决权这两点上。孟什维克对这两点均持否定态度,并且援引西欧社会党的做法作为依据。召回派则声称俄国本来不具备社会民主党杜马党团活动的条件,杜马党团的错误是客观条件造成的,因此不应在决议中指出。列宁在发言中对召回派作了严厉批评,指出他们是改头换面的取消派,他们和取消派有着共同的机会主义基础。代表会议通过了布尔什维克的决议案,对党团活动进行了批评,同时也指出了纠正党团工作的具体措施。在组织问题上代表会议也通过了布尔什维克的决议案,其中指出党应当特别注意建立和巩固秘密的党组织,而同时利用各种各样的合法团体在群众中进行工作。在关于地方上各民族组织统一的问题上,代表会议否定了崩得所维护的联邦制原则。此外,代表会议也否决了孟什维克关于把中央委员会移到国内、取消中央委员会国外局以及把中央机关报移到国内等建议。

俄国社会民主工党第五次全国代表会议的意义在于它把党引上了大路,是在反革命胜利后俄国工人运动发展中的一个转折点。——67。

49 指 1906 年 4 月 10—25 日(4 月 23 日—5 月 8 日)在斯德哥尔摩举行的俄国社会民主工党第四次(统一)代表大会通过的孟什维克的土地地方公有化纲领。列宁在《关于俄国社会民主工党统一代表大会的报告》(见本版全集第 13 卷)和《社会民主党在 1905—1907 年俄国第一次革命中的土地纲领》(见本版全集第 16 卷)这两篇著作中批评了孟什维克的土地纲领。——68。

50 指《社会民主党人日志》。

《社会民主党人日志》(《Дневник Социал-Демократа》)是格·瓦·普列汉诺夫创办的不定期刊物,1905 年 3 月—1912 年 4 月在日内瓦出版,共出了 16 期。1916 年在彼得格勒复刊,仅出了 1 期。在第 1—8 期(1905—1906 年)中,普列汉诺夫宣扬极右的孟什维克机会主义观点,拥护社会民主党和自由派资产阶级联盟,反对无产阶级和农民联

盟,谴责十二月武装起义。在第 9—16 期(1909—1912 年)中,普列汉
诺夫反对主张取消秘密党组织的孟什维克取消派,但在基本的策略问
题上仍站在孟什维克立场上。1916 年该杂志出版的第 1 期里则明显
地表达了普列汉诺夫的社会沙文主义观点。——68。

51　《我们的曙光》杂志(«Наша Заря»)是俄国孟什维克取消派的合法的社
会政治刊物(月刊),1910 年 1 月—1914 年 9 月在彼得堡出版。领导人
是亚·尼·波特列索夫,撰稿人有帕·波·阿克雪里罗得、费·伊·
唐恩、尔·马尔托夫、亚·马尔丁诺夫等。围绕着《我们的曙光》杂志形
成了俄国取消派中心。第一次世界大战一开始,该杂志就采取了社会
沙文主义立场。——69。

52　指俄国社会民主工党中央委员会 1910 年一月全会通过的《党内状况》
决议(参看《苏联共产党代表大会、代表会议和中央全会决议汇编》1964
年人民出版社版第 1 分册第 297—300 页)。

　　俄国社会民主工党中央委员会 1910 年一月全会即所谓"统一的"
全体会议于 1910 年 1 月 2—23 日(1 月 15 日—2 月 5 日)在巴黎举行。

　　关于巩固党及其统一的途径和方法问题,1909 年秋天就特别尖锐
地提出来了。1909 年 11 月,列宁根据《无产者报》扩大编辑部会议的
决定,提出布尔什维克同孟什维克护党派接近和结成联盟以便共同反
对取消派和召回派的计划。调和派格·叶·季诺维也夫、列·波·加
米涅夫、阿·伊·李可夫违抗列宁的计划,力图使布尔什维克同孟什维
克呼声派(取消派)和托洛茨基分子联合,这实际上就意味着取消布尔
什维克党。中央委员约·费·杜勃洛文斯基和维·巴·诺根也表现出
调和主义的动摇。由于党内和俄国国内的既成局势迫切要求解决与联
合党的力量有关的各项问题,布尔什维克于 1909 年 11 月 1 日(14 日)
致函中央委员会国外局,声明必须在最近期间召开党中央委员会全体
会议。

　　出席这次全体会议的有布尔什维克、孟什维克取消派、波兰王国和
立陶宛社会民主党、崩得、拉脱维亚社会民主党、前进派等派别和集团
的代表。列·达·托洛茨基代表维也纳《真理报》出席。格·瓦·普列

汉诺夫托词有病没有到会，因此，会上没有孟什维克护党派的代表。

全会的议程是：中央委员会俄国局的工作报告；中央委员会国外局的工作报告；中央机关报编辑部的工作报告；各民族社会民主党中央委员会的工作报告；党内状况；关于召开下届全党代表会议；俄国社会民主工党中央委员会章程；其他问题。

在这次全会上，反对列宁立场的人占多数。列宁和他的拥护者经过紧张斗争，在有些问题上达到了目的，但由于调和派搞妥协，也不得不作一些局部的让步，包括组织问题上的让步。会议的决议最终具有折中性质。

在讨论党内状况问题时，孟什维克呼声派同前进派结成联盟并在托洛茨基分子支持下，竭力维护取消主义和召回主义。列宁在会议上与机会主义和调和派进行了顽强斗争，坚决谴责取消派和召回派，贯彻布尔什维克同孟什维克护党派接近的路线。在列宁的坚持下，全会通过的《党内状况》这一决议，乃是1908年十二月代表会议关于谴责取消主义、无条件地要求承认社会民主党的杜马工作和利用合法机会的决议的继续。尽管调和派和各民族组织的代表因受孟什维克呼声派、前进派和托洛茨基分子的压力而同意不在决议中提取消派和召回派的名称，全会决议仍然谴责了取消主义和召回主义，承认这两个派别的危险性和同它们斗争的必要性。

全会关于召开全党代表会议的决议反映了一些取消派的观点，但是承认必须召开代表会议，因此仍具有重要意义。布尔什维克根据这个决议展开了筹备召开代表会议的工作。

在全会上，调和派违反列宁的意旨同托洛茨基结成联盟，把孟什维克呼声派（取消派）而不是把孟什维克护党派安排进党的中央机关。全会还决定资助托洛茨基的维也纳《真理报》，并派中央委员会的代表加米涅夫参加该报编辑部，担任第三编辑。全会决定解散布尔什维克中央，《无产者报》停刊，布尔什维克将自己的部分财产移交中央委员会，其余部分交第三者（卡·考茨基、弗·梅林和克·蔡特金）保管，并由第三者在两年内移交给中央会计处，条件是孟什维克呼声派取消自己的派别中心并停止出版自己的派别机关报。在《关于派别中心》的决议中,全会指出"党的利益和党的统一的利益要求在最近停办《社会民主党人呼声报》",然而全会也只限于得到呼声派和前进派的口头允诺而已。

孟什维克呼声派、前进派和托洛茨基分子我行我素,拒绝服从全会的决定。因此,1910年秋天,布尔什维克宣布他们不受一月全会上各派通过的协议的约束,开始出版自己的机关报《工人报》,争取召开新的全体会议并要求归还交由中央暂时支配的、属于他们自己的财产和资金。

一月全会的记录未找到。关于全会的工作以及会上同取消派、前进派、托洛茨基分子和调和派的斗争,详见列宁《政论家札记》一文(本版全集第19卷)。——70。

53 指"前进"集团。

"前进"集团是俄国社会民主党内的一个反布尔什维主义的集团。它是在亚·亚·波格丹诺夫和格·阿·阿列克辛斯基的倡议下,由召回派、最后通牒派和造神派于1909年12月在它们的派别活动中心卡普里党校的基础上建立的。该集团出版过《前进》文集等刊物。

前进派在1910年一月中央全会上与取消派-呼声派以及托洛茨基分子紧密配合行动。他们设法使全会承认"前进"集团为"党的出版团体",并得到中央委员会对该集团刊物的津贴,在全会以后却站在召回派-最后通牒派的立场上尖锐抨击并且拒绝服从全会的决定。1912年党的布拉格代表会议以后,前进派同孟什维克取消派和托洛茨基分子联合起来反对这次党代表会议的决议。

由于得不到工人运动的支持,"前进"集团于1913年实际上瓦解,1917年二月革命后正式解散。——71。

54 指出席俄国社会民主工党中央委员会1910年一月全会的列·达·托洛茨基和民族组织的代表在会上发表的声明。列宁在《政论家札记》一文中曾经引用这个声明(见本版全集第19卷第261页)。——71。

55 《复兴》杂志(《Возрождение》)是俄国孟什维克取消派的合法刊物(双周刊),1908年12月—1910年7月在莫斯科出版。为该杂志撰稿的有

费·伊·唐恩、亚·尼·波特列索夫、亚·马尔丁诺夫等。接替《复兴》
杂志出版的是《生活》杂志。——73。

56　《涅瓦呼声报》(«Невский Голос»)是俄国孟什维克取消派的合法报纸
（周报），1912年5月20日（6月2日）—8月31日（9月13日）在彼得
堡出版，共出了9号。该报由Д.Ф.科斯特罗夫出版，为该报撰稿的有
帕·波·阿克雪里罗得、尔·马尔托夫、亚·马尔丁诺夫、尤·查茨基
等。该报前身是《现代事业报》。——74。

57　《现代生活报》(«Живая Жизнь»)是俄国孟什维克取消派的合法报纸
（日报），1913年7月11日（24日）—8月1日（14日）代替《光线报》在
彼得堡出版，共出了19号。该报被查封后又于8月8日（21日）起继续
出版《新工人报》。《现代生活报》和《新工人报》的实际编辑是费·伊·
唐恩。——75。

58　《新工人报》(«Новая Рабочая Газета»)是俄国孟什维克取消派的合法报
纸（日报），1913年8月8日（21日）—1914年1月23日（2月5日）代
替《现代生活报》在彼得堡出版，共出了136号。《新工人报》的实际编
辑是费·伊·唐恩。——75。

59　《解放》杂志（«Освобождение»)是俄国自由派资产阶级反对派的机关刊
物（双周刊），1902年6月18日（7月1日）—1905年10月5日（18日）
先后在斯图加特和巴黎出版，共出了79期。编辑是彼·伯·司徒卢
威。该杂志反映资产阶级的立宪和民主要求，在资产阶级知识分子和
地方自治人士中影响很大。1903年至1904年1月，该杂志筹备成立
了俄国资产阶级自由派的秘密组织解放社。解放派和立宪派地方自治
人士一起构成了1905年10月成立的立宪民主党的核心。——78。

60　这里说的是沙皇尼古拉二世1905年10月17日（30日）颁布的宣言。
宣言允诺给予"公民自由"和设立"立法"杜马。这是革命从沙皇制度争
得的一个让步。沙皇政府则想以此赢得时间，分裂革命力量，破坏全俄
政治罢工和镇压革命。布尔什维克揭露了沙皇政府的这种政治手腕。

1905 年 10 月 18 日（31 日），俄国社会民主工党中央委员会发表了《告俄国人民书》，剖析沙皇宣言的虚伪性，并号召继续进行革命斗争。关于 10 月 17 日宣言，参看列宁《革命第一个回合的胜利》和《总解决的时刻临近了》两文（本版全集第 12 卷）。——79。

61　《路标》是俄国立宪民主党政论家的文集，1909 年在莫斯科出版，收有尼·亚·别尔嘉耶夫、谢·尼·布尔加柯夫、米·奥·格尔申宗、亚·索·伊兹哥耶夫、波·亚·基斯嘉科夫斯基、彼·伯·司徒卢威和谢·路·弗兰克等人论述俄国知识分子的文章。在这些文章里，路标派企图诋毁俄国解放运动的革命民主主义传统，贬低维·格·别林斯基、尼·亚·杜勃罗留波夫、尼·加·车尔尼雪夫斯基、德·伊·皮萨列夫等人的观点和活动。他们诬蔑 1905 年的革命运动，感谢沙皇政府"用自己的刺刀和牢狱"把资产阶级"从人民的狂暴中"拯救了出来。列宁在《论〈路标〉》一文（见本版全集第 19 卷）中对立宪民主党的这一文集作了批判分析和政治评价。——79。

62　指 1905 年 12 月 11 日（24 日）关于修改国家杜马选举条例的诏令。这个诏令是沙皇政府在莫斯科武装起义高潮中作为对工人的某种让步而颁布的，但仍保证地主和资本家在杜马中占巨大优势。按这个法令选出的第一届杜马是立宪民主党的杜马。——79。

63　萨布列尔派的神父们是指根据俄国正教院总监弗·卡·萨布列尔的授意而积极参加第四届国家杜马选举的神父。萨布列尔组织他们参加选举，是为了保证选出符合沙皇政府心意的代表。关于这个问题，可参看列宁《选举中的僧侣和僧侣的选举》一文（本版全集第 22 卷）。——79。

64　指缅甸。缅甸于 19 世纪被英国占领，在被英国统治期间，1897—1937 年是英属印度的一个省。——89。

65　《工商业》杂志（《Промышленность и Торговля》）是俄国工商界代表大会委员会的机关刊物（双周刊），1908 年 1 月—1917 年 12 月在彼得堡出版。——91。

66 基特·基特奇(季特·季特奇·勃鲁斯科夫)是俄国剧作家亚·尼·奥斯特罗夫斯基的喜剧《无端遭祸》中的一个专横霸道、贪婪成性的富商，这里用做工商界大亨的代称。——91。

67 《明星报》(《Звезда》)是俄国布尔什维克的合法报纸，1910年12月16日(29日)—1912年4月22日(5月5日)在彼得堡出版，起初每周出版一次，从1912年1月21日(2月3日)起每周出版两次，从1912年3月8日(21日)起每周出版三次，共出了69号。《明星报》的续刊是《涅瓦明星报》，它是因《明星报》屡被没收(69号中有30号被没收)而筹备出版的，于1912年2月26日(3月10日)即《明星报》尚未被查封时在彼得堡创刊，最后一号即第27号于1912年10月5日(18日)出版。根据在哥本哈根国际社会党代表大会期间召开的有布尔什维克、孟什维克护党派和社会民主党杜马党团的代表参加的会议上的协议，《明星报》编辑部起初由弗·德·邦契-布鲁耶维奇(代表布尔什维克)、尼·伊·约尔丹斯基(代表孟什维克护党派)和伊·彼·波克罗夫斯基(代表第三届国家杜马社会民主党党团)组成。尼·古·波列塔耶夫在组织报纸的出版工作方面起了很大作用。这一时期，《明星报》是作为社会民主党杜马党团的机关报出版的，曾受孟什维克的影响。1911年6月11日(24日)，该报出到第25号暂时停刊。1911年10月复刊后，编辑部经过改组，已没有孟什维克护党派参加。该报就成为纯粹布尔什维克的报纸了。

列宁对《明星报》进行思想上的领导，他在《明星报》和《涅瓦明星报》上发表了约50篇文章。积极参加该报编辑和组织工作或为该报撰稿的还有尼·尼·巴图林、康·斯·叶利梅耶夫、米·斯·奥里明斯基、安·伊·乌里扬诺娃-叶利扎罗娃、瓦·瓦·沃罗夫斯基、列·米·米哈伊洛夫、弗·伊·涅夫斯基、杰米扬·别德内依、马·高尔基等。《明星报》刊登过格·瓦·普列汉诺夫的多篇文章。

在列宁的领导下，《明星报》成了战斗的马克思主义的报纸。该报与工厂工人建立了经常的密切联系，在俄国工人阶级和劳动人民中享有很高的威信。1912年春，由于工人运动的高涨，《明星报》的作用大大增强了。

以无产阶级先进阶层为读者对象的《明星报》，还为创办布尔什维克的群众性的合法报纸《真理报》作了准备。它宣传创办布尔什维克的群众性日报的主张并从1912年1月开始为筹办这种报纸开展募捐，得到了工人群众的热烈支持。——96。

68　指《我们的道路报》。

《我们的道路报》（《Наш Путь》）是俄国布尔什维克的合法报纸（日报），1913年8月25日（9月7日）在莫斯科创刊，9月12日（25日）被沙皇政府查封，共出了16号。早在1912年夏季，列宁就曾指出，必须在莫斯科出版一种合法的工人报纸（见本版全集第21卷第416页）。同时列宁认为必须首先巩固《真理报》，然后再在莫斯科创办一张报纸。列宁在给阿·马·高尔基的信中称这张报纸为《莫斯科真理报》。关于在莫斯科出版党的机关报的问题，1913年7月27日（8月9日）在俄国社会民主工党中央委员会会议上讨论过。《真理报》编辑部曾经组织为莫斯科工人报纸募捐的活动。列宁积极参加了《我们的道路报》的工作。他曾把自己的文章同时寄给《真理报》和《我们的道路报》发表。《我们的道路报》刊登了列宁的《俄国的资产阶级和俄国的改良主义》、《各等级和各阶级在解放运动中的作用》、《都柏林的阶级战争》、《都柏林流血事件一星期后》、《政治上的原则问题》、《哈里·奎尔奇》等文。《我们的道路报》的撰稿人有斯大林、高尔基、杰米扬·别德内依、米·斯·奥里明斯基、伊·伊·斯克沃尔佐夫-斯捷潘诺夫以及第四届国家杜马布尔什维克代表阿·叶·巴达耶夫、费·尼·萨莫伊洛夫和尼·罗·沙果夫。

《我们的道路报》很受工人欢迎，有395个工人团体捐款支持它。该报被查封时，莫斯科工人曾举行罢工表示抗议。——96。

69　赫列斯塔科夫是俄国作家尼·瓦·果戈理的喜剧《钦差大臣》中的主角。他是一个恬不知耻、肆无忌惮地吹牛撒谎的骗子。

诺兹德列夫是果戈理的小说《死魂灵》中的一个惯于信口开河、吹牛撒谎的无赖地主。——100。

70　三国同盟是指德国、奥匈帝国和意大利三国的军事政治联盟。德国是三国同盟的发起者,它在1879年首先同奥匈帝国缔结了军事同盟条约,此后又乘法意两国因突尼斯问题发生冲突之机把意大利拉入该同盟。1882年5月20日,德国、奥匈帝国和意大利在维也纳缔结了矛头主要指向法国和俄国的秘密同盟条约,三国同盟至此最终形成。意大利由于在财政上依赖英国,所以它参加三国同盟时提出如下附带条件:只有同盟的敌人不包括英国时,意大利才能履行自己的义务。意大利在第一次世界大战初期宣布中立,1915年退出三国同盟而转到了协约国一边。从此,三国同盟不复存在。

三国协约是指与德、奥、意三国同盟相对立的英、法、俄三国帝国主义联盟。这个联盟的建立,始于1891—1893年缔结法俄同盟,中经1904年签订英法协定,而由1907年签订英俄协定最终完成。在第一次世界大战期间先后有美、日、意等20多个国家加入。十月革命后,协约国联盟的主要成员——英、法、美、日等国发动和组织了对苏维埃俄国的武装干涉。——104。

71 指1906年俄国社会民主工党第四次(统一)代表大会通过的《崩得和俄国社会民主工党统一的条件草案》(参看《苏联共产党代表大会、代表会议和中央全会决议汇编》1964年人民出版社版第1分册第162—164页)。——105。

72 指1908年俄国社会民主工党第五次全国代表会议通过的《关于地方民族组织的统一》决议(参看《苏联共产党代表大会、代表会议和中央全会决议汇编》1964年人民出版社版第1分册第256—257页)。——105。

73 1905年12月,在奥地利工会非常代表大会上,捷克社会民主党人提出成立权限可及奥地利全境的民族工会的问题。捷克人的建议被绝大多数票否决,但是捷克社会民主代表拒绝服从代表大会的决议。1910年,奥地利社会民主党人把这个问题提交哥本哈根国际社会党代表大会解决。代表大会以222票赞成、5票反对、7票弃权的多数通过一项决议,重申了1907年斯图加特代表大会关于每个国家内工人运动必须统一的决定,并谴责了分离主义的企图。——106。

74　《论国民教育部的政策问题》是列宁为布尔什维克杜马代表起草的一篇
发言稿。1913 年 6 月 4 日(17 日)，在杜马会议讨论预算委员会关于国
民教育部 1913 年支出预算的报告时，阿·叶·巴达耶夫就这个问题发
言，几乎是逐字地宣读了列宁起草的这篇发言稿。在讲到"难道这个政
府还不该被人民赶走吗?"这句话时，巴达耶夫被剥夺了发言权，因而稿
子的末尾没有宣读。——108。

75　学区是沙皇俄国的教育行政单位。每一学区包括若干个省。学区由督
学领导，负责监督本学区内国民教育部学校的活动。20 世纪初，全俄
划分为 12 个学区。——114。

76　布尔什维克的《启蒙》杂志第 2 期(1913 年 2 月)登载了杰米扬·别德
内依的寓言《蜡烛》，为此，该期杂志被没收，杂志编辑被逮捕。
——115。

77　《新俄罗斯报》(《Новая Русь》)是俄国自由派资产阶级的日报《俄罗斯
报》的续刊。《俄罗斯报》于 1903 年 12 月在彼得堡创刊。该报的编辑
兼出版者是阿·阿·苏沃林。在 1905 年革命时期，该报接近立宪民主
党，但是采取更加温和的立场。1905 年 12 月 2 日(15 日)被查封。以
后曾用《俄罗斯报》、《评论报》、《二十世纪报》、《眼睛报》、《新俄罗斯报》
等名称断断续续地出版。1910 年停刊。——123。

78　特里什卡的外套出自俄国作家伊·安·克雷洛夫的同名寓言。这则寓
言说，特里什卡用挖东墙补西墙的办法补缀自己的外套，结果愈弄愈
糟，把外套改得比小坎肩还短一截。——124。

79　贵族代表是由一省或一县的贵族选举产生的，负责处理本省、本县与贵
族有关的一切事务，并担任地方自治会议主席一职。——126。

80　国民党人是中华民国初年资产阶级政党国民党的成员。国民党是由同
盟会和统一共和党、国民共进会、共和实行会、国民公党等小党派合并
组成的，于 1912 年 8 月 25 日成立。该党奉孙中山为理事长，由宋教仁
主持党务。"二次革命"失败后，国民党于 1913 年 11 月 4 日被袁世凯

下令解散。——128。

81　进步党是中华民国初年的政党，1913年5月由拥护袁世凯的民主党、统一党和共和党联合组成，目的在于与在国会中占多数席位的国民党相对抗。该党以黎元洪为理事长，梁启超、汤化龙等为理事。——128。

82　当选国会众议院议长的是汤化龙。——129。

83　指1913年4月26日袁世凯政府与英、德、法、日、俄五国银行团签订的《善后借款合同》。借款总额为2500万金镑，年息5厘，实收八四折。——129。

84　普加乔夫暴动即1773—1774年顿河哥萨克叶·伊·普加乔夫领导的俄国农民战争，这里用做农民起义的代称。——132。

85　《俄国思想》杂志（《Русская Мысль》）是俄国科学、文学和政治刊物（月刊），1880—1918年在莫斯科出版。起初是同情民粹主义的温和自由派的刊物。90年代有时也刊登马克思主义者的文章。1905年革命后成为立宪民主党右翼的刊物，由彼·伯·司徒卢威和亚·亚·基泽韦捷尔编辑。十月革命后于1918年被查封。后由司徒卢威在国外复刊，成为白俄杂志，1921—1924年、1927年先后在索非亚、布拉格和巴黎出版。——133。

86　指法国最老的资产阶级政党激进社会党（全称激进和激进社会共和党）。该党于1901年6月成立，作为派别则于1869年形成。该党宗旨是一方面保卫议会制共和国免受教权派和保皇派反动势力的威胁，另一方面通过政治改革和社会改革来防止社会主义革命。第一次世界大战以前，它基本代表中小资产阶级的利益。在第一次和第二次世界大战之间，党内大资产阶级的影响加强了。党的领袖曾多次出任法国政府总理。——135。

87　指德国民族自由党的成员。
　　德国民族自由党是1866年由分裂出来的进步党右翼组成的，起初是普鲁士资产阶级的政党,1871 年起成为全德资产阶级的政党。民族自由党是容克—资产阶级联盟的支柱之一。它的纲领规定实行公民平等和资产阶级的民主自由。但是随着时间的推移,在德国工人运动加强的情况下,该党不再为这些要求而斗争,仅满足于奥·俾斯麦的不彻底的改革。它积极支持殖民扩张和军备竞赛以及镇压工人运动的政策,在 1914—1918 年第一次世界大战期间力求实现德国垄断组织的掠夺纲领。1918 年德国十一月革命后,该党不复存在。在它的基础上成立了德国人民党。——135。

88　中央党是德国天主教徒的政党,1870—1871 年由普鲁士议会和德意志帝国国会的天主教派党团联合而成,因这两个党团的议员的席位在会议大厅的中央而得名。中央党通常持中间立场,在支持政府的党派和左派反对派国会党团之间随风转舵。——135。

89　比利时工人于 1913 年 4 月 14—24 日举行总罢工,要求修改宪法并争取普遍、平等的选举权。罢工规模巨大,在总数为 100 多万的工人中,参加者达 40 万—50 万人。——137。

90　《基辅思想报》(《Киевская Мысль》)是俄国资产阶级民主派的政治文学报纸(日报),1906—1918 年在基辅出版。1915 年以前,该报每周出版插图附刊一份;1917 年起出晨刊和晚刊。该报的编辑是 A.尼古拉耶夫和 И.塔尔诺夫斯基。参加该报工作的社会民主党人主要是孟什维克,其中有亚·马尔丁诺夫、列·达·托洛茨基等。第一次世界大战期间,该报采取护国主义立场。——138。

91　指全俄矿业、冶金业和机器制造业第二次代表大会。
　　　全俄矿业、冶金业和机器制造业第二次代表大会于 1913 年 4 月 17—24 日在彼得堡举行。参加代表大会的有 756 人,其中包括各高等技术学校、俄国技术协会各部以及矿业工程师协会等单位的代表。大会设立矿业、机器制造业、冶金业和农机制造业、工艺学等小组。代表大会的工作主要是在小组里进行的。有些问题则在各小组联席会议上讨论。会上共宣读了 156 篇报告,其中包括《工人的生命和健康保护措施》、《矿工的生活条件和劳动条件》、《工厂管理的科学原理》等。
——141。

92　《财政通报》即《财政与工商业通报》杂志（«Вестник Финансов, Промышленности и Торговли»）是沙皇俄国财政部的刊物（周刊），1883年11月—1917年在彼得堡出版，1885年1月前称《财政部政府命令一览》。该杂志刊登政府命令、经济方面的文章和评论、官方统计资料等。
——143。

93　《俄罗斯言论报》（«Русское Слово»）是俄国报纸（日报），1895年起在莫斯科出版（第1号为试刊号，于1894年出版）。出版人是伊·德·瑟京，撰稿人有弗·米·多罗舍维奇（1902年起实际上为该报编辑）、亚·瓦·阿姆菲捷阿特罗夫、彼·德·博博雷金、弗·阿·吉利亚罗夫斯基、瓦·伊·涅米罗维奇-丹琴科等。该报表面上是无党派报纸，实际上持资产阶级自由派立场。1917年后完全支持资产阶级临时政府，并曾拥护科尔尼洛夫叛乱。十月革命后不久被查封，其印刷厂被没收。1918年1月起，该报曾一度以《新言论报》和《我们的言论报》的名称出版，1918年7月最终被查封。——143。

94　指1913年4月24日和25日《光线报》第93号和第94号登载的《关于一篇可悲的文章》一文，署名：А.Б.。——149。

95　《庶民报》（«Земщина»）是俄国黑帮报纸（日报），国家杜马极右派代表的机关报，1909年6月—1917年2月在彼得堡出版。——150。

96　社会民主联盟（S.D.F.）是英国的社会主义组织，于1884年8月在民主联盟的基础上成立。参加联盟的除改良主义者（亨·迈·海德门等）和无政府主义者外，还有一批革命的社会民主党人即马克思主义的拥护者（哈·奎尔奇、汤·曼、爱·艾威林、爱琳娜·马克思等），他们构成了英国社会主义运动的左翼。恩格斯曾尖锐地批评社会民主联盟有教条主义和宗派主义倾向，脱离英国群众性的工人运动并且忽视这一运动的特点。1884年秋联盟发生分裂，联盟的左翼在1884年12月成立了独立的组织——社会主义同盟。1907年,社会民主联盟改称英国社会民主党。1911年,该党与独立工党中的左派一起组成了英国社会党。1920年,社会党的大部分党员参加了创立英国共产党的工作。——155。

97　指当时英国资产阶级主要政党保守党和自由党的成员。

保守党是英国大资产阶级和大土地贵族的政党,于19世纪50年代末至60年代初在老托利党基础上形成。在英国向帝国主义阶段过渡的时期,保守党继续维护土地贵族利益,同时也逐步变成垄断资本的政党。保守党在英国多次执掌政权。

自由党是英国的一个反映工商业资产阶级利益的政党,于19世纪50年代末至60年代初形成。自由党在英国两党制中代替辉格党的位置而与保守党相对立。19世纪至20世纪初,自由党多次执政,在英国政治生活中起了重要作用。1916—1922年,自由党领袖戴·劳合-乔治领导了自由党和保守党的联合政府。20世纪初,在工党成立后和工人运动发展的条件下,自由党力图保持它对工人的影响,推行自由派改良主义的政策,但也不惜公然动用军队来对付罢工工人。第一次世界大战结束后,自由党的势力急剧衰落,它在英国两党制中的地位为工党所取代。——156。

98　这句话系引自俄国作家伊·安·克雷洛夫的寓言《天鹅、狗鱼和虾》。寓言说,天鹅、狗鱼和虾拉一辆大车,天鹅向天上飞,狗鱼向水里拉,虾则向后退,结果大车原地不动,无法前进。——159。

99　"印度党"即"东印度党",是印度尼西亚的印尼-欧洲人(印度尼西亚人和欧洲人混血种)的政党,于1912年组成。因其纲领中反映了要求独立的愿望,成立后立即被荷兰殖民者所取缔。——161。

100　杰尔席莫尔达是俄国作家尼·瓦·果戈理的喜剧《钦差大臣》中的一个愚蠢粗野、动辄用拳头打人的警察,这里用做警察专制制度的代名词。——161。

101 指印度尼西亚的伊斯兰教联盟。该联盟于 1912 年成立,前身为"伊斯兰商业联合会"。第一次世界大战前夕,联盟发展成为反对殖民统治的群众性组织。——161。

102 《工商报》(《Торгово-Промышленная Газета》)是 1893—1918 年在彼得堡出版的一家报纸(日报),1894 年以前是沙皇俄国财政部刊物《财政与工商业通报》杂志的附刊。——162。

103 这篇文章评论了 1913 年 5 月 7 日《光线报》第 103 号(总第 189 号)的社论《争取出版自由》。——170。

104 《俄国评论报》(《Русская Молва》)是俄国进步党的机关报(日报),1912 年 12 月 9 日(22 日)—1913 年 8 月 20 日(9 月 2 日)在彼得堡出版。——170。

105 指俄罗斯帝国刑法第 129 条。该条规定了对公开发表反对沙皇政府的言论者或传播反对沙皇政府的著作者的各种刑罚,直到把他们流放边远地方服苦役。——171。

106 《火星报》(《Искра》)是第一个全俄马克思主义的秘密报纸,由列宁创办。创刊号于 1900 年 12 月在莱比锡出版,以后各号的出版地点是慕尼黑、伦敦(1902 年 7 月起)和日内瓦(1903 年春起)。参加《火星报》编辑部的有:列宁、格·瓦·普列汉诺夫、尔·马尔托夫、亚·尼·波特列索夫、帕·波·阿克雪里罗得和维·伊·查苏利奇。编辑部的秘书起初是因·格·斯米多维奇,1901 年 4 月起由娜·康·克鲁普斯卡娅担任。列宁实际上是《火星报》的主编和领导者。他在《火星报》上发表了许多文章,阐述有关党的建设和俄国无产阶级的阶级斗争的基本问题,并评论国际生活中的重大事件。

　　《火星报》在国外出版后,秘密运往俄国翻印和传播。《火星报》成了团结党的力量、聚集和培养党的干部的中心。在俄国许多城市成立了俄国社会民主工党列宁火星派的小组和委员会。1902 年 1 月在萨马拉举行了火星派代表大会,建立了《火星报》俄国组织常设局。

《火星报》在建立俄国马克思主义政党方面起了重大的作用。在列宁的倡议和亲自参加下,《火星报》编辑部制定了党纲草案,筹备了俄国社会民主工党第二次代表大会。这次代表大会宣布《火星报》为党的中央机关报。

根据俄国社会民主工党第二次代表大会的决议,《火星报》编辑部改由列宁、普列汉诺夫、马尔托夫三人组成。但是马尔托夫坚持保留原来的六人编辑部,拒绝参加新的编辑部,因此《火星报》第46—51号是由列宁和普列汉诺夫二人编辑的。后来普列汉诺夫转到了孟什维主义的立场上,要求把原来的编辑都吸收进编辑部,列宁不同意这样做,于1903年10月19日(11月1日)退出了编辑部。《火星报》第52号是由普列汉诺夫一人编辑的。1903年11月13日(26日),普列汉诺夫把原来的编辑全部增补进编辑部以后,《火星报》由普列汉诺夫、马尔托夫、阿克雪里罗得、查苏利奇和波特列索夫编辑。因此,从第52号起,《火星报》变成了孟什维克的机关报。人们将第52号以前的《火星报》称为旧《火星报》,而把孟什维克的《火星报》称为新《火星报》。

1905年5月第100号以后,普列汉诺夫退出了编辑部。《火星报》于1905年10月停刊,最后一号是第112号。——178。

107 指1912年12月26日—1913年1月1日(1913年1月8—14日)在克拉科夫举行的有党的工作者参加的俄国社会民主工党中央委员会会议,出于保密考虑定名为二月会议。出席会议的有中央委员列宁、斯大林、格·叶·季诺维也夫等,第四届国家杜马布尔什维克代表阿·叶·巴达耶夫、格·伊·彼得罗夫斯基、尼·罗·沙果夫、党的工作人员娜·康·克鲁普斯卡娅、列·波·加米涅夫、B.H.洛博娃以及由彼得堡、莫斯科地区、南方、乌拉尔和高加索的秘密的党组织选派的代表。克拉科夫会议是在列宁主持下进行的。他作了《革命高潮、罢工和党的任务》、《关于对取消主义的态度和关于统一》这两个报告,起草和审定了会议的全部决议,草拟了俄国社会民主工党中央委员会关于这次会议的《通报》。会议通过了关于党在革命新高潮中和罢工运动发展中的任务、关于秘密组织的建设、关于社会民主党杜马党团的工作、关于保险运动、关于党的报刊、关于民族的社会民主党组织、关于反对取消主

义的斗争和关于无产阶级政党的统一等决议(见本版全集第 22 卷第
269—288 页)。这些决议对党的巩固和统一、对扩大和加强党和广大
劳动群众的联系、对制定在工人运动不断高涨的条件下党的工作的新
方式都起了很大作用。——179。

108　《有何吩咐报》是俄国作家米·叶·萨尔蒂科夫-谢德林在他的特写《莫
尔恰林老爷们》中首次给对专制政府奴颜婢膝的自由派报刊取的绰号,
此处是指《新时报》。"有何吩咐?"原来是沙皇俄国社会中仆人对主人
讲话时的用语。
　　　关于《新时报》,见注 26。——185。

109　指 1913 年 5 月 10 日《光线报》第 106 号刊登的《请工人同志们注意》一
文,该文署名是工人格尔曼。——187。

110　列宁《请〈光线报〉和〈真理报〉的读者注意》一文的署名为《真理报》和
《光线报》一读者。——188。

111　《俄罗斯新闻》(《Русские Ведомости》)是俄国报纸,1863—1918 年在莫
斯科出版。它反映自由派地主和资产阶级的观点,主张在俄国实行君
主立宪,撰稿人是一些自由派教授。至 19 世纪 70 年代中期成为俄国
影响最大的报纸之一。80—90 年代刊登民主主义作家和民粹主义者
的文章。1898 年和 1901 年曾经停刊。从 1905 年起成为右翼立宪民
主党人的机关报。1917 年二月革命后支持资产阶级临时政府。十月
革命后被查封。——198。

112　指 1912 年 8 月库托马拉监狱政治犯遭虐待而发生骚动的事件。为抗
议外贝加尔督军下令在涅尔琴斯克(尼布楚)苦役区各监狱的政治犯待
遇方面实行军事规则,库托马拉监狱的政治犯绝食 15 天。为了回答这
一点,典狱官竟对不服从粗暴命令的犯人严刑拷打,以致一些犯人因绝
望而自杀。该苦役区阿尔加契监狱也发生了同类事件。——201。

113　指第四届国家杜马彼得堡省工人选民团初选人选举中,彼得堡县选举
委员会于 1912 年 10 月 4 日(17 日)就 21 家企业(参加选举的工厂共

44个)提出所谓"说明",宣布这些企业的初选人的选举无效一事。在
彼得堡工人纷纷举行罢工后,10月8日(21日)省选举委员会撤销了这
份"说明",恢复了这些企业工人的选举权。——201。

114 关于舰队水兵案件和下边提到的塞瓦斯托波尔的判决,参看列宁《陆海
军中的起义》一文(本版全集第22卷)。——201。

115 《向拉脱维亚边疆区社会民主党第四次代表大会提出的纲领草案》是列
宁在拉脱维亚边疆区社会民主党第四次代表大会筹备期间于1913年
5月为拉脱维亚布尔什维克写的。

　　在1905—1907年革命失败后的反动时期,拉脱维亚边疆区社会民
主党内的布尔什维克几乎全部被沙皇政府监禁、流放,或者被迫流亡国
外,该党的一切中央机关(中央委员会、中央机关报、国外委员会)都被
孟什维克取消派和调和派所夺取。革命高涨年代到来后,拉脱维亚的
布尔什维克在许多地方组织中站住了脚,成为拉脱维亚工人运动的领
导力量,并在拉脱维亚边疆区社会民主党内形成了自己的有组织的派
别。流亡国外的拉脱维亚布尔什维克成立了国外小组联合会。1912
年秋天起,联合会出版了自己的机关报《公报,国外小组联合会出版
物》。列宁注意到拉脱维亚边疆区社会民主党党内斗争的发展情况,帮
助拉脱维亚布尔什维克进行反对取消派的斗争。

　　列宁写的《向拉脱维亚边疆区社会民主党第四次代表大会提出的
纲领草案》于1913年8月发表于《战友报》第4号,并于1913年11月
作为《公报》第8号抽印本以《我们向拉脱维亚边疆区社会民主党第四
次代表大会提出的纲领》为题出版,随后又作为1913年11月20日出
版的《公报》第9—10号合刊的社论发表。《公报》编辑部受了内部调和
主义分子的影响,在发表纲领草案时略去了专门论述民族问题的一节,
并对其他几节作了部分删改。在《列宁全集》俄文各版中,《纲领草案》
是按照保存下来的俄文手稿全文刊印的。——208。

116 指取消派筹备召开的代表会议。这次代表会议于1912年8月12—20
日(8月25日—9月2日)在维也纳举行,在会议上成立了八月联盟,倡
议者是列·达·托洛茨基。出席会议的代表共29名,其中有表决权的

代表18名:彼得堡"中央发起小组"2名,崩得4名,高加索区域委员会4名,拉脱维亚边疆区社会民主党中央4名,莫斯科调和派小组1名,塞瓦斯托波尔、克拉斯诺亚尔斯克和黑海舰队水兵组织各1名;有发言权的代表11名:组织委员会代表2名,维也纳《真理报》代表1名,《社会民主党人呼声报》代表1名,《涅瓦呼声报》代表1名,莫斯科取消派小组代表1名,波兰社会党"左派"代表4名和以个人身份参加的尤·拉林。29人中只有3人来自俄国国内,其余都是同地方工作没有直接联系的侨民。普列汉诺夫派——孟什维克护党派拒绝出席这一会议。前进派代表出席后很快就退出了。代表会议通过的纲领没有提出建立民主共和国和没收地主土地的口号,没有提出民族自决权的要求,而仅仅提出了宪法改革、全权杜马、修订土地立法、结社自由、"民族文化自治"等自由派的要求。八月联盟还号召取消秘密的革命党。代表会议选出了试图与俄国社会民主工党中央委员会抗衡的组织委员会,但它在俄国国内只得到少数取消派小组、《光线报》和孟什维克七人团的承认。八月联盟成立后只经过一年多的时间就瓦解了。关于八月联盟的瓦解,可参看列宁的《"八月"联盟的瓦解》、《"八月联盟"的空架子被戳穿了》、《论高喊统一而实则破坏统一的行为》(本版全集第25卷)。——210。

117 指1899年9月24—29日在布隆(布尔诺)召开的奥地利社会民主党代表大会所通过的民族问题纲领。布隆代表大会的中心议题是民族问题。会上提出了代表不同观点的两个决议案,一个是总的说坚持民族区域自治的党中央委员会决议案,另一个是坚持超区域的民族文化自治的南方斯拉夫社会民主党委员会决议案。代表大会通过的决议即所谓"布隆民族纲领",是妥协性的。列宁对这一纲领的分析,还见《关于民族问题的批评意见》一文(本版全集第24卷)。斯大林《马克思主义和民族问题》一文摘引了这个纲领(见《斯大林全集》第2卷第316—317页)。——216。

118 这是沙皇政府财政大臣弗·尼·科科夫佐夫的话。1908年4月24日,他在国家杜马里说:"在我国,谢天谢地,没有议会。"——226。

119　指俄国社会民主工党第三次代表大会。

俄国社会民主工党第三次代表大会于 1905 年 4 月 12—27 日（4 月 25 日—5 月 10 日）在伦敦举行。这次代表大会是布尔什维克筹备的，是在列宁领导下进行的。孟什维克拒绝参加代表大会，而在日内瓦召开了他们的代表会议。

出席代表大会的有 38 名代表，其中有表决权的代表 24 名，有发言权的代表 14 名。出席大会的有表决权的代表分别代表 21 个俄国社会民主工党的地方委员会、中央委员会和党总委员会（参加党总委员会的中央委员会代表）。列宁作为敖德萨委员会的代表出席代表大会，当选为代表大会主席。

代表大会审议了正在俄国展开的革命的根本问题，确定了无产阶级及其政党的任务。代表大会讨论了下列问题：组织委员会的报告；武装起义；在革命前夕对政府政策的态度；关于临时革命政府；对农民运动的态度；党章；对俄国社会民主工党分裂出去的部分的态度；对各民族社会民主党组织的态度；对自由派的态度；同社会革命党人的实际协议；宣传和鼓动；中央委员会的和各地方委员会代表的工作报告等。列宁就大会讨论的所有主要问题拟了决议草案，在大会上作了关于社会民主党参加临时革命政府的报告和关于支持农民运动的决议的报告，并就武装起义、在革命前夕对政府政策的态度、社会民主党组织内工人和知识分子的关系、党章、关于中央委员会活动的报告等问题作了发言。

代表大会制定了党在资产阶级民主革命中的战略计划，这就是：要孤立资产阶级，使无产阶级同农民结成联盟，成为革命的领袖和领导者，为争取革命胜利——推翻专制制度、建立民主共和国、消灭农奴制的一切残余——而斗争。从这一战略计划出发，代表大会规定了党的策略路线。大会提出组织武装起义作为党的主要的和刻不容缓的任务。大会指出，在人民武装起义取得胜利后，必须建立临时革命政府来镇压反革命分子的反抗，实现俄国社会民主工党的最低纲领，为向社会主义革命过渡准备条件。

代表大会重新审查了党章，通过了列宁提出的关于党员资格的党章第1条条文,取消了党内两个中央机关(中央委员会和中央机关报)的制度,建立了党的统一的领导中心——中央委员会,明确规定了中央委员会的权力和它同地方委员会的关系。

代表大会谴责了孟什维克的行为和他们在组织问题和策略问题上的机会主义。鉴于《火星报》已落入孟什维克之手并执行机会主义路线,俄国社会民主工党第三次代表大会委托中央委员会创办新的中央机关报——《无产者报》。代表大会选出了以列宁为首的中央委员会,参加中央委员会的还有亚·亚·波格丹诺夫、列·波·克拉辛、德·西·波斯托洛夫斯基和阿·伊·李可夫。

俄国社会民主工党第三次代表大会是第一次布尔什维克代表大会,它用争取民主革命胜利的战斗纲领武装了党和工人阶级。列宁在《第三次代表大会》一文(见本版全集第10卷)中论述了这次代表大会的工作及其意义。——229。

120　孟什维克日内瓦代表会议与俄国社会民主工党第三次代表大会同时于1905年4月举行。由于参加的人数很少(只有9个委员会的代表出席),孟什维克宣布自己的这次会议为党的工作者代表会议。代表会议就武装起义、农民中的工作、夺取政权和参加临时政府、对其他革命党派和反对派的态度等问题通过了决议。列宁在《倒退的第三步》、《社会民主党在民主革命中的两种策略》、《〈工人论党内分裂〉一书序言》(见本版全集第10卷和第11卷)等著作中揭露了日内瓦代表会议决议的机会主义性质,并对这些决议作了非常有力的批判。——229。

121　指1895年特别是1896年以纺织工人为主的彼得堡工人罢工。1896年的罢工开始于5月底,起因是工厂主拒绝向工人支付尼古拉二世加冕礼那几天假日的全额工资。罢工从俄罗斯纺纱厂(即卡林金工厂)开始,很快就席卷了所有纺织工厂,并波及机器、橡胶、造纸、制糖等工厂,参加者达3万多人。这次罢工是在彼得堡工人阶级解放斗争协会领导下进行的。该协会散发了传单和宣言,号召工人起来捍卫自己的权利。罢工的基本要求是:把工作日缩短为 $10\frac{1}{2}$ 小时,提高计件单价,按时发放工资等。列宁称这次罢工为著名的彼得堡工业战争。它第一次推动了彼得堡无产阶级结成广泛阵线向剥削者进行斗争,并促进了全俄工人运动的发展。在这次罢工的压力下,沙皇政府加速了工厂法的修订,于1897年6月2日(14日)颁布了将工业企业和铁路工厂的工作日缩短为11½小时的法令。——235。

122　这里是指进步党。

　　　　进步党是普鲁士资产阶级的政党,于1861年6月成立,创始人和领袖为鲁·微耳和、贝·瓦尔德克、海·舒尔采-德里奇、汉·维·翁鲁等。进步党要求在普鲁士领导下统一德国,召开全德议会,建立对众议院负责的强有力的自由派内阁。1866年10月,进步党中的右翼分裂出去组成民族自由党。1884年,进步党同民族自由党中分裂出来的左翼合并组成德国自由思想党;1893年,该党又分裂成自由思想同盟和自由思想人民党两派。进步党反对社会主义,把德国社会民主党视为主要敌人。为了同社会民主党进行斗争和对工人阶级施加影响,进步党的活动家舒尔采-德里奇、麦·希尔施、弗·敦克尔等人积极进行建立工会的活动。——236。

123　《新经济学家》杂志(《Новый Экономист》)是俄国的经济金融问题刊物(周刊),1913年1月26日(2月8日)—1917年12月在彼得堡出版。该杂志代表俄国大工商业资产阶级的利益。编辑和出版者是彼·彼·米古林教授。十月党人和立宪民主党人参加该杂志的工作。《新经济学家》杂志的前身是1909—1912年出版的《经济学家》杂志。——253。

124　《关于波格丹诺夫先生和"前进"集团问题》这封信是针对1913年5月26日(6月8日)《真理报》第120号发表的亚·亚·波格丹诺夫的声明而写的。波格丹诺夫在他的声明中企图反驳列宁在《几个争论的问题》一文中指出的一个事实,即与"前进派"思想有联系的、否定社会民主党在杜马中进行工作和利用合法机会的倾向。《真理报》编辑部在刊登波格丹诺夫的声明时加了如下的按语:"编辑部完全同意本报第95号所载《几个争论的问题》一文中发挥的观点,但为了公正起见,认为可以刊登我们的撰稿人波格丹诺夫同志的下述声明。"这条按语引起了列宁的激烈抗议,他在给《真理报》寄这封信的同时,还寄了一篇反对波格丹诺夫歪曲党史的短评(这篇短评当时没有发表,而且迄今没有找到)。列宁一再警告《真理报》编辑部,波格丹诺夫为布尔什维克报纸撰稿是不能容许的。波格丹诺夫在写了《意识形态》(系列文章《外来语词汇选释》中的一篇)这篇公开宣扬马赫主义观点的文章后,被《真理报》取消了撰稿人资格。关于这个问题,还可参看列宁1913年6月16日给《真理报》编辑部的信(本版全集第46卷第187号文献)。——257。

125　亚·亚·波格丹诺夫于1911年初退出了"前进"集团。——257。

126　本文在《列宁全集》第1版第19卷中题为《关于立宪民主党人马克拉柯夫的演说》,这是按《列宁全集》俄文第4版编者加的标题译出的。1954年,苏共中央马克思列宁主义研究院从波兰得到列宁留在克拉科夫和波罗宁的文稿,其中有一份是列宁为《真理报》所写文章的目录。根据这份目录,列宁这篇文章的标题应当是:《不正确的评价(《光线报》论马克拉柯夫)》。——260。

127　宪章运动是19世纪30—50年代英国无产阶级争取实行《人民宪章》的革命运动,是世界上第一次广泛的、真正群众性的、政治性的无产阶级革命运动。19世纪30年代,英国工人运动迅速高涨。伦敦工人协会于1836年成立,1837年起草了一份名为《人民宪章》的法案,1838年5月在伦敦公布。宪章提出六点政治要求:(一)凡年满21岁的男子皆有选举权;(二)实行无记名投票;(三)废除议员候选人的财产资格限制;(四)给当选议员支付薪俸;(五)议会每年改选一次;(六)平均分配选举区域,按选民人数产生代表。1840年7月成立了全国宪章派协会,这是工人运动史上第一个群众性的工人政党。宪章运动在1839、1842、1848年出现过三次高潮。三次请愿均被议会否决,运动也遭镇压。宪章运动终究迫使英国统治阶级作了某些让步,并对欧洲工人运动的发展产生了重大影响。马克思和恩格斯同宪章运动的左翼领袖乔·朱·哈尼、厄·琼斯保持联系,并积极支持宪章运动。——264。

128　这里说的是1913年5月29日(6月11日)—6月5日(18日)在彼得堡

举行的第十二次皮罗戈夫医生代表大会,出席代表大会的约有
1 500人。

皮罗戈夫医生代表大会即纪念尼·伊·皮罗戈夫俄国医生协会
(简称皮罗戈夫协会)的会员代表大会,是革命前俄国医生最有代表性
的集会,约两年召开一次。皮罗戈夫是俄国外科学家和解剖学家,战伤
外科学和外科解剖学的奠基人,彼得堡科学院通讯院士。——265。

129　新马尔萨斯主义是马尔萨斯主义在19世纪中叶以后形形色色变种的
总称。——265。

130　《论现政府的(一般的)土地政策问题》是列宁为布尔什维克杜马代表拟
的发言稿。1913年6月9日(22日),在杜马讨论预算委员会关于国有
地产司的预算问题的报告时,布尔什维克杜马代表尼·罗·沙果夫宣
读了这篇发言稿。当时,右派代表大声喊叫,杜马主席屡次警告要剥夺
发言人的发言权,说他违反了禁止宣读发言稿的议事规则。结果,沙果
夫不得不把列宁所拟发言稿中的许多地方省掉,只宣读了大约原稿的
一半。——270。

131　指沙皇政府大臣会议主席彼·阿·斯托雷平实行的土地改革。1906
年11月9日(22日),沙皇政府颁布了《关于农民土地占有和土地使用
现行法令的几项补充决定》,这个法令由国家杜马和国务会议通过后称
为1910年6月14日法令。1906年11月15日(28日),又颁布了《关
于农民土地银行以份地作抵押发放贷款的法令》。根据这两个法令,农
民可以退出村社,把自己的份地变成私产,也可以卖掉份地。村社必须
为退社农民在一个地方划出建立独立田庄或独立农庄的土地。独立田
庄主或独立农庄主可以从农民土地银行取得优惠贷款来购买土地。沙
皇政府制定这些土地法令的目的是,在保留地主土地私有制和强制破
坏村社的条件下,建立富农这一沙皇专制制度在农村的支柱。

斯托雷平的土地政策通过最痛苦的普鲁士道路,在保留农奴主-地
主的政权、财产和特权的条件下,加速了农业的资本主义演进,加剧了
对农民基本群众的强行剥夺,加速了农村资产阶级的发展。

列宁称1906年斯托雷平土地法令是继1861年改革以后俄国从农

奴主专制制度变为资产阶级君主制的第二步。尽管沙皇政府鼓励农民退出村社,但在欧俄部分,九年中(1907—1915 年)总共只有 250 万农户退出村社。首先使用退出村社的权利的是农村资产阶级,因为这能使他们加强自己的经济。也有一部分贫苦农民退出了村社,其目的是为了出卖份地,彻底割断同农村的联系。穷苦的小农户仍旧像以前一样贫穷和落后。

斯托雷平的土地政策并没有消除全体农民和地主之间的矛盾,只是导致了农民群众的进一步破产,加剧了富农和贫苦农民之间的阶级矛盾。——274。

132 在希普卡平静无事一语出自 1877—1878 年俄土战争中俄军司令部的战报。当时俄军冒着严寒扼守巴尔干的希普卡山隘,大批士兵冻死冻伤。俄军司令部的战报却多次说:"在希普卡平静无事。"——275。

133 守破木盆一语出自俄国诗人亚·谢·普希金的童话诗《渔夫和金鱼的故事》。故事说:一个穷苦的老渔夫放走了他网到的一条会说话的金鱼。金鱼因此给以报答,一次又一次地满足了老渔夫的妻子的要求。可是老渔婆的贪欲永无止境,终于惹怒了大海和金鱼,叫她顿时失去了得到的一切,仍然守着原先的小木房和破木盆。——275。

134 地主农民即农奴,是俄国 16 世纪末随着农奴制的确立而形成的一类农民。到 1861 年农民改革止,地主农民属于贵族地主所有。——282。

135 农民银行(农民土地银行)是俄国国家银行,1882 年设立,在各省有分行。设立农民银行的目的是向农民发放购置私有土地的贷款,贷款利率为年利 7.5%—8.5%。1895 年农民银行获得了向地主购买土地的权利。1895—1905 年共购买 100 万俄亩。每俄亩地价由 1898 年的 49 卢布涨至 1901 年的 111 卢布。1905—1907 年革命期间,农民银行抑制了地价的下跌,以每俄亩 107 卢布的价格买进了 270 万俄亩土地。斯托雷平土地改革期间,农民银行的活动促进了独立农庄和田庄的成立。1906—1916 年农民银行共买进 460 多万俄亩土地,总价为 5 亿卢布左右,在此期间卖出 380 万俄亩给个体农户。从 1906 年到 1915 年,农民从农民银行手中以及在它的协助下购买的土地共计 1 040 万俄亩。1917 年 11 月 25 日(12 月 8 日)苏维埃政权撤销了农民银行,其土地按照土地法令被收归国有并转交给了农民。——284。

136　本文献是对《论现政府的(一般的)土地政策问题》这篇发言稿(见本卷第 270—287 页)的补充。——288。

137　指澳大利亚工党。该党于 19 世纪 90 年代创建,有许多工会是它的集体党员。——302。

138　俄罗斯人民同盟是俄国黑帮组织,于 1905 年 10 月在彼得堡成立。该组织联合城市小资产阶级的代表、地主、部分知识界和宗教界人士、城市无业游民、一部分富农以及某些工人和农民,创始人为亚·伊·杜勃洛文、弗·安·格林格穆特、弗·米·普利什凯维奇等。1905 年 12 月 23 日(1906 年 1 月 5 日),沙皇尼古拉二世接见同盟代表团,接受了同盟成员的称号和徽章。同盟纲领以维护俄国的统一和不可分、保持专制制度、沙皇和人民通过咨议性的国民代表会议取得一致、大国沙文主义、反犹太主义等为基本内容,同时也包含一些蛊惑性的条文,如批评官僚制、保持村社土地所有制、各等级权利平等、国家为工人提供保险等。同盟的中央机构是由 12 人组成的总委员会,设在彼得堡。全国各城市、村镇所设的同盟分部在 1905—1907 年间达 900 个。同盟的主要机关报是《俄国旗帜报》。同盟通过宣传鼓动几次掀起俄国反犹太人大暴行的浪潮,同时也进行个人恐怖活动。它刺杀了第一届国家杜马代表米·雅·赫尔岑施坦、格·波·约洛斯,并两次对谢·尤·维特行刺。第二届国家杜马解散后,同盟于 1908—1910 年分裂为米迦勒天使长同盟、俄罗斯人民同盟、彼得堡全俄杜勃洛文俄罗斯人民同盟等几个互相敌对的组织。1917 年二月革命后同其他黑帮组织一起被取缔。——306。

139　指 1913 年 5 月在第四届国家杜马讨论内务部预算时,十月党人、进步党人和立宪民主党人所采取的民族主义的和沙文主义的立场。关于这个问题,参看本卷第 223—225 页和第 226—228 页。——309。

140 指第一次巴尔干战争期间,俄国反动民族主义分子在塞尔维亚和保加利亚战胜土耳其之际,于1913年3月17、18和24日(3月30、31日和4月6日)组织的斯拉夫主义游行示威。反动分子力图利用巴尔干人民的民族解放斗争来为俄国沙皇政府在近东的大国政策服务。——311。

141 玩偶小人一词出自俄国作家米·叶·萨尔蒂科夫-谢德林的同名讽刺故事。故事说,俄国某县城有一位制造玩偶的能工巧匠,他做的玩偶不仅形象生动,而且能像真人一样串演各种戏剧。这些玩偶小人没有头脑,没有愿望,却能横行霸道,使真正的人听其摆布。作家通过这个故事鞭挞了俄国社会中那种没有灵魂却又作威作福、欺压人民的寄生者。——311。

142 指1913年4月4日,在1912年勒拿枪杀工人事件一周年那一天,彼得堡举行的一天罢工。参加这次罢工的超过85 000人。——316。

143 发起小组(社会民主党公开工人运动活动家发起小组)是俄国孟什维克取消派为与秘密的党组织相抗衡而从1910年底起先后在彼得堡、莫斯科、叶卡捷琳诺斯拉夫和康斯坦丁诺夫卡建立的组织。取消派把这些小组看做是他们所鼓吹的适应斯托雷平六三制度的新的广泛的合法政党的支部。这些小组是一些人数不多、同工人阶级没有联系的知识分子小集团,其领导中心是取消派在国外出版的《社会民主党人呼声报》和他们在俄国国内出版的《我们的曙光》杂志和《生活事业》杂志。发起小组反对工人举行罢工斗争和革命的游行示威,在第四届国家杜马选举中反对布尔什维克。第一次世界大战期间,发起小组采取社会沙文主义立场。——321。

144 彼得堡五金工会理事会选举于1913年4月21日(5月4日)举行,出席大会的达800人,另有400余人因会场容纳不下而未能进去。布尔什维克提出的理事会候选人名单发表于《真理报》第91号,并在与会者当中散发。多数与会者不顾取消派提出的"不分派别"地进行选举的要求,投票赞成《真理报》提出的人选。理事会的14名理事中,有10名是按布尔什维克提出的名单选出的。——322。

145　《争论专页》(《Дискуссионный Листок»)是俄国社会民主工党中央机关
报《社会民主党人报》的附刊,根据俄国社会民主工党中央委员会 1910
年一月全会的决议创办,1910 年 3 月 6 日(19 日)——1911 年 4 月 29 日
(5 月 12 日)在巴黎出版,共出了 3 号。编辑部成员包括布尔什维克、
孟什维克、最后通牒派、崩得分子、普列汉诺夫派、波兰社会民主党和拉
脱维亚边疆区社会民主党的代表。《争论专页》刊登过列宁的《政论家
札记》、《俄国党内斗争的历史意义》、《合法派同反取消派的对话》等文
章。——322。

146　指组织委员会 1912 年底在柏林用德文出版的小册子《俄国社会民主党
的状况》和谢·尤·谢姆柯夫斯基在 1913 年 5 月 1 日《斗争》杂志第 8
期上发表的文章《俄国无产阶级的复兴》。
　　　《斗争》杂志(«Der Kampf»)是奥地利社会民主党的机关刊物(月
刊),1907—1934 年在维也纳出版。该杂志持机会主义的中派立场。
担任过该杂志编辑的有:奥·　鲍威尔、阿·　布劳恩、卡·　伦纳、弗·
阿德勒等。——323。

147　指《新普鲁士报》。
　　　《新普鲁士报》(«Neue Preußische Zeitung»)是德国的一家日报,
1848 年 6 月在柏林创刊。该报是反革命的宫廷奸党和普鲁士容克以
及后来的德国保守党极右派的喉舌。该报报头上印有后备军的十字章
图形,所以又有《十字报》之称。1911 年起改称为《新普鲁士(十字)
报》,1932 年起改称为《十字报》,1939 年停刊。——326。

148　指沙俄内务大臣维·康·普列韦执行的政策。普列韦残酷地镇压农民
运动,捣毁了许多地方自治机关,组织反犹太人的大暴行,并在俄国边
疆地区推行反动的俄罗斯化政策。——326。

149　《民族问题提纲》是列宁为作民族问题的专题报告而写的。专题报告会
于 1913 年 7 月 9、10、11 和 13 日在瑞士苏黎世、日内瓦、洛桑和伯尔尼

等城市举行,前去听报告的不仅有布尔什维克,也有其他社会党侨民小组的代表。在本卷《附录》里载有这个专题报告的提纲(见本卷第469—473页)。在《列宁文稿》人民出版社版第13卷载有讨论这一专题报告的详细记录。——329。

150 最坏类型的联邦制一语见于1912年1月俄国社会民主工党第六次(布拉格)全国代表会议《关于各民族中央机关没有代表出席全党代表会议的问题》的决议,是会议对俄国社会民主工党自第四次(统一)代表大会以来同各民族社会民主党组织的相互关系的评定(参看本版全集第21卷第143—144页,第22卷第247—249页)。——335。

151 民族民主党是波兰地主和资产阶级的民族主义政党,成立于1897年,领导人是罗·德莫夫斯基、济·巴利茨基、弗·格拉布斯基等。该党提出"阶级和谐"、"民族利益"的口号,力图使人民群众屈服于它的影响,并把人民群众拖进其反动政策的轨道。在1905—1907年俄国第一次革命期间,该党争取波兰王国自治,支持沙皇政府,反对革命。该党在波兰不择手段地打击革命无产阶级,直到告密、实行同盟歇业和进行暗杀。俄国社会民主工党第五次代表大会曾通过一个专门决议,强调必须揭露民族民主党人的反革命黑帮面目。在第一次世界大战时期,该党无条件支持协约国,期望波兰王国同德、奥两国占领的波兰领土合并,在俄罗斯帝国的范围内实现自治。1919年该党参加了波兰联合政府,主张波兰同西方列强结盟,反对苏维埃俄国。——336。

152 这里说的是按民族分设学校,这是"民族文化自治"这一资产阶级民族主义纲领的基本要求。——337。

153 指第四届国家杜马第一次常会结束后的夏季休会。这次休会从1913年6月25日(7月8日)开始,到10月15日(28日)结束。——344。

154 指立宪民主党人。——344。

155 这里是罗得岛,就在这里跳吧! 一语出自伊索寓言中的《说大话的人》。这个说大话的人硬说自己曾在罗得岛跳得很远很远,别人于是用这句话揭穿了他。这句话经常被用来讽刺那些喜欢吹牛撒谎或借故推脱、回避问题的人。——345。

156 拉比是希伯来文 rabbi 的音译,原是犹太人对师长的尊称,后来专指犹太教内负责执行教规、教律和主持宗教仪式的人。——347。

157 《莱比锡人民报》(《Leipziger Volkszeitung»)是德国社会民主党的报纸(日报),1894—1933 年出版。该报最初属于该党左翼,弗·梅林和罗·卢森堡曾多年担任它的编辑。1917—1922 年是德国独立社会民主党的机关报,1922 年以后成为右翼社会民主党人的机关报。——347。

158 这里说的是《现代言论报》。

　　《现代言论报》(《Современное Слово»)是俄国立宪民主党人的报纸(日报),1907 年 9 月—1918 年 8 月 3 日(16 日)在彼得堡出版。——349。

159 《俄国报》(《Россия»)是俄国黑帮报纸(日报),1905 年 11 月—1914 年 4 月在彼得堡出版。从 1906 年起成为内务部的机关报。该报接受由内务大臣掌握的政府秘密基金的资助。——349。

160 指布尔什维克代表格·伊·彼得罗夫斯基在 1913 年 5 月 20 日(6 月 2 日)国家杜马讨论内务部预算时的发言。发言稿是列宁起草的。1913 年 4 月 18 日(5 月 1 日)娜·康·克鲁普斯卡娅在由克拉科夫寄往彼得堡的信中写道:应当竭尽全力全文宣读这篇发言稿,因为它非常重要。发言稿手稿没有找到。——354。

161 指 1913 年 6 月 19—22 日(7 月 2—5 日)在利沃夫举行的全乌克兰大学生第二次代表大会。代表大会安排在伟大的乌克兰作家、学者、社会活动家、革命民主主义者伊万·弗兰科的纪念日举行。俄国的乌克兰大学生代表也参加了代表大会的工作。会上乌克兰社会民主党人德·顿佐夫作了《乌克兰青年和民族的现状》的报告,坚持乌克兰独立这一口号。代表大会不顾旅居俄罗斯的乌克兰社会民主党人的抗议,通过了顿佐夫提出的决议,这一决议形成了乌克兰分离主义者的纲领。
——354。

162　进步人民党是德国资产阶级自由派政党,成立于 1910 年,是由原来的
自由思想党分裂成的两个自由思想派组织(自由思想同盟和自由思想
人民党)合并组成的。——356。

163　见注 87。——357。

164　指《新莱茵报》所载恩格斯《柏林关于革命的辩论》一文(见《马克思恩格
斯全集》第 1 版第 5 卷)。——359。

165　《法兰克福报》(«Frankfurter Zeitung»)是德国交易所经纪人的报纸(日
报),1856—1943 年在美因河畔法兰克福出版。——363。

166　这是列宁起草的关于承认波涛出版社为党中央出版社的协议草案。
　　　波涛出版社是俄国布尔什维克的合法出版社,1912 年 11 月在彼
得堡创办。该社对工人运动的各种问题作出反应,1913 年初在所谓
"保险运动"期间,出版了有关工人社会保险问题的书刊。同年 7 月成
为俄国社会民主工党中央的出版社以后,遵照中央的指示,着重出版有
关社会政治问题和党的问题的宣传鼓动性通俗读物。参加出版社工作
的有安·伊·乌里扬诺娃-叶利扎罗娃、米·斯·奥里明斯基、费·
伊·德拉布金娜等人。波涛出版社于 1913 年 12 月出版了袖珍历书
《1914 年工人手册》,其中载有列宁的《俄国的罢工》一文;1914 年出版
了刊有列宁的文章的《马克思主义和取消主义》文集。第一次世界大战
初期,沙皇政府加紧迫害工人出版事业,波涛出版社被迫停止活动。
1917 年 3 月复业,1918 年并入共产党人出版社。——373。

167　地方官是沙皇俄国农村中管理行政和司法的公职人员,其职权是监督
农民社会管理机关的活动和农民案件的初审。按照 1889 年 7 月 12 日
的法令,地方官由省长从拥有不动产的世袭贵族中任命,并由内务大臣
批准。实行地方官制度是亚历山大三世政府的措施之一,目的在于加
强领地贵族在废除农奴制后的农村中的作用。——376。

168　指 1831 年 11 月 21 日法国里昂丝织工人的起义。里昂丝织工人不堪残酷剥削,在"工作不能生活,毋宁战斗而死"的口号下举行起义,经三天战斗,占领了全市。12 月 3 日,起义被政府军镇压了下去。——382。

169　爱森纳赫派和拉萨尔派是 19 世纪 60 年代和 70 年代初期德国工人运动中的两个派别。

爱森纳赫派是德国社会民主工党的成员。该党是在奥·倍倍尔和威·李卜克内西领导下,于 1869 年在爱森纳赫代表大会上成立的,曾参加第一国际。由于经常接受马克思和恩格斯的指导,爱森纳赫派执行了比较彻底的革命政策,尤其是在德国统一的问题上一贯坚持民主的和无产阶级的道路。

拉萨尔派是全德工人联合会的成员,德国小资产阶级社会主义者斐·拉萨尔的拥护者,主要代表人物是约·巴·冯·施韦泽、威·哈森克莱维尔、威·哈赛尔曼等。全德工人联合会在 1863 年于莱比锡召开的全德工人代表大会上成立;拉萨尔是它的第一任主席,他为联合会制定了纲领和策略基础。拉萨尔派反对暴力革命,认为只要进行议会斗争,争取普选权,就可以把普鲁士君主国家变为"自由的人民国家";主张在国家帮助下建立生产合作社,把资本主义和平地改造为社会主义;支持俾斯麦所奉行的在普鲁士领导下"自上而下"统一德国的政策。马克思和恩格斯曾多次尖锐地批判拉萨尔派的理论、策略和组织原则,指出它是德国工人运动中的机会主义派别。

爱森纳赫派和拉萨尔派于 1875 年在哥达代表大会上合并为统一的德国社会主义工人党。——384。

170　反社会党人非常法(反社会党人法)即《反社会民主党企图危害治安法》,是德国俾斯麦政府从 1878 年 10 月 21 日起实行的镇压工人运动的反动法令。这个法令规定取缔德国社会民主党和一切进步工人组织,查封工人刊物,没收社会主义书报,并可不经法律手续把革命者逮捕和驱逐出境。在反社会党人非常法实施期间,有 1 000 多种书刊被查禁,300 多个工人组织被解散,2 000 多人被监禁和驱逐。在工人运动的压力下,反社会党人非常法于 1890 年 10 月 1 日被废除。——386。

171　《社会民主党人报》(«Der Sozialdemokrat»)是反社会党人法施行期间
　　　德国社会民主党的中央机关报(周报)。主要领导人是威·李卜克内
　　　西。1879 年 9 月—1888 年 9 月在苏黎世出版,1888 年 10 月—1890 年
　　　9 月在伦敦出版。1879 年 9 月—1880 年 1 月格·亨·福尔马尔任编
　　　辑,1881—1890 年爱·伯恩施坦任编辑。该报虽然在初期存在一些缺
　　　点和错误,但在恩格斯持续不断的指导和帮助下,坚持了革命策略,在
　　　聚集和组织德国社会民主党的力量方面起了卓越作用。恩格斯曾称赞
　　　它是德国党的旗帜。反社会党人法废除后,《社会民主党人报》停刊。
　　　——386。

172　指德意志帝国国会社会民主党党团内部在航运补助金问题上发生的分
　　　歧。1884 年底,德国首相奥·俾斯麦为推行殖民掠夺政策,要求帝国
　　　国会批准发给轮船公司补助金,以便开辟通往亚洲东部、澳洲和非洲的
　　　定期航线。以奥·倍倍尔和威·李卜克内西为首的社会民主党党团左
　　　翼反对发放航运补助金,而以伊·奥尔、约·亨·威·狄茨等为首的党
　　　团的右翼多数,在帝国国会就这个问题正式辩论以前,就主张向轮船公
　　　司发放补助金。1885 年 3 月,在帝国国会讨论这个问题时,社会民主
　　　党党团右翼投票赞成开辟通往亚洲东部和澳洲的航线,同时以政府接
　　　受它的一些要求,包括新的船只在德国造船厂建造,作为它同意俾斯麦
　　　提案的条件。只是在帝国国会否决了这一要求后,整个党团才投票反
　　　对政府的提案。党团多数的行为引起了《社会民主党人报》和一些社会
　　　民主党组织的强烈反对。争论极为激烈,几乎造成党的分裂。恩格斯
　　　尖锐地批评了社会民主党党团右翼的机会主义立场(参看《马克思恩格
　　　斯全集》第 1 版第 36 卷第 258—259、259—260、265、289、291、314—
　　　315、321 页)。——387。

173　青年派是德国社会民主党内一个小资产阶级的半无政府主义反对派,
　　　产生于 1890 年。核心成员是一些大学生和年轻的著作家,主要领导人
　　　有麦克斯·席佩耳、布鲁诺·维勒、保尔·康普夫迈耶尔、保尔·恩斯
　　　特等。青年派奉行"左"倾机会主义,否定议会斗争和改良性的立法活

动,反对党的集中制领导,反对党同其他阶级和政党在一定条件下结成联盟。恩格斯同青年派进行了斗争。当青年派机关报《萨克森工人报》企图宣布恩格斯和反对派意见一致的时候,恩格斯给了他们有力回击,指出他们的理论观点是"被歪曲得面目全非的'马克思主义'"(见《马克思恩格斯文集》第 4 卷第 396 页)。1891 年 10 月,德国社会民主党爱尔福特代表大会把青年派的一部分领导人开除出党,从此结束了青年派在党内的活动。——387。

174　伯恩施坦主义是德国社会民主党人爱·伯恩施坦的修正主义思想体系,产生于 19 世纪末 20 世纪初。伯恩施坦的《社会主义的前提和社会民主党的任务》(1899 年)一书是对伯恩施坦主义的全面阐述。伯恩施坦主义在哲学上否定辩证唯物主义和历史唯物主义,用庸俗进化论和诡辩论代替革命的辩证法;在政治经济学上修改马克思主义的剩余价值学说,竭力掩盖帝国主义的矛盾,否认资本主义制度的经济危机和政治危机;在政治上鼓吹阶级合作和资本主义和平长入社会主义,传播改良主义和机会主义思想,反对马克思主义的阶级斗争学说,特别是无产阶级革命和无产阶级专政的学说。伯恩施坦主义得到德国社会民主党右翼和第二国际其他一些政党的支持。在俄国,追随伯恩施坦主义的有合法马克思主义者、经济派等。——387。

175　指奥·倍倍尔在德国社会民主党汉诺威代表大会(1899 年 10 月 9—14日)上就《对党的基本观点和策略的攻击》这一问题和在德累斯顿代表大会(1903 年 9 月 13—20 日)上就《党的策略》和《为资产阶级报刊撰稿》这两个问题发表的讲话。——388。

176　第二次巴尔干战争爆发于 1913 年 6 月 29 日,起因是第一次巴尔干战争中的 4 个战胜国——保加利亚、塞尔维亚、希腊和门的内哥罗——之间争夺领土的纠纷。在第二次巴尔干战争中,塞尔维亚、希腊和罗马尼亚结成同盟对保加利亚作战,门的内哥罗和第一次巴尔干战争中的战败国土耳其也参加了反对保加利亚的战争。保加利亚最终战败,双方于 1913 年 8 月 10 日签订了布加勒斯特和约,保加利亚失去了大片土地。——389。

177 列宁指的是拉萨尔派的一个著名论点:对工人阶级说来,其他一切阶级只是反动的一帮。这一论点已被写入哥达代表大会(1875年5月22—27日)上通过的德国社会主义工人党纲领。马克思在《哥达纲领批判》中批判了这个论点(见《马克思恩格斯文集》第3卷第437—438页)。——391。

178 本文说的是给巴甫洛夫工厂和奥切尔工厂工人分土地的事。这两个工厂都在彼尔姆省奥汉斯克县斯特罗加诺夫伯爵家族彼尔姆长系领地之内。奥切尔工厂的工人和巴甫洛夫工厂的工人分别从1867年和1884年起开始向谢·格·斯特罗加诺夫伯爵请求将份地归他们所有。而政府机关则分别从1890年和1897年起审议奥切尔工厂和巴甫洛夫工厂提出的这一问题。给巴甫洛夫工厂和奥切尔工厂工人分土地的事又分别于1903年和1904年提到参议院。直到1909年参议院才作出给巴甫洛夫工厂工人分土地的决定,对奥切尔工厂和其他工厂也照此办理。1913年参议院又就这两件事通过了几项命令。然而这两个工厂的工人仍然没有得到土地。——392。

179 萨拉兹金的声明是指百万富商、下诺夫哥罗德集市和交易所委员会主席阿·谢·萨拉兹金在该委员会于1913年8月16日(29日)为欢迎大臣会议主席弗·尼·科科夫佐夫前来集市而举行的特别会议上发表的讲话。萨拉兹金在讲话中代表全俄商业界向科科夫佐夫提出请求,认为"迫切需要"按照1905年10月17日沙皇宣言实行根本的政治改革。他还表示,工商业家愿意"积极参加社会自治和国家建设事业"。

　　列宁在《商人萨拉兹金和著作家费·唐·》和《政治上的原则问题》两文(见本卷第432—434页和第443—446页)中也谈到了萨拉兹金的这个讲话。——416。

180 指1913年8月18日(31日)《法学》第33号刊登的雅·别尔曼的《社会法律的和经济的因素对国事犯罪率的影响》一文。

　　《法学》(《Право》)是俄国资产阶级自由派的周报,由弗·马·盖森和Н.И.拉扎列夫斯基编辑,1898年11月8日—1917年10月10日在彼得堡出版。该报主要登载法学问题的学术文章。从1904年秋起,该报也用一些版面登载政论作品,实际上成了解放社的一个合法机关报。

——420。

181　十二月党人是俄国贵族革命家,因领导 1825 年 12 月 14 日(26 日)彼得堡卫戌部队武装起义而得名。在起义前,十二月党人建立了三个秘密团体:1821 年成立的由尼·米·穆拉维约夫领导的、总部设在彼得堡的北方协会;同年在乌克兰第 2 集团军驻防区成立的由帕·伊·佩斯捷利领导的南方协会;1823 年成立的由安·伊·和彼·伊·波里索夫兄弟领导的斯拉夫人联合会。这三个团体的纲领都要求废除农奴制和限制沙皇专制。但是十二月党人试图只以军事政变来实现自己的要求。1825 年 12 月 14 日(26 日),在向新沙皇尼古拉一世宣誓的当天上午,北方协会成员率领约 3 000 名同情十二月党人的士兵开进彼得堡参议院广场。他们计划用武力阻止参议院和国务会议向新沙皇宣誓,并迫使参议员签署告俄国人民的革命宣言,宣布推翻政府、废除农奴制、取消兵役义务、实现公民自由和召开立宪会议。但十二月党人的计划未能实现,因为尼古拉一世还在黎明以前,就使参议院和国务会议举行了宣誓。尼古拉一世并把忠于他的军队调到广场,包围了起义者,下令发射霰弹。当天傍晚起义被镇压了下去。据政府发表的显系缩小了的数字,在参议院广场有 70 多名"叛乱者"被打死。南方协会成员领导的切尔尼戈夫团于 1825 年 12 月 29 日(1826 年 1 月 10 日)在乌克兰举行起义,也于 1826 年 1 月 3 日(15 日)被沙皇军队镇压下去。

　　沙皇政府残酷惩处起义者,十二月党人的著名领导者佩斯捷利、谢·伊·穆拉维约夫-阿波斯托尔、孔·费·雷列耶夫、米·巴·别斯图热夫-留明和彼·格·卡霍夫斯基于 1826 年 7 月 13 日(25 日)被绞死,121 名十二月党人被流放到西伯利亚,数百名军官和 4 000 名士兵被捕并受到惩罚。十二月党人起义对后来的俄国革命运动产生了很大影响。——421。

182　这里说的是爱尔兰自由派资产阶级争取在英帝国范围内实行政治自治的斗争。爱尔兰自治法案曾不止一次提交英国议会讨论,均未获通过。1912 年,在爱尔兰工人运动和民族解放运动高涨的形势下,爱尔兰自治法案第三次提交议会。该法案于 1914 年 9 月 18 日为英国国王批准。——424。

183　《独立报》即《爱尔兰独立报》(《Irish Independent》)是爱尔兰民族主义
者的主要机关报(日报),1891 年起在都柏林出版。——425。

184　《北方真理报》(《Северная Правда》)是俄国布尔什维克党的中央机关
报,1913 年 8 月 1 日(14 日)—9 月 7 日(20 日)代替被沙皇政府查封的
《真理报》在彼得堡出版,共出了 31 号。——432。

185　《柏林每日小报》即《柏林每日小报和商业日报》(《Berliner Tageblatt
und Handelszeitung》),是德国资产阶级报纸,1872 — 1939 年出版。
——433。

186　这里说的是 1913 年 8 月 25 日(9 月 7 日)彼得堡五金工会理事会改选
一事。出席改选大会的约 3 000 人。尽管取消派企图挑动与会者反对
布尔什维克占多数的上届理事会,改选大会仍以绝大多数票通过了对
它的工作表示感谢的决议。在选举中,取消派的候选人名单只得到约
150 张选票。布尔什维克提出的预先登在当天《北方真理报》上的候选
人名单,以压倒多数票被通过。——443。

187　《数字的语言》一文在 1913 年 9 月 8—10 日《我们的道路报》第 13—14
号上刊载时,该报编辑部声明它对文章作了必要的删改。在《列宁全
集》俄文第 5 版第 23 卷中,这篇文章是按照《我们的道路报》的文字刊
印的。由于文章的手稿已经失落,《我们的道路报》编辑部作了哪些删
改未能确定。——451。

188　社会革命党人是俄国最大的小资产阶级政党社会革命党的成员。该党
是 1901 年底—1902 年初由南方社会革命党、社会革命党人联合会、老
民意党人小组、社会主义土地同盟等民粹派团体联合而成的。成立时
的领导人有马·安·纳坦松、叶·康·布列什柯-布列什柯夫斯卡娅、
尼·谢·鲁萨诺夫、维·米·切尔诺夫、米·拉·郭茨、格·安·格尔
舒尼等,正式机关报是《革命俄国报》(1901 — 1904 年)和《俄国革命通
报》杂志(1901 — 1905 年)。社会革命党人的理论观点是民粹主义和修

正主义思想的折中混合物。他们否认无产阶级和农民之间的阶级差别,抹杀农民内部的矛盾,否认无产阶级在资产阶级民主革命中的领导作用。在土地问题上,社会革命党人主张消灭土地私有制,按照平均使用原则将土地交村社支配,发展各种合作社。在策略方面,社会革命党人采用了社会民主党人进行群众性鼓动的方法,但主要斗争方法还是搞个人恐怖。为了进行恐怖活动,该党建立了事实上脱离该党中央的秘密战斗组织。

在1905—1907年俄国第一次革命中,社会革命党曾在农村开展焚烧地主庄园、夺取地主财产的所谓"土地恐怖"运动,并同其他政党一起参加武装起义和游击战,但也曾同资产阶级的解放社签订协议。在国家杜马中,该党动摇于社会民主党和立宪民主党之间。该党内部的不统一造成了1906年的分裂,其右翼和极左翼分别组成了人民社会党和最高纲领派社会革命党人联合会。在斯托雷平反动时期,社会革命党经历了思想上、组织上的严重危机。在第一次世界大战期间,社会革命党的大多数领导人采取了社会沙文主义的立场。1917年二月革命后,社会革命党中央实行妥协主义和阶级调和的政策,党的领导人亚·费·克伦斯基、尼·德·阿夫克森齐耶夫、切尔诺夫等参加了资产阶级临时政府。七月事变时期该党公开转向资产阶级方面。社会革命党中央的妥协政策造成党的分裂,左翼于1917年12月组成了一个独立政党——左派社会革命党。十月革命后,社会革命党人(右派和中派)公开进行反苏维埃的活动,在国内战争时期进行反对苏维埃政权的武装斗争,对共产党和苏维埃政权的领导人实行个人恐怖。内战结束后,他们在"没有共产党人参加的苏维埃"的口号下组织了一系列叛乱。1922年,社会革命党彻底瓦解。——459。

189　《正义报》(«Justice»)是英国一家周报,1884年1月至1925年初在伦敦出版。最初是英国社会民主联盟的机关报,从1911年起成为英国社会党的机关报。第一次世界大战期间,该报采取社会爱国主义立场,由亨·迈·海德门编辑。1925年2月改名为《社会民主党人报》继续出版,1933年12月停刊。——463。

190 《社会民主党人》杂志(《The Social-Democrat》)是英国社会民主党人的刊物,1897—1911年在伦敦出版。——463。

191 这里说的是《火星报》。该报于1902年6月—1903年春在伦敦出版。关于《火星报》,见注106。——465。

192 这里是指《民族问题提纲》(见本卷第329—337页)中的有关各条。下面一些地方提到的提纲,也是指这个提纲。——469。

193 指1899年9月24—29日在布隆召开的奥地利社会民主党代表大会。参看注117。——470。

194 看来是指斯大林撰写《马克思主义和民族问题》一文(见《斯大林全集》第2卷)对民族文化自治作了批判。斯大林的这篇文章,1913年在《启蒙》杂志上发表时,题为《民族问题和社会民主党》。——470。

195 参看列宁作的С.Н.晓戈列夫《乌克兰运动是南俄分离主义的现阶段》一书摘录(见本版全集第59卷第335—349页)。——470。

196 这里是指《民族问题提纲》手稿第13页,这一页上写的是提纲第7条第(2)节(见本卷第332—333页)。——471。

197 参看列宁写的笔记《司徒卢威论"乌克兰主义"》(本版全集第59卷第350—351页)。——472。

人 名 索 引

A

阿恩——见饶尔丹尼亚,诺伊·尼古拉耶维奇。

阿克雪里罗得,帕维尔·波里索维奇(Аксельрод, Павел Борисович 1850—
1928)——俄国孟什维克领袖之一。19 世纪 70 年代是民粹派分子。1883
年参与创建劳动解放社。1900 年起是《火星报》和《曙光》杂志编辑部成
员。这一时期在宣传马克思主义的同时,也在一系列著作中把资产阶级民
主制和西欧社会民主党议会活动理想化。1903 年在俄国社会民主工党第
二次代表大会上是《火星报》编辑部有发言权的代表,属火星派少数派,会
后是孟什维主义的思想家。1905 年提出召开广泛的工人代表大会的取消
主义观点。1906 年在党的第四次(统一)代表大会上代表孟什维克作了关
于国家杜马问题的报告,宣扬无产阶级同资产阶级实行政治合作的机会主
义思想。斯托雷平反动时期和新的革命高涨年代是取消派的思想领袖,参
加孟什维克取消派《社会民主党人呼声报》编辑部。1912 年加入"八月联
盟"。第一次世界大战期间表面上是中派,实际持社会沙文主义立场;曾参
加齐美尔瓦尔德代表会议和昆塔尔代表会议,属于右翼。1917 年二月革
命后任彼得格勒苏维埃执行委员会委员,支持资产阶级临时政府。十月革
命后侨居国外,反对苏维埃政权,鼓吹武装干涉苏维埃俄国。——74。

阿列克辛斯基,格里戈里·阿列克谢耶维奇(Алексинский, Григорий Алек-
сеевич 1879 — 1967)——俄国社会民主党人,后蜕化为反革命分子。
1905—1907 年革命期间是布尔什维克。第二届国家杜马彼得堡工人代
表,社会民主党党团成员,参加了杜马的失业工人救济委员会、粮食委员会
和土地委员会,并就斯托雷平在杜马中宣读的政府宣言,就预算、土地等问
题发了言。作为社会民主党杜马党团代表参加了俄国社会民主工党第五

次(伦敦)代表大会的工作。斯托雷平反动时期是召回派分子、派别性的卡普里党校(意大利)的讲课人和"前进"集团的组织者之一。第一次世界大战期间是社会沙文主义者,曾为多个资产阶级报纸撰稿。1917年加入孟什维克统一派,持反革命立场;七月事变期间伙同特务机关伪造文件诬陷列宁和布尔什维克。1918年逃往国外,投入反动营垒。——71、213、258。

阿姆斯特朗(Armstrong)——英国"阿姆斯特朗—威特沃思"军事工业公司的代表,该公司由威廉·乔治·阿姆斯特朗(1810—1900)创办,存在到1937年。——62。

阿诺德(Arnold)——英国记者。——89、90。

阿斯奎斯(Asquith)——英国首相赫伯特·亨利·阿斯奎斯的夫人。——308。

阿斯特拉汉,И.Д.(Астрахан,И.Д. 1862—1918)——俄国医生,写有一些社会保险和防治外伤等方面的著作。20世纪初起在莫斯科市哈莫夫尼基区纺织厂当医生。1903年是工厂医生协会的创建人之一,曾参与组织1909年和1911年的全俄工厂医生代表大会。——265—266。

埃萨德-帕沙·托普坦尼(Essad Pasha Toptani 1863—1920)——阿尔巴尼亚政治活动家,将军。阿尔巴尼亚宣告独立(1912年11月)后,于1913年10月成立中阿尔巴尼亚政府,总统府设于都拉斯市。——103。

爱尔威,古斯塔夫(Hervé,Gustave 1871—1944)——法国社会党人,政论家和律师。1905—1918年是工人国际法国支部成员。1906年创办《社会战争报》,宣传半无政府主义的反军国主义纲领。1907年在第二国际斯图加特代表大会上坚持这一纲领,提出用罢工和起义来反对一切战争。第一次世界大战期间是社会沙文主义者。俄国十月革命后反对苏维埃国家和布尔什维克党。30年代拥护民族社会主义,主张法国同法西斯德国接近。——237。

安德列·弗拉基米罗维奇(Андрей Владимирович)——俄国大公。——282。

安德鲁(Andrew)——英国法官。——88、90。

安东诺夫(Антонов)——185。

安娜——89、90。

奥博连斯基,弗拉基米尔·安德列耶维奇(Оболенский, Владимир Андреевич

1869—1950)——俄国公爵,大地主,立宪民主党的积极活动家。曾为右翼立宪民主党的《俄国思想》杂志和进步党机关报《俄国评论报》撰稿。1917年为立宪民主党中央委员。——284。

B

巴达耶夫,阿列克谢·叶戈罗维奇(Бадаев, Алексей Егорович 1883—1951)——1904年加入俄国社会民主工党,在彼得堡做党的工作。第四届国家杜马彼得堡省工人代表,参加布尔什维克杜马党团,同时在杜马外做了大量的革命工作,是中央委员会俄国局成员,为布尔什维克的《真理报》撰稿,出席了有党的工作者参加的俄国社会民主工党中央委员会克拉科夫会议和波罗宁会议。因进行反对帝国主义战争的革命活动,1914年11月被捕,1915年流放图鲁汉斯克边疆区。1917年二月革命后从流放地回来,在彼得格勒参加布尔什维克组织的工作,是十月武装起义的参加者。十月革命后在党、苏维埃和经济部门担任领导工作。在党的第十四至第十八次代表大会上当选为中央委员。1938—1943年任俄罗斯联邦最高苏维埃主席团主席和苏联最高苏维埃主席团副主席。——300。

巴拉绍夫,彼得·尼古拉耶维奇(Балашов, Петр Николаевич 1871—1927年以后)——俄国大地主,1900—1909年是波多利斯克省布拉茨拉夫县的贵族代表。第三届和第四届国家杜马波多利斯克省代表,在第四届杜马中是俄国民族主义者和温和右派的领袖。曾任全俄民族联盟主席。——40。

巴钦斯基,Ю.(Бачинский, Ю. 生于1870年)——加利西亚社会民主党人,资产阶级民族主义的民族文化自治论的拥护者。第一次世界大战期间加入资产阶级民族主义组织"乌克兰解放协会",该组织企图借助奥地利君主国来实现"独立"的乌克兰的口号。1918年是加利西亚乌克兰民族拉达的成员,1919年为该拉达驻美国大使。——472。

班顿,奥尔德曼·乔治(Banton, Olderman George 1856—1932)——英国独立工党的积极活动家。曾任莱斯特市市政管理局委员和市长。1922—1924年为议会议员。——361。

鲍威尔,奥托(Bauer, Otto 1882—1938)——奥地利社会民主党和第二国际领袖之一,"奥地利马克思主义"理论家。同卡·伦纳一起提出资产阶级民族主义的民族文化自治论。1907年起任社会民主党议会党团秘书,同年参与创办党的理论刊物《斗争》杂志。1912年起任党中央机关报《工人报》编辑。第一次世界大战期间应征入伍,在俄国前线被俘。俄国1917年二月革命后在彼得格勒,同年9月回国。敌视俄国十月革命。1918年11月—1919年7月任奥地利共和国外交部长,赞成德奥合并。1920年在维也纳出版反布尔什维主义的《布尔什维主义还是社会民主主义?》一书。1920年起为国民议会议员。第二半国际和社会主义工人国际的组织者和领袖之一。曾参与制定和推行奥地利社会民主党的机会主义路线,使奥地利工人阶级的革命斗争遭受严重损失。晚年修正了自己的某些改良主义观点。——216、217、333、471、473。

倍倍尔,奥古斯特(Bebel,August 1840—1913)——德国工人运动和国际工人运动活动家,德国社会民主党和第二国际的创建人和领袖之一,马克思和恩格斯的朋友和战友;旋工出身。19世纪60年代前半期开始参加政治活动,1867年当选为德国工人协会联合会主席,1868年该联合会加入第一国际。1869年与威·李卜克内西共同创建了德国社会民主工党(爱森纳赫派),该党于1875年与拉萨尔派合并为德国社会主义工人党,后又改名为德国社会民主党。多次当选国会议员,利用国会讲坛揭露帝国政府反动的内外政策。1870—1871年普法战争期间持国际主义立场,在国会中投票反对军事拨款,支持巴黎公社,为此曾被捕和被控叛国,断断续续在狱中度过近六年时间。在反社会党人非常法施行时期,领导了党的地下活动和议会活动。90年代和20世纪初同党内的改良主义和修正主义进行斗争,反对伯恩施坦及其拥护者对马克思主义理论的歪曲和庸俗化。是出色的政论家和演说家,对德国和欧洲工人运动的发展有很大影响。马克思和恩格斯高度评价了他的活动。——135、382—388。

本尼格森,Э.П.(Беннигсен,Э.П.生于1875年)——俄国伯爵,地主,十月党人。曾任县贵族代表、诺夫哥罗德省旧俄县地方自治局和诺夫哥罗德省地方自治局议员和彼得堡市杜马议员。第三届和第四届国家杜马诺夫哥罗德省代表。——40。

彼得罗夫斯基,格里戈里·伊万诺维奇(Петровский,Григорий Иванович 1878—1958)——1897年参加俄国社会民主主义运动。俄国第一次革命期间是叶卡捷琳诺斯拉夫工人运动的领导人之一。第四届国家杜马叶卡捷琳诺斯拉夫省工人代表,布尔什维克杜马党团主席。1912 年被增补为党中央委员。因进行反对帝国主义战争的革命活动,1914 年 11 月被捕,1915 年流放图鲁汉斯克边疆区,在流放地继续进行革命工作。积极参加十月革命。1917—1919 年任俄罗斯联邦内务人民委员,1919—1938 年任全乌克兰中央执行委员会主席。1922—1937 年为苏联中央执行委员会主席之一,1937—1938 年任苏联最高苏维埃主席团副主席。在党的第十至第十七次代表大会上当选为中央委员,1926—1939 年为中央政治局候补委员。1940 年起任国家革命博物馆副馆长。——56、354。

彼舍霍诺夫,阿列克谢·瓦西里耶维奇(Пешехонов, Алексей Васильевич 1867—1933)——俄国社会活动家和政论家。19 世纪 90 年代为自由主义民粹派分子。《俄国财富》杂志撰稿人,1904 年起为该杂志编委;曾为自由派资产阶级的《解放》杂志和社会革命党的《革命俄国报》撰稿。1903—1905 年为解放社成员。小资产阶级政党"人民社会党"的组织者(1906)和领袖之一,该党同劳动派合并后(1917 年 6 月),参加劳动人民社会党中央委员会。1917 年二月革命后任彼得格勒工兵代表苏维埃执行委员会委员,同年 5—8 月任临时政府粮食部长,后任预备议会副主席。十月革命后反对苏维埃政权,参加了反革命组织"俄罗斯复兴会"。1922 年被驱逐出境,成为白俄流亡分子。——80、82。

俾斯麦,奥托·爱德华·莱奥波德(Bismarck, Otto Eduard Leopold 1815—1898)——普鲁士和德国国务活动家和外交家。普鲁士容克的代表。曾任驻彼得堡大使(1859—1862)和驻巴黎大使(1862),普鲁士首相(1862—1872、1873—1890),北德意志联邦首相(1867—1871)和德意志帝国首相(1871—1890)。1870 年发动普法战争,1871 年支持法国资产阶级镇压巴黎公社。主张在普鲁士领导下"自上而下"统一德国。曾采取一系列内政措施,捍卫容克和大资产阶级的联盟。1878 年颁布反社会党人非常法。由于内外政策遭受挫折,于 1890 年 3 月去职。——15、84、236、239、260、261—262、341、385。

别德内依,杰米扬(普里德沃罗夫,叶菲姆·阿列克谢耶维奇)(Бедный, Демьян(Придворов, Ефим Алексеевич)1883—1945)——苏联诗人,社会

主义现实主义诗歌的开创者之一。1912年加入俄国社会民主工党。1911年起先后为布尔什维克的《明星报》和《真理报》撰稿。他的诗歌和寓言充满了反对资本主义制度及其维护者的斗争精神。外国武装干涉和国内战争时期,在前线用诗歌进行鼓动工作。卫国战争时期在《真理报》上发表充满爱国主义精神的诗作。——115。

波别多诺斯采夫,康斯坦丁·彼得罗维奇(Победоносцев, Константин Петрович 1827—1907)——俄国国务活动家。1860—1865年任莫斯科大学法学教授。1868年起为参议员,1872年起为国务会议成员,1880—1905年任俄国正教会最高管理机构——正教院总监。给亚历山大三世和尼古拉二世讲授过法律知识。一贯敌视革命运动,反对资产阶级改革,维护极权专制制度,排斥西欧文化,是1881年4月29日巩固专制制度宣言的起草人。80年代末势力减弱,沙皇1905年10月17日宣言颁布后引退。——56、270。

波格丹诺夫(**马林诺夫斯基**),亚历山大·亚历山德罗维奇(Богданов (Малиновский), Александр Александрович 1873—1928)——俄国社会民主党人,哲学家,社会学家,经济学家;职业是医生。19世纪90年代参加社会民主主义小组。1903年成为布尔什维克。在党的第三、第四和第五次代表大会上被选入中央委员会。曾参加布尔什维克机关报《前进报》和《无产者报》编辑部,是布尔什维克《新生活报》的编辑。在对待布尔什维克参加第三届国家杜马的问题上持抵制派立场。1908年是反对布尔什维克在合法组织里工作的最高纲领派的领袖。斯托雷平反动时期和新的革命高涨年代背离布尔什维主义,领导召回派,是"前进"集团的领袖。在哲学上宣扬经验一元论。1909年6月因进行派别活动被开除出党。第一次世界大战期间持国际主义立场。十月革命后是共产主义科学院院士,在莫斯科大学讲授经济学。1918年是无产阶级文化派的思想家。1921年起从事老年医学和血液学的研究。1926年起任由他创建的输血研究所所长。主要著作有《经济学简明教程》(1897)、《经验一元论》(第1—3卷,1904—1906)、《生动经验的哲学》(1913)、《关于社会意识的科学》(1914)、《普遍的组织起来的科学(组织形态学)》(1913—1922)。——257—259。

波克罗夫斯基,米哈伊尔·尼古拉耶维奇(多莫夫)(Покровский, Михаил

Николаевич(Домов)1868—1932）——1905 年加入俄国社会民主工党，历史学家。曾参加 1905—1907 年革命，任党的莫斯科委员会委员。1907 年在党的第五次（伦敦）代表大会上当选为候补中央委员。1908—1917 年侨居国外。斯托雷平反动时期参加召回派和最后通牒派，后加入"前进"集团，1911 年与之决裂。第一次世界大战期间持国际主义立场，从事布尔什维克书刊的出版工作，曾编辑出版列宁的《帝国主义是资本主义的最高阶段》一书。1917 年 8 月回国，参加了莫斯科武装起义，是莫斯科河南岸区革命司令部的成员。1917 年 11 月—1918 年 3 月任莫斯科苏维埃主席。布列斯特和约谈判期间是第一个苏俄代表团的成员，一度持"左派共产主义者"立场。1918 年 5 月起任俄罗斯联邦副教育人民委员。1923—1927年积极参加反对托洛茨基主义的斗争。在不同年代曾兼任共产主义科学院、共产主义科学院历史研究所、红色教授学院、中央国家档案馆、马克思主义历史学家协会等单位的领导人。1929 年起为科学院院士。1930 年起为党中央监察委员会委员。多次当选为全俄中央执行委员会和苏联中央执行委员会委员。写有《俄国古代史》（五卷本，1910—1913)、《俄国文化史概论》（上下册，1915—1918)、《俄国历史概要》（上下册，1920)等著作。——258。

波利亚科夫(Поляков）——282。

波利亚科夫，索洛蒙·李沃维奇（利托夫采夫，索·）（Поляков, Соломон Львович(Литовцев, С.)1875—1945）——俄国作家和新闻工作者。曾为立宪民主党的《言语报》、《俄罗斯言论报》和《现代言论报》撰稿。十月革命后侨居国外，积极参加白俄流亡分子的报刊工作。——12、14—15。

波特列索夫，亚历山大·尼古拉耶维奇（Потресов, Александр Николаевич 1869—1934）——俄国孟什维克领袖之一。19 世纪 90 年代初参加马克思主义小组。1896 年加入彼得堡工人阶级解放斗争协会，后被捕，1898 年流放维亚特卡省。1900 年出国，参与创办《火星报》和《曙光》杂志。在俄国社会民主工党第二次代表大会上是《火星报》编辑部有发言权的代表，属火星派少数派，会后是孟什维克刊物的主要撰稿人和领导人。斯托雷平反动时期和新的革命高涨年代是取消派思想家，在《复兴》杂志和《我们的曙光》杂志中起领导作用。第一次世界大战期间是社会沙文主义者。1917 年在反布尔什维克的资产阶级《日报》中起领导作用。十月革命后侨居国外,为克伦斯基的《白日》周刊撰稿,攻击苏维埃政权。——72、73、154、229—230、316、340。

伯恩施坦,爱德华(Bernstein,Eduard 1850—1932)——德国社会民主党和第二国际右翼领袖之一,修正主义的代表人物。1872年加入社会民主党,曾是欧·杜林的信徒。1879年和卡·赫希柏格、卡·施拉姆在苏黎世发表《德国社会主义运动的回顾》一文,指责党的革命策略,主张放弃革命斗争,适应俾斯麦制度,受到马克思和恩格斯的严厉批评。1881—1890年任党的中央机关报《社会民主党人报》编辑。从90年代中期起完全同马克思主义决裂。1896—1898年以《社会主义问题》为题在《新时代》杂志上发表一组文章,1899年发表《社会主义的前提和社会民主党的任务》一书,从经济、政治和哲学方面对马克思主义的理论和策略作了全面的修正。1902年起为国会议员。第一次世界大战期间持中派立场。1917年参加德国独立社会民主党,1919年公开转到右派方面。1918年十一月革命失败后出任艾伯特——谢德曼政府的财政部长助理。——387、433。

布尔茹瓦,莱昂,维克多·奥古斯特(Bourgeois,Léon Victor Auguste 1851—1925)——法国政治活动家,激进派领袖之一。1888年被选入议会,1895—1896年领导法国政府,1902—1904年任众议院议长。1905年起为参议员。历任多届内阁的部长。1919年起为法国驻国际联盟代表团领导人。——238。

布—金,И.——见布拉金,И.。

布拉金,И.(布—金,И.)(Брагин,И.(Б—Н,И.))——代表俄国大工商业资产阶级利益的《工商业》杂志撰稿人(1913)。——380。

C

策杰尔包姆,谢尔盖·奥西波维奇(叶若夫,弗·)(Цедербаум,Сергей Осипович(Ежов,В.)1879—1939)——1898年参加俄国社会民主主义运动,在彼得堡工人旗帜社工作。后被捕,在警察公开监视下被逐往波尔塔瓦。曾担任从国外运送《火星报》的工作。1904年秋侨居国外,加入孟什维克。1905年4月参加了在日内瓦召开的孟什维克代表会议。不久回国,在孟什维克彼得堡组织中工作,1906 年编辑孟什维克合法报纸《信使报》。斯托雷平反动时期和新的革命高涨年代是取消派分子,参加孟什维克取消派报刊的工作,是取消派彼得堡"发起小组"的领袖之一。第一次世界大战期间是护国派分子。1917 年为孟什维克的《前进报》撰稿。十月革命后脱离政治活动。——73、340。

查苏利奇,维拉・伊万诺夫娜(Засулич, Вера Ивановна 1849—1919)——俄国民粹主义运动和社会民主主义运动活动家。1868 年在彼得堡参加革命小组。1878 年 1 月 24 日开枪打伤下令鞭打在押革命学生的彼得堡市长费・费・特列波夫。1879 年加入土地平分社。1880 年侨居国外,逐步同民粹主义决裂,转到马克思主义立场。1883 年参与创建劳动解放社。80—90 年代翻译了马克思的《哲学的贫困》和恩格斯的《社会主义从空想到科学的发展》,写了《国际工人协会史纲要》等著作;为劳动解放社的出版物以及《新言论》和《科学评论》等杂志撰稿,发表过一系列文艺批评文章。1900 年起是《火星报》和《曙光》杂志编辑部成员。在俄国社会民主工党第二次代表大会上是《火星报》编辑部有发言权的代表,属火星派少数派,会后成为孟什维克领袖之一,参加孟什维克的《火星报》编辑部。1905 年回国。斯托雷平反动时期和新的革命高涨年代是取消派分子。第一次世界大战期间是社会沙文主义者。1917 年是孟什维克统一派分子。对十月革命持否定态度。——75。

车尔尼雪夫斯基,尼古拉・加甫里洛维奇(Чернышевский, Николай Гаврилович 1828—1889)——俄国革命民主主义者和空想社会主义者,作家,文学评论家,经济学家,哲学家;俄国社会民主主义先驱之一,俄国 19 世纪 60 年代革命运动的领袖。1853 年开始为《祖国纪事》和《同时代人》等杂志撰稿,1856—1862 年是《同时代人》杂志的领导人之一,发扬别林斯基的民主主义批判传统,宣传农民革命思想,是土地和自由社的思想鼓舞者。因揭露 1861 年农民改革的骗局,号召人民起义,于 1862 年被沙皇政府逮捕,入狱两年,后被送到西伯利亚服苦役。1883 年解除流放,1889 年被允许回家乡居住。著述很多,涉及哲学、经济学、教育学、美学、伦理学等领域。在哲学上批判了贝克莱、康德、黑格尔等人的唯心主义观点,力图以唯物主义精神改造黑格尔的辩证法。对资本主义作了深刻的批判,认为社会主义是由整个人类发展进程所决定的,但作为空想社会主义者,又认为俄国有可能通过农民村社过渡到社会主义。所著长篇小说《怎么办?》(1863)和《序幕》(约 1867—1869)表达了社会主义理想,产生了巨大的革命影响。——16、142。

D

丹斯基,Б.Г.(科马罗夫斯基,康斯坦丁·安东诺维奇;X)(Данский,Б.Г.(Комаровский,Константин Антонович,X)生于 1883 年)——1901 年加入波兰社会党,1911 年加入俄国社会民主工党。曾为《明星报》和《真理报》撰稿。1913—1914 年任《保险问题》杂志编辑。1917 年任革命军事委员会军事检查院政治委员。十月革命后主管《真理报》的一个专栏,在国营萨哈林石油瓦斯工业托拉斯工作。1923—1926 年任《保险问题》杂志主编,后在苏联驻维也纳全权代表处工作。——374。

狄慈根,约瑟夫(Dietzgen,Joseph 1828—1888)——德国社会民主党人,哲学家,制革工人。曾参加 1848 年革命,革命失败后流亡国外。漂泊美国和欧洲 20 年,一面做工,一面从事哲学研究。1869 年回到德国,结识了前来德国访友的马克思,积极参加德国社会民主党的工作。1884 年再度去美国,曾主编北美社会主义工人党机关报《社会主义者报》。在哲学上独立地得出了辩证唯物主义的结论,尖锐地批判了哲学唯心主义和庸俗唯物主义,捍卫了认识论中的唯物主义反映论,同时也夸大人类知识的相对性,把物质和意识混为一谈。主要著作有《人脑活动的实质》(1869)、《一个社会主义者在认识论领域中的漫游》(1887)、《哲学的成果》(1887)等。1919 年在斯图加特出版了《狄慈根全集》(共三卷)。——151—154。

迪蒙,沙尔·埃米尔·艾蒂安(Dumont,Charles Émile Étienne 生于 1867年)——法国政治活动家,激进社会党人。1912 年任公共工程部长,1913年和 1930 年任财政部长,1931—1932 年任海军部长。1924 年起为参议员。——238。

蒂利特,本杰明(本)(Tillet,Benjamin(Ben)1860—1943)——英国工人运动活动家。1887—1922 年任由他自己创建的港口工人工会总书记,多次大罢工的组织者。独立工党创建人之一。第一次世界大战期间是社会沙文

主义者。1917 年和 1929 年两度被选进英国议会。1921—1931 年为工联
代表大会总理事会理事,1928—1929 年任主席。——441。

杜勃罗留波夫,尼古拉·亚历山德罗维奇(Добролюбов, Николай Алексан-
дрович 1836—1861)——俄国革命民主主义者,文学评论家,唯物主义哲
学家,车尔尼雪夫斯基最亲密的朋友和战友。1857 年参加《同时代人》杂
志的编辑工作,1858 年开始主持杂志的书评栏,1859 年又创办了杂志附刊
《哨声》。1859—1860 年发表了一系列论文:《什么是奥勃洛摩夫性格?》、
《黑暗的王国》、《真正的白天什么时候到来?》、《黑暗王国的一线光明》等,
这些论文是战斗的文学批评的典范。一生坚决反对专制制度和农奴制度,
热情支持反对专制政府的人民起义。与赫尔岑、别林斯基和车尔尼雪夫斯
基同为俄国社会民主主义的先驱。——142。

杜林,欧根·卡尔(Dühring, Eugen Karl 1833—1921)——德国哲学家和经济
学家。毕业于柏林大学,当过见习法官,1863—1877 年为柏林大学非公聘
讲师。70 年代起以"社会主义改革家"自居,反对马克思主义,企图创立新
的理论体系。在哲学上把唯心主义、庸俗唯物主义和实证论混合在一起;
在政治经济学方面反对马克思的劳动价值学说和剩余价值学说;在社会主
义理论方面以资产阶级改良主义精神阐述自己的社会主义体系,反对科学
社会主义。他的思想得到部分德国社会民主党人的支持。恩格斯在《反杜
林论》一书中系统地批判了他的观点。主要著作有《国民经济学和社会主
义批判史》(1871)、《国民经济学和社会经济学教程》(1873)、《哲学教程》
(1875)等。——386。

顿佐夫,德米特里(Донцов, Дмитрий 生于 1883 年)——乌克兰社会民主工党
党员,利沃夫的《道路报》和在莫斯科出版的《乌克兰生活》杂志撰稿人。第
一次世界大战期间参与组建资产阶级民族主义组织"乌克兰解放协会",该
组织企图依靠奥地利君主国的帮助来实现"独立自主的乌克兰"的口号。
十月革命后为流亡分子。——354—355。

多勃罗谢尔多夫,К.(Добросердов, К.)——《国家杜马和国民教育》一文(载
于 1912 年 5 月 22 日布尔什维克《涅瓦明星报》第 6 号)的作者。——116。

多莫夫——见波克罗夫斯基,米哈伊尔·尼古拉耶维奇。

E

恩·——见列宁，弗拉基米尔·伊里奇。

恩格斯，弗里德里希（Engels，Friedrich 1820——1895）——科学共产主义创始
　　人之一，世界无产阶级的领袖和导师，马克思的亲密战友。——1、42、152、
　　154、384、386。

尔·马·——见马尔托夫，尔·。

尔·谢·——见柯尔佐夫，德·。

F

菲列纳——见菲林，爱德华·阿伯特。

菲林，爱德华·阿伯特（Filene，Edward Albert 1860——1937）——美国大资本
　　家，工商业家，国际商会代表大会副主席。——363——364。

费·唐·——见唐恩，费多尔·伊里奇。

费尔巴哈，路德维希·安德列亚斯（Feuerbach，Ludwig Andreas 1804——
　　1872）——德国唯物主义哲学家和无神论者，德国古典哲学代表人物之一，
　　德国资产阶级最激进的民主主义阶层的思想家。1828 年起在埃朗根大学
　　任教。在自己的第一部著作《关于死和不死的思想》（1830）中反对基督教
　　关于灵魂不死的教义；该书被没收，本人遭迫害，并被学校解聘。1836 年
　　移居布鲁克贝格村（图林根），在农村生活了近 25 年。在从事哲学活动的
　　初期是唯心主义者，属于青年黑格尔派。到 30 年代末摆脱了唯心主义；在
　　《黑格尔哲学批判》（1839）和《基督教的本质》（1841）这两部著作中，割断了
　　与黑格尔主义的联系，转向唯物主义立场。主要功绩是在唯心主义长期统
　　治德国哲学之后，恢复了唯物主义的权威。肯定自然界是客观存在的，不
　　以人的意识为转移；人是自然的产物，人能认识物质世界和客观规律。费
　　尔巴哈的唯物主义是马克思主义哲学的理论来源之一。但他的唯物主义
　　是形而上学的和直观的，是以人本主义的形式出现的，历史观仍然是唯心
　　主义的；把人仅仅看做是一种脱离历史和社会关系而存在的生物，不了解
　　实践在认识和社会发展过程中的作用。晚年关心社会主义文献，读过马克
　　思的《资本论》，并于 1870 年加入德国社会民主党。在马克思《关于费尔巴

哈的提纲》和恩格斯《路德维希·费尔巴哈和德国古典哲学的终结》中对费尔巴哈的哲学作了全面的分析。——42。

芬德利,诺埃尔(Findley,Noell)——英军上校。——308。

福尔马尔,格奥尔格·亨利希(Vollmar,Georg Heinrich 1850—1922)——德国社会民主党机会主义派领袖之一,新闻工作者。早年是激进的民主主义者。1876年加入社会民主党,1879—1880年任党的中央机关报《社会民主党人报》编辑。1881年起多次当选帝国国会议员和巴伐利亚邦议会议员。反社会党人非常法废除后,很快转为右倾,提出一系列改良主义主张,建议把党的活动局限在争取改良的斗争上,主张同资产阶级合作,同政府妥协,反对阶级斗争尖锐化,鼓吹“国家社会主义”的优越性,号召社会民主党同自由派联合;在制定党的土地纲领时,维护小土地占有者的利益。第一次世界大战期间是社会沙文主义者。晚年不再从事政治活动。——387、433。

弗·伊·——见列宁,弗拉基米尔·伊里奇。

弗拉索夫,A.(Власов,A.)——1913年5月14日孟什维克取消派的《光线报》第109号上刊载的《论组织问题》一文的作者。——79、178—179。

弗兰克,路德维希(Frank,Ludwig 1874—1914)——德国社会民主党人,社会沙文主义者;职业是律师。1907年起为帝国国会议员。1910年在德国社会民主党马格德堡代表大会上投票赞成军事拨款。第一次世界大战爆发后以志愿兵身份入伍,死于前线。——263—264。

弗里奇(Fritsch)——德军少校。——308。

福克斯(Fox)——90。

G

格·拉·——见列维茨基,弗拉基米尔·奥西波维奇。

格尔曼(Герман)——俄国工人。——187—188。

格莱斯顿,威廉·尤尔特(Gladstone,William Ewart 1809—1898)——英国国务活动家,自由党领袖。1843—1845年任商业大臣,1845—1847年任殖民大臣,1852—1855年和1859—1866年任财政大臣,1868—1874年、1880—1885年、1886年和1892—1894年任内阁首相。用政治上的蛊惑宣传和表面上的改革来笼络居民中的小资产阶级阶层和工人阶级上层分子。推行殖民扩张政策。对爱尔兰的民族解放运动采取暴力镇压政策,同时也作一些细微的让步。——177。

格雷森,阿伯特,维克多(Grayson,Albert Victor 生于1882年)——英国社会党人,新闻工作者。1907年被选入议会,加入议会中的工人党团。1911年参与创建英国社会党,任该党执行委员会委员。——155。

格伦康纳(Glenconner)——308。

格罗特,尼古拉·雅柯夫列维奇(Грот,Николай Яковлевич 1852—1899)——俄国唯心主义哲学家,心理学家。1876年起任涅任历史语文学院哲学教授,1883—1886年任敖德萨新罗西斯克大学哲学教授,1886年起任莫斯科大学哲学教授。莫斯科心理学会主席,《哲学和心理学问题》杂志的创办人和第一任编辑(1889年起)。写有一些哲学和心理学著作。——366。

格罗伊利希,海尔曼(Greulich,Hermann 1842—1925)——瑞士社会民主党创建人之一,该党右翼领袖,第二国际改良派领袖之一。原为德国装订工人,1865年侨居苏黎世。1867年起为国际瑞士支部委员。1869—1880年在苏黎世编辑《哨兵报》。1887—1925年任瑞士工人联合会书记。曾任瑞士社会民主党执行委员会委员。1902年起为联邦议会议员,1919年和1922年任瑞士国民院议长。第一次世界大战期间是社会沙文主义者,反对齐美尔瓦尔德左派。后来反对瑞士社会民主党左翼加入共产国际。——135。

格特纳(Gärtner)——奥地利交通部官员,国际反卖淫协会会员。——347。

古契柯夫,亚历山大·伊万诺维奇(Гучков,Александр Иванович 1862—1936)——俄国大资本家,十月党的组织者和领袖。1905—1907年革命期间支持政府镇压工农。1907年5月作为工商界代表被选入国务会议,同年11月被选入第三届国家杜马;1910年3月—1911年3月任杜马主席。第一次世界大战期间是中央军事工业委员会主席和国防特别会议成员。1917年3—5月任临时政府陆海军部长。同年8月参与策划科尔尼洛夫叛乱。十月革命后反对苏维埃政权,1918年起为白俄流亡分子。——40、56。

古容,尤利·彼得罗维奇(Гужон,Юлий Петрович 1854 或 1858—1918)——
俄国大企业家,法国人。20世纪初起任莫斯科五金工厂股份公司董事长
(到 1917 年年中)、工商业委员会莫斯科分会会员、法国互助协会会员、莫
斯科工业区厂主协会主席(1907—1917)、工商界代表大会委员会委员。
——200。

古什卡——见叶尔曼斯基,阿尔卡季耶维奇。

H

哈第,詹姆斯·基尔(Hardie,James Keir 1856—1915)——英国工人运动活
动家,改良主义者,独立工党领袖和创建人之一;职业是矿工。从 19 世纪
70 年代起参加工会运动。1887 年出版《矿工》杂志(后改名为《工人领
袖》)。1888 年创建苏格兰工党,1893 年创建独立工党。1892 年作为"独
立的"工人候选人被选入议会,执行同资产阶级政党代表妥协的政策。第
一次世界大战初期持中派立场,后公开倒向社会沙文主义者。——360。

哈特莱,爱德华(Hartley,Edward 1855—1918)——英国工人运动活动家。
原为社会民主联盟执行委员会委员、独立工党党员,后为社会党党员。
——361—362。

海德门,亨利·迈尔斯(Hyndman,Henry Mayers 1842—1921)——英国社会
党人。1881 年创建民主联盟(1884 年改组为社会民主联盟),担任领导职
务,直至 1892 年。曾同法国可能派一起夺取 1889 年巴黎国际工人代表大
会的领导权,但未能得逞。1900—1910 年是社会党国际局成员。1911 年
参与创建英国社会党,领导该党机会主义派。第一次世界大战期间是社会
沙文主义者。1916 年英国社会党代表大会谴责他的社会沙文主义立场
后,退出社会党。敌视俄国十月革命,赞成武装干涉苏维埃俄国。——
155—156、465。

赫尔岑,亚历山大·伊万诺维奇(Герцен,Александр Иванович 1812—
1870)——俄国革命民主主义者,作家和哲学家。在十二月党人的影响下
走上革命道路。1829—1833 年在莫斯科大学求学期间领导革命小组。
1834 年被捕,度过六年流放生活。1842 年起是莫斯科西欧主义者左翼的
领袖,写有《科学中华而不实的作风》(1842—1843)、《自然研究通信》

(1844—1845)等哲学著作和一些抨击农奴制度的小说。1847年流亡国外。欧洲1848年革命失败后,对欧洲革命失望,创立"俄国社会主义"理论,成为民粹主义创始人之一。1853年在伦敦建立自由俄国印刷所,印发革命传单和小册子,1855年开始出版《北极星》文集,1857—1867年与尼·普·奥格辽夫出版《钟声》杂志,揭露沙皇专制制度,进行革命宣传。在1861年农民改革的准备阶段曾一度摇摆。1861年起坚定地站到革命民主主义方面,协助建立土地和自由社。晚年关注第一国际的活动。列宁在《纪念赫尔岑》(1912)一文中评价了他在俄国解放运动史上的作用。——421。

赫沃斯托夫,阿列克谢·尼古拉耶维奇(Хвостов, Алексей Николаевич 1872—1918)——俄国大地主。曾任莫斯科专区法院副检察官、图拉省副省长和沃洛格达省省长,1910—1912年任下诺夫哥罗德省省长。因发表黑帮演说而臭名远扬。第四届国家杜马奥廖尔省代表,杜马中右派党团领袖之一。1915—1916年任内务大臣和宪兵团名誉团长。1918年9月根据人民委员会的决定被枪决。——34。

赫希柏格,卡尔(Höchberg, Karl 1853—1885)——德国著作家,社会改良主义者。1876年加入社会民主党,曾出版《未来》(1877—1878)、《社会科学和社会政治年鉴》(1879—1881)和《政治经济研究》(1879—1882)等杂志。反社会党人非常法通过后,在《社会科学和社会政治年鉴》上发表了同施拉姆和伯恩施坦合写的《德国社会主义运动的回顾》一文,指责党的革命策略,号召工人阶级同资产阶级结盟并依附于资产阶级,认为"工人阶级没有能力依靠自己的双手获得解放"。这些机会主义观点受到马克思和恩格斯的严厉批评。——386。

黑格尔,乔治·威廉·弗里德里希(Hegel, Georg Wilhelm Friedrich 1770—1831)——德国哲学家,客观唯心主义者,德国古典哲学的主要代表。1801—1807年任耶拿大学哲学讲师和教授。1808—1816年任纽伦堡中学校长。1816—1817年任海德堡大学哲学教授。1818年起任柏林大学哲学教授。黑格尔哲学是18世纪末至19世纪初德国唯心主义哲学的最高发展。他根据唯心主义的思维与存在同一的基本原则,建立了客观唯心主义的哲学体系,并创立了唯心主义辩证法的理论。认为在自然界和人类出现以前存在着绝对精神,客观世界是绝对精神、绝对观念的产物;绝对精神在其发展中经历了逻辑阶段、自然阶段和精神阶段,最终回复到了它自身;整个自然的、历史的和精神的世界都处于不断的运动、变化和发展中,矛盾是运动、变化的核心。黑格尔哲学的特点是辩证方法同形而上学体系之间的深刻矛盾。他的唯心主义辩证法是马克思主义哲学的理论来源之一。在社会政治观点上是保守的,是立宪君主制的维护者。主要著作有《精神现象学》(1807)、《逻辑学》(1812—1816)、《哲学全书》(1817)、《法哲学原理》(1821)、《哲学史讲演录》(1833—1836)、《历史哲学讲演录》(1837)、《美学讲演录》(1836—1838)等。——42。

J

基尔·哈第——见哈第·詹姆斯·基尔。

季莫什金,Ф.Ф.(Тимошкин,Ф.Ф.生于 1872 年)——俄国富裕农民兼商人,第三届国家杜马外高加索俄罗斯居民代表。在杜马中参加右派党团,发表过黑帮性质的演说。——79。

K

卡森,爱德华·亨利(Carson,Edward Henry 1854—1935)——英国政治活动家,保守党人,勋爵,爱尔兰自治的疯狂反对者。为了反对爱尔兰民族解放运动,1912 年在阿尔斯特(爱尔兰北部)组织了主张英格兰和爱尔兰合并的"统一派"的黑帮武装集团。1915 年任英国海军大臣,1917—1918 年任不管部大臣。1921 年起不再积极参加政治活动。——426。

卡索,列夫·阿里斯季多维奇(Kacco,Лев Аристидович 1865—1914)——俄国大地主,先后任哈尔科夫大学和莫斯科大学民法教授。1910—1914 年任国民教育大臣。推行极端反动的政策,禁止学生集会和结社,残酷迫害革命学生和进步教授,阻挠开办新大学,在中小学取消家长委员会、实行校外监督、由检查机关直接委任教师等。——110、111。

卡特柯夫,米哈伊尔·尼基福罗维奇(Катков,Михаил Никифорович 1818—1887)——俄国地主,政论家。开始政治活动时是温和的贵族自由派的拥护者。1851—1855 年编辑《莫斯科新闻》,1856—1887 年出版《俄罗斯通报》杂志。60 年代初转入反动营垒,1863—1887 年编辑和出版《莫斯科新闻》,该报从 1863 年起成了君主派反动势力的喉舌。自称是"专制制度的忠实警犬",他的名字已成为最无耻的反动势力的通称。——56、270。

康德,伊曼努尔(Kant, Immanuel 1724—1804)——德国哲学家,德国古典唯心主义哲学奠基人。1755—1770 年任柯尼斯堡大学讲师,1770—1796 年任该校教授。1770 年以前致力于研究自然科学,发表了《自然通史和天体论》(1755)一书,提出了关于太阳系起源的星云说。1770 年以后致力于"批判地"研究人的认识以及这种认识的方式和界限,发表了《纯粹理性批判》(1781)、《实践理性批判》(1788)、《判断力批判》(1790),分别阐述他的认识论、伦理学、美学等观点。康德哲学的基本特点是调和唯物主义和唯心主义。它承认在意识之外独立存在的物,即"自在之物",认为"自在之物"是感觉的源泉,但又认为"自在之物"是不可知的,是超乎经验之外的,是人的认识能力所不可能达到的"彼岸的"东西,人只能认识自己头脑里固有的先验的东西。——152。

考茨基,卡尔(Kautsky, Karl 1854—1938)——德国社会民主党和第二国际的领袖和主要理论家之一。1875 年加入奥地利社会民主党,1877 年加入德国社会民主党。1881 年与马克思和恩格斯相识后,在他们的影响下逐渐转向马克思主义。从 19 世纪 80 年代到 20 世纪初写过一些宣传和解释马克思主义的著作:《卡尔·马克思的经济学说》(1887)、《土地问题》(1899)等。但在这个时期已表现出向机会主义方面摇摆,在批判伯恩施坦时作了很多让步。1883—1917 年任德国社会民主党理论刊物《新时代》杂志主编。曾参与起草 1891 年德国社会民主党纲领(爱尔福特纲领)。1910 年以后逐渐转到机会主义立场,成为中派领袖。第一次世界大战前夕提出超帝国主义论,大战期间打着中派旗号支持帝国主义战争。1917 年参与建立德国独立社会民主党,1922 年拥护该党右翼与德国社会民主党合并。1918 年后发表《无产阶级专政》等书,攻击俄国十月革命,反对无产阶级专政。——216、334、370、473。

考夫曼,亚历山大·阿尔卡季耶奇(Кауфман, Александр Аркадьевич 1864—1919)——俄国经济学家和统计学家,立宪民主党的组织者和领袖之一。1887—1906 年在农业和国家产业部供职。曾参与制定立宪民主党的土地改革法案,积极为《俄罗斯新闻》撰稿。列宁在使用考夫曼的某些统计著作的同时,对他宣扬农民和地主之间的阶级和平给予了尖锐批评。十月革命后在中央统计机关工作。著有《西伯利亚的农民村社》(1897)、《移民与垦殖》(1905)等书。——146。

科尔布，威廉(Kolb，Wilhelm 1870—1918)——德国社会民主党人，机会主义者和修正主义者，《人民之友报》编辑。第一次世界大战期间是社会沙文主义者。——433。

科尔夫(Корф)——282。

科科夫佐夫，弗拉基米尔·尼古拉耶维奇(Коковцов，Владимир Николаевич 1853—1943)——俄国国务活动家，伯爵。1904—1914 年(略有间断)任财政大臣，1911—1914 年兼任大臣会议主席。第一次世界大战期间是大银行家。十月革命后为白俄流亡分子。——110、111、173、174、186。

科马罗夫，阿列克谢·伊万诺维奇(Комаров，Алексей Иванович)——俄国林业部门的官员，曾在西伯利亚工作多年，任森林检查官和林务官。1908—1910 年在自由派资产阶级的《新俄罗斯报》上发表一系列文章，对移民工作的组织提出批评。退休后，于 1913 年出版了这些文章的单行本《移民工作的真相》。——122—127、276—279。

科索夫斯基，弗拉基米尔(**列文松，М.Я.**)(Косовский，Владимир(Левинсон，**М.Я.**)1870—1941)——崩得创建人和领袖之一。19 世纪 90 年代中期加入维尔诺社会民主主义小组，1897 年参加崩得成立大会，被选入崩得中央委员会，任崩得中央机关报《工人呼声报》主编。1903 年在俄国社会民主工党第二次代表大会上是崩得国外委员会的代表，反火星派分子，会后成为孟什维克。斯托雷平反动时期和新的革命高涨年代为孟什维克取消派刊物《我们的曙光》杂志和《光线报》撰稿。第一次世界大战期间是社会沙文主义者，采取亲德立场。敌视十月革命，革命后侨居国外，在波兰的崩得组织中工作。1939 年移居美国。——84、106、154、231—233、335。

科辛斯基，В.А.(Косинский，В.А.生于 1866 年)——俄国民粹派农业经济学家。1904—1909 年任敖德萨新俄罗斯大学教授，后任基辅工学院教授。1918 年在乌克兰统领斯科罗帕茨基的反革命政府中任劳动部副部长，后移居国外。著有论述土地问题的著作。——458—459。

科兹米内赫-拉宁，И.М.(Козьминых-Ланин，И.М.生于 1874 年)——俄国机械工程师。1913—1914 年是莫斯科省的工厂视察员，后来在莫斯科的一些大学任教。写有一些关于莫斯科省劳动统计方面的著作。——451、454。

克勒佐——见施奈德。

克里沃舍因,亚历山大·瓦西里耶维奇(Кривошеин, Александр Васильевич 1857—1921)——俄国官吏。1905—1906 年任土地规划和农业管理总署副署长,1908—1915 年任署长;1906—1908 年任副财政大臣,贵族银行和农民银行行长。1906 年起为国务会议成员。积极推行斯托雷平的土地政策。十月革命后是反革命的所谓"正义中心"的组织者之一。1920 年在克里木领导弗兰格尔的白卫政府。弗兰格尔军队被击溃后逃亡国外。——123、276。

克列孟梭,若尔日(Clemenceau, Georges 1841—1929)——法国国务活动家。第二帝国时期属左翼共和派。1871 年巴黎公社时期任巴黎第十八区区长,力求使公社战士与凡尔赛分子和解。1876 年起为众议员,80 年代初成为激进派领袖,1902 年起为参议员。1906 年 3—10 月任内务部长,1906 年 10 月—1909 年 7 月任总理。维护大资产阶级利益,镇压工人运动和民主运动。第一次世界大战期间是沙文主义者。1917—1920 年再度任总理,在国内建立军事专制制度,积极策划和鼓吹经济封锁和武装干涉苏维埃俄国。1919—1920 年主持巴黎和会,参与炮制凡尔赛和约。1920 年竞选总统失败后退出政界。——238。

克柳热夫,И.С.(Клюжев, И.С. 1856—1922)——俄国房产主,十月党人。曾任萨马拉县和萨马拉市的国民学校督学,县和省地方自治机关议员和市杜马议员。第二届国家杜马萨马拉市代表,第三届和第四届国家杜马萨马拉省代表。——114—117。

克虏伯家族(Krupp)——德国最大的军火工业垄断资本家家族,领导德国主要军火库之一的军火钢铁康采恩。该康采恩是由弗里德里希·克虏伯(1787—1826)于 1811 年开办的克虏伯铸钢厂发展而成的。靠军火生产发家,曾积极参与准备第一次和第二次世界大战,在战争中获得巨额利润。——62。

克鲁平斯基,帕维尔·尼古拉耶维奇(Крупенский, Павел Николаевич 生于1863 年)——俄国大地主,第二届、第三届和第四届国家杜马比萨拉比亚省代表,霍京的贵族代表。在第三届国家杜马中是民族主义者政党的创建人之一,在第四届国家杜马中是中派领袖之一。在杜马中参加土地委员会、预算委员会、陆海军事务委员会和管理委员会。1910—1917年为宫廷高级侍从官。十月革命后曾协助俄国南部的外国武装干涉活动。——40。

孔布，茹斯坦·路易·埃米尔（Combes，Justin Louis Émile 1835—1921）——法国国务活动家，激进党人。1894—1895年任参议院副议长，1895—1896年任教育部长，1902年6月—1905年1月任法国政府首脑。孔布政府采取了某些反对教权主义的措施，如拟定政教分离的法案，取缔某些天主教僧团，禁止宗教团体在教育领域进行活动等。他的反教权主义政策导致法国同梵蒂冈断绝外交关系（1904）。在资产阶级右派集团的压力下被迫辞职。1915—1916年在白里安内阁任不管部部长。——433。

库格曼，路德维希（Kugelmann，Ludwig 1828—1902）——德国社会民主主义者，医生，马克思和恩格斯的朋友。曾参加德国1848—1849年革命。1865年起为第一国际会员，是国际洛桑代表大会（1867）和海牙代表大会（1872）的代表。曾协助马克思出版和传播《资本论》。1862—1874年间经常和马克思通信，反映德国情况。马克思给库格曼的信1902年第一次发表于德国《新时代》杂志，1907年被译成俄文出版，并附有列宁的序言。——151。

库斯柯娃，叶卡捷琳娜·德米特里耶夫娜（Кускова，Екатерина Дмитриевна 1869—1958）——俄国社会活动家和政论家，经济派代表人物。19世纪90年代中期在国外接触马克思主义，与劳动解放社关系密切，但在伯恩施坦主义影响下，很快走上修正马克思主义的道路。1899年所写的经济派的纲领性文件《信条》，受到以列宁为首的一批俄国马克思主义者的严厉批判。1905—1907年革命前夕加入自由派的解放社。1906年参与出版半立宪民主党、半孟什维克的《无题》周刊，为左派立宪民主党人的《同志报》撰稿。呼吁工人放弃革命斗争，力图使工人运动服从自由派资产阶级的政治领导。十月革命后反对苏维埃政权。1921年进入全俄赈济饥民委员会，同委员会中其他反苏维埃成员利用该组织进行反革命活动。1922年被驱逐出境。——86。

奎尔奇，哈里（Quelch，Harry 1858—1913）——英国工人运动和国际工人运动活动家，英国社会民主联盟及在其基础上成立的英国社会党的创建人和领导人之一；职业是排字工人。1886年起编辑联盟的机关报《正义报》和

《社会民主党人》月刊。积极参加工会运动,在工人群众中宣传马克思主义。第二国际多次代表大会的代表;社会党国际局成员。1902—1903年列宁的《火星报》在伦敦出版期间,积极协助报纸的印行工作。见本卷《哈里·奎尔奇》一文。——156、463—465。

L

拉法格,弗朗索瓦(Lafargue,François 死于 1870/1871 年)——法军上校。——308。

拉金,迈克尔(Larkin,Meikle 1834—1867)——爱尔兰民族解放运动著名活动家,芬尼社社员,该社曾准备发动反对英国统治的武装起义。在试图营救解往监狱的两位芬尼社领导人时被捕,在曼彻斯特被处死。——426。

拉金,詹姆斯(Larkin,James 1876—1947)——爱尔兰工人运动活动家,工联领导人之一。1909年是爱尔兰运输工人和非熟练工人工会的组织者之一。曾领导1911年港口工人罢工和1913年都柏林总罢工。1914—1923年住在美国,1919年因参加工人运动被判处五年监禁。回到爱尔兰后,组织了左派的爱尔兰工人联合会,该联合会曾一度加入红色工会国际。1924年加入英国共产党。20年代末脱离革命工人运动,继续参加工联活动。1937—1947年为爱尔兰议会议员。——425、426—427、428。

拉林,尤·(**卢里叶,米哈伊尔·亚历山德罗维奇**)(Ларин,Ю.(Лурье,Михаил Александрович)1882—1932)——1900年参加俄国社会民主主义运动,在敖德萨和辛菲罗波尔工作。1904年起为孟什维克。1905年是俄国社会民主工党彼得堡孟什维克委员会委员。1906年进入党的统一的彼得堡委员会;是党的第四次(统一)代表大会有表决权的代表。维护孟什维克的土地地方公有化纲领,支持召开"工人代表大会"的取消主义思想。党的第五次(伦敦)代表大会谢尔塔瓦组织的代表。斯托雷平反动时期和新的革命高涨年代是取消派领袖之一,参加了"八月联盟"。第一次世界大战期间是中派分子。1917年二月革命后领导出版《国际》杂志的孟什维克国际主义派。1917年8月加入布尔什维克党。在彼得格勒参加十月武装起义。十月革命后主张成立孟什维克和社会革命党人参加的联合政府。在苏维埃和经济部门工作,曾任最高国民经济委员会主席团委员、国家计划委员会主席团委员等职。1920—1921年工会问题争论期间先后支持布哈林和托洛茨基的纲领。——84、340。

拉姆赛，威廉（Ramsay，William 1852—1916）——英国化学家和物理学家。1880年起任布里斯托尔大学教授，1887年起任伦敦大学教授，是彼得堡科学院名誉院士。先后发现氩（与约·雷利合作）、氦、氖、氙、氪（与莫·特拉弗斯合作）等元素，并确定了它们在元素周期表中的位置。曾发明从煤层中直接取得煤气的方法。主要著作有《化学体系》（1891）、《大气中的各种气体》（1896）、《现代化学》（1901）、《传记性的和化学的论文集》（1908）等。——93、94。

拉萨尔，斐迪南（Lassalle，Ferdinand 1825—1864）——德国工人运动活动家，小资产阶级社会主义者，德国工人运动中的机会主义——拉萨尔主义的代表人物。积极参加德国1848年革命。曾与马克思和恩格斯有过通信联系。1863年5月参与创建全德工人联合会，并当选为联合会主席。在联合会中推行拉萨尔主义，把德国工人运动引上了机会主义道路。宣传超阶级的国家观点，主张通过争取普选权和建立由国家资助的工人生产合作社来解放工人。曾同俾斯麦勾结并支持在普鲁士领导下"自上而下"统一德国的政策。在哲学上是唯心主义者和折中主义者。——383、384—385。

拉维斯泰因，威廉·万（万拉维斯泰因）（Ravesteijn，Willem van（Van-Ravesteijn）生于1876年）——荷兰社会党人。1900年加入荷兰社会民主工党，属该党左翼，是左翼机关报《论坛报》创办人（1907）和编辑之一。1909年与论坛派的其他人一起被开除出党，后参与创建革命的社会民主党。1918年加入荷兰共产党。后脱离共产主义运动，1926年被开除出共产党。——160。

劳合—乔治，戴维（Lloyd George，David 1863—1945）——英国国务活动家和外交家，自由党领袖。1890年起为议员。1905—1908年任商业大臣，1908—1915年任财政大臣。对英国政府策划第一次世界大战的政策有很大影响。曾提倡实行社会保险等措施，企图利用谎言和许诺来阻止工人阶级建立革命政党。1916—1922年任首相，残酷镇压殖民地和附属国的民族解放运动；是武装干涉和封锁苏维埃俄国的鼓吹者和策划者之一。曾参加1919年巴黎和会，是凡尔赛和约的炮制者之一。——433。

李卜克内西,威廉(Liebknecht, Wilhelm 1826—1900)——德国工人运动和国
际工人运动活动家,德国社会民主党的创建人和领袖之一,马克思和恩格
斯的朋友和战友。积极参加德国 1848 年革命,革命失败后流亡国外,在国
外结识马克思和恩格斯,接受了科学共产主义思想。1850 年加入共产主
义者同盟。1862 年回国。第一国际成立后,成为国际的革命思想的热心
宣传者和国际的德国支部的组织者之一。1868 年起任《民主周报》编辑。
1869 年与倍倍尔共同创建了德国社会民主工党(爱森纳赫派),任党的中
央机关报《人民国家报》编辑。1875 年积极促成爱森纳赫派和拉萨尔派的
合并。在反社会党人非常法施行期间与倍倍尔一起领导党的地下工作和
斗争。1890 年起任党的中央机关报《前进报》主编,直至逝世。1867 —
1870 年为北德意志联邦国会议员,1874 年起多次被选为德意志帝国国会
议员,利用议会讲坛揭露普鲁士容克反动的内外政策。因革命活动屡遭监
禁。是第二国际的组织者之一。——230、384、385、386—387。

李嘉图,大卫(Ricardo, David 1772—1823)——英国经济学家,资产阶级古典
政治经济学最著名的代表人物。早年从事证券交易所活动,后致力于学术
研究。1819 年被选为下院议员。在资产阶级反对封建残余的斗争中维护
资产阶级的利益,坚持自由竞争原则,要求消除妨碍资本主义生产发展的
一切限制。在经济理论上发展了亚当·斯密的价值论,对商品价值决定于
生产商品所耗费的劳动时间的原理作了比较透彻的阐述与发展,奠定了劳
动价值学说的基础,并在这一基础上着重论证了资本主义的分配问题,发
现了工人、资本家、土地所有者之间经济利益上的对立,从而初步揭示了阶
级矛盾和阶级斗争的经济根源。但是由于资产阶级立场、观点、方法的限
制,把资本主义生产方式看做是永恒的唯一合理的生产方式,在理论上留
下了不少破绽和错误,为后来的庸俗政治经济学所利用。主要著作有《政
治经济学和赋税原理》(1817)、《论对农业的保护》(1822)等。——46。

李沃夫,尼古拉·尼古拉耶维奇(Львов, Николай Николаевич 1867 —
1944)——俄国大地主,地方自治运动活动家。1893—1900 年是萨拉托夫
省的贵族代表,1899 年起任该省地方自治局主席。1904—1905 年地方自
治人士代表大会的参加者,解放社的创建人之一。1906 年为立宪民主党
中央委员,但因在土地问题上与立宪民主党人有意见分歧而退党,后为和

平革新党的组织者之一。第一届、第三届和第四届国家杜马代表。在第三届和第四届杜马中是进步派领袖之一,1913年任杜马副主席。1917年为地主同盟的领导成员。国内战争时期在白卫军中当新闻记者,后为白俄流亡分子。——327。

里亚布申斯基,帕维尔·巴甫洛维奇(Рябушинский,Павел Павлович 1871—1924)——俄国莫斯科大银行家和企业主,反革命首领之一。曾积极参与创建资产阶级的进步党,出版反映大资产阶级利益的《俄国晨报》。1917年8月扬言要以饥饿手段窒息革命,是科尔尼洛夫叛乱的策划者和领导人之一。十月革命后逃亡法国,继续进行反对苏维埃俄国的活动。——94、200、400。

利奇库斯,Л.Г.(Личкус,Л.Г.1858—1926)——俄国医生,彼得堡玛丽亚产院院长。1923年起任彼得格勒医学院教授。——265。

利托夫采夫,索·——见波利亚夫,索洛蒙·李沃维奇。

利亚多夫(**曼德尔施塔姆**),马尔丁·尼古拉耶维奇(Лядов(Мандельштам),Мартын Николаевич 1872—1947)——1891年参加俄国民粹派小组。1893年参与创建莫斯科工人协会。1895年被捕,1897年流放上扬斯克,为期五年。从流放地返回后在萨拉托夫工作。在俄国社会民主工党第二次代表大会上是萨拉托夫委员会的代表,属火星派多数派;会后是党中央代办员。1904年8月参加了在日内瓦举行的22个布尔什维克的会议,被选入多数派委员会常务局。是布尔什维克出席第二国际阿姆斯特丹代表大会的代表和俄国社会民主工党第三次代表大会有发言权的代表。积极参加1905—1907年革命,为党的莫斯科委员会委员。斯托雷平反动时期是召回派分子,卡普里党校(意大利)的讲课人,加入"前进"集团(1911年退出)。1917年二月革命后任巴库工兵代表苏维埃副主席,持孟什维克立场。1920年重新加入俄共(布),在最高国民经济委员会工作。1923年起先后任斯维尔德洛夫共产主义大学校长,科学机构、博物馆及艺术科学部门总管理局局长,十月革命档案馆馆长,列宁研究院和党史委员会学术委员会委员等职。写有党史方面的著作。——258。

列宁,弗拉基米尔·伊里奇(**乌里扬诺夫,弗拉基米尔·伊里奇;恩·;弗·伊·;一个读者;伊林,弗·;N N**)(Ленин,Владимир Ильич(Ульянов,

Владимир Ильич，Н.，В.И.，Читатель，Ильин，В.，N N）1870—1924）——
13、55、58、69—70、72—73、77、80—81、95、146、186、187—189、242、246—
248、257—259、290—291、326、465。

列维茨基（**策杰尔包姆**），弗拉基米尔·奥西波维奇（格·拉·）（Левицкий
（Цедербаум），Владимир Осипович（Г.Р.）生于 1883 年）——俄国社会民主
党人，孟什维克。19 世纪 90 年代末参加革命运动，在德文斯克崩得组织
中工作。1906 年初是俄国社会民主工党统一的彼得堡委员会委员；彼得
堡组织出席党的第四次（统一）代表大会的代表。在第二届国家杜马选举
期间主张同立宪民主党结盟。斯托雷平反动时期和新的革命高涨年代是
取消派领袖之一；加入孟什维克中央，在关于取消党的"公开信"上签了名；
编辑《我们的曙光》杂志并为《社会民主党人呼声报》、《复兴》杂志以及孟什
维克取消派的其他定期报刊撰稿。炮制了"不是领导权，而是阶级的政党"
的"著名"公式。第一次世界大战期间是社会沙文主义者，支持护国派极右
翼集团。敌视十月革命，反对苏维埃政权。1920 年因"战术中心"案受审。
后从事写作。——73、435、437、438。

柳茨，路德维希·戈特利博维奇（Люц，Людвиг Готлибович 生于 1880
年）——俄国地主，十月党人，辛菲罗波尔专区法院副检察官。第二届、第
三届和第四届国家杜马赫尔松省代表，在第四届杜马中任质询委员会副主
席和会议委员会主席。——60。

卢那察尔斯基，阿纳托利·瓦西里耶维奇（Луначарский，Анатолий Василь-
евич 1875—1933）——19 世纪 90 年代初参加俄国社会民主主义运动。俄
国社会民主工党第二次代表大会后是布尔什维克。曾先后参加布尔什维
克的《前进报》、《无产者报》和《新生活报》编辑部。代表《前进报》编辑部出
席了党的第三次代表大会，受列宁委托，在会上作了关于武装起义问题的
报告。党的第四次（统一）代表大会和第五次（伦敦）代表大会的参加者，布
尔什维克出席第二国际斯图加特代表大会（1907）和哥本哈根代表大会
（1910）的代表。斯托雷平反动时期脱离布尔什维克，参加"前进"集团；在
哲学上宣扬造神说和马赫主义。第一次世界大战期间持国际主义立场。
1917 年二月革命后参加区联派，在俄国社会民主工党（布）第六次代表大
会上随区联派集体加入布尔什维克党。十月革命后到 1929 年任教育人民

委员，以后任苏联中央执行委员会学术委员会主席。1930年起为苏联科
学院院士。在艺术和文学方面著述很多。——258。

卢森堡，罗莎（Luxemburg，Rosa 1871—1919）——德国、波兰和国际工人运
　　动活动家，德国社会民主党和第二国际左翼领袖和理论家之一，德国共产
　　党创建人之一。生于波兰。19世纪80年代后半期开始革命活动，1893年
　　参与创建和领导波兰王国社会民主党，为党的领袖之一。1898年移居德
　　国，积极参加德国社会民主党的活动，反对伯恩施坦主义和米勒兰主义。
　　曾参加俄国第一次革命（在华沙）。1907年参加俄国社会民主工党第五次
　　（伦敦）代表大会，在会上支持布尔什维克。斯托雷平反动时期和新的革命
　　高涨年代对取消派采取调和态度。1912年波兰王国和立陶宛社会民主党
　　分裂后，曾谴责最接近布尔什维克的所谓分裂派。第一次世界大战期间持
　　国际主义立场，是建立国际派（后改称斯巴达克派和斯巴达克联盟）的发起
　　人之一。参加领导了德国1918年十一月革命，同年底参与领导德国共产
　　党成立大会，作了党纲报告。1919年1月柏林工人斗争被镇压后，于15
　　日被捕，当天惨遭杀害。主要著作有《社会改良还是革命》（1899）、《俄国社
　　会民主党的组织问题》（1904）、《资本积累》（1913）等。——370。

鲁巴金，尼古拉·亚历山德罗维奇（Рубакин，Николай Александрович 1862—
　　1946）——俄国图书学家和作家。参加过秘密的学生组织，曾被捕。1907
　　年起侨居瑞士，直到去世。写有许多图书简介和俄国图书事业史方面的著
　　作以及地理和自然科学等方面的科普论文集。介绍图书的主要著作是《书
　　林概述》（1906）。列宁在国外见过鲁巴金，并使用过他的藏书。鲁巴金后
　　来把自己珍贵的藏书（约8万册）遗赠给苏联。——268。

伦敦德里，查理·斯图亚特（Londonderry，Charles Stewart 1852—1915）——
　　英国政治活动家，保守党人，侯爵。1886—1889年任爱尔兰总督，1902—
　　1905年领导教育部。是上院爱尔兰自治法案的反对派领袖。——426。

伦纳，卡尔（施普林格）（Renner，Karl（Springer）1870—1950）——奥地利政治
　　活动家，奥地利社会民主党右翼领袖，"奥地利马克思主义"理论家。同
　　奥·鲍威尔一起提出资产阶级民族主义的民族文化自治论。1907年起为
　　社会民主党议员，同年参与创办党的理论刊物《斗争》杂志并任编辑。第一
　　次世界大战期间是社会沙文主义者。1918—1920年任奥地利共和国总

理,赞成德奥合并。1931—1933 年任国民议会议长。1945 年出任临时政府总理,同年 12 月当选为奥地利共和国总统,直至 1950 年 12 月去世。——58、333、473。

罗,安德鲁·博纳(Law, Andrew Bonar 1858—1923)——英国政治活动家,保守党领袖之一。反对爱尔兰自治法案。1915—1916 年任殖民大臣,1916—1918 年任财政大臣,1919 年起任掌玺大臣。曾参加巴黎和会,是协约国最高会议成员。1922—1923 年任首相。——426。

罗将柯,米哈伊尔·弗拉基米罗维奇(Родзянко, Михаил Владимирович 1859—1924)——俄国大地主,十月党领袖之一,君主派分子。20 世纪初曾任叶卡捷琳诺斯拉夫省地方自治局主席。1911—1917 年先后任第三届和第四届国家杜马主席,支持沙皇政府的反动政策。1917 年二月革命期间力图保持君主制度,组织并领导了国家杜马临时委员会,后参与策划科尔尼洛夫叛乱。十月革命后投靠科尔尼洛夫和邓尼金,企图联合一切反革命势力颠覆苏维埃政权。1920 年起为白俄流亡分子。——40、171。

罗曼诺夫王朝(Романовы)——俄国皇室(1613—1917)。——310、316、321。

罗特施坦,费多尔·阿罗诺维奇(Ротштейн, Федор Аронович 1871—1953)——1901 年加入俄国社会民主工党。1890 年侨居英国,积极参加英国工人运动。1895—1911 年是英国社会民主联盟(1907 年改组为社会民主党)成员。曾为英、俄、德、美等国的马克思主义报刊撰稿。1911 年英国社会党成立后,是该党左翼领袖之一。第一次世界大战期间,在与社会沙文主义者分裂的问题上一度采取中派立场。1918—1920 年是以"从俄国滚出去!"为口号的英国群众运动的领导人之一。1920 年参与创建英国共产党,同年回到俄国。1921—1922 年为俄罗斯联邦驻波斯全权代表,1923—1930 年任外交人民委员部部务委员。积极参加苏联高等教育的建设和苏联科学的发展工作,1924—1925 年任世界经济和世界政治研究所所长。1939 年起为苏联科学院院士。写有工人运动史、殖民政策史和国际关系史等方面的著作。——89。

洛克菲勒家族(Rockefellers)——美国最大的金融寡头家族,始祖是约翰·戴维森·洛克菲勒(1839—1937)。老洛克菲勒于 1870 年创办美孚油公司,垄断了美国的石油工业。洛克菲勒家族是美国主要金融工业垄断集团之一,曾控制美国大通银行、纽约花旗银行等大银行,拥有许多大工业企业,对美国的内外政策有重大影响。——94。

M

马尔丁诺夫,亚历山大(**皮凯尔,亚历山大·萨莫伊洛维奇**)(Мартынов,Александр(Пиккер, Александр Самойлович)1865—1935)——俄国经济派领袖之一,孟什维克著名活动家,后为共产党员。19世纪80年代初参加民意党人小组,1886年被捕,流放东西伯利亚十年;流放期间成为社会民主党人。1900年侨居国外,参加经济派的《工人事业》杂志编辑部,反对列宁的《火星报》。在俄国社会民主工党第二次代表大会上是国外俄国社会民主党人联合会的代表,反火星派分子,会后成为孟什维克。1907年作为叶卡捷琳诺斯拉夫组织的代表参加了党的第五次(伦敦)代表大会的工作,在代表大会上当选为中央委员。斯托雷平反动时期和新的革命高涨年代是取消分子,参加取消派的机关报《社会民主党人呼声报》编辑部。第一次世界大战期间持中派立场。1917年二月革命后为孟什维克国际主义者。十月革命后脱离孟什维克。1918—1922年在乌克兰当教员。1923年加入俄共(布),在马克思恩格斯研究院工作。1924年起任《共产国际》杂志编委。——73。

马尔柯夫,尼古拉·叶夫根尼耶维奇(马尔柯夫第二)(Марков,Николай Евгеньевич(Марков 2-й)生于1876年)——俄国大地主,反动的政治活动家,黑帮组织"俄罗斯人民同盟"和"米迦勒天使长同盟"领袖之一。第三届和第四届国家杜马代表,杜马中极右翼领袖之一。十月革命后为白俄流亡分子。——33—34、173、182、185—186、314、343、398。

马尔柯夫第二——见马尔柯夫,尼古拉·叶夫根尼耶维奇。

马尔托夫,尔·(**策杰尔包姆,尤利·奥西波维奇**;尔·马·;**叶戈罗夫,阿·**)(Мартов,Л.(Цедербаум,Юлий Осипович,Л. М.,Егоров,А.)1873—1923)——俄国孟什维克领袖之一。1895年参与组织彼得堡工人阶级解放斗争协会。1896年被捕并流放图鲁汉斯克三年。1900年参与创办《火星报》,为该报编辑部成员。在俄国社会民主工党第二次代表大会上是《火星报》组织的代表,领导机会主义少数派,反对列宁的建党原则;从那时起成为孟什维克中央机关的领导成员和孟什维克报刊的编辑。曾参加党的第五次(伦敦)代表大会的工作。斯托雷平反动时期和新的革命高涨年代是取消派分子,编辑《社会民主党人呼声报》,参与组织"八月联盟"。第一次世界大战期间是中派分子,参加齐美尔瓦尔德代表会议和昆塔尔代表会议。曾参加孟什维克组织委员会国外书记处,为书记处编辑机关刊物。1917 年二月革命后领导孟什维克国际主义派。十月革命后反对镇压反革命和解散立宪会议。1919 年当选为全俄中央执行委员会委员,1919—1920 年为莫斯科苏维埃代表。1920 年 9 月侨居德国。参与组织第二半国际,在柏林创办和编辑孟什维克杂志《社会主义通报》。—— 73、138、290—291、340、370—371。

马克拉柯夫,尼古拉·阿列克谢耶维奇(Маклаков, Николай Алексеевич 1871—1918)——俄国地主,右派立宪民主党人,黑帮分子;瓦·阿·马克拉柯夫的弟弟。1900—1909 年在财政部任职,1909—1912 年任切尔尼戈夫省省长,1913—1915 年任内务大臣,1915 年起为国务会议成员。——111、391、393。

马克拉柯夫,瓦西里·阿列克谢耶维奇(Маклаков, Василий Алексеевич 1870—1957)——俄国立宪民主党领袖之一,地主。1895 年起为律师,曾为多起政治诉讼案出庭辩护。1906 年起为立宪民主党中央委员。第二届、第三届和第四届国家杜马代表。1917 年二月革命后任国家杜马临时委员会驻司法部委员;支持帕·尼·米留可夫,主张把帝国主义战争进行到"最后胜利"。同年 7 月起任临时政府驻法国大使。十月革命后为白俄流亡分子。——260—261、262。

马克思,卡尔(Marx, Karl 1818—1883)——科学共产主义的创始人,世界无产阶级的领袖和导师。—— 1、3、32、41—48、151—152、154、248、251、268、359、364、384、386、436。

马林诺夫斯基,罗曼·瓦茨拉沃维奇(Малиновский, Роман Вацлавович 1876—1918)——俄国社会民主主义运动中的奸细,莫斯科保安处密探;职业是五金工人。1906 年出于个人动机参加工人运动,后来混入俄国社会民主工党;曾任工人委员会委员和五金工会理事会书记。1907 年起主动向警察局提供情报,1910 年被录用为沙皇保安机关密探。在党内曾担

任多种重要职务,1912年在党的第六次(布拉格)全国代表会议上当选为
中央委员。在保安机关暗中支持下,当选为第四届国家杜马莫斯科省工人
选民团的代表,1913年任布尔什维克杜马党团主席。1914年辞去杜马职
务,到了国外。1917年6月,他同保安机关的关系被揭穿。1918年回国,
被捕后由全俄中央执行委员会最高法庭判处枪决。——8。

马塞,路易·弗兰克·阿尔弗勒德·皮埃尔(Massé, Louis Frank Alfred
　　Pierre 生于1870年)——法国政治活动家,激进社会党人。曾任商业部
　　长、众议院副议长。——238。

马斯洛夫,彼得·巴甫洛维奇(Маслов, Петр Павлович 1867—1946)——俄
　　国经济学家,社会民主党人。写有一些土地问题著作,修正马克思主义政
　　治经济学原理。曾为《生活》、《开端》和《科学评论》等杂志撰稿。俄国社会
　　民主工党第二次代表大会后是孟什维克;曾提出孟什维克的土地地方公有
　　化纲领。在俄国社会民主工党第四次(统一)代表大会上代表孟什维克作
　　了关于土地问题的报告,被选入中央机关报编辑部。斯托雷平反动时期和
　　新的革命高涨年代是取消派分子。第一次世界大战期间是社会沙文主义
　　者。十月革命后脱离政治活动,从事教学和科研工作,研究社会主义政治
　　经济学问题。1929年起为苏联科学院院士。——154。

马耶夫斯基,叶夫根尼(**古托夫斯基,维肯季·阿尼采托维奇**)(Маевский,
　　Евгений(Гутовский, Викентий Аницетович) 1875—1918)——俄国社会民
　　主党人,孟什维克。19世纪90年代末参加社会民主主义运动,是俄国社
　　会民主工党西伯利亚联合会组织者之一。1905年出席了在日内瓦召开的
　　孟什维克代表会议。斯托雷平反动时期和新的革命高涨年代是取消派分
　　子,为《我们的曙光》杂志、《光线报》及孟什维克取消派的其他报刊撰稿。
　　第一次世界大战期间是护国派分子。十月革命后反对苏维埃政权。——
　　81、154。

麦迭姆(**格林贝格**),弗拉基米尔·达维多维奇(Медем(Гринберг), Владимир
　　Давидович 1879—1923)——崩得领袖之一。1899年参加俄国社会民主
　　主义运动,1900年加入明斯克崩得组织。曾流放西伯利亚,1901年从流放
　　地逃往国外。1903年起为崩得国外委员会委员,代表该委员会出席俄国
　　社会民主工党第二次代表大会,会上是反火星派分子。1906年当选为崩

得中央委员。曾参加俄国社会民主工党第五次(伦敦)代表大会工作,支持孟什维克。十月革命后领导在波兰的崩得组织。1921 年到美国,在犹太右翼社会党人的《前进报》上撰文诽谤苏维埃俄国。——106、154、231、233、471。

麦考密克(McCormick)——英军上校。——89、90。

麦克唐纳,詹姆斯·拉姆赛(MacDonald,James Ramsay 1866—1937)——英国政治活动家,英国工党创建人和领袖之一。1885 年加入社会民主联盟。1886 年加入费边社。1894 年加入独立工党,1906—1909 年任该党主席。1900 年当选为劳工代表委员会书记,该委员会于 1906 年改建为工党。1906 年起为议员,1911—1914 年和 1922—1931 年任工党议会党团主席。推行机会主义政策,鼓吹阶级合作和资本主义逐渐长入社会主义的理论。第一次世界大战初期采取和平主义立场,后来公开支持劳合-乔治政府进行帝国主义战争。1918—1920 年竭力破坏英国工人反对武装干涉苏维埃俄国的斗争。1924 年和 1929—1931 年先后任第一届和第二届工党政府首相。1931—1935 年领导由保守党决策的国民联合政府。——360、361、362。

米尔堡——德国将军。——308。

米古林,彼得·彼得罗维奇(Мигулин,Петр Петрович 生于 1870 年)——俄国经济学家,教授,十月党人。1907 年起为土地规划和农业管理总署署长办公会议成员。1913—1917 年是反映大工商业资产阶级利益的《新经济学家》杂志的编辑兼出版人。1914 年起为财政大臣办公会议成员。写有土地问题和财政政策方面的著作。——253。

米留可夫,帕维尔·尼古拉耶维奇(Милюков,Павел Николаевич 1859—1943)——俄国立宪民主党领袖,俄国自由派资产阶级思想家,历史学家和政论家。1886 年起任莫斯科大学讲师。90 年代前半期开始政治活动,1902 年起为资产阶级自由派的《解放》杂志撰稿。1905 年 10 月参与创建立宪民主党,后任该党中央委员会主席和中央机关报《言语报》编辑。第三届和第四届国家杜马代表。第一次世界大战期间为沙皇政府的掠夺政策辩护。1917 年二月革命后任第一届临时政府外交部长,推行把战争进行到"最后胜利"的帝国主义政策;同年 8 月积极参与策划科尔尼洛夫叛乱。

十月革命后同白卫分子和武装干涉者合作。1920年起为白俄流亡分子，在巴黎出版《最新消息报》。著有《俄国文化史概要》、《第二次俄国革命史》及《回忆录》等。—— 12—13、14—15、16—17、40、57、85、171、172、209、390。

米柳亭，尼古拉·阿列克谢耶维奇（Милютин，Николай Алексеевич，1818—1872）——俄国国务活动家，伯爵。1859年起任副内务大臣，曾主持制定1861年2月19日法令。认为通过温和的自由主义改革可以巩固沙皇制度；敌视革命运动，竭力反对1863年波兰民族解放运动。写有一些统计经济学方面的著作。——16—17。

缅施科夫，米哈伊尔·奥西波维奇（Меньшиков，Михаил Осипович 1859—1919）——俄国政论家，黑帮报纸《新时报》撰稿人。十月革命后反对苏维埃政权，1919年被枪决。——131—132。

明仁斯基，维亚切斯拉夫·鲁道福维奇（斯捷平斯基）（Менжинский，Вячеслав Рудольфович（Степинский）1874—1934）——1902年加入俄国社会民主工党，在雅罗斯拉夫尔和彼得堡做党的工作。俄国第一次革命期间在军队中进行革命工作，是布尔什维克《军营报》编委。1906年被捕入狱，1907年逃往国外。1917年7月回国后，在布尔什维克军事组织中工作，积极参加彼得格勒十月武装起义的准备和发动工作。十月革命后任财政人民委员、俄罗斯联邦驻柏林总领事。1919年起在全俄肃反委员会工作，1923—1926年任苏联国家政治保卫总局副局长，1926年起任局长。在党的第十五次和第十六次代表大会上当选为中央委员。——258。

摩根家族（Morgan）——美国银行财阀家族，美国最大最老的垄断财团之一。摩根家族的银行是朱尼乌斯·斯宾塞·摩根（1813—1890）创建的。摩根财团的势力遍及大银行、大保险公司和铁路公司、军事冶金企业、航空、电机工业等等，对美国的内外政策有重大影响。——94。

莫吉梁斯基，米哈伊尔·米哈伊洛维奇（Могилянский，Михаил Михайлович 1873—1942）——俄国律师，政论家。1906年加入立宪民主党，为该党中央机关报《言语报》和俄罗斯及乌克兰的其他定期报刊撰稿。十月革命后退出立宪民主党。30年代在乌克兰苏维埃社会主义共和国科学院工作。——354—355。

莫利，约翰（Morley，John 1838—1923）——英国政论家，历史学家和国务活
　动家，自由党人。1867—1882 年为《双周评论》主编。1883 年起为议员。
　1886 年和 1892 年在格莱斯顿内阁任爱尔兰事务大臣，1905—1910 年任印
　度事务大臣，实行镇压民族解放运动的政策；后任枢密院院长，1914 年退
　职。写有论述伏尔泰、卢梭、狄德罗、科布顿、克伦威尔和格莱斯顿等人的
　著作；1917 年出版了两卷回忆录。——90。

莫罗佐夫家族（Морозовы）——俄国最大的纺织工厂主家族，始祖是萨瓦·
　瓦西里耶维奇·莫罗佐夫（1770—1862）。1825—1840 年莫罗佐夫家族创
　建了四家棉纺织厂，19 世纪下半叶发展成四家大公司：萨瓦·莫罗佐夫父
　子公司尼科利斯科耶纺织公司、尼科斯科耶维库尔·莫罗佐夫父子纺织
　公司、博戈罗茨克-格卢霍沃纺织公司和特维尔棉纺织品公司。1913—
　1914 年莫罗佐夫家族的企业共有工人 54 000 名。第一次世界大战期间，
　莫罗佐夫家族在军事工业委员会中起了重大作用。——94。

莫斯特，约翰·约瑟夫（Most，Johann Joseph 1846—1906）——德国社会民主
　党人，新闻工作者，后为无政府主义者；职业是装订工人。19 世纪 60 年代
　参加工人运动，1871 年起为德国社会民主工党和社会民主党党员。
　1874—1878 年为帝国国会议员。在理论上拥护杜林，在政治上信奉"用行
　动做宣传"的无政府主义思想，认为可以立刻进行无产阶级革命。1878 年
　反社会党人非常法颁布后流亡伦敦，1879 年出版无政府主义的《自由》周
　报，号召工人进行个人恐怖活动，认为这是最有效的革命斗争手段。1880
　年被开除出社会民主党，1882 年起侨居美国，继续出版《自由》周报和进行
　无政府主义宣传。晚年脱离工人运动。——386。

墨菲，威廉·马丁（Murphy，William Martin 1844—1921）——爱尔兰大资本
　家，民族主义者，爱尔兰民族主义报纸《爱尔兰独立报》的出版人。——
　425、426、427。

穆拉诺夫，马特维·康斯坦丁诺维奇（Муранов，Матвей Константинович
　1873—1959）——1904 年加入俄国社会民主工党，布尔什维克；职业是钳
　工。曾在哈尔科夫做党的工作。第四届国家杜马哈尔科夫省工人代表，参
　加布尔什维克杜马党团。曾为布尔什维克的《真理报》撰稿。因进行反对
　帝国主义战争的革命活动，1914 年 11 月被捕，1915 年流放图鲁汉斯克边

疆区。1917—1923年在党中央机关工作。1923—1934年是苏联最高法院成员。在党的第六、第八和第九次代表大会上当选为中央委员。1922—1934年为中央监察委员会委员。——8、87、88。

N

纳波柯夫(Набоков)——282。

纽博尔德,约翰·特纳·沃尔顿(Newbold,John Turner Walton 1888—1943)——英国政治活动家,著作家,经济学家。原为独立工党党员,1921年加入英国共产党。1922年被选入议会,是英国第一个共产党议员。1923年出席了共产国际第四次代表大会,被选入共产国际执行委员会。1924年退出共产党。——268。

诺贝尔(Nobel)——瑞典企业家。路德维格·诺贝尔(1831—1888)是俄国最大的石油工业公司“诺贝尔兄弟公司”的创办人。俄国十月革命前,该公司在巴库拥有大油田。路·诺贝尔的儿子埃马努埃尔·诺贝尔(1859—1932)于1888—1917年领导诺贝尔兄弟公司,1918年初回到瑞典。路·诺贝尔的弟弟阿尔弗勒德·伯恩哈德·诺贝尔(1833—1896)是诺贝尔奖金的创立者;他于1867年在英国取得制造炸药的专利权,后在法国、德国、英国和其他国家开办了生产硝化甘油炸药的工厂。——34、308。

诺兰,詹姆斯(Nolan,James 死于1913年)——爱尔兰工人,爱尔兰运输工人和非熟练工人工会会员。——427。

诺思(North)——英国大臣。——308。

O

欧文,戴维·丹尼尔(Irving,David Daniel 1854—1924)——英国社会党人,铁路员工,工联组织者之一。英国社会民主联盟会员,英国社会党党员和该党执行委员会委员。第一次世界大战开始后是社会沙文主义者。1918年被选入英国议会。——156。

P

帕涅尔,查理·斯图亚特(Parnell,Charles Stewart 1846—1891)——爱尔兰

民族运动著名活动家,自由党人。1875 年被选入英国议会,在议会中采取妨碍议事的扰乱行为来对抗英国政府的反动措施。1877—1890 年是爱尔兰自治运动领袖。1879 年协助建立群众性农民组织"土地同盟"。后因害怕日益强大的爱尔兰农民运动,开始实行与英国资产阶级秘密勾结和妥协的策略。——427。

帕特里奇,U.P.(Partridge,U.P.)——爱尔兰工人运动活动家,机器制造工会都柏林分会主席。1913 年起是爱尔兰运输工人和非熟练工人工会领袖之一。曾积极参加争取爱尔兰独立的 1916 年都柏林起义。起义失败后,被判处十年监禁,但因健康状况被提前释放,获释后不久去世。——427、441。

潘捷列耶夫,隆金·费多罗维奇(Пантелеев, Лонгин Федорович 1840 — 1919)——俄国作家,政论家和社会活动家,19 世纪 60 年代革命运动的参加者。1861—1862 年参加秘密革命团体土地和自由社,1864 年被捕并判处六年苦役,后改判流放西伯利亚。刑满后回到彼得堡,建立科学书籍出版社,1877—1907 年出版了 250 多种哲学、历史、自然科学方面的书籍。1901 年因在著作家就 3 月 4 日喀山广场示威者遭毒打一事提出的抗议书上签名,被当局逐出彼得堡,为期三年。后加入立宪民主党,为该党许多定期刊物撰稿。1910 年起任文学基金会委员会主席。写有关于 19 世纪 60 年代社会运动的回忆录。——198—199。

培根,雷金纳德·休·斯宾塞(Bacon, Reginald Hugh Spencer 1863 — 1947)——英国海军专家,1909 年起为海军少将。1910—1915 年任考文垂造炮厂厂长。——177。

普—夫,亚·(П—в, Я.)——俄国作家。——162—163。

普利什凯维奇,弗拉基米尔·米特罗范诺维奇(Пуришкевич, Владимир Митрофанович 1870 — 1920)——俄国大地主,黑帮反动分子,君主派。1900 年起在内务部任职,1904 年为维·康·普列韦的内务部特别行动处官员。1905 年参与创建黑帮组织"俄罗斯人民同盟",1907 年退出同盟并成立了新的黑帮组织"米迦勒天使长同盟"。第二届、第三届和第四届国家杜马代表,因在杜马中发表歧视异族和反犹太人的演说而臭名远扬。第一次世界大战期间鼓吹把战争进行到"最后胜利"。1917 年二月革命后主张恢复君主制。十月革命后竭力反对苏维埃政权,是1917年11月初被揭露的军官反革命阴谋的策划者。——38、72、124、139、170、171、182、185、228、241—242、262、314、325、343、398、426、433、434、449、455。

普列汉诺夫,格奥尔吉·瓦连廷诺维奇(Плеханов, Георгий Валентинович 1856—1918)——俄国早期的马克思主义理论家,后来成为孟什维克和第二国际机会主义领袖之一。19世纪70年代参加民粹主义运动,是土地和自由社成员及土地平分社领导人之一。1880年侨居瑞士,逐步同民粹主义决裂。1883年在日内瓦创建俄国第一个马克思主义团体——劳动解放社。翻译和介绍了马克思和恩格斯的许多著作,对马克思主义在俄国的传播起了重要作用;写过不少优秀的马克思主义著作,批判民粹主义、合法马克思主义、经济主义、伯恩施坦主义、马赫主义。20世纪初是《火星报》和《曙光》杂志编辑部成员。曾参与制定俄国社会民主工党纲领草案和参加党的第二次代表大会的筹备工作。在代表大会上是劳动解放社的代表,属火星派多数派,参加了大会常务委员会,会后逐渐转向孟什维克。1905—1907年革命时期反对列宁的民主革命的策略,后来在孟什维克和布尔什维克之间摇摆。在俄国社会民主工党第四次(统一)代表大会上作了关于土地问题的报告,维护马斯洛夫的孟什维克方案;在国家杜马问题上坚持极右立场,呼吁支持立宪民主党人的杜马。斯托雷平反动时期和新的革命高涨年代反对取消主义,领导孟什维克护党派。第一次世界大战期间持社会沙文主义立场。1917年二月革命后支持资产阶级临时政府。对十月革命持否定态度,但拒绝支持反革命。最重要的理论著作有《社会主义与政治斗争》(1883)、《我们的意见分歧》(1885)、《论一元论历史观之发展》(1895)、《唯物主义史论丛》(1896)、《论个人在历史上的作用》(1898)、《没有地址的信》(1899—1900),等等。——6、68—69、85、153、213、214、229、230、321。

普罗柯波维奇,谢尔盖·尼古拉耶维奇(Прокопович, Сергей Николаевич 1871—1955)——俄国经济学家和政论家。曾参加国外俄国社会民主党人联合会,是经济派的著名代表人物,伯恩施坦主义在俄国最早的传播者之一。1904年加入资产阶级自由派的解放社,为该社骨干分子。1905年为立宪民主党中央委员。1906年参与出版半立宪民主党、半孟什维克的

《无题》周刊,为左派立宪民主党人的《同志报》积极撰稿。1917 年 8 月任临时政府工商业部长,9 — 10 月任粮食部长。1921 年在全俄赈济饥民委员会工作,同反革命地下活动有联系。1922 年被驱逐出境。——86。

Q

契恒凯里,阿卡基·伊万诺维奇(Чхенкели, Акакий Иванович 1874 — 1959)——格鲁吉亚孟什维克领袖之一;职业是律师。1898 年参加社会民主主义运动。斯托雷平反动时期和新的革命高涨年代是取消派分子。第四届国家杜马代表,参加孟什维克杜马党团。第一次世界大战期间是社会沙文主义者。1917 年二月革命后是临时政府驻外高加索的代表。1918 年 4 月任外高加索临时政府主席,后任格鲁吉亚孟什维克政府外交部长。1921 年格鲁吉亚建立苏维埃政权后成为白俄流亡分子。——24。

切尔诺夫,维克多·米哈伊洛维奇(Чернов, Виктор Михайлович 1873 — 1952)——俄国社会革命党领袖和理论家之一。1902 — 1905 年任社会革命党中央机关报《革命俄国报》编辑。曾撰文反对马克思主义,企图证明马克思的理论不适用于农业。第一次世界大战期间持社会沙文主义立场,曾参加齐美尔瓦尔德代表会议和昆塔尔代表会议。1917 年 5 — 8 月任临时政府农业部长,对夺取地主土地的农民实行残酷镇压。敌视十月革命。1918 年 1 月任立宪会议主席;曾领导萨马拉的反革命立宪会议委员会,参与策划反苏维埃叛乱。1920 年流亡国外,继续反对苏维埃政权。在他的理论著作中,主观唯心主义和折中主义同修正主义和民粹派的空想混合在一起;企图以资产阶级改良主义的"结构社会主义"对抗科学社会主义。——230。

R

饶尔丹尼亚,诺伊·尼古拉耶维奇(阿恩)(Жордания, Ной Николаевич(Ан) 1869—1953)——俄国社会民主党人。19 世纪 90 年代开始政治活动,加入格鲁吉亚第一个社会民主主义团体"麦撒墨达西社",领导该社的机会主义派。1903 年在俄国社会民主工党第二次代表大会上是有发言权的代表,属火星派少数派,会后为高加索孟什维克的领袖。1905 年编辑孟什维

克的《社会民主党人报》(格鲁吉亚文),反对布尔什维克在资产阶级民主革
命中的策略。第一届国家杜马代表,社会民主党团领袖。1907—1912
年为俄国社会民主工党中央委员(代表孟什维克)。斯托雷平反动时期和
新的革命高涨年代形式上参加孟什维克护党派,实际上支持取消派。1914
年为托洛茨基的《斗争》杂志撰稿。第一次世界大战期间是社会沙文主义
者。1917年二月革命后任梯弗利斯工人代表苏维埃主席。1918—1921
年是格鲁吉亚孟什维克政府主席。1921年格鲁吉亚建立苏维埃政权后成
为白俄流亡分子。——74—75、83、208—209、212、323。

饶勒斯,让(Jaurès, Jean 1859—1914)——法国社会主义运动和国际社会主
义运动活动家,法国社会党领袖,历史学家和哲学家。1885年起多次当选
议员。原属资产阶级共和派,90年代初开始转向社会主义。1898年同
亚·米勒兰等人组成法国独立社会党人联盟。1899年竭力为米勒兰参加
资产阶级政府的行为辩护。1901年起为社会党国际局成员。1902年与可
能派、阿列曼派等组成改良主义的法国社会党。1903年当选为议会副议
长。1904年创办《人道报》,主编该报直到逝世。1905年法国社会党同盖
得领导的法兰西社会党合并后,成为统一的法国社会党的主要领导人。在
理论和实践问题上往往持改良主义立场,但始终不渝地捍卫民主主义,反
对殖民主义和军国主义。由于呼吁反对临近的帝国主义战争,于1914年
7月31日被法国沙文主义者刺杀。写有法国大革命史等方面的著作。
——433。

若戈列夫(Жоголев)——124。

S

萨尔特奇哈(**萨尔蒂科娃,达里娅·伊万诺夫娜**)(Салтычиха(Салтыкова,
Дарья Ивановна)1730—1801)——俄国莫斯科省波多利斯克县的女地主,
以虐待农奴闻名。曾把139个农民折磨致死。在社会舆论的压力下,叶卡
捷琳娜二世不得不对萨尔特奇哈案进行侦讯。1768年被判处死刑,后改
为在修道院监狱终身监禁。她的名字成了农奴主惨无人道地虐待农奴的
同义词。——398。

萨拉兹金,阿尔卡季·谢尔盖耶维奇(Салазкин, Аркадий Сергеевич 生于

论》杂志和《开端》杂志。1896年参加第二国际第四次代表大会。1898年
参加起草《俄国社会民主工党宣言》。在1894年发表的第一部著作《俄国
经济发展问题的评述》中,在批判民粹主义的同时,对马克思的经济学说和
哲学学说提出"补充"和"批评"。20世纪初同马克思主义和社会民主主义
彻底决裂,转到自由派营垒。1902年起编辑自由派资产阶级刊物《解放》
杂志,1903年起是解放社的领袖之一。1905年起是立宪民主党中央委员,
领导该党右翼。1907年当选为第二届国家杜马代表。第一次世界大战爆
发后鼓吹俄国的帝国主义侵略扩张政策。十月革命后敌视苏维埃政权,是
邓尼金和弗兰格尔反革命政府成员,后逃往国外。——56、78、79、82、142、
336、354、472。

斯大林(**朱加施维里**),约瑟夫·维萨里昂诺维奇(Сталин(Джугашвили),
Иосиф Виссарионович 1879—1953)——苏联共产党和国家领导人,国际共
产主义运动活动家。1898年加入俄国社会民主工党,党的第二次代表大
会后是布尔什维克。曾在梯弗利斯、巴统、巴库和彼得堡做党的工作。多
次被捕和流放。1912年1月在党的第六次(布拉格)全国代表会议选出的
中央委员会会议上,被缺席增补为中央委员并被选入中央委员会俄国局;
积极参加布尔什维克《真理报》的编辑工作。1917年二月革命后从流放地
回到彼得格勒,参加党中央委员会俄国局。在党的第七次全国代表会议
(四月代表会议)以及此后的历次代表大会上当选为中央委员。在十月革
命的准备和进行期间参加领导武装起义的彼得格勒军事革命委员会和党
总部。在全俄苏维埃第二次代表大会上当选为全俄中央执行委员会委员;
参加第一届人民委员会,任民族事务人民委员。1919年3月起兼任国家
监察人民委员,1920年起为工农检查人民委员。国内战争时期任共和国
革命军事委员会委员和一些方面军的革命军事委员会委员。1922年4月
起任党中央总书记。1941年起同时担任苏联人民委员会主席,1946年起
为部长会议主席。1941—1945年卫国战争时期任国防委员会主席、国防
人民委员和苏联武装力量最高统帅。1919—1952年为中央政治局委员,
1952—1953年为苏共中央主席团委员。1925—1943年为共产国际执行
委员会委员。——470。

斯捷平斯基——见明仁斯基,维亚切斯拉夫·鲁道福维奇。

斯迈利，罗伯特(Smillie，Robert 1857—1940)——英国工人运动活动家。从
　童年起就在工厂做工，17 岁起在矿场当工人。1894—1918 年和 1921—
　1940 年任苏格兰矿工工会主席，1912—1921 年任大不列颠矿工联合会主
　席。领导 1912 年英国煤矿工人大罢工。第一次世界大战期间是和平主义
　者。1923—1929 年为议员。1928 年是工联代表大会总理事会理事，靠近
　总理事会左翼。——428。

斯密，亚当(Smith，Adam 1723—1790)——英国经济学家和哲学家，资产阶
　级古典政治经济学最著名的代表人物。曾任格拉斯哥大学教授和校长。
　第一个系统地论述了劳动价值论的基本范畴，分析了价值规律的作用。研
　究了雇佣工人、资本家和地主这三大阶级的收入，认为利润和地租都是对
　劳动创造的价值的扣除，从而接触到剩余价值的来源问题，并在一定程度
　上揭露了资本主义社会阶级对立的经济根源。但由于历史的和阶级的局
　限性以及方法论上的矛盾，他的经济理论既有科学成分，又有庸俗成分。
　代表作《国民财富的性质和原因的研究》(1776)。——46。

斯诺登，菲力浦(Snowden，Philip 1864—1937)——英国政治活动家，独立工
　党右翼代表人物，工党领袖之一。1894 年加入独立工党，1900 年加入工
　党。1903—1906 年和 1917—1920 年任独立工党主席。1906 年起为议
　员。第一次世界大战期间是中派分子，主张同资产阶级联合。1924 年和
　1929—1931 年先后任第一届和第二届工党政府财政大臣。1931 年参加
　麦克唐纳的国民联合政府。写有一些关于英国工人运动的著作。
　——360。

斯特罗加诺夫(Строганов)——俄国大地主和乌拉尔的工厂主，斯特罗加诺
　夫家族的成员。斯特罗加诺夫家族在 16 世纪和 17 世纪是大商人和大企
　业主，18 世纪、19 世纪和 20 世纪初是大地主和乌拉尔的工厂主；家族中的
　许多人在政府担任高级行政、外交和军事职务。——392。

斯托雷平，彼得·阿尔卡季耶维奇(Столыпин，Петр Аркадьевич 1862—
　1911)——俄国国务活动家，大地主。1884 年起在内务部任职。1902 年任
　格罗德诺省省长。1903—1906 年任萨拉托夫省省长，因镇压该省农民运
　动受到尼古拉二世的嘉奖。1906—1911 年任大臣会议主席兼内务大臣。
　1907 年发动"六三政变"，解散第二届国家杜马，颁布新选举法以保证地

主、资产阶级在杜马中占统治地位,残酷镇压革命运动,大规模实施死刑,开始了"斯托雷平反动时期"。实行旨在摧毁村社和培植富农的土地改革。1911年被社会革命党人 Д.Г.博格罗夫刺死。——56、123、261、270、274、276、281、391、392、393、429—430、432。

孙中山(1866—1925)——中国伟大的革命先行者。——29、128、129、130。

索博列夫斯基,瓦西里·米哈伊洛维奇(Соболевский,Василий Михайлович 1846—1913)——俄国自由派政论家,1873年起为《俄罗斯新闻》撰稿人,1876—1882年为该报助理编辑,1882年起为该报编辑兼出版人。——198、199。

索洛古布,费多尔(捷捷尔尼科夫,费多尔·库兹米奇)(Сологуб,Федор (Тетерников,Федор Кузьмич)1863—1927)——俄国颓废派作家。在长篇小说《小鬼》(1905)中描绘了一幅外省市侩生活的图画。俄国第一次革命时期,他的诗歌表现了对起义工人的同情;斯托雷平反动时期和新的革命高涨年代,他的创作则浸透了悲观主义情调。——115。

索洛维约夫,雅柯夫·亚历山德罗维奇(Соловьев,Яков Александрович 1820—1876)——俄国官吏,经济学家和统计学家,1861年农民改革的参加者。1843—1857年在国家产业部任职,1857年起任内务部地方局局长,1867年起为参议员。——16。

T

泰罗,弗雷德里克·温斯洛(Taylor,Frederick Winslow 1856—1915)——美国工程师,美国机械工程师协会会长(1905—1906)。创立了一种最大限度地利用工作日并合理使用生产资料和劳动工具的劳动组织制度,名为"泰罗制"。——18—19。

坦南特,哈罗德(Tennant,Harold)——英国议员。——308。

唐恩(古尔维奇),费多尔·伊里奇(费·唐·)(Дан(Гурвич),Федор Ильич (Ф.Д.)1871—1947)——俄国孟什维克领袖之一;职业是医生。1894年参加社会民主主义运动,加入彼得堡工人阶级解放斗争协会。1896年8月被捕,监禁两年左右,1898年流放维亚特卡省,为期三年。1901年夏逃往国外,加入《火星报》柏林协助小组。1902年作为《火星报》代办员参加了俄国社会民主工党第二次代表大会的筹备会议,会后再次被捕,流放东西伯利亚。1903年9月逃往国外,成为孟什维克。俄国社会民主工党第四次(统一)代表大会和第五次(伦敦)代表大会及一系列代表会议的参加者。斯托雷平反动时期和新的革命高涨年代在国外领导取消派,编辑取消派的《社会民主党人呼声报》。第一次世界大战期间是社会沙文主义者。1917年二月革命后任彼得格勒苏维埃执行委员会委员和第一届中央执行委员会主席团委员,支持资产阶级临时政府。十月革命后反对苏维埃政权,1922年被驱逐出境,在柏林领导孟什维克进行反革命活动。1923年参与组织社会主义工人国际。同年被取消苏联国籍。——72、73、81、83、99、101、154、246、316、322、323、340、432—434。

唐纳德,J.(Donald,J.)——英国将军。——308。

特鲁别茨科伊,叶夫根尼·尼古拉耶维奇(Трубецкой,Евгений Николаевич 1863—1920)——俄国资产阶级自由派思想家,宗教哲学家,公爵。曾先后任基辅大学和莫斯科大学法哲学教授,为俄国唯心主义者的纲领性文集《唯心主义问题》(1902)和《俄罗斯新闻》等出版物撰稿。1906年以前是立宪民主党人,1906年是君主立宪派政党"和平革新党"的组织者之一。在沙皇政府镇压1905—1907年革命和建立斯托雷平体制的过程中起过重要作用。第一次世界大战期间主张将战争进行到"最后胜利"。十月革命后反对苏维埃政权,是邓尼金的骨干分子。写有一些宗教神秘主义的哲学著作。——56。

托尔斯泰,列夫·尼古拉耶维奇(Толстой,Лев Николаевич 1828—1910)——俄国作家。出身贵族。他的作品深刻地反映了俄国社会整整一个时代(1861—1905)的矛盾,列宁称托尔斯泰为"俄国革命的镜子"。作为天才的艺术家,托尔斯泰创作了无与伦比的俄国生活的图画,创作了世界文学中第一流的作品,对俄国文学和世界文学产生了巨大影响;同时他的作品又突出地表现了以宗法制社会为基础的农民世界观的矛盾:一方面无情地揭露沙皇专制制度和新兴资本主义的种种罪恶,另一方面又鼓吹"不用暴力抵抗邪恶",鼓吹不问政治和道德上的自我修养。列宁在一系列著作中评述了托尔斯泰的世界观,并对他的全部活动作了评价。——202。

托洛茨基(**勃朗施坦**),列夫·达维多维奇(Троцкий(Бронштейн),Лев
　Давидович 1879—1940)——1897 年参加俄国社会民主主义运动。在俄
　国社会民主工党第二次代表大会上是西伯利亚联合会的代表,属火星派少
　数派。1905 年同亚·帕尔乌斯一起提出和鼓吹"不断革命论"。斯托雷平
　反动时期和新的革命高涨年代,打着"非派别性"的幌子,实际上采取取消
　派立场。1912 年组织"八月联盟"。第一次世界大战期间持中派立场。
　1917 年二月革命后参加区联派,在党的第六次代表大会上随区联派集体
　加入布尔什维克党,当选为中央委员。参加十月武装起义的领导工作。十
　月革命后任外交人民委员,1918 年初反对签订布列斯特和约,同年 3 月改
　任共和国革命军事委员会主席、陆海军人民委员等职。参与组建红军。
　1919 年起为党中央政治局委员。1920 年起历任共产国际执行委员会候补
　委员、委员。1920—1921 年挑起关于工会问题的争论。1923 年起进行派
　别活动。1925 年初被解除革命军事委员会主席和陆海军人民委员职务。
　1926 年与季诺维也夫结成"托季联盟"。1927 年被开除出党,1929 年被驱
　逐出境,1932 年被取消苏联国籍。在国外组织第四国际。死于墨西哥。
　——71、76、322。

W

万拉维斯泰因——见拉维斯泰因,威廉·万。

韦谢洛夫斯基,波里斯·波里索维奇(Веселовский,Борис Борисович 1880—
　1954)——苏联历史学家和经济学家。1901—1902 年接近莫斯科社会民
　主党组织。1905 年起在彼得堡从事学术研究、教学和政论活动。曾为《教
　育》和《现代世界》等杂志撰稿,1913 年起主持《俄罗斯言论报》地方栏。
　1907—1912 年参加第三届国家杜马社会民主党团的工作。十月革命后
　在中央档案馆、国家计划委员会等单位工作,并在高等学校任教。写有四
　卷本《地方自治机关史》以及其他一些论述地方自治和市政经济以及土地
　问题的著作。——143、300、301。

维格多尔契克,尼古拉·阿布拉莫维奇(Вигдорчик,Николай Абрамович
　1874—1954)——俄国医生,写有关于社会保险和职业病方面的著作。19
　世纪 90 年代曾在基辅参加社会民主主义运动,参加过俄国社会民主工党

第一次代表大会的工作。1906 年起不再积极参加政治活动,在彼得堡行
医和从事医学研究工作。十月革命后仍从事专业工作,1924—1951 年任
列宁格勒医师进修学院教授。——265。

维诺格拉多夫,帕维尔 • 加甫里洛维奇(Виноградов, Павел Гаврилович
1854—1925)——俄国历史学家,彼得堡科学院院士(1914 年起)。1884 年
起任莫斯科大学教授。1902 年到英国,1903 年起任牛津大学教授。在政
治观点上倾向立宪民主党人。从自由派资产阶级立场出发来看待 1905—
1907 年革命,这种立场反映在他发表于 1905 年 8 月 5 日《俄罗斯新闻》上
的《政治书信》中。1908 年回到莫斯科大学。敌视十月革命和苏维埃政
权。十月革命后转入英国国籍。大部分著作研究英国中世纪史,著有《英
国中世纪社会史研究》(1887)、《英国中世纪的领地》(1911)等。——199。

沃尔斯基,斯坦尼斯拉夫(**索柯洛夫,安德列 • 弗拉基米罗维奇**)(Вольский,
Станислав(Соколов, Андрей Владимирович)生于 1880 年)——俄国社会民
主党人。俄国社会民主工党第二次代表大会后加入布尔什维克。1904—
1905 年在莫斯科做党的工作,参加过十二月武装起义。斯托雷平反动时
期和新的革命高涨年代是召回派领袖之一,曾参与组织派别性的卡普里和
博洛尼亚党校(意大利)的工作,加入“前进”集团。1917 年二月革命后任
《新生活报》编委,在彼得格勒苏维埃军事部工作。敌视十月革命,反对苏
维埃政权。一度侨居国外,但很快回国。曾在林业合作社、国家计划委员
会和商业人民委员部工作。1927 年起从事著述。——258。

X

西纳季诺,П.В.(Синадино, П. В. 1875—1941)——俄国大地主,1903—1910
年任基什尼奥夫市市长。第二届、第三届和第四届国家杜马比萨拉比亚省
代表。第一次世界大战期间担任军医。30 年代为比萨拉比亚银行管理委
员会委员。——158—159。

希日尼亚科夫,В.М.(Хижняков, В. М. 1842—1917)——俄国地方自治运动
活动家,多年担任省地方自治机关议员。1875—1886 年任切尔尼戈夫市
市长,1887—1896 年任切尔尼戈夫省地方自治局主席。受地方自治局委
托,编写了 1900—1909 年的《切尔尼戈夫省地方自治会议决议汇编》;写有

《一个地方自治运动活动家的回忆》(1916)一书。——342—343。

谢多夫,尔·——见柯尔佐夫,德·。

谢苗诺夫,И.А.(Семенов,И.А.)——俄国彼得堡的工程师和工厂主,十月革命后移居国外。——18。

谢姆柯夫斯基,谢·(勃朗施坦,谢苗·尤利耶维奇)(Семковский,С.(Бронштейн,Семен Юльевич)1882—1937)——俄国社会民主党人,孟什维克。曾加入托洛茨基的维也纳《真理报》编辑部,为孟什维克取消派报刊和外国社会民主党人的报刊撰稿;反对民族自决权。第一次世界大战期间是中派分子,孟什维克组织委员会国外书记处成员。1917年回国后,进入孟什维克中央委员会。1920年同孟什维克决裂。后在乌克兰高等院校任教授,从事科学著述。——76、153—154、323。

休谟,大卫(Hume,David 1711—1776)——英国哲学家,主观唯心主义者,不可知论者;历史学家和经济学家。继乔·贝克莱之后,用唯心主义精神发展约·洛克的感觉论。承认感觉是认识的基础,认为认识的任务就是组合初步的感觉和由感觉形成的概念。否认唯物主义的因果观,认为外部世界的存在问题是无法解决的。认为人只能知道自己心理上的感觉,感受之外的东西,人是不可能知道的。主要著作有《人性论》(1739—1740)、《道德原则研究》(1751)等。——152。

Y

亚戈夫,特劳戈特(Jagow,Traugott 1865—1941)——普鲁士官吏。1909年起任柏林市警察局局长。1916—1918年是布雷斯劳的政府首脑。——263。

亚格洛,叶夫根尼·约瑟福维奇(Ягелло(Jagiełło),Евгений Иосифович 1873—1947)——波兰工人运动活动家,波兰社会党"左派"党员;职业是旋工。1912年第四届国家杜马选举期间,由波兰社会党"左派"和崩得联盟提名为杜马代表候选人;尽管波兰社会民主党人反对,仍当选为杜马代表,并在布尔什维克的反对下由孟什维克"七人团"投票通过参加社会民主党杜马党团。第一次世界大战结束后参加波兰工人运动左翼,后脱离政治活动。——8。

叶尔曼斯基,阿·(科甘,奥西普·阿尔卡季耶维奇;古什卡)(Ерманский,А.
(Коган,Осип Аркадьевич,Гушка)1866—1941)——俄国社会民主党人,孟
什维克。19 世纪 80 年代末参加革命运动。1899—1902 年在俄国南方工
作。俄国社会民主工党第二次代表大会后是孟什维克。1905 年在俄国社
会民主工党敖德萨委员会工作;是俄国社会民主工党第四次(统一)代表大
会敖德萨组织的代表。斯托雷平反动时期和新的革命高涨年代是取消派
分子,积极为孟什维克报刊撰稿。曾参加第三届国家杜马社会民主党党团
的工作。第一次世界大战期间是中派分子。1917 年是孟什维克国际主义
者。1918 年是孟什维克中央委员,孟什维克中央机关刊物《工人国际》杂
志编辑之一。1921 年退出孟什维克,在莫斯科从事学术工作。——246—
248、249—251、252。

叶弗列莫夫,伊万·尼古拉耶维奇(Ефремов,Иван Николаевич 生于 1866
年)——俄国大地主,第一届、第三届和第四届国家杜马代表。和平革新党
组织者之一,后为资产阶级的进步党领袖。1917 年二月革命后任国家杜
马临时委员会委员,七月事变后参加临时政府,任国家救济部长。
——40。

叶戈罗夫,阿·——见马尔托夫,尔·。

叶若夫,弗·——见策杰尔包姆,谢尔盖·奥西波维奇。

一个读者——见列宁,弗拉基米尔·伊里奇。

伊林,弗·——见列宁,弗拉基米尔·伊里奇。

伊兹哥耶夫(兰德),亚历山大·索洛蒙诺维奇(Изгоев(Ланде),Александр
Соломонович 1872—1935)——俄国政论家,立宪民主党思想家。早年是
合法马克思主义者,一度成为社会民主党人,1905 年转向立宪民主党。曾
为立宪民主党的《言语报》、《南方札记》和《俄国思想》杂志撰稿,参加过《路
标》文集的工作。十月革命后为颓废派知识分子的《文学通报》杂志撰稿。
因进行反革命政论活动,于 1922 年被驱逐出境。——134、338—341。

袁世凯(1859—1916)——中国北洋军阀首领。1898 年戊戌变法期间,伪装
赞成维新运动,却又向荣禄告密,出卖维新派,取得慈禧太后的宠信。1899
年升任山东巡抚,勾结德国侵略者镇压义和团。1901 年出任直隶总督、北
洋大臣,后又兼任政务处参预政务大臣、练兵大臣。1907 年调任军机大

臣、外务部尚书(次年被摄政王罢免)。1911年辛亥革命时,在帝国主义支持下任清政府内阁总理大臣,后又窃取中华民国大总统职位,实行军人独裁专制。1915年伪造民意,策划称帝,并于12月31日宣布改次年为洪宪元年,准备登极。在反袁护国运动压力下,于1916年3月宣布取消帝制,6月在全国人民声讨中忧惧而死。——128、129、166。

Z

扎梅斯洛夫斯基,格奥尔吉·格奥尔吉耶维奇(Замысловский,Георгий
　　Георгиевич 生于1872年)——俄国黑帮分子,黑帮组织"俄罗斯人民同盟"
　　常务委员会委员,第三届和第四届国家杜马代表。因就贝利斯案件发表反
　　犹演说而臭名远扬。——186。

————

NN——见列宁,弗拉基米尔·伊里奇。

X——见丹斯基,Б.Г.。

文 献 索 引

阿恩——见饶尔丹尼亚,诺·尼·。

阿克雪里罗得,帕·波·《当前的主题》(摘自帕·波·阿克雪里罗得给朋友
的信)(载于 1912 年《涅瓦呼声报》第 6 号)(Аксельрод, П. Б. На
очередные темы. (Из писем П. Б. Аксельрода к друзьям).—«Невский
Голос», Спб., 1912, №6, 5 июля, стр. 2—3)——74。

——《当前的主题》(摘自帕·波·阿克雪里罗得给朋友的信)(载于 1912 年
《我们的曙光》杂志第 6 期)(На очередные темы. (Из писем П. Б. Аксельрода
к друзьям).—«Наша Заря», Спб., 1912, №6, стр. 8—20)——74。

阿列克辛斯基,格·阿·《[书评:]亚·波格丹诺夫〈当代的文化任务〉》
(Алексинский, Г. А. [Рецензия на книгу:] А. Богданов. «Культурные
задачи нашего времени». Изд. Дороватовского и Чарушникова. Москва.
1911 г. Ц. 60 коп.—«Современный Мир», [Спб., 1911], №7, стр. 345—
348, в отд. : Критика и библиография)——258。

奥博连斯基, В. А.《俄国独立农庄概略》(Оболенский, В. А. Очерки хуторской
России. Старое и новое в жизни деревни Николаевского уезда, Самарской
губернии.—«Русская Мысль», М.—Пб., 1913, кн. I, стр. 68—84; кн. II,
стр. 32—50)——284。

鲍威尔,奥·《民族问题和社会民主党》(Bauer, O. Die Nationalitätenfrage und
die Sozialdemokratie. Wien, Brand, 1907. VIII, 576 S. (Marx-Studien.
Blätter zur Theorie und Politik des wissenschaftlichen Sozialismus. Hrsg.
von M. Adler und R. Hilferding. Bd. 2))——216、217、333—334、471、472。

倍倍尔,奥·《我的一生》(第 1 卷)(Bebel, A. Aus meinem Leben. 1. Teil. Stutt-
gart, Dietz, 1910. VIII, 221 S.)——383。

彼舍霍诺夫,阿·瓦·《当前的主题。我们的纲领(它的梗概和范围)》

（Пешехонов，А. В. На очередные темы. Наша платформа（ее очертания и размеры）.—«Русское Богатство»，Спб.，1906，[№8]，стр.178—206）——58、80、82。

别德内依，杰·《蜡烛》（寓言）（Бедный, Д. Свеча. Басня.—«Просвещение»，Спб.，1913，№2，стр.20—21）——115—116。

别尔曼，雅·《社会法律的和经济的因素对国事犯罪率的影响》（Берман, Я. Влияние социально-правового и экономического факторов на государст-венную преступность.（По данным свода статист. свед. по делам угол.）.—«Право»，Спб.，1913，№33，18 августа，стлб.1912—1924）——420—423。

波格丹诺夫，亚·《用事实说明》（给编辑部的信）（Богданов, А. Фактическое разъяснение.（Письмо в редакцию）.—«Правда»，Спб.，1913，№120（324），26 мая，стр.2—3）——257—259。

[波利亚科夫，索·李·]《议会日志》（2 月 27 日）（[Поляков, С. Л.] Парламентский дневник. 27 февраля.—«Речь»，Спб.，1913，№57（2369），28 февраля（13 марта），стр.2. Подпись: С. Литовцев）——12、14—15。

波特列索夫，亚·尼·《批判的提纲（论为什么微不足道的东西取胜了）》（Потресов, А. Н. Критические наброски. О том, почему пустяки одолели.—«Наша Заря»，Спб.，1910，№2，стр.50—62）——73。

——《我控告普列汉诺夫》（Я обвиняю Плеханова.—«Луч»，Спб.，1913，№84（170），11 апреля，стр.2. Подпись: А. Потресов-Старовер）——229—230。

布—金，И.——见布拉金，И.。

[布拉金，И.]《俄国铁的消费量》（[Брагин, И.] Потребление железа в России.—«Промышленность и Торговля»，Спб.，1913，№14（134），15 июля，стр.69—72. Подпись: И. Б—н）——379—380、397、398。

查苏利奇，维·伊·《关于一个问题》（Засулич, В. И. По поводу одного вопроса.—«Живая Жизнь»，Спб.，1913，№8，19 июля，стр.2—3）——75。

德—洛夫，А.《份地的转移》（Д—лов, А. Мобилизация надельных земель.—«Россия»，Спб.，1913，№2336，28 июня（11 июля），стр.1；№2337，29 июня（12 июля），стр.1）——375—377。

狄慈根，约·《短篇哲学著作集》（Dietzgen, J. Kleinere philosophische

Schriften. Eine Auswahl. Stuttgart, Dietz, 1903. 272 S.)——151、153。

——《科学社会主义》(Der wissenschaftliche Sozialismus.—In: Dietzgen, J. Kleinere philosophische Schriften. Eine Auswahl. Stuttgart, Dietz, 1903, S. 1—11)——151。

——《人脑活动的实质》(德文版)(Das Wesen der menschlichen Kopfarbeit. Dargest. von einem Handarbeiter. Eine abermalige Kritik der reinen und praktischen Vernunft. Hamburg, Meißner, 1869. VIII, 129 S.)——151。

——《人脑活动的实质》(俄文版)(Дицген, И. Сущность головной работы человека. Новая критика чистого и практического разума. С биогр. очерком автора Е. Дицгена. С предисл. А. Паннекука. Пер. с нем. Б. С. Вейнберга, под ред. П. Дауге. М., Дауге, 1907. XXVII, 124 стр.)——151。

——《社会民主党的哲学》(Sozialdemokratische Philosophie. Sieben Kapitel.—Ibidem, S. 94—142)——151、153。

——《社会民主党的宗教》(Die Religion der Sozialdemokratie. Sechs Kanzelreden.—In: Dietzgen, J. Kleinere philosophische Schriften. Eine Auswahl. Stuttgart, Dietz, 1903, S. 12—76)——153。

——《一个社会主义者在认识论领域中的漫游》(德文版)(Streifzüge eines Sozialisten in das Gebiet der Erkenntnistheorie. Hottingen—Zürich, 1887. 60 S. (Sozialdemokratische Bibliothek. XVIII))——151—152、153。

——《一个社会主义者在认识论领域中的漫游》(俄文版)(Экскурсии социалиста в область теории познания. С прил. статьи Е. Дицгена: Макс Штирнер и Иосиф Дицген. Пер. с послед. нем. изд. Б. С. Вейнберга, под ред. П. Дауге. Спб., Дауге, 1907. 180 стр.)——151。

——《哲学的成果和逻辑书简》(德文版)(Das Acquisit der Philosophie und Briefe über Logik. Speziell demokratisch-proletarische Logik. Stuttgart, Dietz, 1895. VI, 232 S.)——151。

——《哲学的成果和逻辑书简》(俄文版)(Завоевания (аквизит) философии и письма о логике. Специально демократически-пролетарская логика. Пер. с нем. П. Дауге и А. Орлова. С предисл. к русск. пер. Е. Дицгена. Спб., Дауге, 1906. XII, 210, II стр.)——151。

多勃罗谢尔多夫，K.《国家杜马和国民教育》（Добросердов，К. Г. дума и народное образование.—«Невская Звезда»，Спб.，1912，№6，22 мая，стр.2）——116。

恩格斯，弗·《柏林关于革命的辩论》（Энгельс，Ф. Берлинские дебаты о революции.13—14 июня 1848 г.）——359。

—《反杜林论》（Анти-Дюринг. Переворот в науке，произведенный господином Евгением Дюрингом.1876—1878 гг.）——42、152、386。

—《路德维希·费尔巴哈和德国古典哲学的终结》（Людвиг Фейербах и конец классической немецкой философии.Начало 1886 г.）——42、154。

尔·马·——见马尔托夫，尔·。

尔·谢·——见柯尔佐夫，德·。

费·唐·——见唐恩，费·伊·。

弗拉索夫，A.《论组织问题》（Власов，A. К организационному вопросу.—«Луч»，Спб.，1913，№109(195)，14 мая，стр.2）——79、178—179。

格·拉·——见列维茨基，弗·。

格罗特，尼·雅·《当代的道德标准》（Грот，Н. Я. Нравственные идеалы нашего времени.Фридрих Ницше и Лев Толстой. Из журнала «Вопросы Философии и Психологии».3-е изд. М.，типолит. Кушнерева，1894. 28 стр.）——366。

古契柯夫，亚·伊·《答叶·尼·特鲁别茨科伊公爵》（Гучков，A. И. Ответ князю Е. Н. Трубецкому.—«Русские Ведомости»，М.，1906，№224，10 сентября，стр.2）——56。

古什卡，阿·奥·——见叶尔曼斯基，奥·阿·。

卡尔波夫，П.《论工人代表大会》（Карпов，П. О рабочих съездах.—«Новая Рабочая Газета»，Спб.，1914，№5(123)，7 января，стр.1）——75。

考茨基，卡·《民族性和国际性》（德文版）（Kautsky，K. Nationalität und Internationalität. [Stuttgart，Singer，1908]. 36 S. (Ergänzungshefte zur Neuen Zeit，Nr. 1. Ausgegeben am 18. Januar 1908)）——216、334、471、472、473。

—《民族性和国际性》（俄文版）（Каутский，К. Национализм и интерна-

ционализм.—«Научная Мысль», Рига, 1908, №1, стр. 3 — 42）——
216、334。

考夫曼，亚·阿·《移民统计说明什么?》（Кауфман, А. А. Что говорит
переселенческая статистика. — «Речь», Спб., 1913, №117（2429）, 1（14）
мая, стр. 1—2）——146。

[柯尔佐夫，德·]《工人群众和地下组织》（[Кольцов, Д.] Рабочие массы и
подполье. — «Луч», Спб., 1913, №15（101）, 19 января, стр. 1）——23、24、
74—75、212、317。

—《我们同谁在一起》（С кем мы. — «Луч», Спб., 1913, №108（194）, 12 мая,
стр. 1. Подпись: Л. С.）——83—88。

—《杂志评论》（Среди журналов. — «Наша Заря», Спб., 1913, №3, стр. 44—
52. Подпись: Л. Седов）——74、212。

柯诺瓦洛夫，伊·《现代农村概况》（Коновалов, И. Очерки современной
деревни. Дневник агитатора. Посмертное изд. с портр. автора и предисл. Вл.
Кранихфельда. Спб., издательское т-во писателей, 1913. XVIII, 398 стр.）
——280、282、283。

科马罗夫，阿·伊·《移民工作的真相》（Комаров, А. И. Правда о
переселенческом деле. Спб., тип. Альтшулера, 1913. 139 стр.）——122—
127、276—280、281。

科索夫斯基，弗·《德捷在奥地利工人运动中的冲突》（Косовский, В. Немецко-
чешский конфликт в австрийском рабочем движении. — «Наша Заря»,
Спб., 1912, №7—8, стр. 26—37; №9—10, стр. 18—31）——106、
232、335。

—《关于我的分离主义》（给编辑部的信）（«О моем сепаратизме». (Письмо в
редакцию). — «Луч», Спб., 1913, №119（205）, 25 мая, стр. 1）——
231—233。

—《在奥地利和在我们这里》（В Австрии и у нас. — «Луч», Спб., 1913, №72
（158）, 27 марта, стр. 1）——84。

科兹米内赫-拉宁，И. М.《莫斯科省工厂工业的九年（从1901年1月1日至
1910年1月1日）》（Козьминых-Ланин, И. М. Девятилетний период (с 1

января 1901 года по 1 января 1910 года) фабрично-заводской промыш-
ленности Московской губернии. Изд. общ-ва для содействия улучшению и
развитию мануфактурной промышленности. М., б. г. VII, 67 стр. Тит. лист и
предисл. на русск. и нем. яз.) —— 451—457。

克雷洛夫,伊·安·《镜子和猴子》(Крылов, И. А. Зеркало и обезьяна)
—— 33。

—*《特里什卡的外套》*(Тришкин кафтан) —— 124。

—*《天鹅、狗鱼和虾》*(Лебедь, Щука и Рак) —— 159。

—*《音乐家们》*(Музыканты) —— 50、209。

拉基京,格· —— 见列维茨基,弗·。

拉维斯泰因,威·《荷属印度的觉醒》(Ravesteyn, W. Das Erwachen Insulin-
dens. — «Leipziger Volkszeitung», 1913, Nr. 106, 10. Mai. 3. Beilage zu Nr.
106 «Leipziger Volkszeitung», S. 1—2) —— 160—161。

利平,Ф. И.《工人代表和民族问题》(Липин, Ф. И. Рабочие депутаты и
национальный вопрос. — «Цайт», Пб., 1913, №9, 21 февраля (6 марта),
стр. 1. На евр. яз.) —— 24。

利托夫采夫,索· —— 见波利亚科夫,索·李·。

[列宁,弗·伊·]《半年工作总结(三)》(Итоги полугодовой работы. III. —
«Правда», Спб., 1912, №80, 1 августа, стр. 1. Подпись: Статистик) ——
95、100。

—*《俄国的分离主义者和奥地利的分离主义者》*(Сепаратисты в России и
сепаратисты в Австрии. — «Правда», Спб., 1913, №104 (308), 8 мая, стр.
2) —— 231—233、470。

—*《俄国的资产阶级和俄国的改良主义》*(Российская буржуазия и россий-
ский реформизм. — «Северная Правда», Спб., 1913, №21, 27 августа, стр.
1. Подпись: В. Ильин) —— 444。

—*《革命高潮、罢工和党的任务》[有党的工作者参加的俄国社会民主工党
中央委员会克拉科夫会议通过的决议]*(Революционный подъем, стачки
и задачи партии. [Резолюция, принятая на Краковском совещании ЦК
РСДРП с партийными работниками]. — В кн.: [Ленин, В. И.] Извещение

и резолюции совещания Центрального Комитета РСДРП с партийными работниками. Февраль 1913. Изд. ЦК РСДРП. [Париж. первая половина февраля 1913], стр. 9 — 11. (РСДРП)) —— 315。

— 《工人和〈真理报〉》(Рабочие и «Правда». — «Правда», Спб., 1912, №103, 29 августа, стр. 1. Подпись: Ст.) —— 95。

— 《关于大资本组织的调查》(Анкета об организациях крупного капитала. — «Просвещение», Спб., 1912, №5 — 7, апрель—июнь, стр. 69 — 80. Подпись: В. Ильин) —— 246、247、248、249、250 — 251。

— 《关于[第三届]国家杜马中社会民主党党团的策略的决议》(Резолюция о тактике с.-д. фракции в [III] Г[осударственной] думе. — «Пролетарий», [Выборг], 1907, №20, 19 ноября, стр. 4, в отд.: Из партии. Под общ. загл.: Резолюции 3-й Общероссийской конференции. На газ. место изд.: М.) —— 234。

— 《关于对取消主义的态度和关于统一》[有党的工作者参加的俄国社会民主工党中央委员会克拉科夫会议通过的决议](Об отношении к ликвидаторству и об единстве. [Резолюция, принятая на Краковском совещании ЦК РСДРП с партийными работниками]. — В кн.: [Ленин, В. И.] Извещение и резолюции совещания Центрального Комитета РСДРП с партийными работниками. Февраль 1913. Изд. ЦК РСДРП. [Париж, первая половина февраля 1913], стр. 18 — 21. (РСДРП)) —— 211、212、438。

— 《关于各民族中央机关没有代表出席全党代表会议的问题》[1912 年 1 月俄国社会民主工党第六次(布拉格)全国代表会议通过的决议](Об отсутствии делегатов от национальных центров на общепартийной конференции. [Резолюция, принятая на Шестой (Пражской) Всероссийской конференции РСДРП в январе 1912 г.]. — В кн.: Всероссийская конференция Рос. соц.-дем. раб. партии 1912 года. Изд. ЦК. Paris, кооп. тип. «Идеал», 1912, стр. 15 — 16. (РСДРП)) —— 335。

— 《关于目前形势和党的任务》[1912 年 1 月俄国社会民主工党第六次(布拉格)全国代表会议通过的决议](О современном моменте и задачах партии. [Резолюция, принятая на Шестой (Пражской) Всероссийской конференции РСДРП в январе 1912 г.].—В кн.: Всероссийская конференция Рос. соц.-дем. раб. партии 1912 года. Изд. ЦК. Paris, кооп. тип. «Идеал», 1912, стр. 17—18. (РСДРП))——210.

—《关于取消主义和取消派集团》[1912年1月俄国社会民主工党第六次（布拉格）全国代表会议通过的决议]（О ликвидаторстве и о группе ликвидаторов. [Резолюция, принятая на Шестой (Пражской) Всероссийской конференции РСДРП в январе 1912 г.].—В кн.: Всероссийская конференция Рос. соц.-дем. раб. партии 1912 года. Изд. ЦК. Paris, кооп. тип. «Идеал», 1912, стр. 28—29. (РСДРП))——438.

—《几个争论的问题》（第一篇文章）（Спорные вопросы. Статья первая.—«Правда», Спб., 1913, №85(289), 12 апреля, стр. 1—2. Подпись: И.)——70、76—77、148、149、150、187.

—《几个争论的问题》（第二篇文章）（Спорные вопросы. Статья вторая.—«Правда», Спб., 1913, №95(299), 26 апреля, стр. 2. Подпись: И.)——70、76—77、148、149、150、187、257.

—《几个争论的问题》（第三篇文章）（Спорные вопросы. Статья третья.—«Правда», Спб., 1913, №110(314), 15 мая, стр. 2. Подпись: И.)——72、76—77.

—《几个争论的问题》（第四篇文章）（Спорные вопросы. Статья 4-я.—«Правда», Спб., 1913, №122(326), 29 мая, стр. 2. Подпись: В. И.)——76、80.

—《几个争论的问题》（第五篇文章）（Спорные вопросы. Статья 5-ая.—«Правда», Спб., 1913, №124(328), 31 мая, стр. 1. Подпись: И.)——80.

—《几个争论的问题》（第六篇文章）（Спорные вопросы. Статья 6-ая.—«Правда», Спб., 1913, №126(330), 2 июня, стр. 1. Подпись: В. И.)——84.

—《论调和分子或道德高尚的人的新派别》（О новой фракции примиренцев или добродетельных.—«Социал-Демократ», [Париж], 1911, №24, 18(31) октября, стр. 2—7. Подпись: Н. Ленин)——280—281.

сепаратизм бундовцев? —«Правда», Спб., 1913, №127 (331), 5 июня, стр. 2. Подпись: В. И.)——470。

—《政论家札记》(Заметки публициста. II. «Объединительный кризис» в нашей партии. —«Дискуссионный Листок», [Париж], 1910, №2, 25 мая (7 июня), стр. 4 — 14. Подпись: Н. Ленин. На газ. дата: 24/7 июня)——290、322。

—《自由派扮演了第四届杜马的维护者的角色》(Либералы в роли защитников 4-ой Думы. —«Правда», Спб., 1913, №128 (332), 6 июня, стр. 1)——326。

—《自由派同民主派的分离》(Отделение либерализма от демократии. —«Северная Правда», Спб., 1913, №9, 11 августа, стр. 1. Подпись: В. И.) ——432。

[列维茨基,弗·]《彻底的"统一"策略》([Левицкий, В.]Последовательная тактика «единства». —«Новая Рабочая Газета», Спб., 1913, №9, 18 августа, стр. 1. Подпись: Г. Р.)—— 435 — 439。

—《五金工人们,当心!》(Берегитесь, металлисты! —«Луч», Спб., 1913, №92(178), 23 апреля, стр. 1. Подпись: Г. Ракитин)——323。

卢那察尔斯基,阿·瓦·《不得不作的解释》(Луначарский, А. В. Вынужденное объяснение. [Листовка. Париж, июнь 1913]. 1 стр.) ——258。

鲁巴金,尼·亚·《从统计数字看我国执政的官僚》(Рубакин, Н. А. Наша правящая бюрократия в цифрах. (Из«Этюдов о чистой публике»). —«Сын Отечества», Спб., 1905, №54, 20 апреля (3 мая), стр. 2 — 3)—— 268 —269。

[伦纳,卡·]施普林格,鲁·《奥地利民族为国家而斗争》([Renner, K.] Springer, R. Der Kampf der Österreichischen Nationen um den Staat. T. 1: Das nationale Problem als Verfassungs-und Verwaltungsfrage. Leipzig— Wien, Deuticke, 1902. IV, 252 S.)——59、333、472。

[罗特施坦,Th.]《澳大利亚工党》([Rotstein, Th.]Die australische Arbeiterpartei. —«Leipziger Volkszeitung», 1913, Nr. 138, 18. Juni, S. 1 — 2)——

Национальное движение и национальные социалистические партии в России. — В кн.: Формы национального движения в современных государствах. Австро-Венгрия. Россия. Германия. Под ред. А. И. Кастелянского. Спб., «Общественная Польза», 1910, стр. 747 — 798)—— 106、231、471。

梅尔察洛夫，Г.《德国汽车工业的发展》(Мерцалов, Г. Развитие автомобилизма в Германии. — «Промышленность и Торговля», Спб., 1913, №8(128), 15 апреля, стр. 389 — 390, в отд.: Из торговопромышленной практики) —— 368。

米留可夫，帕·尼·《历史遗训说明什么?》(Милюков, П. Н. Что говорят заветы истории. — «Речь», Спб., 1913, №51(2363), 21 февраля(6 марта), стр. 4 — 5)—— 16 — 17。

缅施科夫，米·奥·《急于寻求保护》(Меньшиков, М. О. Поспешите с защитой. — «Новое Время», Спб., 1913, №13332, 25 апреля(8 мая), стр. 4)—— 131 — 132。

莫吉梁斯基，米·米·《"全乌克兰"大学生代表大会》(Могилянский, М. М. «Всеукраинский» съезд студенчества. — «Речь», Спб., 1913, №174(2486), 29 июня(12 июля), стр. 2 — 3)—— 354 — 355。

瑙莫夫，Г.《矿业代表大会》(Наумов, Г. Горный съезд. — «Киевская Мысль», 1913, №113, 25 апреля, стр. 1)—— 141 — 142。

涅克拉索夫，尼·阿·《摇篮曲》(Некрасов, Н. А. Колыбельная песня. (Подражание Лермонтову))—— 17。

[纽博尔德，沃·]《比马尔可尼的丑闻更坏》([Newbold, W.] Worse than the Marconi scandal. Cabinet ministers and bishops as shareholders in war trust. Unholy alliance of church, state, press and jingoes. — «The Labour Leader», [London], 1913, No. 24, June 12, p. 1 — 2)—— 268。

—《军备托拉斯的丑闻》(The war trust scandal. British and German armaments firms in one ring. Liberal politicians and exadmirals implicated. — «The Labour Leader», [London], 1913, No. 21, May 22, p. 3 — 5)—— 176 — 177。

潘捷列耶夫，隆·费·《悼念好友瓦·米·索博列夫斯基》(Пантелеев, Л. Ф.

Памяти дорогого друга В. М. Соболевского. — «Речь», Спб., 1913, №134 (2446), 19 мая(1 июня), стр. 2)——198—199。

普—夫, 亚·《农民是在恢复起来还是在贫困下去?》(П—в, Я. Поправляется или беднеет крестьянство? — «Торгово-Промышленная Газета», Спб., 1913, №100, 2(15) мая, стр. 1, в отд. : Аграрный вопрос)——162—163。

普列汉诺夫, 格·瓦·《相仇的兄弟》(Плеханов, Г. В. Враждующие между собою братья. — «Дневник Социал-Демократа», Женева, 1905, №2, август, стр. 37—49)——229—230。

——《又一个分裂的代表会议》(Еще одна раскольничья конференция. — «За Партию», [Париж], 1912, №3, 15(2) октября, стр. 1—3)——213、214。

——《约瑟夫·狄慈根》(Иосиф Дицген. — «Современный Мир», Спб., 1907, №7—8, август, стр. 59—75)——153。

——《致出席组织委员会召开的代表会议的同志们》(Товарищам, собравшимся на конференцию, созванную ОК. — «За Партию», [Париж], 1912, №2, 26 сентября(9 октября), стр. 4)——213。

[饶尔丹尼亚, 诺·尼·]《再论"地下组织"》([Жордания, Н. Н.] Еще о «подполье». — «Луч», Спб., 1913, №95(181), 26 апреля, стр. 2. Подпись: Ан.) ——74—75、208—209、212、323—324。

萨尔蒂科夫-谢德林, 米·叶·《玩偶小人》(Салтыков-Щедрин, М. Е. Игрушечного дела людишки)——311。

——《自由主义者》(Либерал)——87。

[萨莫伊洛夫, А. А.]尤里耶夫, А.《大臣的谦虚》([Самойлов, А. А.] Юрьев, А. Министерская скромность. — «Северная Правда», Спб., 1913, №15, 20 августа, стр. 1)——416。

沙尔, 皮·《俄国议会》(它的组织)(Chasles, P. Le parlement Russe. Son organisation—ses rapports avec l'Empereur. Avec une préface de Anatole Leroy-Beaulieu. Paris, Rousseau, 1910. XV, 218 p.)——12—13、14、15。

[盛加略夫, 安·伊·]《新杜马和老问题》([Шингарев, А. И.] Новая Дума и старые задачи. — «Речь», Спб., 1913, №70(2382), 13(26) марта, стр. 4) ——31—32。

施曼,泰·《一周的对外政策》(Schiemann, Th. Die äussere Politik der Woche.—«Neue Preussische Zeitung», Berlin, 1913, Nr. 279, 18. Juni)——325—326。

司徒卢威,彼·伯·《俄国革命与和平》(给让·饶勒斯的一封公开信) (Струве, П. Б. Русская революция и мир. Открытое письмо к Жану Жоресу.—«Освобождение», Париж, 1905, №72, 21 (8) июня, стр. 353 — 355)——56。

[斯大林,约·维·]《民族问题和社会民主党》([Сталин, И. В.] Национальный вопрос и социал-демократия.—«Просвещение», Спб., 1913, №3, стр. 50 — 62; №4, стр. 22 — 41; №5, стр. 25 — 36. Подпись: К. Сталин) ——470。

斯托雷平,彼·阿·《在国家杜马的演说(1906 — 1911)》(Столыпин, П. А. Речи в Государственной думе. 1906 — 1911. Б. м., [тип. мин. внутр. дел], б. г. 398 стр.)——270、273、281、282。

索洛古布,费·《小鬼》(Сологуб, Ф. Мелкий бес)——114。

塔尔斯基,M.《地方自治会议代表名额》(Тарский, М. Земское представительство.—«Промышленность и Торговля», Спб., 1913, №3 (123), 1 февраля, стр. 110 —114)——91—92。

泰罗,弗·温·《科学管理的原则》(Taylor, F. W. The principles of scientific management. New York—London, Harper, 1911. 144 p.)——18、19。

[唐恩,费·伊·]《迫切的任务》([Дан, Ф. И.] Очередная задача.—«Луч», Спб., 1912, №65, 2 декабря, стр. 1. Подпись: Ф. Д.)——312。

—《普列汉诺夫论分裂》(Плеханов о расколе.—«Луч», Спб., 1913, №57 (143), 9 марта, стр. 1. Подпись: Ф. Д.)——72、99—102。

—《谁是对的?》(Кто прав? —«Новая Рабочая Газета», Спб., 1913, №13, 23 августа, стр. 1. Подпись: Ф. Д.)——432—434。

[托洛茨基,列·]《俄国党内生活所见》([Trotzki, L.] Aus dem russischen Parteileben.—«Vorwärts», Berlin, 1912, Nr. 72, 26. März. 1. Beilage zu Nr. 72 des «Vorwärts», S. 1)——322、323。

瓦尔扎尔,瓦·叶·《1895 — 1904 年十年间工厂工人罢工统计资料》

（Варзар，В.Е.Статистические сведения о стачках рабочих на фабриках и заводах за десятилетие 1895 — 1904 года.Спб.，тип.Киршбаума，1905.79 стр.（М.Т.и П.Отдел промышленности））——55、220、221、408—409。

—《1905 年工厂工人罢工统计》（Статистика стачек рабочих на фабриках и заводах за 1905 год.Спб.，тип.Киршбаума，1908.111 стр.，1 диагр.，1 картогр.（М.Т.и П.Отдел промышленности））——55、218、219、220、221、222、408—409。

—《1906—1908 年三年间工厂工人罢工统计》（Статистика стачек рабочих на фабриках и заводах за трехлетие 1906 — 1908 гг.Спб.，тип.Киршбаума，1910.72，220 стр.，1 диагр.，1 картогр.（М.Т.и П.Отдел промышленности））——220、221、408—409。

韦谢洛夫斯基，波•《城市中的建筑工业》（Веселовский，Б.Строительство в городах.—«Русское Слово»，М.，1913，№100，1（14）мая，стр.2）——143—145。

—《国民教育统计》（Статистика народного образования.—«Русское Слово»，М.，1913，№128，5（18）июня，стр.1）——300、301。

维诺格拉多夫，帕•加•《政治书信》（Виноградов，П.Г.Политические письма.—«Русские Ведомости»，М.，1905，№210，5 августа，стр.3）——199。

[沃龙佐夫-达什科夫，И.И.]《副官长沃龙佐夫-达什科夫伯爵八年来高加索管理情况奏章》（[Воронцов-Дашков，И.И.]Всеподданнейший отчет за восемь лет управления Қавказом генерал-адъютанта графа Воронцова-Дашкова.Спб.，гос.тип.，1913.36 стр.）——447。

希日尼亚科夫，В.М.《切尔尼戈夫省地方自治会议 1900—1909 年第 36—46 次常会决议汇编》（第 1—2 卷）（Хижняков，В.М.Свод постановлений Черниговского губернского земского собрания XXXVI—XLVI сессий 1900 — 1909 годов，Т.1 — 2.Сост.по поруч.губ.зем.управы В.М.Хижняков.Чернигов，тип.губ.земства，1912.2 т.）——342。

—《一个地方自治机关的历史》（Из истории одного земства.—«Русское Богатство»，Спб.，1913，№3，стр.316—343）——342—343。

谢多夫,尔·——见柯尔佐夫,德·。

谢姆柯夫斯基,谢·《俄国无产阶级的复兴》(Semkovsky, S. Die
　　Wiederbelebung des russischen Proletariats.—«Der Kampf», Wien, 1913,
　　Nr.8, 1. Mai, S.357—365)——323、324。

　　—《工人哲学家约瑟夫·狄慈根》(纪念逝世二十五周年)(Семковский, С.
　　Ю. Рабочий-философ Иосиф Дицген. (К 25-летию смерти).—«Луч»,
　　Спб., 1913, №92(178), 23 апреля, стр.2)——153—154。

辛比尔斯基, Н.《35000 名信使》(Симбирский, Н. «35 тысяч курьеров».—
　　«Правда», Спб., 1913, №59(263), 12 марта, стр.1)——100—101。

叶尔曼斯基,奥·阿·《俄国工商业阶级的代表组织》(Ерманский, О. А.
　　Представительные организации торгово-промышленного класса в России.
　　Доклад, прочитанный на общем собрании ИРТО, в заседаниях 12 и 18
　　ноября 1911 г. (Оттиск из «Записок Императорского Русского Технич.
　　Общества» за 1912 год). Спб., [типолит. Шредера], 1912. 3, 208 стр., 3
　　картогр. (Императорск. русск. техн. о-во. XI Пром.-эконом. отдел). Перед
　　загл. авт.: А. О. Гушка)——246—247、249—250、251。

　　—《论俄国大资产阶级的特征》(К характеристике российской крупной
　　буржуазии.—«Наша Заря», Спб., 1912, №1—2, стр. 47—59; №3, стр.
　　21—31)——246—247、249—250。

　　—《也算是一个批评》(Тоже-критика.—«Наша Заря», Спб., 1912, №7—8,
　　стр.53—61)——246—248、249—252。

叶戈罗夫,阿·——见马尔托夫,尔·。

[伊科夫,弗·康·]《杂志评论》([Иков, В. К.]Журнальное обозрение.—
　　«Возрождение», М., 1910, №5, 30 марта, стлб.47—52; №6, 14 апреля,
　　стлб.71—78. Подпись: В. Миров)——74。

伊林——见列宁,弗·伊·。

伊索《说大话的人》(Эзоп. Хвастун)——345。

伊兹哥耶夫,亚·索·《普属波兰的"抵制"》(Изгоев, А.С. «Бойкот» в прусской
　　Польше.—«Русская Мысль», М.—Пб., 1913, кн. III, стр. 5—10, в отд.:
　　Политика, общественная жизнь и хозяйство. Под общ. загл.: В России и

за границей. Обзоры и заметки)——134。

—《新事物》(第一篇文章。工人阶级和社会民主党)(Новое. Статья первая. Рабочий класс и социал-демократия. —«Русская Мысль», М.—Пб., 1913, кн. VI, стр. 106—126)——338—341。

———————

Е. В.《大臣会议主席、御前大臣彼得·阿尔卡季耶维奇·斯托雷平的国务活动》(Е. В. Государственная деятельность председателя Совета министров статс-секретаря Петра Аркадьевича Столыпина. В 3-х частях. Ч. I. 1909 и 1910 гг. Изд. составителя. Спб., 1911. XIV, 377 стр.)——273—274。

*　　　*　　　*

《阿斯特·伦诺克斯和蒂尔登基金会纽约公共图书馆公报》(纽约)(«Bulletin of the New York Public Library Astor Lenox and Tilden foundations», New York, 1912, Vol. XVI, No. 2, February, p. 77—219)——366—367。

《爱尔兰独立报》(都柏林)(«Irish Independent», Dublin)——425。

《奥地利统计》(王国中央统计委员会出版)(Österreichische Statistik hrsg. von der K. K. statistischen Zentralkommission. LXXXIII. Bd. I. Heft. Ergebnisse der landwirtschaftlichen Betriebszählung. Vom 3. Juni 1902 in den im Reichsrate vertretenen Königreichen und Ländern. I. Heft: Analytische Bearbeitung. Summarische Daten für das Reich, die Verwaltungsgebiete und Länder, nebst Anhang, enthaltend Übersichten nach natürlichen Gebieten. Bearb. vom dem Bureau der K. K. statistischen Zentralkommission. Wien, 1909. [4], XLV, 65 S.)——243—244、245、293—294、297—298、460。

《罢工》(载于 1913 年 7 月 2 日《现代言论报》第 1967 号)(Забастовки.—«Современное Слово», Спб., 1913, №1967, 2 июля, стр. 3)——349。

《罢工》(载于 1913 年 7 月 2 日(15 日)《俄国言论报》第 151 号)(Забастовка.—«Русское Слово», М., 1913, №151, 2 (15) июля, стр. 4, в отд.: Петербург. (По телефону от наших корреспондентов))——349。

《罢工》(载于 1913 年 7 月 2 日(15 日)《新时报》第 13399 号)(Забастовки.—

《Новое Время》，Спб.，1913，№13399，2（15）июля，стр.5，в отд.：Хроника）
——349。

《罢工》（载于1913年7月2日（15日）《言语报》第177号（总第2489号））
（Забастовки.—《Речь》，Спб.，1913，№177（2489），2（15）июля，стр.3）
——349。

《罢工》（载于1913年7月3日（16日）《俄国言论报》第152号）（Забас-
товка.—《Русское Слово》，М.，1913，№152，3（16）июля，стр.4，в отд.：
Петербург.（По телефону от наших корреспондентов））——349、350。

《罢工》（载于1913年7月3日（16日）《言语报》第178号（总第2490号））
（Забастовки.—《Речь》，Спб.，1913，№178（2490），3（16）июля，стр.3）
——349。

《保险公司》（Страховые общества.—《Промышленность и Торговля》，Спб.，
1913，№9（129），1 мая，стр.419，в отд.：Акционерная статистика）——
190—192。

《北方真理报》（圣彼得堡）（《Северная Правда》，Спб.）——435。

—1913，№8，10 августа，стр.1—2.——435。

—1913，№9，11 августа，стр.1.——432。

—1913，№15，20 августа，стр.1.——416。

—1913，№18，23 августа，стр.1.——416。

—1913，№21，27 августа，стр.1.——444。

[《崩得同俄国社会民主工党统一的条件草案（俄国社会民主工党第四次（统
一）代表大会通过）》]（[Проект условия объединения Бунда с РСДРП，
принятый на IV（Объединительном）съезде РСДРП].—В кн.：Протоколы
Объединительного съезда РСДРП，состоявшегося в Стокгольме в 1906 г.
М.，тип.Иванова，1907，стр.362—363）——105、335、336—337。

《比利时罢工的总结》[社论]（Итоги бельгийской забастовки.[Передовая].—
《Луч》，Спб.，1913，№95（181），26 апреля，стр.1）——137—138。

彼得堡。普梯洛夫工厂（Петербург.Путиловский завод.—《Новая Рабочая
Газета》，Спб.，1913，№10，20 августа，стр.2，в отд.：Рабочие о рабочей
печати）——435。

《从无政府主义到机会主义》(От анархизма к оппортунизму.—«Правда»,
Спб.,1913,№99(303),1 мая,стр.1—2,в отд.:За рубежом.Подпись:Ю.
К.)——237。

《大规模备战的好处》(Huge Armaments Profits.—«The Labour Leader»,
[London],1913,No.15,April 10,p.9)——62。

《代报刊评论》(Вместо обзора печати.—«Новая Рабочая Газета»,Спб.,1913,
№6,14 августа,стр.2)——438。

《党内状况》[1910 年 1 月俄国社会民主工党中央全会通过的决议]
(Положение дел в партии.[Резолюция, принятая на пленуме ЦК
РСДРП в январе 1910 г.].—«Социал-Демократ»,[Париж],1910,№11,
26(13)февраля,стр.10,в отд.:Из партий)——70—73、74、75、76—77、
212、230、438。

《到普鲁士去》(Дб Прус.—«Новое Время»,Спб.,1913,№13343,6(19)мая,
стр.5,в отд.:Внутренние известия)——168—169。

《德国工人党纲领》(Programm der deutschen Arbeiterpartei.—In:Protokoll
des Vereinigungskongresses der Sozialdemokraten Deutschlands, abge-
halten zu Gotha vom 22. bis 27. Mai 1875. Leipzig, Genossenschafts-
buchdruckerei,1875,S.3—4)——391。

《德国社会民主党德累斯顿代表大会会议记录》(1903 年 9 月 13—20 日)
(Protokoll über die Verhandlungen des Parteitages der Sozialdemokrati-
schen Partei Deutschlands. Abgehalten zu Dresden vom 13. bis 20.
September 1903.Berlin,Expedition der Buchh.«Vorwärts»,1903.448 S.)
——388。

《德国社会民主党汉诺威代表大会会议记录》(1899 年 10 月 9—14 日)(Pro-
tokoll über die Verhandlungen des Parteitages der Sozialdemokratischen
Partei Deutschlands. Abgehalten zu Hannover vom 9. bis 14. Oktober
1899.Berlin,Expedition der Buchh.«Vorwärts»,1899.304 S.)——388。

《帝国法令公报》(柏林)(«Reichsgesetzblatt»,Berlin,1878,Nr.34,S.351—
358)——386、387。

《第 24 次会议》(1913 年 2 月 27 日)[国家杜马](Заседание двадцать

четвертое. 27 февраля 1913 г. [Государственная дума. 4-й созыв. Сессия первая].—«Россия», Спб., 1913, №2236, 28 февраля (13 марта). Бесплатное приложение к №2236 газ. «Россия», стр. 723—754)——12—13、14、15。

《第四届国家杜马社会民主党党团的宣言》(Декларация соц.-дем. фракции IV-ой Госуд. думы.—«Правда», Спб., 1912, №188, 8 декабря, стр. 2—3. Под общ. загл.: Государственная дума. Заседание 7 декабря)——24。

《斗争》杂志(维也纳)(«Der Kampf», Wien, 1913, Nr. 8, 1. Mai, S. 357—365)——323。

《都柏林无产阶级集会》(Eine Kundgebung des Dubliner Proletariats.—«Vorwärts», Berlin, 1913, Nr. 234, 9. September, S. 1)——440—441。

《对乌拉尔以东的移民的述评和土地规划(1906—1910 年)》(Обзор переселения и землеустройство за Уралом (1906—1910 гг.). С прилож. карт, планов, фотографий и таблиц. Пг., [1911]. 70 стр. (Переселенч. упр. Гл. упр. землеустройства и земледелия))——121。

《俄国报》(圣彼得堡)(«Россия», Спб.)——350、433。

　　—1913, №2236, 28 февраля (13 марта). Бесплатное приложение к №2236 газ. «Россия», стр. 723—754.——12—13、14、15。

　　—1913, №2336, 28 июня (11 июля), стр. 1; №2337, 29 июня (12 июля), стр. 1.——375—377。

《俄国财富》杂志(圣彼得堡)(«Русское Богатство», Спб., 1906, [№8], стр. 178—206)——58、80、82。

　　—1913, №3, стр. 316—343.——342—343。

《俄国的五一节庆祝活动》(Die Maifeier in Rußland. Petersburg, 14. Mai. (Privattelegramm des «Vorwärts»).—«Vorwärts», Berlin, 1913, Nr. 117, 15. Mai. 1. Beilage zu Nr. 117 des «Vorwärts», S. 2. In der Rubrik: Aus der Partei)——311。

《俄国评论报》(圣彼得堡)(«Русская Молва», Спб.)——170、336。

《俄国社会民主党的状况》(Die Lage der Sozialdemokratie in Rußland. Hrsg. vom «Boten» des Organisationskomitees der Sozialdemokratischen Arbeiterpartei Rußlands.Berlin,1912.47 S.)——322—323。

《俄国社会民主党宣言》[传单]（Манифест Российской социал-демократи-
　　ческой партии. [Листовка]. Б. м., тип. партии, [1898]. 2 стр.）——
　　334—335。

[《俄国社会民主工党第五次代表会议(1908年全国代表会议)通过的决议》]
　　（[Резолюции, принятые на Пятой конференции РСДРП（Общерос-
　　сийской 1908 г.)].—В кн.：Извещение Центрального Комитета Россий-
　　ской с.-д. рабочей партии о состоявшейся очередной общепартийной
　　конференции.[Изд.ЦК РСДРП.Paris,1909],стр.4—7.（РСДРП))——
　　179、210。

《俄国社会民主工党纲领（党的第二次代表大会通过)》（Программа Россий-
　　ской соц.-дем. рабочей партии, принятая на Втором съезде партии.—В
　　кн.：Второй очередной съезд Росс.соц.-дем.рабочей партии.Полный текст
　　протоколов.Изд.ЦК.Genève, тип. партии,[1904],стр.1—6.（РСДРП))
　　——5—6、7、24、214、215、329、438。

《俄国思想》杂志（莫斯科—彼得堡)（«Русская Мысль», М.—Пб.）——
　　133、338。
　　—1913,кн.I,стр.68—84;кн.II,стр.32—50.——284。
　　—1913,кн.III,стр.5—10.——134。
　　—1913, кн. VI,стр.106—126.——338—341。

《俄罗斯新闻》（莫斯科)（«Русские Ведомости», М.)——198、199。
　　—1905,№210,5 августа,стр.3.——199。
　　—1906,№224,10 сентября,стр.2.——56。
　　—1913,№117,22 мая,стр.1—2.——226。

《俄罗斯言论报》（莫斯科)（«Русское Слово», М.,1913,№100,1(14)мая,стр.
　　2)——143—145。
　　—1913,№101,3(16)мая,стр.6.——311。
　　—1913,№127,4(17)июня,стр.4—5.——265—266。
　　—1913,№128,5(18)июня,стр.1,6—7.——300、301、305—307。
　　—1913,№130,7(20)июня,стр.3—4.——390。

декабря 1905 г.].—«Правительственный Вестник», Спб., 1905, №268, 13 (26) декабря, стр. 1, в отд.: Действия правительства)——79。

《根据1910年6月6日法令征收城市不动产税的结果》(Результаты обложения городских недвижимостей по закону 6 июня 1910 г.—«Промышленность и Торговля», Спб., 1913, №9 (129), 1 мая, стр. 403 — 406. Подпись: О. Н—овъ)——180—181。

[《工人保险法(1912年6月23日)》](〔Законы о страховании рабочих. 23 июня 1912 г.].—«Собрание узаконений и распоряжений правительства, издаваемое при правительствующем Сенате», Спб., 1912, отд. I, №141, 11 июля, ст. 1227—1230, стр. 2615—2666)——58、441。

《工人领袖》(伦敦)(«The Labour Leader», London, 1913, No. 14, April 3, p. 9.)——63—64。

——1913, No. 15, April 10, p. 9.——62。

——1913, No. 21, May 22, p. 3—5.——176—177。

——1913, No. 24, June 12, p. 1—2.——268。

《工人内讧》(Рабочая междоусобица.—«Речь», Спб., 1913, №234 (2546), 28 августа (10 сентября), стр. 1)——444—446。

《工商报》(圣彼得堡)(«Торгово-Промышленная Газета», Спб., 1913, №100, 2 (15) мая, стр. 1)——162—164。

《工商业》杂志(圣彼得堡)(«Промышленность и Торговля», Спб.)——91。

——1913, №3 (123), 1 февраля, стр. 110—114.——91—92。

——1913, №8 (128), 15 апреля, стр. 389—390.——368。

——1913, №9 (129), 1 мая, стр. 403 — 406, 419, 421. —— 180 — 181、190 —192。

——1913, №14 (134), 15 июля, стр. 57 — 59, 69 — 72. —— 379 — 380、397、398。

《工业家的政治要求》(Политические требования промышленников.—«Русское Слово», М., 1913, №190, 18 (31) августа, стр. 6—7)——417。

《关于崩得第九次代表会议的报告》(Отчет о IX конференции Бунда. Genève, 1912. 48 стр. (РСДРП. Всеобщ. еврейск. рабоч. союз в Литве, Польше и

России))——210。

《关于崩得在党内的地位》［俄国社会民主工党第二次代表大会通过的主要决议］（О месте Бунда в партии. ［Главнейшие резолюции, принятые на Втором съезде РСДРП]. — В кн.: Второй очередной съезд Росс. соц.-дем. рабочей партии. Полный текст протоколов. Изд. ЦК. Genève, тип. партии, ［1904］, стр. 12, 62. (РСДРП))——105、335。

《关于地方民族组织的统一》［俄国社会民主工党第五次代表会议（1908 年全国代表会议）通过的决议］（Об объединении национ[альных]орган[изаций] на местах. ［Резолюция, принятая на Пятой конференции РСДРП (Общероссийской 1908 г.)]. — В кн.: Извещение Центрального Комитета Российской с.-д. рабочей партии о состоявшейся очередной общепартийной конференции.［Изд. ЦК РСДРП. Paris, 1909］, стр. 6. (РСДРП))—— 105、231、335。

《关于各个工作报告的决议》［俄国社会民主工党第五次代表会议（1908 年全国代表会议）通过］（Резолюция по отчетам,［принятая на Пятой конференции РСДРП(Общероссийской 1908 г.)]—Там же, стр. 4)—— 65、66—69、73、75、76—77、212、230、438、444。

《关于民族文化自治问题》［1912 年取消派八月代表会议通过的决议］（По вопросу о культурно-национальной автономии. ［Резолюция, принятая на августовской конференции ликвидаторов 1912 г.]. — В кн.: Извещение о конференции организаций РСДРП. Изд. ОК.［Wien］, сентябрь 1912, стр. 42. (РСДРП))——24、214、335—336。

《关于目前形势和党的任务》［俄国社会民主工党第五次代表会议（1908 年全国代表会议）通过的决议］（О современном моменте и задачах партии. ［Резолюция, принятая на Пятой конференции РСДРП(Общероссийской 1908 г.)]. — В кн.: Извещение Центрального Комитета Российской с.-д. рабочей партии о состоявшейся очередной общепартийной конференции.［Изд. ЦК РСДРП. Paris, 1909］, стр. 4—5. (РСДРП))—— 209—210、438、443、444。

《关于统一的决议》［1910 年国际社会党人哥本哈根代表大会通过］

(Resolution über die Einigkeit,〔angenommen auf dem Internationalen Sozialistenkongreß zu Kopenhagen 1910〕.—In：Internationaler Sozialistenkongreß zu Kopenhagen. 28. August bis 3. September 1910. Berlin, Buchh.«Vorwärts»,1910,S.16）——106、216—217、232。

《关于脱离农奴依附关系的农民赎买他们的庄园居住区和政府帮助这些农民在他们所有的耕地上获得收成的条例》(Положение о выкупе крестьянами,вышедшими из крепостной зависимости,их усадебной оседлости и о содействии правительства к приобретению сими крестьянами в собственность полевых угодий.19 февраля 1861 г.—В кн.：Положения о крестьянах,вышедших из крепостной зависимости. Спб.,1861,стр. 1 — 32）——429。

《关于一篇可悲的文章》(«По поводу печальной статьи».—«Луч»,Спб.,1913,№93(179),24 апреля,стр.2；№94(180),25 апреля,стр.2.Подпись：А.Б.)——149—150、187—189。

《光线报》(圣彼得堡)(«Луч»,Спб.)——8、22—23、65、66、69、72、74—76、77、82、83—84、86、87、88、99—100、101、148—150、153、154、170、172、187、188、189、208—209、211、212、214、230、320、322、323。

—1912,№1,16 сентября,стр.1.——212—213。

—1912,№53,17 ноября,стр.1.——312、323、415。

—1912,№65,2 декабря,стр.1.——312。

—1913,№15(101),19 января,стр.1.——23、24、74—75、212、316—317。

—1913,№43(129),21 февраля,стр.1.——22—23、24。

—1913,№57(143),9 марта,стр.1.——72、99—102。

—1913,№72(158),27 марта,стр.1.——83—84。

—1913,№84(170),11 апреля,стр.2.——229—230。

—1913,№92(178),23 апреля,стр.1,2.——153—154、322—323。

—1913,№93(179),24 апреля,стр.2；№94(180),25 апреля,стр.2.——149—150、187—189。

—1913,№95(181),26 апреля,стр.1,2.——74—75、82—83、138、208—209、212—213、316—318、322—324。

—1913，№102(188)，5 мая，стр.1.—— 170、171、172。

—1913，№103(189)，7 мая，стр.1.—— 170—172。

—1913，№106(192)，10 мая，стр.1.—— 187—189。

—1913，№108(194)，12 мая，стр.1.—— 83—88。

—1913，№109(195)，14 мая，стр.2.—— 79—80、178—179。

—1913，№119(205)，25 мая，стр.1.—— 231—233。

—1913，№122(208)，29 мая，стр.1.—— 260、261。

—1913，№125(211)，1 июня，стр.2.—— 290—291。

—1913，№149(235)，2 июля，стр.1.—— 350。

《国际社会民主党和奥地利民族纠纷》[在布隆召开的奥地利社会民主党全国
代 表 大 会 决 议] (Die internationale Sozialdemokratie und der Nati-
onalitätenstreit in Österreich. [Die Resolution des Gesammtparteitages
der Sozialdemokratie in Österreich, abgehalten zu Brünn].—In: Verhand-
lungen des Gesammtparteitages des Sozialdemokratie in Österreich, ab-
gehalten zu Brünn vom 24. bis 29. September 1899 im «Arbeiterheim».
Nach dem stenographischen Protokolle. Wien, Brand, 1899, S. XIV—XVI)
——216、333、470、471、472。

《国家杜马》(第 5 次常会第 107 次会议) (Государственная дума. Сессия V.
Заседание 107-е.—«Речь», Спб., 1912, №104(2058), 17(30) апреля, стр.
4—5. Подпись: С. Л.)——114—118。

《国家杜马》(据我们的特派记者的电话) (6 月 6 日会议) (Государственная
дума. (По телефону от нашего специального корреспондента). Заседание
6-го июня.—«Русское Слово», М., 1913, №130, 7(20) июня, стр. 3—4)
——390。

《国家杜马》(5 月 20 日会议) (Государственная дума. Заседание 20-го Мая.
Прения по смете мин-ва вн. дел. Речь с.-д. Петровского.—«Правда», Спб.,
1913, №116(320), 22 мая, стр.3)——354。

《[国家杜马的]速记记录》(1908 年第 1 次常会。第 2 册) (Стенографические
отчеты[Государственной думы]. 1908 г. Сессия первая, Ч. II. Заседания
31—60(с 21 февраля по 6 мая 1908 г.). Спб., гос. тип., 1908. XV стр.,

2962 стлб.(Государственная дума. Третий созыв))——57、85、209、226、314—315。

《国家杜马社会民主党党团成员的声明》(Заявление членов социал-демократической фракции Г.думы.—«Луч», Спб., 1913, №43(129), 21 февраля, стр. 1. Подписи：Бурьянов, Маньков, Скобелев, Туляков, Хаустов, Чхеидзе, Чхенкели)——22—23、24—25。

《国家杜马选举条例》[1905 年 8 月 6 日(19 日)](Положение о выборах в Государственную думу. [6 (19) августа 1905 г.].—«Правительственный Вестник», Спб., 1905, №169, 6(19)августа, стр.2—4)——55—56。

《国家杜马选举条例》[1907 年 6 月 3 日(16 日)](Положение о выборах в Государственную думу. [3(16)июня 1907 г.].—«Собрание узаконений и распоряжений правительства, издаваемое при правительствующем Сенате», Спб., 1907, отд. I, №94, 3 июня, ст.845, стр.1303—1380)——7、21、55—56、79、263、325、416。

《过些时候就会见分晓!》[社论](Поживем—увидим! [Передовая].—«Северная Правда», Спб., 1913, №18, 23 августа, стр.1)——416。

《哈里·奎尔奇逝世》(Harry Quelch gestorben.—«Vorwärts», Berlin, 1913, Nr. 243, 18. September, S. 3. Unter der Rubrik：Aus der Partei)——463—465。

《合众国的所得税》(Подоходный налог в Соедин. Штатах.—«Новый Экономист», Спб., 1913, №21, 25 мая, стр.17)——253、254—255。

《护党报》[巴黎](«За Партию», [Париж], 1912, №2, 26 сентября (9 октября), стр.4)——212—213。

　　—1912, №3, 15(2)октября, стр.1—3.——212—213、214。

《火星报》(旧的、列宁的)[莱比锡—慕尼黑—伦敦—日内瓦](«Искра» (старая, ленинская), [Лейпциг—Мюнхен—Лондон—Женева])——178、465。

基辅，8 月 1 日。[社论](Киев, 1 августа. [Передовая].—«Киевская Мысль», 1913, №210, 1 августа, стр.1)——389—390、432。

《基辅思想报》(«Киевская Мысль», 1913, №111, 23 апреля, стр.2)——138。

—1913,№113,25 апреля,стр.1.——141—142。

—1913,№120,2 мая,стр.4.——311。

—1913,№121,3 мая,стр.2.——158—159。

—1913,№210,1 августа,стр.1.——389—390、432。

—1913,№242,2 сентября,стр.2.——458—459、460。

《集会法案》》(Проект закона о собраниях.—В кн.: Четвертая Государственная дума.Фракция народной свободы в период 15 ноября 1912 г.— 25 июня 1913 г. Ч. III. Законодательные предположения, внесенные фракцией в I сессию.Спб. , 1913, стр.43—44)——37—38。

《捷克斯拉夫社会民主党人》杂志（布拉格）(«Der Čechoslavische Sozialde-mokrat», Prag, 1913, Nr.3, 15. April, S.23)——106、216—217、232、335。

《解放》杂志（斯图加特—巴黎）(«Освобождение», Штутгарт—Париж) ——78。

—Париж, 1905, №72, 21(8) июня, стр. 353—355.——56。

《今后怎样?》》(Что же дальше? —«Луч», Спб. , 1912, №53, 17 ноября, стр. 1) ——312、323、415。

《警棍下的都柏林》》(Dublin unter dem Polizeiknüppel. (Von unserem Korre-spondenten). Dublin, 4. September 1913.—«Vorwärts», Berlin, 1913, Nr. 231, 6. September, S. 1—2)——426—427。

《决议(1908 年 12 月俄国社会民主工党全国代表会议通过和 1912 年最近一次代表会议确认)》(Резолюция, принятая декабрьской 1908 года Всероссийской конференцией РСДРП и подтвержденная последней конференцией 1912 года.—В кн.: Всероссийская конференция Рос. соц.-дем. раб. партии 1912 года. Изд. ЦК. Paris, кооп. тип. «Идеал», 1912, стр. 32—34. (РСДРП))——210。

《决议[1912 年 1 月俄国社会民主工党第六次(布拉格)全国代表会议通过]》 (Резолюции, [принятые на Шестой (Пражской) Всероссийской конфе-ренции РСДРП в январе 1912 г.].—В кн.: Всероссийская конференция Рос. соц.-дем. раб. партии 1912 года. Изд. ЦК. Paris, кооп. тип. «Идеал», 1912, стр. 14—34. (РСДРП))——179。

《科辛斯基教授的报告》(Доклад проф. Косинского. Победа трудового хозяй-
　　ства.—«Киевская Мысль», 1913, №242, 2 сентября, стр. 2. Под общ.
　　загл.: Сельскохозяйственный съезд)——458—459、460。

《科学思想》杂志(里加)(«Научная Мысль», Рига, 1908, №1, стр. 3—42)——
　　216、333—334。

[《拉脱维亚社会民主工党同俄国社会民主工党统一的条件草案(俄国社会民
　　主工党第四次(统一)代表大会通过)》]([Проект условий объединения
　　Лат. СДРП с РСДРП, принятый на IV (Объединительном) съезде
　　РСДРП].—В кн.: Протоколы Объединительного съезда РСДРП,
　　состоявшегося в Стокгольме в 1906 г. М., тип. Иванова, 1907, стр. 353—
　　354)——335。

《莱比锡人民报》(«Leipziger Volkszeitung», 1913, Nr. 106, 10. Mai. 3. Beilage zu
　　Nr. 106 «Leipziger Volkszeitung», S. 1—2)——160—161。

　　—1913, Nr, 115, 22. Mai. 1. Beilage zu Nr. 115 «Leipziger Volkszeitung», S. 3.
　　——155—156。

　　—1913, Nr. 138, 18. Juni, S. 1—2.——302—303。

　　—1913, Nr. 150, 2. Juli, S. 1—2.——360—362。

　　—1913, Nr. 158, 11. Juli. 1. Beilage zu Nr. 158 «Leipziger Volkszeitung», S. 1.
　　——347—348。

《老阿伊瓦兹工厂》(Завод Старый Айваз.—«Новая Рабочая Газета», Спб.,
　　1913, №21, 1 сентября, стр. 2, в отд.: Рабочие о рабочей печати)——437。

《立宪民主党人的教条主义作风》[社论](Кадетское доктринерство. [Пере-
　　довая].—«Луч», Спб., 1913, №122 (208), 29 мая, стр. 1)——260、
　　261—262。

《六名工人代表的答复》(Ответ шести рабочих депутатов.—«Правда», Спб.,
　　1913, №44(248), 22 февраля, стр. 3, в отд.: Рабочее движение. Подписи:
　　А. Е. Бадаев, Р. В. Малиновский, М. К. Муранов, Г. И. Петровский, Ф. Н.
　　Самойлов, Н. Р. Шагов)——23。

《路标(关于俄国知识分子的论文集)》(Вехи. Сборник статей о русской
　　интеллигенции. М., [тип. Саблина, март] 1909. II, 209 стр.)——79、

133、150。

《美国统计汇编》(Statistical abstract of the United States. 1911. No. 34. Prepared by the Bureau of statistics, under the direction of the secretary of commerce and labor. Washington, 1912. 803 p. (Department of commerce and labor))——20—21、35、36、111、112、113、254—255。

《明星报》(圣彼得堡)(«Звезда», Спб.)——96。

莫斯科,5 月 22 日。[社 论](Москва, 22 мая. [Передовая].—«Русские Ведомости», М., 1913, №117, 22 мая, стр. 1—2)——226。

《某些国家的原煤开采量与世界的总开采量》(Добыча ископаемого угля в некоторых странах и мировые итоги.—В кн.: Ежегодник газеты «Речь» на 1912 год. Спб., б. г., стр. 673. (Бесплатное приложение к газете «Речь»))——36。

《涅瓦呼声报》(圣彼得堡)(«Невский Голос», Спб.)——75。

——1912, №6, 5 июля, стр. 2—3.——74。

《涅瓦明星报》(圣彼得堡)(«Невская Звезда», Спб., 1912, №6, 22 мая, стр. 2)——116。

《农民的迁徙》(Переселение крестьян.—В кн.: Ежегодник газеты «Речь» на 1912 год. Спб., б. г., стр. 635 — 636. (Бесплатное приложение к газете «Речь»))——121—122、146、275—276。

《农业生产统计》(Landwirtschaftliche Betriebsstatistik. Hrsg. vom kaiserlichen Statistischen Amte. Teil 2 b. Zusammenfassende Darstellung der Ergebnisse. Verlag des Statistischen Reichsamts. Berlin, [1912]. 100, 189 S.; 6 Kart. (Statistik des Deutschen Reichs. Bd. 212, 2 b. Berufs-und Betriebszählung vom 12. Juni 1907))—— 243 — 245、293 — 294、297 — 299、397—398、459—462。

《诺贝尔工厂》(Завод Л. Нобель.—«Новая Рабочая Газета», Спб., 1913, №6, 14 августа, стр. 2, в отд.: Рабочие о рабочей печати)——435、436。

《皮罗戈夫代表大会》(据我们彼得堡记者的电话)(Пироговский съезд. (По телефону от нашего петербургского корреспондента).—«Русское Слово», М., 1913, №127, 4(17) июня, стр. 4—5)——265—267。

《普梯洛夫工厂》(Путиловский завод.—«Новая Рабочия Газета»,Спб.,1913,№8,17 августа,стр.2,в отд.:Рабочие о рабочей печати)——435。

《普梯洛夫工厂、化工厂和亚历山德罗夫工厂五金工人小组的意见》(От группы рабочих-металлистов заводов Путиловского, Химического и Александровского.(За Нарвской заставой).—«Новая Рабочая Газета», Спб.,1913,№9,18 августа,стр.3,в отд.:Рабочие о рабочей печати)——435。

《其他工党议员在哪里?》(Where were other Labour M.P.'s? —«The Labour Leader»,London,1913,No.14,April 3,p.9)——63—64。

《启蒙》杂志(圣彼得堡)(«Просвещение»,Спб.)——258、341。

——1912,№5—7,апрель—июнь,стр.69—80.——246、247、248、249、250。

——1913,№2,стр.20—21.——115—116。

——1913,№3,стр.28—31、50—62;№4,стр.22—41;№5,стр.25—36.——467—468、470—471。

——1913,№9,стр.46—61.——75。

《前进报》(柏林)(«Vorwärts»,Berlin)——7。

——1912,Nr.72,26.März.1.Beilage zu Nr.72 des «Vorwärts»,S.1.——321、322。

——1913,Nr.115,13.Mai,S.3.——135、136。

——1913,Nr.117,15.Mai.1.Beilage zu Nr.117 des«Vorwärts»,S.2.——311。

——1913,Nr.119,17.Mai,S.4.——155—156。

——1913,Nr.231,6.September,S.1—2.——427。

——1913,Nr.234,9.September,S.1.——440—441。

——1913,Nr.243,18.September,S.3.——464。

《请工人同志们注意》(Вниманию товарищей-рабочих.—«Луч»,Спб.,1913,№106(192),10 мая,стр.1.Подпись:Раб.Герман)——187—189。

《庆祝五一节》(Празднование 1-го мая.(От наших корреспондентов).Петербург,1 мая.—«Киевская Мысль»,1913,№120,2 мая,стр.4,в отд.:Телеграммы)——311。

《商人的世界实力》(Die Weltmacht des Kaufmanns.—«Frankfurter Zeitung»,

Frankfurt am Main,1913,Nr.199,20.Juli)——363—364。

《社会民主党人巴达耶夫的演说》(Речь с.-д.Бадаева.—«Правда»,Спб.,1913,
№127（331）,5 июня,стр.2.Под общ.загл.：Государственная дума.
Заседание 4 июня)——300。

《社会民主党人报》(巴黎)（«Социал-Демократ»,［Париж］,1910,№11,26
（13）февраля,стр.10)——70—73、74、75、76—77、212、229、438。
—1911,№24,18(31)октября,стр.2—7.——290—291。

《社会民主党人报》(慕尼黑—伦敦)（«Der Sozialdemokrat»,Zürich—London)
——386、387。

《社会民主党人哥达代表大会记录》(1877 年 5 月 27—29 日)（Protokoll des
Sozialistenkongresses zu Gotha vom 27.bis 29.Mai 1877.Hamburg,1877.
92 S.)——386。

《社会民主党人日志》［日内瓦］（«Дневник Социал-Демократа»,［Женева］)
——68。
—1905,№2,август,стр.37—49.——229—230。

《社会民主党人》杂志(伦敦)（«Social-demokrat»,London)——463。

圣彼得堡,3 月 16 日。［社论］（С.-Петербург,16 марта.［Передовая］.—«Речь»,
Спб.,1913,№73(2385),16(29)марта,стр.1)——40。

圣彼得堡,5 月 22 日。［社论］（С.-Петербург,22 мая.［Передовая］.—«Речь»,
Спб.,1913,№137(2449),22 мая(4 июня),стр.1)——223、224—225。

圣彼得堡,5 月 24 日。［社论］（С.-Петербург,24 мая.［Передовая］.—«Речь»,
Спб.,1913,№139(2451),24 мая(6 июня),стр.1)—— 226、234—236、
326、327。

圣彼得堡,6 月 27 日。［社论］（С.-Петербург,27 июня.［Передовая］.—«Речь»,
Спб.,1913,№172(2484),27 июня(10 июля),стр.1)——345。

圣彼得堡,7 月 6 日。［社论］（С.-Петербург,6 июля.［Передовая］.—«Речь»,
Спб.,1913,№181(2493),6(19)июля,стр.1)——371。

圣彼得堡,7 月 26 日。［社论］（С.-Петербург,26 июля.［Передовая］.—
«Речь»,Спб.,1913,№201（2513）,26 июля（8 августа）,стр.1）——
389—390。

圣彼得堡,7 月 28 日。[社论](С.-Петербург, 28 июля.[Передовая].—«Речь»,Спб .,1913,№203(2515),28 июля(10 августа),стр.1)——389—390。

圣彼得堡,8 月 15 日。[社论](С.-Петербург, 15 августа.[Передовая].—«Речь»,Спб.,1913,№221(2533),15(28)августа,стр.1)——430。

圣彼得堡,8 月 16 日。[社论](С.-Петербург, 16 августа.[Передовая].—«Речь»,Спб.,1913,№222(2534),16(29)августа,стр.1)——430。

《圣彼得堡的工人同志们》(1 月 9 日纪念日)[传单。1913 年 1 月于圣彼得堡](Товарищи рабочие Спб. День 9 января... [Листовка. Спб., январь 1913].2 стр.(РСДРП). Подпись: Петербургск. комитет Рос. соц.-дем. рабочей партии)——315—316、321。

《石油的开采》(Добыча нефти.—В кн.:Ежегодник газеты«Речь»на 1912 год. Спб.,б.г.,стр.681)——33—34、35、36。

《时报》(彼得堡)(«Цайт»,Пб.,1913,№9,21 февраля(6 марта),стр.1.На евр. яз.)——24。

《时代的特征》[社论](Знамения времени.[Передовая].—«Луч»,Спб.,1913,№149(235),2 июля,стр.1)——350。

《庶民报》(圣彼得堡)(«Земщина»,Спб.)——150、350。

同志们![传单。1913 年 2 月于圣彼得堡](Товарищи![Листовка. Спб., февраль 1913].2 стр.(РСДРП). Подпись: Петербургский комитет РСДРП)——316、321。

同志们![传单。1913 年 4 月于圣彼得堡](1 页)(Товарищи![Листовка. Спб.,апрель 1913].1 стр.(РСДРП). Подпись:Петербургский комитет РСДРП)——316、321。

同志们![传单。1913 年 4 月于圣彼得堡](2 页)(Товарищи![Листовка. Спб.,апрель 1913].2 стр.(РСДРП). Подпись:Петербургский комитет РСДРП)——316、321。

同志们![传单。1913 年 4 月 4 日以前于圣彼得堡](Товарищи![Листовка. Спб.,до 4 апреля 1913].1 стр.(РСДРП). Подпись: Петербургский комитет РСДРП)——316、321。

《土地改革的背景》(Изнанка аграрной реформы.—«Новое Время», Спб.,
　1913,№13350,13(26)мая,стр.6,в отд.:Внутренние известия)——174。

《土地纲领[俄国社会民主工党第四次(统一)代表大会通过]》(Аграрная
　программа,[принятая на IV (Объединительном) съезде РСДРП]—В
　листовке:Постановления и резолюции Объединительн. съезда Российской
　социал-демократической рабочей партии.[Спб.], тип. ЦК,[1906], стр.1.
　(РСДРП))——68。

[《托洛茨基等人的声明(1910 年 1 月在俄国社会民主工党中央全会上提
　出)》]([Заявление Троцкого и др., внесенное на заседании пленума ЦК
　РСДРП в январе 1910 г.].—«Дискуссионный Листок», [Париж],1910,
　№2,25 мая(7 июня), стр.6, в ст.:Ленин, В.И. «Заметки публициста». На
　газ.дата:24/7 июня)——71。

《维堡区各工厂代表的集会》(Собрание представителей заводов Выборгского
　района.—«Новая Рабочая Газета», Спб., 1913, №2, 9 августа, стр. 2, в
　отд.:Рабочие о рабочей газете)——435。

《维堡区各冶金工厂代表的意见》(От представителей металлических заводов
　Выборгского района.—«Новая Рабочая Газета», Спб., 1913, №9, 18
　августа, стр.2—3,в отд.:Рабочие о рабочей печати)——435。

《我们的道路报》(莫斯科)(«Наш Путь», М.)—— 96、97—98、100—101、
　102、213—214。

《我们的曙光》杂志(圣彼得堡)(«Наша Заря», Спб.)—— 69、75、77、209、
　212、290。
　—1910,№2,стр.50—62.——73。
　—1912,№1—2,стр.47—59;№3,стр.21—31.——246、249—250。
　—1912,№6,стр.8—20.——74。
　—1912,№7—8, стр.26—37,53—61.——106、232、246—249、249—
　252、335。
　—1912,№9—10,стр.18—31.——106、232、335。
　—1913,№3,стр.44—52.——74、212。

《无产者报》[维堡](«Пролетарий», [Выборг],1907,№20,19 ноября, стр.4.На газ.место изд.：М.）——234。

《五一节》［传单。1913 年 4 月于圣彼得堡］（Первое мая.［Листовка.Спб.，апрель 1913］. 2 стр.（РСДРП）. Подпись：Центральный Комитет РСДРП）——321。

《五一节》（俄国的工人们！）［传单。1913 年 4 月于维也纳］（Первое мая. Рабочие и работницы России!［Листовка. Вена，апрель 1913］. 2 стр. （РСДРП）.Подпись：Организационный комитет РСДРП）——321。

《五一节》（载于 1913 年 5 月 3 日（16 日）《俄国言论报》第 101 号）（1-е Мая.—«Русское Слово»，М.，1913，№101，3（16）мая，стр. 6，в отд.：Петербург.（По телефону от наших корреспондентов））——311。

《物价指数（数字指数）》（Показатель товарных цен（Index number).—«Промышленность и Торговля»，Спб.，1913，№9（129），1 мая，стр. 421，в отд.：Торгово-промышленная статистика）——180。

《西纳季诺代表谈国家杜马》（Деп.Синадино о Госуд.думе.—«Киевская Мысль»，1913，№121，3 мая，стр.2，в отд.：Русская жизнь）——158—159。

《现代国家的民族运动的形式》（Формы национального движения в современных государствах. Австро-Венгрия. Россия. Германия. Под ред. А. И. Кастелянского.Спб.，«Общественная Польза»，1910. XIII，821 стр.）——106、231、471。

《现代生活报》（圣彼得堡）（«Живая Жизнь»，Спб.）——370、371、437。
　——1913，№1，11 июля，стр.1—2.——370—372。
　——1913，№8，19 июля，стр.2—3.——75。

《现代世界》杂志（圣彼得堡）（«Современный Мир»，Спб.，1907，№7 — 8，август，стр.59—75）——153。
　—［1911］，№7，стр.345—348.——258。

《现代言论报》（圣彼得堡）（«Современное Слово»，Спб.）——362。
　——1913，№1967，2 июля，стр.3.——349。

《向好的方面转变》（Eine Wendung zum Besseren.—«Der Čechoslavische Sozialdemokrat»，Prag，1913，Nr. 3，15. April，S. 23. Unter der Rubrik：Notizen）——106、217、232、335。

《新的一年》[社论]（Новый год. [Передовая].—«Новая Рабочая Газета»，
Спб.，1914，№1(119)，1 января，стр.1)——75。

《新俄罗斯报》（圣彼得堡）（«Новая Русь»，Спб.)——122—123。

《新工人报》（圣彼得堡）（«Новая Рабочая Газета»，Спб.)——75、435、437。
—1913，№2，9 августа，стр.2.——435。
—1913，№6，14 августа，стр.2.——435、436、437—438。
—1913，№8，17 августа，стр.2.——435。
—1913，№9，18 августа，стр.1，2—3.——435—438。
—1913，№10，20 августа，стр.2.——435。
—1913，№13，23 августа，стр.1.——433—434。
—1913，№21，1 сентября，стр.2.——437。
—1914，№1(119)，1 января，стр.1.——75。
—1914，№5(123)，7 января，стр.1.——75。

《新经济学家》杂志（圣彼得堡）（«Новый Экономист»，Спб.，1913，№21，25
мая，стр.17)——253、254—255。

《新普鲁士报》（柏林）（«Neue Preussische Zeitung»，Berlin，1913，Nr.279，18.
Juni)——325—326。

《新时报》（圣彼得堡）（«Новое Время»，Спб.)——131、150。
—1913，№13221，1(14)января，стр.2—3.——26—28。
—1913，№13332，25 апреля(8 мая)，стр.4.——131—132。
—1913，№13343，6(19)мая，стр.5.——168—169。
—1913，№13350，13(26)мая，стр.6.——174。
—1913，№13399，2(15)июля，стр.5.——349。
—1913，№13425，28 июля(10 августа)，стр.2—3.——389—390。

[刑法第 129 条]（[Статья 129 уголовного уложения].—В кн.：Уголовное
уложение... Утвержденное 22 марта 1903 г. с очерком существенных
отличий его от действующего уложения и предметным алфавитным
указателем. Изд. неофициальное. М.，кн. маг. «Правоведение» Голубева，
[1903]，стр.50—51)——171。

《匈牙利王国各邦农业统计》（Landwirtschaftliche Statistik der Länder der

Ungarischen Krone. Bd. 4. Verteilung der Wirtschaften nach Karakter und Grösse. Im Auftrage des Kön. Ungarischen Ackerbauministers. Verfasst und hrsg. durch das Kön. Ungarische statistische Central-Amt. Budapest, Pester Buchdruckerei, 1900. X, 445 S.)——397—398。

《宣言》(1905 年 10 月 17 日(30 日))(Манифест. 17(30)октября 1905 г.——
　　«Правительственный Вестник», Спб., 1905, №222, 18(31) октября, стр. 1)
　　——417。

《言语报》(圣彼得堡)(«Речь», Спб.)——104、355、362、370、371、389、390。
　　—1912, №104(2058), 17(30) апреля, стр. 4—5.——114—118。
　　—1913, №51(2363), 21 февраля(6 марта), стр. 4—5.——16—17。
　　—1913, №57(2369), 28 февраля(13 марта), стр. 2.——12、15。
　　—1913, №70(2382), 13(26) марта, стр. 4.——31—32。
　　—1913, №73(2385), 16(29) марта, стр. 1.——40。
　　—1913, №80(2392), 23 марта(5 апреля), стр. 5—6.——33—36。
　　—1913, №85(2397), 28 марта(10 апреля), стр. 4—5.——56。
　　—1913, №91(2403), 3(16) апреля, стр. 5.——60。
　　—1913, №117(2429), 1(14) мая, стр. 1—2.——146。
　　—1913, №122(2434), 7(20) мая, стр. 1.——166。
　　—1913, №129(2441), 14(27) мая, стр. 4—5.——173—175。
　　—1913, №134(2446), 19 мая(1 июня), стр. 2.——198—199。
　　—1913, №136(2448), 21 мая(3 июня), стр. 3—4.——223—225、309。
　　—1913, №137(2449), 22 мая(4 июня), стр. 1, 3—4.——223—225、226—
　　228、234。
　　—1913, №139(2451), 24 мая(6 июня), стр. 1.—— 226、234—236、326、
　　327—328。
　　—1913, №143(2455), 28 мая(10 июня), стр. 4—5.——260—261、262。
　　—1913, №151(2463), 6(19) июня, стр. 3—5.——326、327—328。
　　—1913, №172(2484), 27 июня(10 июля), стр. 1.——345。
　　—1913, №174(2486), 29 июня(12 июля), стр. 2—3.——354—355。
　　—1913, №177(2489), 2(15) июля, стр. 3.——349。

—1913,№178(2490),3(16)июля,стр.3.——349。

—1913,№181(2493),6(19)июля,стр.1.——371。

—1913,№201(2513),26 июля(8 августа),стр.1.——389—390。

—1913,№203(2515),28 июля(10 августа),стр.1.——389—390。

—1913,№221(2533),15(28)августа,стр.1.——430。

—1913,№222(2534),16(29)августа,стр.1.——430。

—1913,№234(2546),28 августа(10 сентября),стр.1.——444—446。

《1905 年土地占有情况统计》(第 24 编,奥廖尔省)(Статистика землевладения 1905 г. Вып. 24. Орловская губерния. Спб., Центр. типолит. Минкова,1906.54 стр.(Центр.стат.ком.МВД))——282—283。

《1905 年土地占有情况统计。欧俄 50 省资料汇编》(Статистика землевладения 1905 г. Свод данных по 50-ти губерниям Европейской России.Спб., тип. Минкова, 1907. 199 стр.; L стр. табл. (Центр. стат. ком. м-ва внутр. дел))——10—11、284—285。

《1909 年的罢工和开除罢工者》(Streiks und Aussperrungen im Jahre 1909. Bearb. im kaiserlichen Statistischen Amte. Berlin, Puttkammer u. Mühlbrecht,1910.62 S. (Statistik des Deutschen Reichs. Bd. 239))——220—221、222。

《1910 年俄国年鉴》(Ежегодник России 1910 г.(Год седьмой).Спб., [типолит. Ныркина], 1911, 926 стр. разд. паг. (Центр. стат. ком. МВД))——109—110。

《1910 年工厂视察员报告汇编》(Свод отчетов фабричных инспекторов за 1910 год. Спб., тип. Киршбаума, 1911. IV, XC, 319 стр. (М-во торговли и промышленности.Отдел промышленности))——451。

《1911 年截至 12 月 31 日止的报告》(Report for the Year ending December 31,1911.—«Bulletin of the New York Public Library Astor Lenox and Tilden foundations»,New York,1912,Vol.XVI,No.2,February,p.77—219)——366—367。

《1912 年》(1912 год.—«Новое Время»,Спб.,1913,№13221,1(14)января,стр. 2—3)——26—28。

《1912 年帝国议会选举》(Die Reichstagswahlen von 1912. Bearb. im kaiserli-
chen Statistischen Amte. Hft. 3. Berlin, Buchh. für Staats- und Rechtswis-
senschaft, 1913. 125 S.; 3 Tafeln. (Statistik des Deutschen Reichs, Bd.
250, 3))——356—359。

《1912 年莫斯科工业区厂主协会》(Общество заводчиков и фабрикантов
Московского промышленного района в 1912 году. М., тип. Рябушинского,
1913. 144 стр.)——200—207、218—219、220—221、400—415。

《[1912 年取消派八月代表会议通过的]决议》(Резолюции, [принятые на
августовской конференции ликвидаторов 1912 г.]. — В кн.: Извещение о
конференции организаций РСДРП. Изд. ОК. [Wien], сентябрь 1912, стр.
23—44. (РСДРП))——84、210、213—214。

《1912 年手册》(1910 年《手册》增补)(Справочник 1912 г. (Дополнение к
«Справочнику» 1910 г.). Вып. 4. Спб., гос. тип., 1912. VI, 249 стр.
(Государственная дума. III созыв—V сессия))——114。

《1913 年国家收支预算草案的说明书》(Объяснительная записка к проекту
государственной росписи доходов и расходов на 1913 год. Ч. 1. — В кн.:
Проект государственной росписи доходов и расходов на 1913 год с
объяснительною запискою министра финансов. Спб., тип. Киршбаума,
1912, стр. 1—140)——26、27、108、111—112。

《[1913 年 5 月 11 日在伯尔尼召开的德国和法国国会议员代表会议通过的]
决议》(Resolution, [angenommen auf der ersten Konferenz der deutschen
und französischen Parlamentarier zu Bern am 11. Mai 1913]. —
«Vorwärts», Berlin, 1913, Nr. 115, 13. Mai, S. 3, in der Korrespondenz:
Deutsch-französische Verständigungskonferenz in Bern)——135、136。

《1913 年中国改为 5% 金制债款》(Китайский 5% реорганизационный золотой
заем 1913 г. — «Речь», Спб., 1913, №122 (2434), 7 (20) мая, стр. 1)
——166。

《印刷业代表谈新法案》(Представители печати о новом законопроекте. —
«Луч», Спб., 1913, №102(188), 5 мая, стр. 1)——170、171、172。

《英国社会党代表大会》(Der Parteitag der British Sozialist Party. London, 14.

Mai. (Eig. Ber.). —《Vorwärts》, Berlin, 1913, Nr. 119, 17. Mai, S. 4. In der Rubrik: Aus der Partei)——155—156。

《英国社会党年会》(Die Jahreskonferenz der British Socialist Party. —《Leipziger Volkszeitung》, 1913, Nr. 115, 22. Mai. 1. Beilage zu Nr. 115《Leipziger Volkszeitung》, S. 3)——155—156。

《拥护出版自由》[社论](За свободу печати. [Передовая]. —《Луч》, Спб., 1913, №103(189), 7 мая, стр. 1)——170—172。

[《在俄国社会民主工党第四次(统一)代表大会上通过的对崩得同俄国社会民主工党统一的条件草案的补充决议》]([Резолюция, принятая на IV (Объединительном) съезде РСДРП в дополнение к проекту условий объединения Бунда с РСДРП]. —В кн.: Протоколы Объединительного съезда РСДРП, состоявшегося в Стокгольме в 1906 г. М., тип. Иванова, 1907, стр. 392)——105、231、335、336。

《在国家杜马中》(第 1 次常会第 31 次会议)(В Гос[ударственной] думе. Сессия I, заседание 31. —《Речь》, Спб., 1913, №80(2392), 23 марта(5 апреля), стр. 5—6)——33—36。

《在国家杜马中》(第 1 次常会第 32 次会议)(В Гос[ударственной] думе. Сессия I, заседание 32. —《Речь》, Спб., 1913, №85(2397), 28 марта(10 апреля), стр. 4—5)——56。

《在国家杜马中》(第 1 次常会第 34 次会议)(В Гос[ударственной] думе. Сессия I, заседание 34. —《Речь》, Спб., 1913, №91(2403), 3(16) апреля, стр. 5)——60。

《在国家杜马中》(第 1 次常会第 52 次会议)(В Гос[ударственной] думе. Сессия I, заседание 52. —《Речь》, Спб., 1913, №137(2449), 22 мая(4 июня), стр. 3—4. Подпись: Як. Лив—ъ)——223—225、226—228、234。

《在国家杜马中》(第 1 次常会第 57 次会议)(В Государственной думе. Сессия I, заседание 57. —《Речь》, Спб., 1913, №143(2455), 28 мая(10 июня), стр. 4—5. Подпись: Л. Неманов)——260—261、262。

《在国家杜马中》(第 1 次常会第 64 次和第 65 次会议)(В Гос[ударственной] думе. Сессия I, заседание 64 и 65. —《Речь》, Спб., 1913, №151(2463), 6

（19）июня, стр. 3 — 5. Подписи: Л. Неманов и Як. Лив—ъ）—— 326、327。

《在国家杜马中》（内务部预算辩论）（第 1 次常会第 49 次会议）（В Гос[удар-ственной]думе. Прения по смете м-ва внутренних дел. Сессия I, заседание 49. — «Речь», Спб., 1913, №136（2448）, 21 мая（3 июня）, стр. 3 — 4. Подпись: Л. Неманов）—— 223 — 225、309。

《在国家杜马中》（预算辩论）（第 1 次常会第 44 次会议）（В Государственной думе. Бюджетные прения. Сессия I, заседание 44. — «Речь», Спб., 1913, №129（2441）, 14（27）мая, стр. 4 — 5. Подпись: Л. Неманов）—— 173 — 174。

《怎样增加俄国人均消费量?》[社论]（Как увеличить размеры душевого потребления в России? [Передовая]. — «Промышленность и Торговля», Спб., 1913, №14（134）, 15 июля, стр. 57 — 59）—— 379、380、397、398。

《真理报》（圣彼得堡）（«Правда», Спб.）—— 7、22 — 23、65、66、71、80、87、88、95 — 98、99、100、101、148 — 149、150、178、187、188、214、231、232、257、320、322、341、437。

—1912, №80, 1 августа, стр. 1. —— 95、100 — 101。

—1912, №103, 29 августа, стр. 1. —— 95。

—1912, №188, 8 декабря, стр. 2 — 3. —— 24。

—1913, №44（248）, 22 февраля, стр. 3. —— 23。

—1913, №55（259）, 7 марта, стр. 1. —— 14。

—1913, №56（260）, 8 марта, стр. 1. —— 13。

—1913, №59（263）, 12 марта, стр. 1. —— 100 — 101。

—1913, №85（289）, 12 апреля, стр. 1 — 2. —— 70、76 — 77、148、149、150、187。

—1913, №95（299）, 26 апреля, стр. 2. —— 73、76 — 77、148、149、150、187、257。

—1913, №96（300）, 27 апреля, стр. 2. —— 146。

—1913, №99（303）, 1 мая, стр. 1 — 2. —— 237。

—1913, №102（306）, 5 мая, стр. 1. —— 187 — 189。

—1913, №104（308）, 8 мая, стр. 2. —— 231 — 233、470 — 471。

—1913，№108（312），12 мая，стр.1.——178。

—1913，№110（314），15 мая，стр.2.——73、76—77。

—1913，№115（319），21 мая，стр.1.——290。

—1913，№116（320），22 мая，стр.3.——354。

—1913，№120（324），26 мая，стр.2—3.——257—259。

—1913，№122（326），29 мая，стр.2.——76、80。

—1913，№124（328），31 мая，стр.1.——80。

—1913，№126（330），2 июня，стр.1.——84。

—1913，№127（331），5 июня，стр.2.——300、470—471。

—1913，№128（332），6 июня，стр.1.——326。

—1913，№133（337），12 июня，стр.1.——294—295。

《争论专页》[巴黎]（«Дискуссионный Листок»，[Париж]，1910，№2，25 мая（7
июня），стр.4—14.На газ.дата：24/7 июня）——71—72、290、322。

《正义报》（伦敦）（«Justice»，London）——463。

《政府通报》（圣彼得堡）（«Правительственный Вестник»，Спб.，1905，№169，6
（19）августа，стр.2—4）——55—56。

—1905，№222，18（31）октября，стр.1.——417。

—1905，№268，13（26）декабря，стр.1.——79—80。

《祖国之子报》（圣彼得堡）（«Сын Отечества»，Спб.，1905，№54，20 апреля（3
мая），стр.2—3）——268—269。

年 表

(1913 年 3 月—9 月)

1913 年 3 月—9 月

列宁侨居在波兰的克拉科夫和波罗宁,在这里领导俄国全党的工作。

3 月 1 日(14 日)

列宁的《马克思学说的历史命运》一文发表在《真理报》第 50 号上。

3 月 2 日(15 日)

以俄国社会民主工党中央委员会的名义致函德国社会民主党执行委员会,拒绝它提出的关于召开布尔什维克同取消派的联席会议以求两派统一的建议。

列宁的《俄国地主的大地产和农民的小地产》一文发表在《真理报》第 51 号上。

3 月 5 日(18 日)

写信给姐姐安·伊·乌里扬诺娃-叶利扎罗娃,询问母亲的健康情况,并要她告知《唯物主义和经验批判主义》一书的出版者 Л.克鲁姆比尤格尔的地址。

3 月 7 日(20 日)

列宁的《虚伪的论调》一文发表在《真理报》第 55 号上。

3 月 8 日(21 日)

列宁的《"问题的症结"》一文发表在《真理报》第 56 号上。

3 月 9 日(22 日)

列宁的《自由派在粉饰农奴制》一文发表在《真理报》第 57 号上。

3 月 10 日—13 日(23 日—26 日)

主持俄国社会民主工党中央委员会在克拉科夫举行的会议。会议讨论关于合法的布尔什维克报刊和关于《真理报》编辑部工作的问题。

3 月 13 日（26 日）

列宁的《榨取血汗的"科学"制度》一文发表在《真理报》第 60 号上。

3 月 14 日（27 日）

列宁的《我们的"成就"》一文发表在《真理报》第 61 号上。

3 月 15 日（28 日）以前

对自己写的《"库存现金"》一文进行增补。

3 月 15 日（28 日）

列宁的《达成协议还是分裂？（关于社会民主党杜马党团的意见分歧问题）》和《"库存现金"》两篇文章发表在《真理报》第 62 号上。

3 月 16 日（29 日）以前

读罗·卢森堡的《资本积累论》一书（1913 年柏林版），并写批评意见。

致函列·波·加米涅夫，对约·维·斯大林论述民族问题的文章给予好评并告知斯大林和其他一些布尔什维克被捕；指出俄国国内的党的工作有进步；批评罗·卢森堡的《资本积累论》一书。

3 月 22 日（4 月 4 日）

列宁的《中华民国的巨大胜利》一文发表在《真理报》第 68 号上。

3 月 23 日（4 月 5 日）

致函《真理报》编辑部，同意彼得堡委员会关于支持布尔什维克代表六人团、反对孟什维克七人团的决议；对进一步展开支持布尔什维克六人团、反对孟什维克七人团的运动提出具体建议；强调指出，掩盖七人团的取消主义、无气节和无原则性就是犯罪；建议加强争取《真理报》订户的斗争。

不早于 3 月 23 日（4 月 5 日）

写关于辛迪加一文的提纲。

3 月 25 日（4 月 7 日）

致函在巴黎的列·波·加米涅夫，要他多带一些书来，特别是一些刊有关于土地规划和斯托雷平土地政策的文章和刊有对列宁的《唯物主义和经验批判主义》一书的评论文章的杂志。

3 月 26 日（4 月 8 日）

列宁的《老问题和自由派的衰老》一文发表在《真理报》第 71 号上。

不早于3月26日（4月8日）

从美国和俄国出版的关于美国石油生产和价格的资料中作摘录，在《论"石油荒"》一文中利用了这些资料。

由于在杜马中要讨论石油辛迪加的问题，写《论"石油荒"》一文。

3月27日（4月9日）

列宁的《立宪民主党的集会法案》（社论）一文发表在《真理报》第72号上。

3月29日（4月11日）

列宁的《巴尔干战争和资产阶级沙文主义》一文发表在《真理报》第74号上。

3月31日（4月13日）

中央委员会国外局受列宁的委托，给中央委员会俄国局发了一封信，内容是关于五一节、关于保险运动、关于工人刊物、关于国外的各种社会民主主义派别、关于各种民族组织、关于俄国社会民主工党中央委员会克拉科夫会议、关于秘密组织的建设、关于社会民主党杜马党团内部的状况、关于俄国社会民主工党中央委员会在地方上的工作。

3月

写《马克思主义的三个来源和三个组成部分》一文提纲，并写这篇文章。

3月—4月

写《罗莎·卢森堡对马克思理论所作的失败补充》一文提纲。

写《一次谈话》一文。

不晚于4月1日（14日）

致函列·波·加米涅夫，说他即将去莱比锡作报告。

4月5日（18日）

在克拉科夫国民大学作题为《今天的俄国和工人运动》的报告，这个报告曾刊登在4月9日（22日）的波兰《前进报》上。

4月6日（19日）

列宁的《马克思主义的三个来源和三个组成部分》和《日益扩大的矛盾（政治家札记）》（开头部分）发表在《启蒙》杂志第3期上。

4月10日（23日）

列宁写的短评《有教养的代表们》发表在《真理报》第83号上。

4 月 11 日（24 日）

列宁的《"对谁有利?"》一文发表在《真理报》第 84 号上。

4 月 12 日（25 日）以前

读 1913 年《我们的曙光》杂志第 3 期,并在尔·谢多夫写的《杂志评论》、《地下组织》两篇文章上作记号,后来在以《几个争论的问题(公开的党和马克思主义者)》为题的一组文章和《向拉脱维亚边疆区社会民主党第四次代表大会提出的纲领草案》中使用了这些材料。

4 月 12 日（25 日）

列宁的《在英国(机会主义的悲惨结局)》一文发表在《真理报》第 85 号上。

以《几个争论的问题(公开的党和马克思主义者)》为总标题的一组文章中的第一篇《1908 年的决定》发表在《真理报》第 85 号上。

4 月 13 日（26 日）

在莱比锡作题为《俄国群众情绪的高涨和社会民主党人的任务》的专题报告。

4 月 13 日（26 日）以后

致函列·波·加米涅夫,告知已从莱比锡回到克拉科夫;说给加米涅夫寄去杜马材料;要加米涅夫根据他提出的题目帮助第四届杜马的布尔什维克代表写发言稿。

4 月 14 日（27 日）

列宁的《文明的欧洲人和野蛮的亚洲人》一文发表在《真理报》第 87 号上。

4 月上半月

在克拉科夫作题为《俄国革命运动和社会民主党》的报告。

4 月 18 日（5 月 1 日）以前

起草关于民族问题的发言稿,并把它寄给格·伊·彼得罗夫斯基,供他在杜马中发言用。

4 月 18 日（5 月 1 日）

出席克拉科夫五一节工人集会。

4 月 20 日（5 月 3 日）

列宁的《商人的算盘》一文发表在《真理报》第 90 号上。

在娜·康·克鲁普斯卡娅给玛·亚·乌里扬诺娃的信上写附言,告诉她即将迁居比亚韦-杜纳耶茨。

4月21日(5月4日)以前

写信给弟弟德·伊·乌里扬诺夫,告知娜·康·克鲁普斯卡娅患病,并同他商量如何给克鲁普斯卡娅治病(这封信没有找到)。

4月21日(5月4日)

致函第四届杜马的布尔什维克代表,要他们给他寄去新的法案、杜马参考材料和提交给杜马的各项声明;指出《真理报》的工作已有所改进;告知他即将离开克拉科夫去比亚韦-杜纳耶茨。

列宁的《一个伟大的技术胜利》一文发表在《真理报》第91号上。

4月22日(5月5日)

致电在巴黎的列·波·加米涅夫,要他经常给《真理报》写稿(这份电报没有找到)。

4月23日(5月6日)以前

翻阅《光线报》,作记号,并统计发表在该报上的捐款收入数字。在《谈谈总结和事实》一文中采用了这些资料。

致函在柏林的伊·埃·格尔曼,建议他在拉脱维亚边疆区社会民主党第四次代表大会之前草拟一份拉脱维亚布尔什维克的纲领,并将它公布出来;阐述新纲领的要点;告知自己的新住址。

4月23日(5月6日)

列宁的《〈真理报〉创刊一周年纪念(工人对工人报纸的支持)》和《谈谈总结和事实》两篇文章发表在《真理报》第92号上。

4月23日或24日(5月6日或7日)

同娜·康·克鲁普斯卡娅到比亚韦-杜纳耶茨去度夏。

4月23日和10月7日(5月6日和10月20日)之间

在比亚韦-杜纳耶茨同当地的居民交往,了解他们的生活情况。

4月25日(5月8日)以前

就娜·康·克鲁普斯卡娅的健康状况同谢·尤·巴戈茨基医生商量。

4月25日(5月8日)

致函在伯尔尼的格·李·什克洛夫斯基,告知娜·康·克鲁普斯卡娅的病情;请他了解一下有关外科医生泰·科赫尔的情况,询问克鲁普斯卡娅能否住进科赫尔的诊所治疗。

4月26日(5月9日)以前

研究文集《现代国家中的民族运动的形式。奥匈帝国、俄国、德国》,作摘录,写短评。在自己的《俄国的分离主义者和奥地利的分离主义者》和《〈真理报〉是否证明了崩得分子的分离主义?》两篇文章中以及论述民族问题的讲演提纲中引用了文集的材料。

4月26日(5月9日)

列宁写的《几个争论的问题(公开的党和马克思主义者)》一组文章中的第二篇《1910年的决定》发表在《真理报》第95号上。

　　　　写《资产阶级的国际政策》和《俄国的分离主义者和奥地利的分离主义者》两篇文章。

不早于4月26日(5月9日)

致函在意大利卡普里岛的阿·马·高尔基,很想知道高尔基对《真理报》纪念专号(第92号)的意见;请他为《启蒙》杂志5月号写篇文章或短篇小说;告知在彼得堡五金工会理事会的选举中布尔什维克战胜了取消派。

4月27日(5月10日)

为布尔什维克代表阿·叶·巴达耶夫草拟发言稿《论国民教育部的政策问题(对国民教育问题的补充)》。

　　　　写《资本主义和妇女劳动》一文。

4月27日和5月1日(5月10日和14日)

列宁的《移民工作的意义》一文发表在《真理报》第96号和第99号上。

4月28日(5月11日)

写《中国各党派的斗争》和《地主关于"安抚"农村的声音》两篇文章。

4月29日(5月12日)

致函在巴黎的列·波·加米涅夫,询问下一号的《社会民主党人报》何时出版,以及关于第四届杜马的布尔什维克代表的发言草稿的情况。

4月29日或30日(5月12日或13日)

致函在沃洛格达的妹妹玛·伊·乌里扬诺娃,告知自己在比亚韦-杜纳

耶茨的生活情况;说他对《真理报》出版纪念专号和布尔什维克在彼得堡
五金工会理事会的选举中战胜取消派表示满意。

4月30日(5月13日)以前

致函在费奥多西亚的母亲玛·亚·乌里扬诺娃,告知娜·康·克鲁普斯
卡娅的健康情况(这封信没有找到)。

5月2日(15日)

写《资产阶级与和平》和《比利时罢工的教训》两篇文章。

5月2日和7日(15日和20日)之间

致函在巴黎的列·波·加米涅夫,建议他对孟什维克取消派谢·谢姆柯
夫斯基发表在1913年《斗争》杂志第8期上的文章进行回击。

5月3日(16日)

写《工人阶级和民族问题》一文。

列宁的《中国各党派的斗争》一文发表在《真理报》第100号上。

5月4日(17日)以前

写便条给在彼得堡的阿·萨·叶努基泽,对同他恢复联系表示满意,要
他最详细地通报《真理报》编辑部的工作情况。

5月4日(17日)

写《建筑工业和建筑工人》和《再谈移民工作》两篇文章。

列宁的《自由派和结社自由》(社论)、《地主关于"安抚"农村的声音》
和《资产阶级的国际政策》三篇文章发表在《真理报》第101号上。

列宁的文章《英国关于自由派工人政策的争论》和《日益扩大的矛盾
(政治家札记)》以及书刊评述《路标派和民族主义》发表在《启蒙》杂志第
4期上。

5月5日(18日)

写《"英国社会党"代表大会》和《对第四届杜马的评价》两篇文章。

列宁的《请〈光线报〉和〈真理报〉的读者注意》、《纪念约瑟夫·狄慈
根逝世二十五周年》和《资本主义和妇女运动》三篇文章发表在《真理报》
第102号上。

5月7日(20日)

列宁的《资产阶级与和平》(社论)和《亚洲的觉醒》两篇文章发表在《真理

报》第 103 号上。

5 月 8 日（21 日）

列宁的《俄国的分离主义者和奥地利的分离主义者》和《比利时罢工的教训》两篇文章发表在《真理报》第 104 号上。

5 月 9 日（22 日）

列宁的《建筑工业和建筑工人》和《再谈移民工作》两篇文章发表在《真理报》第 105 号上。

5 月 10 日（23 日）

写《农民是在恢复起来还是在贫困下去?》一文。

写《落后的欧洲和先进的亚洲》、《地主谈外流的农业工人》和《愚蠢的欺骗》三篇文章（最后一篇文章没有找到）。

列宁的《工人阶级和民族问题》（社论）一文发表在《真理报》第 106 号上。

不早于 5 月 10 日（23 日）

写《关于第 189 号〈光线报〉社论》一文。

5 月 11 日（24 日）

写《几个争论的问题（公开的党和马克思主义者）》一组文章中的第三篇《取消派对 1908 年和 1910 年的决定的态度》以及《论"外国人的成就"》一文（最后一篇文章没有找到）。

致函在巴黎的列·波·加米涅夫,向他了解《社会民主党人报》编辑部的工作情况。

5 月 12 日（25 日）以前

收到弟弟德·伊·乌里扬诺夫从费奥多西亚的来信,信中对娜·康·克鲁普斯卡娅所患疾病的治疗提出建议。

5 月 12 日（25 日）

在娜·康·克鲁普斯卡娅给在费奥多西亚的母亲玛·亚·乌里扬诺娃的信上写附言,告诉克鲁普斯卡娅的病情,并对弟弟德·伊·乌里扬诺夫的来信表示感谢。

不早于 5 月 12 日（25 日）

致函彼得堡《真理报》编辑部,对争取"10 万读者"提出具体建议;主张不

要对格·瓦·普列汉诺夫下最后通牒,因为他在和工人运动的敌人作
战;希望把报纸办成有思想性的马克思主义报纸,而不是马赫主义的。

5 月 14 日(27 日)

列宁的《"英国社会党"代表大会》一文发表在《真理报》第 109 号上。

5 月 15 日(28 日)

列宁写的《几个争论的问题(公开的党和马克思主义者)》一组文章中的
第三篇《取消派对 1908 年和 1910 年的决定的态度》以及《对第四届杜马
的评价》(社论)一文发表在《真理报》第 110 号上。

5 月 16 日(29 日)

列宁的《农民是在恢复起来还是在贫困下去?》一文发表在《真理报》第
111 号上。

　　写《地主的土地规划》、《扩充军备和资本主义》和《束手无策和张皇
失措(短评)》三篇文章。

5 月 17 日(30 日)

　　写《物价上涨和资本家的"艰难"生活》、《德国社会民主党与扩充军备》和
《自由派的政客手腕》三篇文章。

5 月 18 日(31 日)

列宁的《落后的欧洲和先进的亚洲》和《地主谈外流的农业工人》两篇文
章发表在《真理报》第 113 号上。

5 月 19 日(6 月 1 日)

列宁的《不好!(再次提请《光线报》和《真理报》的读者注意)》一文发表
在《真理报》第 114 号上。

　　写《几个争论的问题(公开的党和马克思主义者)》一组文章中的第
四篇《取消主义的阶级意义》以及《资本主义财富的增长》一文。

5 月 20 日(6 月 2 日)

　　写《德国天主教徒在组织群众》和《论工人休假》两篇文章。

5 月 21 日(6 月 3 日)以前

　　写《几个争论的问题(公开的党和马克思主义者)》一组文章中的第五、
六篇的提纲草稿。

5 月 21 日(6 月 3 日)

　　写《几个争论的问题(公开的党和马克思主义者)》一组文章中的第五篇

《"为公开的党而斗争"的口号》以及《一个自由派分子的坦率言论》一文。

列宁的《地主的土地规划》(社论)、《扩充军备和资本主义》和《束手无策和张皇失措(短评)》三篇文章发表在《真理报》第 115 号上。

5 月 22 日(6 月 4 日)

列宁的《物价上涨和资本家的"艰难"生活》和《德国社会民主党与扩充军备》两篇文章发表在《真理报》第 116 号上。

5 月 23 日(6 月 5 日)

写题为《几个争论的问题(公开的党和马克思主义者)》的一组文章中的第六篇。

5 月 23 日—25（6 月 5—7 日）

写《厂主谈工人罢工》一文。

5 月 25 日(6 月 7 日)以前

写《向拉脱维亚边疆区社会民主党第四次代表大会提出的纲领草案》。

致函扬·鲁迪斯-吉普斯利斯,告知已给伊·埃·格尔曼寄去《向拉脱维亚边疆区社会民主党第四次代表大会提出的纲领草案》;谈自己对扬·安·别尔津的文章《党的统一的基础》的意见;要求把该文的全部译文寄来。

5 月 25 日(6 月 7 日)

致函扬·鲁迪斯-吉普斯利斯,告知已收到扬·安·别尔津写的《党的统一的基础》一文的全文,对该文作肯定的评价;问《向拉脱维亚边疆区社会民主党第四次代表大会提出的纲领草案》是如何处理的。

写《1912 年和 1905 年的经济罢工》和《1912 年同往年比较取得的罢工成果》两篇文章。

5 月 25 日和 6 月 1 日(6 月 7 日和 14 日)之间

根据 1913 年《新经济学家》杂志第 21 期提供的资料编制美国所得税的统计表,在《资本主义与税收》一文中使用了这些材料。

5 月 26 日(6 月 8 日)

列宁的《德国天主教徒在组织群众》一文发表在《真理报》第 120 号上。

写便函给在巴黎的列·波·加米涅夫,建议他就《真理报》和《光线报》代表同自由派报纸的编辑们举行会议的问题,给《启蒙》杂志写一篇文章。

5月27日(6月9日)

写《一项"历史性"提案的意义》(社论)、《究竟得到谁的支持?》(社论)和《工人政党和自由派骑士们(关于波特列索夫)》三篇文章。

5月28日(6月10日)

写《〈真理报〉是否证明了崩得分子的分离主义?》、《自由派扮演了第四届杜马的维护者的角色》(社论)、《资本家的代理人唆使人民参加战争》和《立宪民主党先生们支持普利什凯维奇》四篇文章(后两篇文章没有找到)。

5月29日(6月11日)

列宁写的《几个争论的问题(公开的党和马克思主义者)》一组文章中的第四篇《取消主义的阶级意义》发表在《真理报》第122号上。

5月30日(6月12日)以前

致函布尔什维克巴黎支部,建议他们筹备出版秘密刊物和对《社会民主党人报》给予帮助(这封信没有找到)。

5月30日(6月12日)

写《法国通讯(本报记者)》、《农民和工人阶级》和《在德国》三篇文章(最后一篇文章没有找到)。

5月30日、6月2、5、9日(6月12、15、18、22日)

列宁的《厂主谈工人罢工》一文发表在《真理报》第123、126、127、131号上。

5月31日(6月13日)以前

用法文致函在布鲁塞尔的卡·胡斯曼,说寄给社会党国际局的钱是由俄国各地的工人为支援正在罢工的比利时工人而募集的。

5月31日(6月13日)

列宁写的《几个争论的问题(公开的党和马克思主义者)》一组文章中的第五篇《"为公开的党而斗争"的口号》以及《论工人休假》一文发表在《真理报》第124号上。

不早于5月

写《论取消主义》一文的提纲。

5月

列宁的《论自由主义和马克思主义的阶级斗争概念(短评)》一文发表在《启蒙》杂志第5期上。

6月1日(14日)

写《资本主义与税收》一文。

列宁的《一个自由派分子的坦率言论》一文发表在《真理报》第125号上。

6月2日(15日)

列宁写的《几个争论的问题(公开的党和马克思主义者)》一组文章中的第六篇以及《一项"历史性"提案的意义》(社论)一文发表在《真理报》第126号上。

6月3日(16日)以前

致函在日内瓦的尼·达·基克纳泽,要求他告诉发表在格鲁吉亚刊物上的诺·尼·饶尔丹尼亚写的一些文章的情况(这封信没有找到)。

6月3日(16日)

致函彼得堡《真理报》编辑部,对扩大报纸版面表示祝贺;建议出版普及性的星期日附刊以增加报纸的发行量;批评编辑部的错误,并要求予以改正;反对在报上发表亚·亚·波格丹诺夫的信;要求刊登格·瓦·普列汉诺夫反对取消派的文章。

致函在彼得堡的米·斯·奥里明斯基,指出他发表在《真理报》第106号和第123号上的两篇文章写得很成功,但不同意他对诺·尼·饶尔丹尼亚和A.弗拉索夫的文章的评价。

给《真理报》编辑部寄去一篇反对波格丹诺夫歪曲党史的《短评》(这篇短评没有找到)。

写题为《关于波格丹诺夫先生和"前进"集团问题(致《真理报》编辑委员会)》的信。

致函在彼得堡的彼得堡五金工会理事会成员—布尔什维克小组,答应为《五金工人》杂志写文章和组织其他作者写稿;指示要加强同取消派的斗争。

致函在巴黎的列·波·加米涅夫,要加米涅夫通过国外组织委员会转告约·马·波隆斯基,说他回俄国时有可能遭逮捕;谈到只要格·阿·阿列克辛斯基公开拒绝"前进"派的反党观点,就能请他为《真理报》撰稿;告知为给娜·康·克鲁普斯卡娅治病,即将去伯尔尼。

6月4日(17日)

写《不正确的评价(《光线报》论马克拉柯夫)》一文。

6月5日(18日)

列宁的《究竟得到谁的支持?》(社论)、《〈真理报〉是否证明了崩得分子的分离主义?》和《法国通讯(本报记者)》三篇文章发表在《真理报》第127号上。

写《议员弗兰克主张群众性罢工》一文。

写信给在沃洛格达的妹妹玛·伊·乌里扬诺娃,说他同娜·康·克鲁普斯卡娅即将到伯尔尼去,后者可能将在那里接受手术。

6月5日和9日(18日和22日)之间

致函在柏林的弗·米·卡斯帕罗夫,告知已收到他写的论述民族问题的文章,并对如何修改这篇文章作了指示;感谢他寄来载有米·斯·奥里明斯基的文章的那一号《真理报》和告知有关诺·尼·饶尔丹尼亚的情况;请他把饶尔丹尼亚的文章从格鲁吉亚文翻译成俄文。

6月6日(19日)

写《工人阶级和新马尔萨斯主义》和《资产阶级的金融资本家和政治家》两篇文章。

列宁的《自由派扮演了第四届杜马的维护者的角色》(社论)一文发表在《真理报》第128号上。

不晚于6月7日(20日)

为布尔什维克代表尼·罗·沙果夫在第四届杜马中的发言草拟讲演稿《论现政府的(一般的)土地政策问题》。

6月7日(20日)

为《真理报》写短评《关于一则谎话(给编辑部的信)》以及《农业中的小生产》和《参加资产阶级政府》两篇文章(最后一篇文章没有找到)。

列宁的《资本主义与税收》一文发表在《真理报》第129号上。

6月8日(21日)

写《农民经济中的童工》、《一次值得注意的代表大会》、《在澳大利亚》和

《为"人民"供应廉价肉》四篇文章。

列宁的《1912 年和 1905 年的经济罢工》一文发表在《真理报》第 130 号上。

6 月 9 日（22 日）以前

致函在卡普里岛的阿·马·高尔基，了解敖德萨工人报纸的情况；告知他将和娜·康·克鲁普斯卡娅去伯尔尼。

不晚于 6 月 9 日（22 日）

受第四届杜马的 6 位布尔什维克代表的委托，邀请格·瓦·普列汉诺夫到波罗宁来为党校学员讲课。

致函在卡普里岛的阿·马·高尔基，邀请他前来为党校学员讲课；告知学员的组成情况、疗养区扎科帕内的生活状况和自己的住址。

6 月 9 日（22 日）

列宁的《资本主义财富的增长》一文发表在《真理报》第 131 号上。

6 月 9 日—11 日（22 日—24 日）

同娜·康·克鲁普斯卡娅赴伯尔尼，途中在维也纳逗留数小时。

6 月 11 日（24 日）

在维也纳逗留时，游览了那里的名胜。

从维也纳写信给在沃洛格达的母亲玛·亚·乌里扬诺娃，谈了他和娜·康·克鲁普斯卡娅在维也纳游览的情况。

列宁的《农民和工人阶级》和《议员弗兰克主张群众性罢工》两篇文章发表在《真理报》第 132 号上。

6 月 12 日（25 日）

列宁和娜·康·克鲁普斯卡娅抵达伯尔尼，住在格·李·什克洛夫斯基夫妇的寓所里。

列宁的《1912 年同往年比较取得的罢工成果》、《资本家和扩充军备》和《农民经济中的童工》三篇文章发表在《真理报》第 133 号上。

不早于 6 月 12 日（25 日）

致函彼得堡《真理报》编辑部，对迟迟不发表他的《关于波格丹诺夫先生和"前进"集团问题（致《真理报》编辑委员会）》一文表示惊奇；因娜·康·克鲁普斯卡娅动手术需用钱，要求编辑部把五、六月份的稿费寄往伯尔尼。

6 月 12 日和 7 月 22 日（6 月 25 日和 8 月 4 日）之间

每天在伯尔尼的图书馆进行工作。

出席俄国大学生互助储金会举办的音乐会。

会见种子出版社原领导人米·谢·克德罗夫，询问出版社和撰稿人的情况；听他演奏贝多芬、肖邦、舒伯特和李斯特的钢琴曲。

6 月 13 日（26 日）

致函在巴黎的列·波·加米涅夫，说他和娜·康·克鲁普斯卡娅已到达伯尔尼；打算在瑞士的 4 个城市作题为《民族问题和社会民主党》的报告；告知俄国社会民主工党中央委员会和党的工作者会议将推迟到 8 月召开。

列宁的《一次值得注意的代表大会》和《在澳大利亚》两篇文章发表在《真理报》第 134 号上。

6 月 15 日（28 日）以前

写便条给《社会民主党人报》编辑部，告知给他们寄去若干张传单。

6 月 15 日（28 日）

列宁的《革命无产阶级的五一示威游行》（社论）和《政治家札记》两篇文章发表在《社会民主党人报》第 31 号上。

列宁写的《关于一则谎话（给编辑部的信）》发表在《真理报》第 136 号上。

6 月 16 日（29 日）

写信给在沃洛格达的母亲玛·亚·乌里扬诺娃，说他已经到达伯尔尼；告知娜·康·克鲁普斯卡娅的病情。

列宁的《工人阶级和新马尔萨斯主义》和《为"人民"供应廉价肉》两篇文章发表在《真理报》第 137 号上。

6 月 16 日和 26 日（6 月 29 日和 7 月 9 日）之间

陪同娜·康·克鲁普斯卡娅到外科医生泰·科赫尔处就诊。

6 月 17 日（30 日）

致函第四届杜马的布尔什维克代表（收信人是彼得堡的尼·伊·波德沃伊斯基），对他们在准备刊印社会民主党党团报告的问题上如何同孟什维克打交道提出建议。

6月20日(7月3日)

列宁的《谈谈自由派关于支持第四届杜马的号召》一文发表在《真理报》第139号上。

6月23日(7月6日)

列宁的《资产阶级的金融资本家和政治家》一文发表在《真理报》第142号上。

6月26日(7月9日)以前

为准备关于民族问题的专题报告,写这个专题报告的提纲和《民族问题提纲》。

6月26日(7月9日)

在苏黎世作题为《社会民主党和民族问题》的讲演,并作讨论记录。讲演后,同苏黎世布尔什维克支部成员谈党的工作,说明瑞士工人运动的任务。

就乡村教师的生活问题,同来自特维尔省的乡村女教师B.C.库尔巴托娃交谈。

6月27日(7月10日)

到达日内瓦,住在维·阿·卡尔宾斯基处;会见布尔什维克们,同亚·费·伊林-热涅夫斯基进行交谈,详细询问1911—1912年的彼得堡中等学校学生联合组织的工作情况。

作题为《社会民主党和民族问题》的讲演,并作讨论记录。讲演后,向日内瓦布尔什维克支部报告党内状况。

6月27日和7月21日(7月10日和8月3日)之间

在伯尔尼每天去医院看望娜·康·克鲁普斯卡娅。

6月28日(7月11日)

在洛桑作题为《社会民主党和民族问题》的讲演。

6月30日(7月13日)

在伯尔尼作题为《社会民主党和民族问题》的讲演,并作讨论记录。

6月30日和7月22日(7月13日和8月4日)之间

同来自弗拉基米尔省的女教师 E.A.季德利基莉谈省里工人生活问题,

向她询问当局镇压情况以及省里的工厂工人是怎样纪念五一的。

上半年

草拟第四届杜马布尔什维克代表的发言提纲。

7月初

写《颇有教益的言论》一文。

7月2日（15日）

列宁的《实际生活中的情景》一文发表在《真理报》第149号上。

7月5日（18日）

列宁的《杜马休会和自由派茫然失措》（社论）一文发表在《真理报》第151号上。

7月7日（20日）

致函格·伊·萨法罗夫，谈自己对乌克兰一个社会民主党人写的文章的意见；说他在伯尔尼至少还要待两个星期，因为娜·康·克鲁普斯卡娅的治病时间要延长。

7月12日（25日）

致函在卡普里岛的阿·马·高尔基，说他打算于1913年7月22日（8月4日）离开伯尔尼，途经苏黎世、慕尼黑和维也纳，建议高尔基在上述的任何地方同他见一次面。

7月13日（26日）

写信给在沃洛格达的母亲玛·亚·乌里扬诺娃，告知娜·康·克鲁普斯卡娅的手术做得很成功；说他们将很快返回比亚韦-杜纳耶茨，并告知他们打算在哪些城市逗留。

列宁的《国际反对卖淫第五次代表大会》一文发表在《工人真理报》第1号上。

7月16日（29日）以前

编制1912年德国议会选举结果的统计表，在《关于德国各政党的最新材料》一文中引用了这个统计表。

7月16日（29日）

列宁的《言论和行动》（社论）、《立宪民主党人论乌克兰问题》、《关于德国各政党的最新材料》和《揭露英国机会主义者》四篇文章发表在《工人真理报》第 3 号上。

7 月 17 日（30 日）

列宁的《一个先进的资本家的思想》一文发表在《工人真理报》第 4 号上。

7 月 18 日（31 日）

列宁的《农业中的小生产》和《为国民教育能够做些什么》两篇文章发表在《工人真理报》第 5 号上。

7 月 20 日（8 月 2 日）

寄给在图鲁汉斯克流放地的约·维·斯大林 120 法郎。

7 月 20 日（8 月 2 日）以后

同格·李·什克洛夫斯基谈话，询问他同奥·倍倍尔谈判的情况，并对奥·倍倍尔的健康表示关心。

7 月 21 日（8 月 3 日）

出席俄国社会民主工党国外组织第二次代表会议，并作《论党内状况》的报告。

列宁的《一个"时髦的"工业部门》一文发表在《工人真理报》第 8 号上。

7 月 22 日（8 月 4 日）

列宁和娜·康·克鲁普斯卡娅从伯尔尼动身去比亚韦-杜纳耶茨。

7 月 23 日—24 日（8 月 5 日—6 日）

同娜·康·克鲁普斯卡娅在慕尼黑换车，受到波·尼·克尼波维奇的迎接。列宁就土地问题同克尼波维奇进行交谈。

同娜·康·克鲁普斯卡娅在维也纳稍作逗留，他们同亚·瓦·绍特曼见了面，列宁建议他回俄国做党的工作。

7 月 24 日（8 月 6 日）

同娜·康·克鲁普斯卡娅一起回到比亚韦-杜纳耶茨。

列宁的《死的取消主义和活的〈言语报〉》一文发表在《工人真理报》第 10 号上。

7 月 25 日（8 月 7 日）

写俄国社会民主工党中央委员会与"波涛"小组关于承认波涛出版社为俄国社会民主工党中央委员会出版社的协议草案。

同波涛出版社的工作人员 Б.Г.丹斯基和兹·法别尔凯维奇一起商议是否可能出版《保险问题》杂志的问题。

7月26日（8月8日）

列宁的《份地的转移》一文发表在《工人真理报》第12号上。

7月27日（8月9日）

在比亚韦-杜纳耶茨主持俄国社会民主工党中央委员会会议。会议讨论党内状况和党的当前任务、社会民主党杜马党团、党校、在莫斯科创办布尔什维克报纸以及《真理报》、《社会民主党人报》、《启蒙》杂志和波涛出版社等问题。

出席俄国社会民主工党中央委员会委员的小型会议，会议讨论关于增补新的中央委员和挑选中央委员会代办员的问题。

7月28日（8月10日）

在娜·康·克鲁普斯卡娅给在伯尔尼的格·李·什克洛夫斯基的信上写附言，建议什克洛夫斯基请 И.金克尔把发表在《现代生活报》第8号上的维·伊·查苏利奇的文章译成德文。

7月31日（8月13日）以后

以俄国社会民主工党中央委员会的名义从波罗宁发电报给在伯尔尼的格·李·什克洛夫斯基，请他去参加奥·倍倍尔的葬礼并献花圈（这份电报没有找到）。

7月31日和8月8日（8月13日和21日）之间

写《奥古斯特·倍倍尔》一文。

7月底

向奥·阿·皮亚特尼茨基介绍筹备下一次党代表大会的计划。

7月底—8月初

同谢·尤·巴戈茨基等人登上塔特拉山脉的顶峰。

8月3日（16日）

列宁的《怎样增加俄国人均消费量?》一文发表在《北方真理报》第3号上。

8月4日（17日）

受俄国社会民主工党中央委员会的委托为奥古斯特·倍倍尔的逝世写

的唁函刊登在《前进报》第 211 号上。

8 月 8 日（21 日）

列宁的《奥古斯特·倍倍尔》一文发表在《北方真理报》第 6 号上。

致函在伯尔尼的格·李·什克洛夫斯基，请他详细报道奥·倍倍尔的葬礼情况。

致函在柏林的弗·米·卡斯帕罗夫，批评他在完成任务方面表现出来的粗心大意。

8 月 8 日（21 日）以后

致函彼得堡《北方真理报》编辑部，告知他写的《维·查苏利奇是怎样毁掉取消主义的》一文已寄给《启蒙》杂志，要求把该文也在报上加以刊登；建议不要每天出报纸，而改为每周出一次；要求编辑部把《工人真理报》、《现代生活报》、《北方真理报》和《新工人报》按时寄给他。

致函在伯尔尼的格·李·什克洛夫斯基，告知在彼得堡和莫斯科工会中布尔什维克战胜了取消派；询问他为什么在献给奥·倍倍尔的花圈上没有写明是俄国社会民主工党中央委员会送的；尖锐批评格·瓦·普列汉诺夫，因为他在葬礼的致词中赞成与取消派搞统一。

8 月 11 日（24 日）

列宁的《自由派同民生派的分离》（社论）一文发表在《北方真理报》第 9 号上。

致函在阿斯特拉罕的斯·格·邵武勉，说他于 1913 年 6 月 10 日（23 日）的来信已经收到，请他多寄一些有关民族问题的资料和高加索各个民族的统计材料来。

8 月 12 日（25 日）

致函在柏林的弗·米·卡斯帕罗夫，请他把全套的《北方真理报》、《新工人报》和《我们的道路报》寄来。

8 月 18 日（31 日）

列宁的《一件值得注意的事情》和《犹太学校的民族化》两篇文章发表在《北方真理报》第 14 号上。

8 月 20 日（9 月 2 日）以后

起草俄国社会民主工党中央委员会波罗宁会议日程。

8月21日（9月3日）

列宁的《农民经济中的铁》一文发表在《北方真理报》第16号上。

彼得堡高等法院作出关于销毁列宁的小册子《马尔托夫和切列万宁在资产阶级报刊上的言论》的决定。

不早于8月21日（9月3日）

根据《工人真理报》和《北方真理报》发表的材料,计算工人们对上述布尔什维克报纸的捐款数字。

8月24日、9月18日、10月25日（9月6日、10月1日、11月7日）

列宁的《1912年五金工人的罢工》一文发表在《五金工人》杂志第7、8、10期上。

8月27日和28日（9月9日和10日）

列宁的《俄国的资产阶级和俄国的改良主义》一文发表在《北方真理报》第21号和《我们的道路报》第3号上。

8月28日和29日（9月10日和11日）

列宁的《各等级和各阶级在解放运动中的作用》一文发表在《北方真理报》第22号和《我们的道路报》第4号上。

8月29日和30日（9月11日和12日）

列宁的《都柏林的阶级战争》和《土地"改革"的新措施》两篇文章发表在《北方真理报》第23、24号和《我们的道路报》第4、5号上。

8月30日（9月12日）

致函在克拉科夫的雅·斯·加涅茨基,说如果他到耶拿去参加德国社会民主党代表大会,建议他同俄国社会民主工党的代表亚·阿·别克扎江见一下面,并把别克扎江介绍给安·潘涅库克和弗·梅林。

8月31日（9月13日）

用德文致函柏林德国社会民主党档案馆保管员麦·格龙瓦尔德,请他允许弗·米·卡斯帕罗夫在俄国社会民主党档案馆里查阅资料。

8月

列宁的《我们党的"迫切的难题"（"取消派"问题和"民族"问题）》一文发表在《争论专页》杂志第1期上。

不早于8月

为伊·费·阿尔曼德论英国工人运动中的机会主义的短评写评语并作

若干增补。

9 月 1 日（14 日）

列宁和波涛出版社代表 Б.Г.丹斯基、兹·法别尔凯维奇确认了俄国社会民主工党中央委员会与"波涛"小组关于承认波涛出版社为俄国社会民主工党中央委员会出版社的协议草案，同时指示出版党的合法书刊和关于工人保险问题的杂志。

同《启蒙》杂志编辑马·亚·萨韦利耶夫一起商讨如何进一步办好杂志的问题。

列宁的《商人萨拉兹金和著作家费·唐·》一文发表在《北方真理报》第 26 号上。

9 月 3 日（16 日）以前

从几号《新工人报》上作关于工人为彼得堡工人报刊捐款的材料摘录，在写《为马克思主义而斗争》一文中引用了这些材料。

9 月 3 日（16 日）

列宁的《为马克思主义而斗争》和《都柏林流血事件一星期后》两篇文章发表在《北方真理报》第 27 号上。第二篇文章同时也刊登在《我们的道路报》第 8 号上。

9 月 4 日（17 日）

列宁的《政治上的原则问题（自由派资产阶级和改良主义）》一文发表在《北方真理报》第 28 号和《我们的道路报》第 9 号上。

9 月 5 日（18 日）

列宁的《自由派和民主派对语言问题的态度》（社论）一文发表在《北方真理报》第 29 号上。

9 月 6 日（19 日）

彼得堡高等法院作出关于销毁列宁的小册子《社会民主党和杜马选举》的决定。

9 月 7 日（20 日）

列宁的《自由派和民主派对语言问题的态度》一文，经书刊检查机关删节后，以《自由主义和民主主义对语言问题的态度》为标题，发表在《我们的道路报》第 12 号上。

9月7日（20日）以后

收到斯·格·邵武勉从阿斯特拉罕的来信，信中告知已寄出诺·尼·饶尔丹尼亚写的小册子和两份关于亚美尼亚情况的报告。信中还答应给列宁寄去高加索各民族的统计材料。

9月8日和10日（21日和23日）

列宁的《数字的语言》一文发表在《我们的道路报》第13、14号上。

9月11、12、14日（24、25、27日）

列宁的《资产者先生们论"劳动"农业》和《哈里·奎尔奇》两篇文章发表在《我们的道路报》第15、16号和《劳动真理报》第1、4号上。

《列宁全集》第二版第 23 卷编译人员

译文校订：张近智　傅子荣　高枝青　安　群　赵国顺
资料编写：杨祝华　张瑞亭　王　澍　刘方清　王锦文　刘彦章
编　　辑：李洙泗　江显藩　许易森　韦清豪　薛春华　韩　英
　　　　　李京洲
译文审订：屈　洪　何宏江

《列宁全集》第二版增订版编辑人员

李京洲　高晓惠　翟民刚　张海滨　赵国顺　任建华　刘燕明
孙凌齐　门三姗　韩　英　侯静娜　彭晓宇　李宏梅　付　哲
戢炳惠　李晓萌

审　　定：韦建桦　顾锦屏　柴方国

本卷增订工作负责人：翟民刚　刘燕明

项目统筹：崔继新
责任编辑：郐中建
装帧设计：石笑梦
版式设计：周方亚
责任校对：吕　飞

图书在版编目(CIP)数据

列宁全集.第23卷/(苏)列宁著；中共中央马克思恩格斯列宁斯大林著作编译局编译.
　—2版(增订版)-北京：人民出版社,2017.3
　ISBN 978 - 7 - 01 - 017109 - 8

Ⅰ.①列… Ⅱ.①列… ②中… Ⅲ.①列宁著作-全集 Ⅳ.①A2

中国版本图书馆 CIP 数据核字(2016)第 316466 号

书　　名　**列宁全集**
　　　　　LIENING QUANJI
　　　　　第二十三卷
编 译 者　中共中央马克思恩格斯列宁斯大林著作编译局
出版发行　人民出版社
　　　　　(北京市东城区隆福寺街 99 号　邮编 100706)
邮购电话　(010)65250042　65289539
经　　销　新华书店
印　　刷　北京新华印刷有限公司
版　　次　2017 年 3 月第 2 版增订版　2017 年 3 月北京第 1 次印刷
开　　本　880 毫米×1230 毫米 1/32
印　　张　21.25
插　　页　3
字　　数　558 千字
印　　数　0,001－3,000 册
书　　号　ISBN 978 - 7 - 01 - 017109 - 8
定　　价　52.00 元

ISBN 978-7-01-017109-8